WICCA
PARA TODOS

CLAUDINEY PRIETO

WICCA
PARA TODOS

© Publicado em 2013 pela Editora Alfabeto

Supervisão geral: Edmilson Duran

Diagramação: Décio Lopes

Revisão de textos: Rosemarie Giudilli e Luciana Papale

DADOS INTERNACIONAIS DE CATALOGAÇÃO NA PUBLICAÇÃO (CIP)
(CÂMARA BRASILEIRA DO LIVRO, SP, BRASIL)

Prieto, Claudiney

Wicca para todos/Claudiney Prieto – 4ª edição revista e atualizada – São Paulo/SP – Editora Alfabeto, 2020.

ISBN: 978-85-98307-02-2

1. Wicca 2. Bruxaria 3. Espiritualidade 4. Magia I. Título

Todos os direitos reservados, proibida a reprodução total ou parcial por qualquer meio, inclusive internet, sem a expressa autorização por escrito da Editora. A violação dos direitos autorais é crime estabelecido na Lei n. 9.610/98 e punido pelo artigo 184 do Código Penal.

EDITORA ALFABETO
Rua Protocolo, 394 | CEP 04254-030 | São Paulo/SP
Tel: (11)2351.4168 | E-mail: editorial@editoraalfabeto.com.br
Loja Virtual: www.editoraalfabeto.com.br

Dedicatória

Dedico este livro a todos os buscadores da Arte, em todo o mundo, e aos leitores que me acompanham desde o início desta jornada. Um presente a todos que buscam a Deusa com sinceridade no coração.

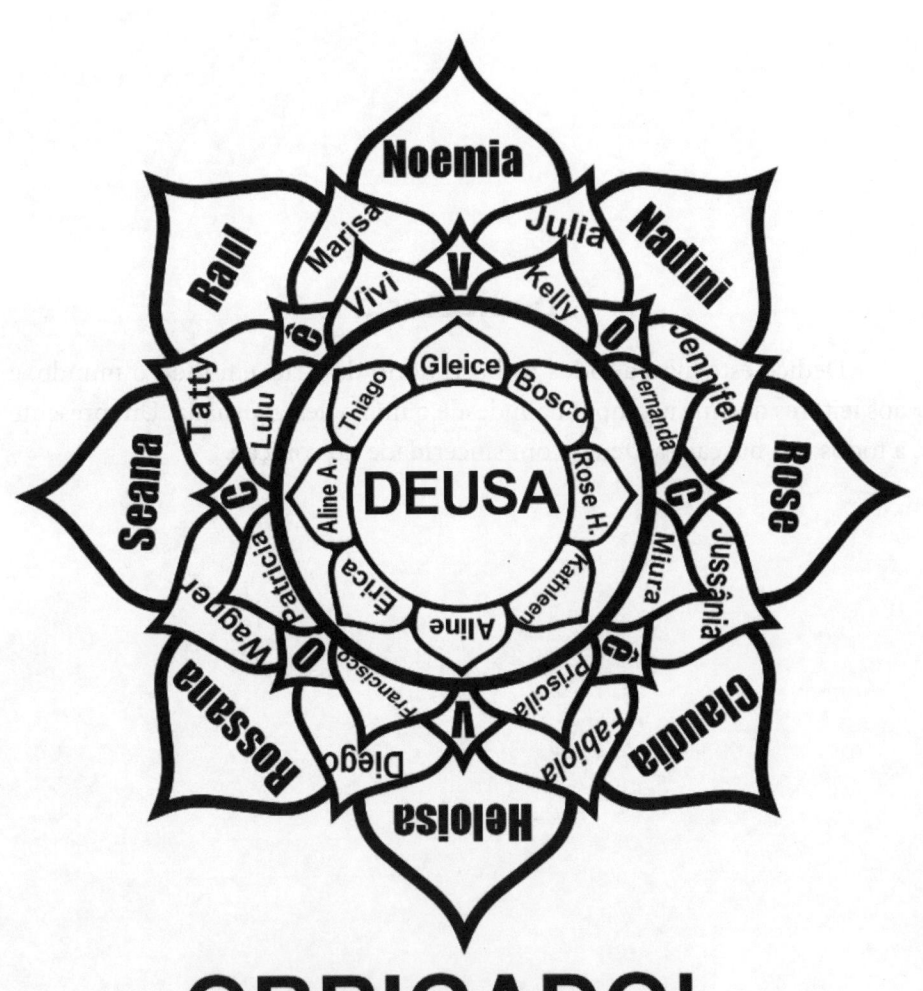

Sumário

Prefácio 9
Introdução 11
1 O que é Wicca? 15
2 A Deusa e o Deus 49
3 Estabelecendo um Altar 67
4 O Círculo Mágico 79
5 Os Sabbats 85
6 Os Esbats 111
7 Ritual 119
8 Energia, o princípio da Magia 147
9 Fazendo Magia 153
10 Fazendo Feitiços 185
11 Treinamento Mágico 197
12 Palavras Finais 201
    Compêndio de Reflexões 205
    Um Guia com Artigos e Pensamentos Acerca da Arte e sua Tealogia ... 207
    A Visão da Wicca Sobre o Sagrado 208
    Relação Devocional com os Deuses 215
    Deuses da Wicca 218
    Egrégora e Outros Planos de Existência 222
    Visão da Wicca Sobre a Vida Após a Morte 225

Nudez Ritual 228
Autodidatismo na Wicca 231
Sacrifícios de Sangue na Arte 242
Athame: Ar ou Fogo? 246
Correspondência para Quadrantes 249
Mulher, Deusa, Início da Vida e o Respeito à Diversidade 253
Tradição Diânica X Wicca 260
Wicca e Polaridade 265
Homotheosis e a Arte 269
Wicca Cristã não Existe 276
Wicca e Bruxaria: Palavras Sinônimas? 288
Pagar ou Não Pagar, Eis a Questão! 297
Leis da Bruxaria 305
E se Gardner ainda estivesse vivo? 325
Evolução da Religião 328
Gardner, Wicca e OTO 331
A Falsa Origem da Bruxaria na Idade da Pedra 333
Biografia dos Principais Nomes da Wicca 350
Um Manifesto Pagão 383
Faq - Perguntas e Respostas Sobre Wicca 392
Compêndio Ritual 402
Glossário 420
Referência Bibliográfica 426
Biografia do Autor 431

Prefácio

A Wicca começou a ficar popular no Brasil no final da década de 1990. A Internet ainda estava em expansão e o conhecimento sobre o assunto ainda era muito escasso. Aqueles que queriam saber mais sobre a Bruxaria viam-se obrigados a enfrentar inúmeros desafios, como a falta de livros em português ou o contato com outros praticantes com quem pudessem trocar informações e experiências.

Os valores na comunidade pagã eram outros. Se hoje em dia todos os Bruxos desejam se tornar Altos Sacerdotes ou fazer parte de uma Tradição, naquela época o maior objetivo era ter a certeza de que não estávamos sozinhos. Ter a possibilidade de finalmente encontrar um modo de vida religioso que explicava tudo aquilo o que sentíamos (antes mesmo de sabermos o seu nome) foi, para muitos, uma das experiências mais emocionantes que se pode imaginar. A gratidão por finalmente conhecer outros filhos que ouviram o Chamado da Deusa era palpável em cada pequeno rito, em cada celebração ou encontro.

À medida que a Internet se tornou mais conhecida e outras informações foram sendo obtidas, novos pontos de vista começaram a aflorar. E como no desenvolvimento de qualquer história envolvendo o ser humano, logo apareceram aqueles com verdades absolutas jamais antes imaginadas. Infelizmente, a necessidade de poder fez com que muitos se sentissem no direito de se julgarem melhores que os demais, embora todos tivéssemos a Mãe de todas as criaturas como ponto comum da nossa fé, garantindo a promessa de que o Mistério permeia tudo o que existe, estando acessível para todos.

Desde as remotas origens da Wicca no Brasil, Claudiney Prieto luta para fazer desta Arte uma prática de todos, contrariando aqueles que desejam fazer da Bruxaria um clube restrito, no qual regras irrefutáveis são carregadas de interesses pessoais e falam muito pouco da filosofia pagã.

Claudiney nos ensinou, desde o princípio, que a Deusa é a Grande Iniciadora, e que todos os Mistérios pertencem somente a Ela, e não a "sacerdotes" interessados em criar dogmas opressores dentro de uma religião que tem a liberdade e o respeito como valores fundamentais.

Essa luta, ainda bem, tem dado frutos. Prova disso é que muitos dos portadores de verdades absolutas desapareceram tão rápido quanto surgiram, inúteis contra a verdade de que a Wicca é uma religião viva e que, como a própria Deusa, tem tantas faces quanto o ser humano, desenrolando-se como pequeninos brotos na primavera, impotentes contra a verdade (esta sim, irrefutável) de que a Wicca evolui como o ser humano, da mesma maneira que todos os outros processos da natureza. Por sua vez, aqueles realmente interessados em seguir o Antigo Caminho permanecem com sua fé inabalada pelo tempo ou pelas dificuldades encontradas ao longo de todos esses anos.

Afinal de contas, a Wicca é, sim, para todos!

Todos aqueles que abriram seus corações para a Deusa e ouviram o mais antigo dos chamados, merecem conhecê-La, já que, ainda que todos os iniciados morressem hoje, o Mistério da Deusa permaneceria de forma latente em tudo o que existe, alheio às pequenas regras criadas pela necessidade da vaidade do ser humano.

Este livro traz hoje justamente aquilo que fez tanta falta lá atrás: informações de qualidade sobre a Wicca, para que todos os filhos da Deusa possam celebrá-la!

Que você possa honrar o conhecimento aqui compartilhado e dividi-lo com outros Pagãos, cujos corações foram tocados pelo amor da Deusa, presente em tudo o que existe. E que vocês possam continuar a fazer da comunidade pagã brasileira um exemplo da essência da Antiga Arte.

As sementes que ajudamos a plantar há tanto tempo já brotaram. Em vez de podá-las, vamos trabalhar com a ajuda deste livro, para que floresçam cercadas de plenitude e beleza.

Lulu Saille[1]

---

1. Lulu Saille vive em Berlim, na Alemanha. É Alta Sacerdotisa da Tradição Diânica Nemorensis e foi uma das pioneiras da Wicca no Brasil. Ao longo dos anos vem realizando um trabalho de divulgação da Wicca na Europa e realiza campanhas de esclarecimento público e acerca do Paganismo. É frequentemente convidada a dar entrevistas para sites, televisão, rádio, jornais e é também colunista de diversos websites Pagãos e Arthurianos. É membro da *Arthuriana Journal of Arthurian Studies*, círculo de estudos da *International Arthurian*.

Introdução

Diariamente somos bombardeados com notícias que nos deixam alarmados e surpresos: violência, fome, preconceitos, crimes, exploração descontrolada dos recursos naturais, superaquecimento global, etc.

São tantos os problemas que, às vezes, parece que alguma força divina nos abandonou nos deixando à mercê da bagunça toda que fizemos e dos problemas que nós mesmos criamos. Se a Terra está sob a regência do que alguns chamam de Deus, ele tem se mostrado extremamente ineficiente e incapaz de governar o mundo, que atualmente se assemelha à casa de uma família quando a mãe sai em férias e tudo fica a encargo do pai, tentando gerenciar o lar e os filhos ao mesmo tempo. Tudo vira um caos. Nosso Planeta se encontra assim, caótico! Pessoas sem rumo, vidas sem objetivos, falta de ética. Essa é a assombrosa visão da sociedade contemporânea. O pai parece que não tem conseguido educar bem seus filhos. Os valores, geralmente transmitidos a nós por meio da figura materna, parecem que andam em falta. O motivo para isso é óbvio: o mundo tem crescido durante milhares de anos sem sua mãe, a Deusa. É hora de devolvê-lo à sua antiga governante!

A Wicca é uma das poucas religiões na atualidade, se não a única, que se propõe novamente a celebrar uma divindade feminina como Criadora de toda vida. Em um momento em que sofremos seguidamente com as marcas que as religiões androcrásticas e heteronormativas nos deixaram, é compreensível que a Wicca seja uma das religiões que mais cresce no Ocidente.

As pessoas não se satisfazem mais com as religiões corruptas e políticas, de visões ultrapassadas acerca do mundo, com os mesmos discursos vazios que deixaram de nos inspirar a tempos. A Wicca é uma resposta a toda essa falta de significado espiritual proporcionada ao longo dos tempos pelas religiões que não fizeram outra coisa a não ser explorar o mundo e os seres humanos.

Por ser uma religião altamente individualizada e de característica celular, a Wicca tem se demonstrado uma religião perfeita ao homem moderno. Nela não há espaço para manipulações, joguetes políticos ou inadequação ao mundo contemporâneo. A Wicca é diferente para cada pessoa ou grupo. Tem sido assim desde o seu início e seguirá sendo por muito mais tempo.

Mesmo assim, ela não escapa dos vícios da natureza humana. Existem aqueles que, contaminados por séculos de patriarcado, insistem em sustentar o discurso da verdade única e irrefutável. Diariamente nos deparamos com praticantes que em sua ortodoxia não economizam energia em soltar farpas naqueles que pensam diferentes e desafiam sua falsa autoridade. Os que são acostumados a frequentar listas de discussão, chats e comunidades na Internet estão mais do que habituados a ver isso seguidamente, em padrão repetitivo, sem fim.

O mais triste é ver aqueles que iniciaram o seu caminho na Arte com sinceridade, exatamente por ela oferecer uma visão espiritual libertadora e diferente daquelas encontradas nas religiões convencionais, serem contaminados por tais pessoas e se transformarem exatamente no oposto daquilo que procuravam no início de sua busca pela Wicca. Uma frase mais do que apropriada a essas pessoas repousa nas sábias palavras de Victor Anderson, o fundador da Tradição Feri de Bruxaria: "Não se transforme naquilo que você rejeita!"

Em seu último discurso, Doreen Valiente, uma das primeiras iniciadas de Gerald Gardner, considerada a Mãe da Wicca, proferiu as seguintes palavras:

> Aos iniciados nos antigos Mistérios Pagãos era ensinado dizer "Eu sou filho da terra e do céu estrelado e não existe parte de mim que não seja dos Deuses". Se hoje em dia acreditamos nisso, então veremos que isso é não só verdade para nós, mas também para outras pessoas. Devemos, por exemplo, cessar as tolas discussões entre covens porque fazem coisas de maneira diferente do modo que nós fazemos. Essa é a razão pela qual me separei de Robert Cochrane, porque ele queria declarar uma espécie de Guerra Santa contra os seguidores de Gerald Gardner em nome da Bruxaria Tradicional. Isso não teve sentido para mim, porque me pareceu, e ainda me parece, que, como Bruxos, Pagãos ou independentemente de como decidamos nos chamar, o que nos une é muito maior do que aquilo que nos separa.

Dizia isso nos anos de 1960, durante os dias da antiga Associação de Estudo de Bruxaria, e o repito hoje. Entretanto, desde aquilo temos feito um grande progresso, em minha opinião. Espalhamo-nos literalmente por todo mundo. Somos um movimento criativo e fértil. Inspiramos a arte, a literatura, a televisão, a música e a investigação histórica. Vivemos sob a calúnia e o abuso. E sobrevivemos à traição. Assim, parece-me que os "Poderes Que São" devem ter um objetivo para nós na Era de Aquário que entra. Que assim seja.

Doreen, tais quais muitos ao redor do mundo, deu sua contribuição inestimável para a Arte se transformar naquilo que é hoje: uma religião sem fronteiras e que procura se manter distante dos vícios das religiões dominantes. Suas sábias palavras devem inspirar todos os que no alto de sua ilusão se acham os proprietários da Wicca ou os únicos Wiccanianos verdadeiros.

Este livro surgiu como uma contribuição na luta que muitos hoje estão travando ao redor do globo para que você não se deixe manipular por tal tipo de gente. Esta obra é, ainda, uma resposta à quantidade de informações equivocadas e incoerentes que têm sido veiculadas na Internet e meios oficiais de distribuição literária sobre a Wicca, e que tem confundido e mal orientado os que estão começando na Arte agora. O livro surgiu como um filho da Anarquia e, por isso, foi escrito inicialmente para ser distribuído gratuitamente pela Internet. As pessoas podiam fazer o download e compartilhá-lo livremente com amigos e outros praticantes da Arte, desde que fossem mantidos os créditos a mim e ninguém fizesse dinheiro com a distribuição.

A decisão de criar um e-book para distribuição gratuita foi tomada para dar um presente a todos os leitores de minha obra mais conhecida, *Wicca – A Religião da Deusa*, que comemorava na ocasião seu 10º aniversário de publicação. Foi uma maneira singela de agradecimento por termos sido fiéis companheiros ao longo destes 10 anos. Tantos foram os pedidos para uma versão impressa da obra que tomamos a decisão de agora publicá-la.

Jung certa vez afirmou que um novo mitologema estava emergindo por meio de nossos sonhos, pedindo para ser integrado em nossas vidas: o mito da antiga Deusa que governou a Terra e o Céu antes do advento das religiões patriarcais. Negada e suprimida durante milhares de anos de dominação masculina, Ela reaparece em um momento de intensa necessidade.

Nossa mente está trazendo novamente a imagem da Deusa por meio de sonhos e insights que durante anos foram ignorados por nós. Embora não sejam objetos literais, essas representações simbólicas são reais, poderosas e agora emergem como configurações energéticas provenientes de níveis muito profundos do nosso mundo interior para proclamar o Retorno da Deusa!

O que dizíamos há 10 anos, hoje é realidade: a Deusa não está voltando, Ela já está aqui entre nós. Este é o momento do redespertar da Grande Mãe, que nos levará a um novo estágio de consciência.

Que esta obra possa inspirar você a permanecer continuamente fazendo sua parte nessa construção de um novo tempo. Juntos, nós estamos ajudando a construir a história da Wicca no Brasil, que está apenas em seu início.

E que este livro possa contribuir para a formação de um novo mundo, no qual haja menos preconceito, violência e intolerância; e mais respeito, justiça, liberdade e Wicca para todos!

Que sejamos todos abençoados!

Claudiney Prieto
Beltane, 10º ARD

O que é Wicca?

O Início da Religião da Deusa

A Wicca é uma religião de Mistérios e veneração à natureza com suas crenças, práticas e profunda filosofia centrada no Paganismo; um termo amplo e geral dado às formas de espiritualidade panteístas, animistas, totêmicas, de bases xamanísticas e na maioria das vezes politeístas que são centradas nas forças da natureza. O Paganismo não pode ser considerado uma religião, mas, sim, o pilar central que engloba o modo de vida, os conceitos espirituais e filosóficos nos quais todas as expressões religiosas focadas na natureza se apoiam para o desenvolvimento de seus fundamentos. Assim, poderíamos dizer que qualquer religião centrada na Terra, que não encare o Sagrado de forma transcendente e não seja monoteísta, é Pagã.

Os estudiosos têm classificado o Paganismo em três subdivisões:

- PALEOPAGANISMO: termo geral usado para as crenças tribais intactas centradas na natureza e encontradas na antiga Europa, África e Américas politeístas. O Paleopaganismo é praticamente inexistente nas sociedades urbanas modernas e somente é encontrado em regiões distantes e intocadas pela presença da influência do homem contemporâneo.
- MESOPAGANISMO: usado para se referir a uma série de movimentos organizados e não organizados que surgiram com o intuito de recriar e/ou reviver aquilo que seria o Paleopaganismo. Pode ser considerado um Paganismo intermediário, que engloba os elementos Pagãos que se mantiveram vivos até a Idade Média e influenciaram a Maçonaria, o Rosacrucianismo e a Teosofia, por exemplo. No entanto, tais tentativas não podem ser consideradas Paganismo *per se,* pois foram fortemente influenciadas pelos conceitos, valores e práticas de muitas religiões monoteístas judaico-cristãs.

- **NEOPAGANISMO**: terminologia moderna corrente usada para uma variedade de movimentos, geralmente não organizados, iniciados desde a década de 1960, com raízes antigas ou não. Nessa classificação de Paganismo estão inclusos todos os que tentaram criar, recriar, reviver ou continuar as práticas do Paganismo de diferentes culturas. Essa categoria de Paganismo inclui ideias e tentativas de eliminar os conceitos inapropriados, assim como as atitudes e práticas das religiões e visões de mundo monoteístas, dualistas e ateístas. Pode ser considerado um movimento iniciado pela sociedade contemporânea para restabelecer a adoração à natureza. Essa definição pode incluir qualquer tentativa, desde os movimentos reconstrucionistas até os grupos não reconstrucionistas como o Neodruidismo e a Wicca.

Assim, a Wicca é uma religião Neopagã, um nome alternativo dado à Bruxaria Moderna, que se inspira no Paganismo dos antigos povos da Europa e que se propõe a celebrar novamente a Deusa Mãe e os antigos Deuses da natureza, criando e recriando os rituais das antigas culturas onde essas Deidades foram celebradas um dia. A Wicca é o reavivamento e a sobrevivência moderna dessa Antiga Religião baseada na Terra e suas manifestações, com raízes espirituais no Neolítico e Paleolítico europeu, tempo em que os povos primitivos cultuavam a Deusa Mãe como a grande criadora, nutridora e sustentadora da vida.

Sabemos que no início dos tempos os homens acreditavam que a divindade criadora era feminina e não masculina, como foi estabelecido com o passar dos tempos.

O culto à Deusa é anterior à Era de Touro, que data de 4000 a 2000 AEC[2]. Nesse período, os homens sobreviviam basicamente da caça e pesca e adoravam as forças da natureza e principalmente a Grande Mãe, que era a provedora de todo sustento. Outra divindade, o Deus Cornífero, considerado o princípio masculino da criação, também era reverenciado e cultuado para proporcionar caças fartas e ao mesmo tempo proteção.

---

2. O autor usa as modernas siglas de marcação do tempo com AEC representando Antes da Era Comum e EC para Era Comum, em vez de a.C. e d.C., respectivamente.

Durante milhares de anos os antigos povos europeus seguiram reverenciando a Grande Mãe como sua principal divindade, até que uma nova religião surgiria para tomar o posto do culto à Deusa e implantar sua fé em solo europeu: o cristianismo, que chegou à Europa em meados de 400 EC, introduzindo-se primeiro em Roma algum tempo antes, em um momento em que o Império se expandia e conquistava vários países do mundo. Aos poucos, a fé cristã foi se espalhando e ganhando adeptos, conquistando as classes políticas e se unindo aos governantes. Por motivos políticos, muitos reis e líderes das tribos europeias foram romanizados e posteriormente cristianizados.

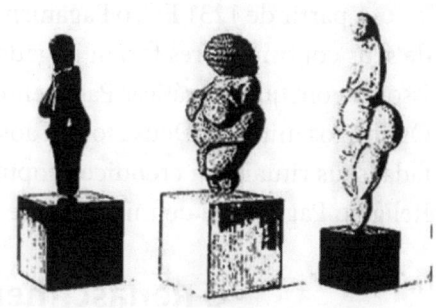

Três estatuetas da Era do Gelo, datadas de mais de 25 mil anos AEC representando a Deusa Mãe e os aspectos fertilizadores da Criação. Da esquerda para a direita: Vênus de Dolni-Vestonice, Vênus de Willendorf e Vênus de Lespugne.

Clamando por um único Deus e uma única fé, o cristianismo passou paulatinamente a perseguir os Deuses e as festividades Pagãs e a sincretizar algumas das festas mais importantes do calendário Pagão, transformando alguns Deuses antigos em santos para que os cultuadores da Deusa fossem aos poucos assimilando a nova fé. O Deus Cornífero, o Filho e Consorte da Deusa, representado com chifres na cabeça em alusão aos animais que protegia, antes celebrado como o princípio do bem, da fartura e abundância, foi transformado na figura do diabo pelos cristãos europeus.

Com isso, os Pagãos passaram a se encontrar na clandestinidade e foram obrigados a participar da nova fé. Aos poucos, a prática da Antiga Religião nas cidades se tornou impossível, de forma que aqueles que se mantinham fiéis a ela tiveram que se afastar para zonas rurais. Daí surgiu o nome "Pagão", com origem no latim *Paganus,* significando "povo do campo", um termo usado muitas vezes para diminuir e depreciar os que ainda mantinham viva a chama do Paganismo e das muitas expressões da Religião da Deusa. Com o passar do tempo, o termo "Pagão" se tornou um insulto usado pelos cristãos para se referir a todos os que não tinham se convertido à nova fé. A palavra "Pagão" ganhou novas conotações, como seguidor de uma falsa religião e qualquer coisa que expressasse um misto de ateu, agnóstico, hedonista e praticante ou cultuador do mal.

A partir de 1231 EC, o Paganismo foi brutalmente perseguido. Inúmeros de seus continuadores foram julgados e executados por meio da Inquisição. Isso fez com que as práticas Pagãs entrassem em declínio crescente e constante. Os antigos mitos da Deusa foram aos poucos se transformando em contos de fada, seus rituais em crendices populares e por séculos parecia que a Antiga Religião Pagã havia definitivamente desaparecido.

O Renascimento da Bruxaria

Em 1951, quando a última lei ainda existente contra a Bruxaria foi revogada na Inglaterra, Gerald Gardner, considerado o pai da Bruxaria Moderna, decidiu revelar que as práticas da Bruxaria da Europa antiga não só não haviam morrido, como continuavam vivas e ainda eram praticadas no interior dos Covens e por muitas famílias de Bruxos sob um novo nome: Wicca!

Gardner publicou algumas obras que revelavam um pouco da prática de seu Coven, dentre as quais o famoso livro *Witchcraft Today (Bruxaria Hoje)*, e assim lançou uma nova luz às práticas da Bruxaria, dando origem a um grande movimento Neopagão de reavivamento e recriação das práticas e ritos da Velha Religião.

Gerald Gardner é considerado o pai da Bruxaria moderna. Foi a figura mais importante na publicidade da Wicca entre as décadas de 1950 e 1960.

De lá para cá, o movimento Pagão cresceu substancialmente e muitos Bruxos, que diziam terem sido instruídos por suas famílias durante décadas, decidiram sair das brumas e se tornaram visíveis, revelando os ensinamentos da Antiga Religião ao mundo[3]. E assim, em pleno florescer do século 20, surgiu uma religião que buscava celebrar novamente a natureza, encontrando inspiração para seus ritos na antiga religiosidade da Europa e no culto à Deusa, considerada a própria Terra.

---

3. A maioria dos estudiosos, no entanto, afirma enfaticamente que a Bruxaria não sobreviveu a ponto de se tornar hereditária, e que muitos dos que afirmam pertencer a famílias de Bruxos estão na realidade mentindo. Assim sendo, fique atento quando alguém lhe disser que pertence a uma família de Bruxos, cuja origem remonta à época da Inquisição. Não podemos afirmar que tais alegações sejam falsas, mas na maioria das vezes foram comprovadas como puro engodo.

A Wicca é, então, a reconstrução moderna da Antiga Religião dos povos da Europa, visto que muitos dos mistérios, rituais e práticas se perderam desde a época em que o Paganismo foi perseguido. Exatamente por esse motivo, a Bruxaria Moderna em sua construção foi largamente influenciada pela espiritualidade de diferentes culturas europeias, indo desde a Celta até a Grega ou Romana. No entanto, muito de sua filosofia e liturgia baseia-se no antigo calendário e religiosidade do povo Celta, que se espalhou pela Europa aproximadamente 1200 anos AEC e que provavelmente foi a cultura que mais preservou o culto à Deusa e seus rituais.

Origem da Palavra Wicca

A palavra Wicca vem do inglês arcaico *Wicce*, que significa girar, dobrar e moldar. Encontramos outras palavras na mesma raiz, sempre a ligando a algo mágico ou sagrado.

Alguns pesquisadores dizem que o termo Wicca se origina do indo-europeu *Weik*, significando algo como magia. Outros afirmam que ela se origina do anglo-saxão *Wic*, significando sábio.

Alguns estudiosos, porém, afirmam que essa palavra vem da raiz germânica *wit* que quer dizer "saber". Deduzimos daí que a palavra WICCA significa "a sabedoria de girar, dobrar e moldar as forças da natureza a nosso favor", um dos objetivos da Bruxaria.

O autor Jeffrey Burton Russell explica ampla e maravilhosamente bem a etimologia da palavra Wicca em seu indispensável livro *História da Bruxaria*:

> A origem recuada da palavra inglesa *witch* é a raiz indo-europeia *weik*, a qual se relaciona com religião e magia. *Weik* produziu quatro famílias de derivativos: 1. *wih*, que originou o inglês arcaico *wigle*, "feitiçaria", e *wiglera*, "feiticeiro" e, mediante o francês arcaico e medieval, o inglês moderno *guile*. Também o inglês arcaico *wil*, o inglês medieval e moderno *wile*. 2. O norueguês arcaico *wihl*, "astúcia". 3. *wik*, "santo", "sagrado", donde o alto-alemão antigo *wihen* e o alemão *weihen*, "consagrar", o alto-alemão medieval *wich*, "santo" e o latim *victima*, "sacrifício". 4. *wikk*, "magia, feitiçaria", donde o alemão medieval *wikken*, "predizer", e o inglês arcaico *wicca*, *wicce*, "bruxo"/"bruxa", e *wiccian*, "fazer bruxaria, sortilégio, feitiço". De *wicca* deriva o inglês medieval *wltche* e o moderno *witch*.

Diferente de *weik* e suas derivações é *weik*, "dobrar", "submeter", donde o inglês arcaico *wican*, "dobrar", do qual deriva o inglês moderno *weak*, "fraco", "dócil", e *witch-elm*, olmo escocês, popularmente chamado "olmo-de-bruxa". Relacionados com *wican* estão o saxão antigo *wikan*, o alto-alemão clássico *wichan* e o norueguês arcaico *vikja*, significando todos dobrar ou desviar.

Assim, a Wicca é chamada muitas vezes de a Arte dos Sábios ou a Arte de moldar. Ambos os significados podem se referir aos Wiccanianos que procuram atingir a sabedoria, moldando-se em ressonância com os fluxos da natureza.

A Wicca Hoje

Quando a Wicca saiu das brumas e passou a percorrer todo o mundo, inúmeras pessoas começaram a se identificar com essa manifestação religiosa porque ela era a única até aquele momento que tinha uma divindade central feminina como Criadora. Isso foi em meados de 1950 e se estendeu até os anos 1970 e início dos anos 1980.

A partir de seu surgimento, em 1951, a Wicca adquiriu novas expectativas e passou por significativas transformações, sendo abraçada pelos movimentos feminista e ambiental, ganhando uma nova cara, muito mais matrifocal e orientada para a Deusa do que no início de sua história, relegando ao Deus uma posição secundária. Isso é compreensível, uma vez que o Sagrado Masculino foi reverenciado por milhares de anos, enquanto a Deusa foi mutilada e esquecida.

Foi em 1970 que o movimento feminista abraçou a Wicca como sua religião "oficial", encontrando na Deusa uma figura forte e capaz de provocar mudanças profundas no pensamento da sociedade e sua maneira de encarar o mundo. Muitas Tradições feministas surgiram com isso e contribuíram com um substancial material criativo e de qualidade que mudaria para sempre a Wicca!

Mulheres que lutavam pelos direitos de igualdade entre os gêneros encontraram

Na década de 1970, as precursoras dos movimentos feministas descobrem a Wicca e se encantam ao encontrar uma religião que propõe cultuar novamente a Deusa Mãe. Desse encontro nascem as primeiras Tradições Feministas de Bruxaria, que mudariam para sempre a cara da Wicca.

nessa religião um porto seguro para se sentirem fortes, vivas e ativas. Foi na Wicca que elas encontraram uma religião capaz de resgatar sua dignidade, tanto social quando religiosa. Da busca por uma nova religião na qual mulheres não fossem excluídas surge, nos Estados Unidos, por meio do esforço de inúmeras mulheres engajadas em causas feministas, uma Wicca com uma nova identidade, mais focada na figura da Deusa. Desse movimento crescente surgiram várias Tradições desta religião, desde as ramificações em que a Deusa e o Deus possuem a mesma importância, até outras em que o Deus é menos visível e a Deusa exerce supremacia e preponderância.

Com o crescimento e a divulgação da Wicca, em meados dos anos 1980, vieram na "rabeira" vários outros movimentos Pagãos. Druidismo, Kemetismo, Helenismo, Asatru e outros incontáveis movimentos Neopagãos mundiais começaram somente a ser visíveis graças ao esforço de Wiccanianos que buscavam reviver uma religião mais centrada na Terra, no Sagrado Feminino, na busca de conexão com a natureza e que levantavam junto a bandeira da luta pela liberdade religiosa em países fortemente monoteístas, mostrando que cada um pode reverenciar o Divino à sua maneira, resgatando rituais quase esquecidos no tempo.

Como a Wicca trazia na sua estruturação influências celtas, nórdicas, gregas, sumerianas e qualquer outra que parecesse correta, já que essas culturas também foram herdeiras da Religião da Deusa, com o passar do tempo muitos grupos se separaram, buscando pela identidade espiritual e cultural dos Deuses com os quais se sentiam mais conectados. Surgem, assim, os movimentos reconstrucionistas, que tentam reconstruir o culto aos antigos Deuses exatamente da mesma maneira como era no passado. Muitas pessoas que passaram a pertencer a esses movimentos começaram então a criticar a flexibilidade da Wicca, dizendo que ela não era a autêntica herdeira da Religião dos europeus, que a Wicca não era celta, que era uma invenção de Gardner, etc.

Mesmo com opiniões contrárias, a Wicca continuou sua escalada, e com isso foi passando por uma revolução dentro do seu próprio meio. Congressos, encontros e seminários começaram a ser realizados para discutir as práticas dessa religião nos Estados Unidos. Por causa dos vários ataques à Wicca, até mesmo um Conselho com os mais renomados Wiccanianos da época foi criado para redigir os 13 princípios da Bruxaria, que foi publicado em forma de edital. O décimo primeiro princípio diz: "Como Bruxos Americanos, não nos sentimos ameaçados por debates a respeito da História da Arte, das origens de vários termos, da legitimidade de vários aspectos de diferentes Tradições. Somos preocupados com nosso presente e com nosso futuro."

Junto a essa nova identidade que a Wicca começava a assumir, a Deusa foi enfatizada cada vez mais como o centro de culto dessa religião. Ela passou a ser invocada nos ritos como "A Deusa dos dez mil nomes" (assim como Ísis, que era todas as Deusas em uma) e a afirmação de que todas as Deusas são a mesma Deusa passou a ser definitivamente aceita entre os Wiccanianos e largamente utilizada em diversos segmentos do Paganismo.

A Wicca tornou-se, então, uma religião que reconhece a Deusa como a Criadora e principal Divindade, e mesmo que alguns Wiccanianos se considerem politeístas (alguns se consideram monoteístas, panenteístas ou henoteístas[4]), nossa religião reverencia uma Deusa única manifesta sob diferentes formas, nomes e atributos.

Se em meados da década de 1950 a Wicca era considerada muito mais um sistema mágico do que uma religião, hoje a realidade é completamente diferente. Muitos foram os grupos de Wiccanianos que se organizaram para legitimá-la como uma verdadeira religião, fazendo-a ser aceita, reconhecida e respeitada em diferentes segmentos da sociedade. A maior visibilidade da Wicca ainda se encontra nos Estados Unidos e na Europa, onde é considerada uma religião autêntica, com direito à Capelania no exército e casamentos reconhecidos pelo Estado.

No Brasil, e em diversos outros países da América Latina, a Wicca vem crescendo substancialmente. Vemos a cada dia mais e mais obras literárias propostas a esclarecer seus aspectos religiosos e filosóficos, e nos deparamos constantemente com pessoas ornando nossos símbolos sagrados, como o Pentagrama ou a Triluna, no metrô, no ônibus, na fila do banco ou nas ruas.

A Wicca vem ganhando força e visibilidade em todo mundo como uma religião oficial. Nos Estados Unidos e em diversos outros países, oficiais das forças armadas possuem o direito de Capelania, que tem sido largamente e irrestritamente concedido aos sacerdotes Wiccanianos.

---

4. Henoteísmo é a crença religiosa que postula a existência de várias divindades, mas que atribui a criação de todas a uma divindade suprema. O Panenteísmo, por sua vez, postula que o Divino contém em si tudo o que há, porém é maior do que tudo o que existe.

Hoje, existe um número muito maior de pessoas praticando solitariamente a Arte da Bruxaria do que em grupo, que são chamados de Covens. Ela se transformou de uma religião secreta em a religiosidade alternativa moderna, fortemente centrada na figura da Deusa Mãe e orientada para a consciência ambiental e social.

Grupos de diferentes etnias passaram a incorporar muito de sua cultura à Wicca, tornando-a mais flexível e consequentemente eclética. O ditado "Todas as Deusas são a Deusa" virou um axioma Wiccaniano desde a última década e, assim, Deusas hindus, nativas americanas, africanas, havaianas, chinesas e de muitas outras culturas foram assimiladas pela Wicca e passaram a ser reconhecidas como diferentes faces da Deusa.

A maioria das religiões atuais da humanidade é baseada em figuras e princípios divinos masculinos, com Deuses e Sacerdotes ao invés de Deusas e Sacerdotisas. Durante milênios, os valores femininos foram colocados em segundo plano, e em muitas culturas as mulheres foram subjugadas e passaram a ocupar uma posição inferior aos homens, quer seja em nível social ou espiritual. A Wicca busca recuperar o Sagrado Feminino e o papel das mulheres na religião como Sacerdotisas da Grande Mãe, além da complementaridade e do equilíbrio entre homem e mulher, simbolizados por meio da Deusa e do Deus, que se complementam. A Wicca dá à Deusa um papel preponderante, quer nas suas práticas quer nos seus mitos, sendo assim, é a principal Divindade adorada e invocada nos ritos sagrados.

Wicca & Bruxaria

Durante o processo de cristianização da Europa, a palavra Bruxaria (do inglês *Witchcraft*) foi usada muitas vezes para descrever outras formas de religiões nativas que existiam antes do cristianismo.

Quando os inquisidores chegavam a determinado lugar e encontravam uma religião que não sabiam como denominar, davam a ela o nome de Bruxaria. Judeus, ciganos e até mesmo cientistas foram chamados de Bruxos e condenados à fogueira.

Isso gerou uma confusão que persiste até os tempos atuais sobre quando e onde a palavra Bruxaria deve ser aplicada.

A Wicca, como religião, baseia-se no folclore, na espritualidade e na sabedoria popular da Europa antiga, por esse motivo, Wiccanianos chamam a si mesmos de Bruxos e Bruxas. Muitos acreditam que é chegado o momento de resgatar a dignidade dessa palavra como forma de homenagear os que morreram na Inquisição, acusados de praticar Bruxaria. Esse ato é visto como uma forma de desfazer as deturpações, lançando luz para construir uma nova realidade para que as palavras Bruxaria, Bruxas e Bruxos sejam finalmente encaradas de maneira positiva pela sociedade.[5]

A Estrutura da Arte

A Wicca não tem uma autoridade central. Muitos Bruxos são solitários, enquanto outros praticam a religião em Covens, que são pequenos grupos de até 13 pessoas que se encontram frequentemente para cultuar os Deuses.

Alguns Covens são iniciáticos, pertencentes a um dos vários segmentos da Wicca, chamados usualmente de Tradições. Outros são grupos de amigos e pessoas que desejam aprender e praticar os rituais sagrados juntos.

A Wicca não é uma seita ou apenas uma filosofia ou modo de vida, como muitos afirmam. Ela possui todas as características de uma religião.

Segundo o Dicionário:

> A Religião pode ser definida como um conjunto de crenças relacionadas com aquilo que a humanidade considera como sobrenatural, divino, sagrado e transcendental.

Aqui temos a Deusa como fonte e origem de todas as coisas. Dela viemos e para ela retornaremos. A Deusa é a causa primeira de toda existência. Ela se manifesta imanentemente na natureza e em todas as coisas que existem, e transcendentalmente, o que significa que ela também está além desse tempo e espaço.

"bem como o conjunto de rituais"

A Wicca possui um calendário litúrgico com 8 Sabbats (Rituais Sazonais) e 13 Esbats (Rituais de Plenilúnio). Além disso, existe todo um corpo estruturacional de como esses rituais são realizados com temas e simbolismos comuns à maioria dos praticantes da Wicca. Todos os rituais se iniciam com o lançamento do Círculo, invocação aos quadrantes, aos Deuses e terminam com o destraçar do Círculo. Não importa se você esteja aqui, nos Estados

---

5. Há um artigo inteiro sobre esse tema no Compêndio de Reflexões, no final do livro.

Unidos, na Inglaterra, no Japão ou no Tibet. Se lá existir um Wiccaniano, ele iniciará seus rituais usando o mesmo procedimento, ou algo muito semelhante, que qualquer outro Wiccaniano em qualquer lugar do mundo usaria. É essa coesão que caracteriza uma religião. Uma seita não tem coesão em sua simbologia, filosofia e ritualística.

"e códigos morais que derivam dessas crenças"

Na Wicca, existem dois códigos morais simples que são observados: o Dogma da Arte e a Lei Tríplice.

O Dogma da Arte, também chamado de Rede Wiccaniana, é um código moral simples que diz: "Faça o que desejar, sem a ninguém prejudicar." Esse código é seguido por todos os praticantes da Wicca, ou ao menos deveria ser. Assim também como os Dez Mandamentos deveriam ser seguidos por todos os cristãos.

A Lei Tríplice é outro fundamento Wiccaniano aceito e que afirma que "Tudo o que fazemos para o bem ou para o mal volta a nós triplicado e nesta encarnação." Trata-se de um fundamento derivado do Dogma da Arte, que é comumente aceito por todos.

Por isso, para que não haja confusão, faz-se mister mencionar uma pequena lista com respostas para as diversas deturpações atribuídas à Bruxaria:

- Bruxos não acreditam nem honram a Deidade conhecida como satã, diabo ou demônio.
- Bruxos não sacrificam animais ou humanos.
- Bruxos não usam fetos abortados em seus rituais.
- Bruxos não renunciam formalmente ao Deus cristão, apenas acreditam em outros aspectos divinos.
- Bruxos não odeiam os cristãos, a bíblia ou Jesus, nem são anticristãos, apenas não são cristãos.
- Bruxos não são sexualmente anticonvencionais.
- Nos Sabbats e Esbats não é utilizado nenhum tipo de drogas ou são feitas orgias sexuais.
- Bruxos não praticam necessariamente Magia Negra.
- Bruxos não forçam ninguém a fazer algo que agrida o seu interior.
- Bruxos não estão tentando subverter o cristianismo.
- Bruxos não profanam Igrejas cristãs, hóstias e bíblias.

- Bruxos não fazem pacto com o diabo.
- Bruxos não cometem crime em nome de sua religião.

A Bruxaria tem sua própria filosofia sobre a reencarnação e vida após a morte, como toda e qualquer religião, e também possui códigos de ética e conduta que todos deveriam respeitar e seguir para guiar suas vidas.

Certamente, existem muitas variações de crenças e conceitos entre os vários ramos da Wicca. Embora os ritos, símbolos e costumes possam ser diferentes, todas as Tradições apoiam-se em pontos comuns:

- Convicção na reencarnação.
- Crença nos aspectos femininos e masculinos do Divino.
- Respeito na mesma proporção não somente aos seres humanos, mas também com a terra, animais e plantas.
- Observação da mudança das estações do ano, com 8 Sabbats solares e 13 Esbats lunares, perfazendo 21 ritos anuais.
- Repúdio ao proselitismo.
- Igualdade a mulheres e homens. Apesar de a mulher ser mais enfocada, muitas vezes, ambos os gêneros são considerados complementares e importantes para a vida.
- Realização dos rituais no interior de um Círculo Mágico, pois o Círculo é um espaço sagrado usado para a adoração.
- Importância aos "3rs": REDUZIR, REUTILIZAR, RECICLAR.
- O sentido de servidão à Terra.
- O respeito a todas as religiões e à liberdade religiosa.
- O repúdio por qualquer forma de preconceito.
- Consciência em relação à cidadania.

Bruxos nunca comprometem seus filhos com sua fé particular, pois acreditam que cada um deva seguir o seu próprio caminho. As crianças sempre são ensinadas a honrar sua família, amigos, a ter integridade, honestidade, a tratar a Terra como sagrada e a amar e respeitar todas as formas de vida.

A Wicca é vista pelos seus praticantes como uma religião que inclui uma forma de vida e, por isso, possui uma filosofia religiosa, de ética e de conduta pessoal, permitindo a manifestação da individualidade religiosa como é sentida, mas encorajando a responsabilidade social e ambiental.

Princípios e Crenças Wiccanianas

Muitos consideram a Wicca uma religião Politeísta, uma vez que reverenciamos várias divindades como faces da Deusa e do Deus.

Mesmo podendo ser considerada Politeísta, por reverenciar vários Deuses, e, até mesmo Monoteísta, uma vez que acredita em uma única fonte de energia (a Deusa), a Wicca é na realidade uma religião henoteísta, observando a existência de várias divindades, mas atribuindo a criação de todas elas a uma divindade suprema: a Deusa. É também panteísta em sua visão de mundo, o que significa o reconhecimento do Sagrado em todas as coisas, vendo Deuses e a natureza sendo unidos. Assim, o mundo se torna divino e sagrado em sua essência.

A Teoria do Efeito Borboleta, para descrever como pequenas variações podem afetar um gigante e complexo sistema, é extremamente compatível com a visão de mundo e a espiritualidade propostas pela Wicca.

Para nós, o Divino não é algo transcendente e nem separado da humanidade. Ele está dentro, fora e ao nosso redor. Acreditamos que todas as coisas que existem são diferentes manifestações da Deusa, pois por Ela foram criadas. Isso desenvolve a ideia de que tudo está interconectado, como fios de uma mesma teia que forma o grande todo. Se um de seus fios for danificado, toda a teia também será. Assim, prejuízos individuais são encarados de maneira coletiva e o dano de um é prejudicial para o todo. A isso damos o nome de imanência.

Esse conceito é muito antigo e podemos encontrar referências a ele em diversas culturas centradas na Terra. Recentemente, a Física descobriu algo interessante que nomeou de "Efeito Borboleta", que afirma cientificamente que tudo o que existe está interligado. Em termos de clima, por exemplo, isso se traduz na noção de que uma borboleta que hoje agita o ar com suas asas na Austrália possa influenciar tempestades no próximo mês no Texas. Isso demonstra que pequenas ações provocam consequências gigantescas, e os princípios das crenças Wiccanianas estão fundamentados exatamente nisso. Esse é o ponto de partida para o entendimento da conduta e ética de um Bruxo.

Ética consiste em padrões de conduta que incluem um julgamento e uma filosofia moral. Não existe nenhum conjunto de éticas que podem ser aplicadas a todas as pessoas, em todos os tempos e religiões. A ética, de maneira geral, é baseada em padrões locais e sociais de onde vivemos.

A Wicca não possui grandes listas de regras e leis para serem seguidas, mas existem certas condutas com as quais muitos Wiccanianos norteiam suas vidas. Todas elas são baseadas em um senso comum, os valores centrais, que é uma forte diretriz para a ética humana, inclusive a Wiccaniana.

Trata-se de uma religião libertária, que não comporta regras que ditam o que devemos fazer ou como devemos viver. Apenas dois princípios são aceitos de maneira comum a todos os Wiccanianos: o Dogma da Arte, que é também chamado de Rede Wiccaniana, e a Lei Tríplice.

Mesmo sendo libertária e não possuindo regras estritas e específicas definidas que ditem o comportamento de seus seguidores, a Wicca incentiva os diversos valores universais presentes na maioria das religiões e está de pleno acordo e sintonia com eles. A seguir, encontram-se listados alguns dos princípios e crenças Wiccanianos mais comuns.

O Dogma da Arte

"Faça o que quiser desde que não faça mal a nada, nem a ninguém."

Essa é seguramente a principal diretriz Wiccaniana, e é levada em consideração todas as vezes que realizamos um ato mágico e em nosso comportamento diário.

Assim como acontece em muitas religiões, a Wicca também pratica Magia.

Nós, Bruxos, acreditamos que a mente e o corpo humano possuem o poder de efetuar mudanças nos acontecimentos de maneiras ainda não compreendidas pela ciência.

Em nossos rituais, honramos nossos Deuses e realizamos diversos feitiços para inúmeros propósitos, tais quais a cura e a superação de problemas. No entanto, a Magia sempre é praticada de acordo com um código de ética que afirma que podemos somente ajudar os outros, ou a nós próprios, respeitando o livre-arbítrio das pessoas envolvidas e quando isso não prejudica ninguém.

Não fazer mal a nada nem a NINGUÉM significa não prejudicar a natureza, as pessoas ao nosso redor e a nós mesmos. Isso implica observar nosso modo de vida, incluindo hábitos alimentares e comportamentais e, principalmente, viver em harmonia com a natureza, levando em consideração os 3rs: REDUZIR, RECICLAR E REUTILIZAR.

O Dogma da Arte incentiva o respeito e a celebração à diversidade, fazendo com que cada ser honre as diferenças existentes, repudiando todas as formas de preconceito, em vez de promulgar a intolerância.

Essa atitude é a essência da Wicca.

A Lei Tríplice

"Tudo o que fizermos, para o bem ou para o mal,
a nós retornará triplicadamente e nesta encarnação."

Esta é a Lei Tríplice que está fundamentada no poder da imanência. Se desejarmos o bem, colheremos o bem; se fizermos o mal, ele também retornará, invariavelmente. Acreditamos que as energias que criamos influenciam o que acontece conosco.

A Lei Tríplice é perfeitamente compatível com a Lei de Causa e Efeito, Ação e Reação. Há até quem diga que Gardner retirou esse conceito das religiões orientais para incluí-lo na Wicca.

Ela está centrada na Lei da Imanência e é facilmente explicada pela Teoria da Teia da Vida e do Efeito Borboleta.

É tríplice porque todas as ações, mágicas ou não, causam efeito na vida de quem pratica o ato (1); na vida de quem sofre as ações desse ato (2) e, indiretamente, na vida daqueles que estão ligados à vítima dessa ação e no mundo ao nosso redor (3). É lógico e natural que essas ações voltem ao seu emissor em grau intensificado. Isso pode ser facilmente explicado por meio de uma alegoria física e simples: "Se você plantar pimentas, não colherá morangos. Colherá pimenta numa quantidade muito maior do que plantou. Plante apenas uma semente de pimenta e terá uma pimenteira inteira."

Essa lei divina não tem nada de cruel e nem é fruto de uma Deusa ou de um Deus, injustos. Ela é resultado de nossas próprias ações e é provocada por nós e não por uma Divindade que irá nos punir em função de nossos feitos. Quem está nos punindo somos nós mesmos ao transgredir a regra mais importante da vida: o respeito ao livre-arbítrio alheio.

Isso não significa que fazer o mal seja pecado ou coisa do gênero. O conceito de pecado não existe na Wicca. A Lei Tríplice é chamada de lei, pois é como uma lei que ela opera. Todos nós somos livres e podemos transgredir qualquer lei, mas sofreremos invariavelmente as consequências de nossos atos.

Bruxos são pessoas sábias e sabem que aquilo que desejam representa a energia que vibram. Assim, se esforçam ao máximo para vibrarem em nível de energia positiva, canalizada para o bem de tudo e de todos.

Se todos desejassem aos demais exatamente o que desejam a si mesmos, em breve o mundo estaria repleto de bênçãos e de positividade.

A Lei Tríplice nos lembra que prejudicar os outros traz prejuízo para nós mesmos. Vivemos em um mundo onde compartilhamos a mesma energia. Se por um lado a Lei Tríplice pode trabalhar contra você, ela também pode trabalhar a seu favor, dependendo de seu comportamento, pensamentos e ações. Faça sua parte!

Wicca, a Religião da Natureza

A maioria das religiões mais visíveis na atualidade fala sobre a relação do ser humano com as outras pessoas; a Wicca vai muito além. Ela fala não somente a respeito das nossas relações humanas, mas também com os animais, a natureza e com nós mesmos.

Wiccanianos celebram a mudança das estações e das fases lunares por meio de rituais capazes de nos conectar com os fluxos e refluxos trazidos para a Terra e, consequentemente, para nossas vidas em decorrência dessas mudanças naturais.

A natureza é o coração e a alma da religião Wicca, que ensina que todos os seres – animados e inanimados – possuem vida e são merecedores de nosso respeito e consideração. Sendo assim, vemos a natureza como diferentes faces da Deusa, capazes de nos suportar, proteger, alimentar e de nos manter vivos. Por essa razão, os Wiccanianos expressam grande reverência à natureza e buscam, em seu dia a dia, as formas de se integrarem a ela, procurando viver em harmonia com as leis naturais, levando em consideração meios de se viver ecologicamente, RECICLANDO, REUTILIZANDO E REDUZINDO a exploração dos recursos naturais.

Para a Wicca, a natureza é a própria manifestação do corpo vivo da Deusa: as coisas verdes que crescem são seus cabelos; as pedras e as rochas, seus ossos; os mares e os rios, seus olhos e bocas e o céu noturno, o seu colar de estrelas, cuja pérola é a Lua.

A posição Pagã de reverência e preservação à natureza é completamente diferente daquela incentivada pelas religiões patriarcais, em que o homem foi ordenado a dominar e a explorar os recursos naturais e o meio ambiente.

Hoje, muitos Bruxos são ecologistas, ambientalistas, líderes comunitários, sempre preocupados com a atual situação ecológica e social.

A Wicca é uma religião muito plural e, sendo assim, diferentes Bruxos expressarão seu respeito pela Terra de formas variadas. Alguns são vegetarianos, outros recicladores conscientes e muitos ainda se tornam ativistas ambientais engajados na luta e na preservação da Terra. Cada um possui seu próprio chamado. Encarar a Terra enquanto organismo Sagrado é vital para os Wiccanianos. Isso facilita a conscientização de nosso verdadeiro lugar no mundo e na sociedade.

Wiccanianos buscam a unidade com as forças naturais, com os animais, com as árvores, os oceanos, o Sol, a Lua e as estrelas, por acreditarem que as forças da natureza são manifestações do Divino. De acordo com o pensamento Wiccaniano, a Terra é um organismo vivo e quando preservada e reverenciada se torna nossa aliada e não inimiga. O contrário ocorre quando ela é explorada e usurpada. Podemos perceber quantas doenças e desastres naturais estão ocorrendo nos últimos tempos por causa da exploração indiscriminada da Mãe Terra.

Se tudo na natureza é vivo e possui um espírito, também carrega em si uma sabedoria muito mais antiga para ser compartilhada com os seres humanos do que os nossos conhecimentos atuais. As forças encontradas na natureza são antigas e desejam se comunicar conosco para ensinar a forma de curar a Terra e mostrar o caminho de volta a um modo de vida mais harmônico.

Todos os Wiccanianos acreditam que a Terra esteja doente e que o retorno da Deusa será capaz de promover a cura da nossa Mãe. Por isso, devemos viver em harmonia com ela, reverenciando todas as formas de vida. Precisamos desenvolver maneiras de nos religarmos à Deusa para que ela continue nos dando vida, força e energia para crescer.

As principais características da Wicca como religião da natureza baseiam-se:

- Na crença de que rituais e poderes adormecidos dentro de nós precisam ser despertos para transformar e curar a vida.
- Na convicção de que devemos buscar, em meio à natureza, maneiras de entrar em contato com ela, buscando nossa reconexão com os seus fluxos naturais que, invariavelmente, trazem mudanças interiores em cada ser.

- Na afirmação da vida e de sua sacralidade da Terra como símbolo da perfeição, totalidade, unidade, completitude e cura para todos os males.
- Nas forças da natureza como a energia sustentadora da vida, vendo nela a própria Deusa manifestada.
- Na preservação e cuidado com a natureza, considerada templo e moradia dos Deuses em quem acreditamos.

A Wicca não é uma religião antropocêntrica e, exatamente por isso, não coloca as necessidades humanas acima daquelas encontradas na natureza. Sua filosofia prega melhor relacionamento entre homem e natureza.

Para a Wicca, também não existe a ideia de que a natureza deva ser valorizada enquanto a humanidade deva ser desvalorizada. Para nós, cada coisa tem sua importância e lugar. A Terra é o corpo da Deusa, e cada Wiccaniano, mediante suas atitudes, respeito à natureza e ações conscientes, torna-se uma agulha fazendo a acupuntura que trará a cura para o mundo.

Nós, Bruxos, acreditamos que o retorno da ligação com a natureza é a única maneira de preservar nossa própria existência, para vivermos melhor e em harmonia com toda a vida.

Aprendendo a viver em conexão com a natureza, os Wiccanianos forjam uma profunda ligação com o Divino.

Tradições da Arte

Poderíamos dividir basicamente as religiões mais visíveis na atualidade em dois grandes grupos:

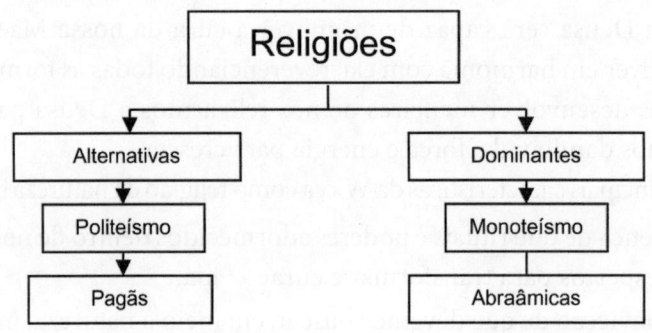

Todo Wiccaniano é um Pagão, o que significa que seu modo de vida, espiritualidade e visão de mundo estão centrados no Paganismo. Essa simples definição determina o conjunto de ética, valores e conduta moral pela qual o indivíduo rege e vive sua vida. Enquanto as religiões monoteístas compreendem o Divino como transcendente, o Paganismo é panteísta, o que significa que o Divino está presente em todas as coisas.

A palavra panteísmo vem do grego *pan* que significa "tudo" + *theos,* que significa "deidade". No panteísmo, "tudo é Divino". Pagãos em geral definem o Divino como a natureza e suas forças criativas. Assim, o Paganismo como um modo de vida religioso, que abraça o panteísmo, encara a natureza e o Divino como sendo inseparavelmente unidos. As religiões monoteístas (contração de *mono,* que significa "um" e *theos*, significando "deidade ou Deus") definem o Divino tal qual um ser individual e sobrenatural, à parte de toda a Criação. Para elas, Divino e natureza estão separados.

Claro que definir a si mesmo como monoteísta ou panteísta é algo muito abrangente. Tais nomenclaturas podem dar uma ideia geral sobre o que você acredita e como conduz a sua vida, mas não são suficientes para definir suas crenças, especificamente falando. Para isso, é preciso ser ainda mais específico, subdividindo as muitas formas de religião. Dessa maneira, o termo Pagão inclui diversas formas de religião e a Wicca é apenas uma delas:

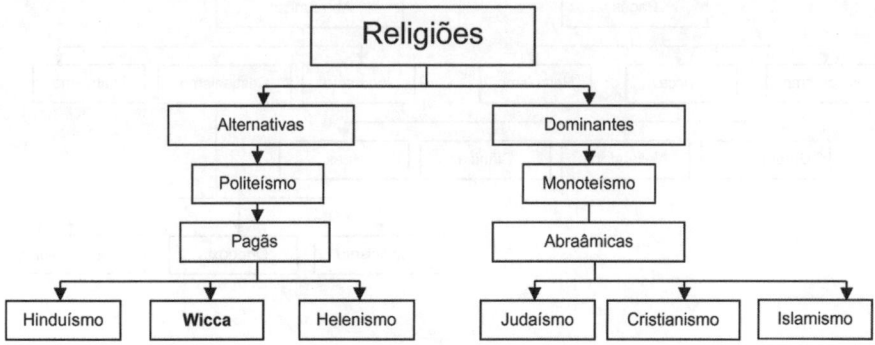

Obviamente a lista de religiões demonstrada nesse gráfico seria infinita, tanto para as politeístas quanto para as monoteístas. Tomamos as mais conhecidas e visíveis como exemplo apenas para você entender que assim como se pode ser cristão sem ser católico, é possível ser Pagão sem nenhuma especificação. Porém, é impossível ser Wiccaniano e não ser Pagão.

Exatamente por esse motivo, todo Wiccaniano é um Pagão, mas nem todo Pagão é Wiccaniano. Por isso, existem pessoas que se definem como Druidas, Asatruars ou Keméticos, mas não se consideram Wiccanianos. Isso significa que todos os caminhos supracitados são Pagãos, possuem crenças, datas sagradas, festividades e valores éticos e pessoais muito parecidos, mas não praticam exatamente a mesma coisa, com visíveis diferenças entre os sistemas. Geralmente as religiões se subdividem em diversos grupos. Com a Wicca não seria diferente!

A Wicca é um caminho espiritual com diversos subgrupos que possuem estrutura, filosofia e práticas específicas. A esses subgrupos se dá o nome de Tradições. Poderíamos dizer que as Tradições caracterizam o tipo e o sistema de Wicca que se pratica. Existem diversas Tradições e, a cada dia, surgem muitas outras:

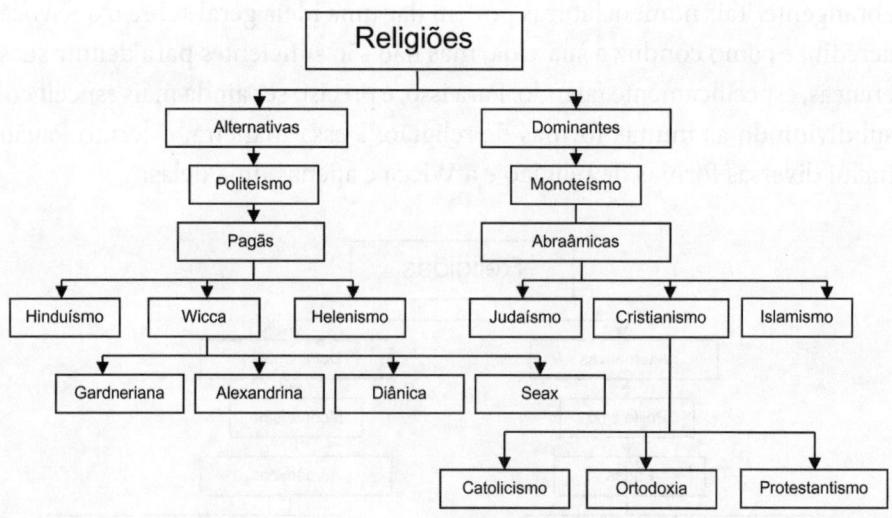

O termo Tradição se aplica tanto à versão da Wicca que se pratica quanto ao grupo de Covens que pratica um determinado sistema de Bruxaria. Tais grupos são unidos por princípios, éticas, rituais, práticas mágicas e linhagem ancestral em comum, o que significa que você passa somente a pertencer àquele grupo se for iniciado por uma pessoa que já pertença àquela Tradição e, assim, sucessivamente.

Cada Tradição é formada por diversos Covens, que é como uma extensão similar dela, um ramo autorizado a agir, atuar, ensinar e a falar em nome da Tradição. Poderíamos comparar isso a um sistema de redes. Em termos gerais, um Coven seria uma sucursal local de uma Tradição, da mesma forma que as agências de banco ou lojas de uma rede são uma filial de uma grande corporação.

Iniciação é o caminho por meio do qual as pessoas são oficialmente aceitas como parte de uma Tradição. Isso quer dizer que o fato de um Bruxo praticar a Wicca, inspirado ou de acordo com uma determinada Tradição, não o transforma em um praticante dela. Para ser um membro oficial de uma Tradição, a pessoa deve ser formalmente iniciada por alguém já iniciado naquele caminho. Isso significa que Bruxos solitários ou autoiniciados não possuem Tradição alguma. Somente ingressando em um Coven é que será possível receber uma Iniciação Tradicional e se tornar membro de uma Tradição de Bruxaria.

A maioria das Tradições possui graus diferentes de Iniciação, geralmente três, que marcam o estágio de estudo e de aprendizado de cada membro. Para alcançar o 1º grau, é necessário passar antes pelo Ritual de Dedicação[6] e estudar por um ano e um dia para entender os fundamentos e os principais elementos da Wicca. O 2º e o 3º graus exigem mais um período de aprendizado de no mínimo um ano e um dia cada. Em geral, uma pessoa não alcançará o mais alto nível dentro da Wicca em menos de cinco anos de estudos ininterruptos, nos quais, após a Dedicação, será elevada ao 1º, 2º e 3º graus ao longo desse processo.

Cada Tradição possui uma linhagem, ou seja, uma árvore genealógica iniciática que em teoria pode ser usada para confirmar a veracidade da alegação de uma Iniciação dentro daquele sistema. Assim, é perfeitamente possível checar quando uma pessoa está ou não falando a verdade ao dizer que é iniciada em uma Tradição simplesmente conferindo sua linhagem. Uma Iniciação levará a outra, que levará a outra, sendo possível traçar a árvore iniciática até o fundador da Tradição.

---

6. Dedicação é o nome do ritual realizado para marcar o início do processo de aprendizado de uma pessoa na Wicca. Quem passa pelo Ritual de Dedicação recebe o nome de Dedicante ou de Dedicado e permanece o prazo mínimo de um ano e um dia estudando os fundamentos da Arte para receber sua Iniciação. Para mais informações, veja o livro *Coven – Rituais e Práticas de Wicca para Grupos* (Editora Alfabeto), do mesmo autor.

Todas as Tradições são unidas por um laço de juramento que impede seus iniciados de revelar seus segredos e rituais para pessoas não iniciadas nessas Tradições. Às vezes, tais votos incluem também a proibição de revelar a identidade dos membros da Tradição.

Cada Tradição possui um Livro das Sombras, que é comum a todos os membros do grupo, contendo seus rituais, histórias e práticas. Apesar de não ser uma regra geral, às vezes, o Livro das Sombras pode ser parcial ou totalmente cifrado para que somente pessoas verdadeiramente iniciadas na Tradição possam interpretá-lo.

As principais Tradições de Bruxaria incluem:

1734: tipicamente britânica, é baseada nas ideias do poeta Robert Cochrane, um autointitulado Bruxo hereditário que se tornou proeminente na mesma época que Gardner. O numeral 1734 é usado como um criptograma para o nome da Deusa honrada nessa Tradição. Apesar de não ser considerada pelos seus membros uma Tradição necessariamente Wiccaniana, inegavelmente foi influenciada pela Wicca de Gardner.

ALEXANDRINA: Tradição popular que começou ao redor da Inglaterra em 1960 e foi fundada por Alex Sanders. A Tradição Alexandrina é muito semelhante à Gardneriana com algumas mudanças menores e algumas emendas. Essa Tradição trabalha à maneira de Alex e Maxine Sanders. Alex Sanders dizia ter sido iniciado por sua avó, em 1933, quando ainda criança. A fraude da história posteriormente foi descoberta, mesmo assim a Tradição Alexandrina foi uma das mais importantes influências na construção da Wicca.

A maioria dos rituais dessa Tradição é muito formal e baseada na Magia cerimonial. É também uma Tradição polarizada, em que a Sacerdotisa representa o princípio feminino e o Sacerdote o princípio masculino. Como na Tradição Gardneriana, a Sacerdotisa é a autoridade máxima do Coven. Embora similar a Gardneriana, a Tradição Alexandrina tende a ser mais eclética e liberal. Algumas das regras estritas Gardnerianas, tal qual a exigência da nudez ritual, são opcionais.

ALGARD: Tradição americana iniciada nas Tradições Gardneriana e Alexandrina. Mary Nesnick fundou esse "novo" caminho da Wicca que reúne ensinamentos de ambas as Tradições sob uma única insígnia.

DIÂNICA: o termo "Diânico" se refere a qualquer ramo da Bruxaria que enfatiza o feminino na natureza, vida e espiritualidade acima do masculino, e isso inclui muitas, se não a maioria, das Tradições de Wicca existentes na atualidade. Algumas Bruxas Diânicas só enfocam seus cultos na Deusa. Outras na Deusa e no Deus, dando supremacia ao Sagrado Feminino, quer seja nos rituais, quer seja na filosofia da Tradição. A Arte Diânica possui dois ramos distintos:

1. Um ramo fundado no Texas por Morgan McFarland, que dá supremacia à Deusa em sua Tealogia, mas honra o Deus Cornífero como seu Consorte Amado e abençoado. Os membros dos Covens dividem-se entre homens e mulheres. Esse ramo é chamado, às vezes, "Old Dianic" (Velha Diânica) e há alguns Covens descendentes dessa Tradição, especialmente no Texas. Outros Covens, similares na Tealogia, mas que não descendem diretamente da linha de McFarland estão espalhados por todo Estados Unidos. Recentemente a Tradição mudou seu nome *Old Dianic* para *McFarland Dianics*.

2. Outro ramo, chamado às vezes de Tradição Diânica Feminista, foi fundado por Zsuzsanna Budapest e focaliza exclusivamente a Deusa. Somente mulheres participam de seus Covens e grupos. Geralmente seus rituais são livres e não são hierárquicos, usando a criatividade e o consenso para a realização das cerimônias. É politicamente um grupo feminista e há uma presença lésbica forte no movimento, embora a maioria de Covens esteja aberta a mulheres de todas as orientações sexuais.

GEORGINA: Tradição criada por George Patterson, que se autointitulou "Alto Sacerdote Georgino". Quando começou seu próprio Coven, chamou-o de Georgino, já que seu prenome era George. Se há uma palavra que possa descrever a Tradição de George, seria "eclética". A Tradição Georgina traz um composto de rituais Celtas, Alexandrinos, Gardnerianos e Tradicionalistas. Mesmo que a maior parte do material fornecido aos estudantes seja Alexandrino, nunca houve um imperativo para seguir cegamente seu conteúdo. Os boletins de notícias publicados pelo fundador da Tradição estavam sempre cheios de contribuições dos povos de muitas outras Tradições. Parece que a intenção de George Patterson era fornecer uma visão abrangente aos seus seguidores.

ECLÉTICA: um Bruxo eclético é aquele que funde ideias de muitas Tradições ou fontes. Como no caldeirão de uma Bruxa, onde são somados elementos para completar a poção que é preparada, assim também são acrescentadas várias informações de várias Tradições para criar um modo mágico eclético de trabalhar. Essa "Tradição", que na verdade não é uma Tradição, é flexível, mas, às vezes, carente de fundamento. Geralmente Bruxos Solitários e autoiniciados trabalham de maneira eclética, criando rituais e Covens de estrutura livre.

FERI: há várias facções da Tradição Feri, fundada por Victor Anderson, no Oregon, na década de 1920. Sua estrutura, apesar de ser diferente da Wicca em alguns pontos, é semelhante em muitas maneiras e, seguramente, Victor Anderson se inspirou muito na Wicca para a construção de sua Tradição. A Deusa Estrela está no centro da filosofia Feri e a Tradição é politeísta, com diferentes Deuses reconhecidos e cultuados. O conceito dos Três Eus, que expressam os diferentes estágios de nossa consciência, é um dos fundamentos da Tradição Feri. A maioria dos praticantes da Feri trabalha solitariamente ou em grupos muito pequenos e a Tradição não possui graus de Iniciação. No entanto, algumas linhas da Feri possuem um sistema de Bastões que expressam o estágio de aprendizado e crescimento dentro da Tradição. O Bastão Branco é destinado a todos os iniciados. Os *Elders*[7] possuem o Bastão Verde e somente os Grandes Mestres possuem o Bastão Negro. Alguns dos nomes mais famosos dessa Tradição são: Victor e Cora Anderson, Tom Delong (Gwydion Penderwyn), Gabriel Carrilo, Starhawk, M. Macha Nightmare, T. Thorn Coyle e Storm Faerywolf.

GARDNERIANA: fundada na Inglaterra, por Gerald Gardner, nos anos de 1950, essa Tradição contribuiu muito para a Arte ser o que é hoje. A estrutura de muitos rituais em numerosas Tradições é originária dos trabalhos de Gardner. Algumas das reivindicações históricas feitas pelo próprio Gardner e por algumas Bruxas Gardnerianas devem ainda ser verificadas (e em alguns casos são fortemente contestadas). Porém, essa Tradição deu suporte a muitas Bruxas modernas. Gerald B. Gardner foi iniciado em um Coven de New Forest, na Inglaterra, em 1939. Em 1951, a última das leis inglesas contra a Bruxaria foi banida (inicialmente devido à pressão de Espiritualistas) e Gardner publicou o famoso livro *Witchcraft Today*, trazendo uma versão dos rituais e tradições do Coven que o teria iniciado. Isso deu nascimento

---

7. *Elders* é o nome que se dá a todos os Bruxos Iniciados que podem fundar seu próprio grupo e iniciar outros na Arte. Significa literalmente "Ancião".

à Wicca como ela é praticada na atualidade. Essa Tradição é extremamente hierárquica. A Sacerdotisa e o Sacerdote governam o Coven; os princípios do amor e da confiança presidem os grupos e os praticantes dessa Tradição trabalham "Vestidos de Céu" (nus). Nos Estados Unidos e na Inglaterra, os Gardnerianos são chamados de *Snobs of the Craft* (Esnobes da Arte), pois muitos deles acreditam que são os únicos descendentes diretos do Paganismo purista. Cada Coven Gardneriano é autônomo e é dirigido por uma Sacerdotisa, com a ajuda do Sacerdote. Muitos livros escritos por Doreen Valiente têm base nessa Tradição.

HEREDITÁRIA: os Bruxos Hereditários, ou Genéticos, são pessoas que supõem ter uma ascendência Pagã (mãe, tia, avó são os alvos mais visados). Muitas reivindicações de ancestralidade mágica são altamente questionáveis e, na maioria das vezes, foram constatadas como pura fraude e fantasia. Segundo a maior parte dos historiadores, é impossível haver Bruxos hereditários, uma vez que a Bruxaria como a conhecemos, é um fenômeno religioso moderno. Se alguém disser a você que é um Bruxo hereditário, saia correndo. Quase com certeza você está sendo enganado.

MINOAN BROTHERHOOD: Tradição de Bruxaria, exclusiva para homens gays e bissexuais. A Tradição celebra a vida, homens que amam homens e a prática da magia inspirada na antiga civilização da Creta minoica, incluindo também algumas mitologias do Egeu e do antigo Oriente Médio. Foi fundada por Edmund M. Buczynski (Eddie Buczynski) em 1977, na cidade de Nova York. Eddie era um Elder das Tradições Gardneriana, Galesa e da New York Wica. Ao ser elevado ao 3º grau Gardneriano, ele usou como base suas Tradições originais, o seu conhecimento e pesquisas sobre civilizações antigas, para desenvolver uma Tradição de Bruxaria única que celebra a homotheosis.

SEAX-WICA ou WICCA SAXÔNICA: fundada em 1973, pelo prolífico autor Raymond Buckland que era naquele momento um Bruxo Gardneriano, a *Seax Wicca* é uma das Tradições precursoras em Bruxos Solitários. Esse aspecto fez dela um caminho popular entre os Bruxos.

Essa pequena lista de Tradições obviamente não é completa. Existem muitos outros caminhos de Wicca que aqui não foram mencionados, e outras novas Tradições são criadas e fundadas diariamente. Cada Tradição tem sua própria estrutura, rituais, liturgias, mitos próprios, que são passados de praticante para praticante. Mas todas elas seguem o mesmo princípio filosófico:

- A celebração da Deusa e do Deus por meio de rituais sazonais ligados à Lua e ao Sol: os Sabbats e Esbats.
- O respeito à Terra, que é encarada como uma manifestação da própria Deusa.
- A magia é vista como uma parte natural da Religião e é utilizada com propósitos construtivos, nunca destrutivos.
- O proselitismo é considerado inadmissível.

Se você se sentir atraído por uma Tradição, explore-a. Procure conhecer ao máximo o que puder sobre ela e, então, procure um Coven legítimo dessa Tradição para ser iniciado.

Praticar a Bruxaria em Grupo ou Solitariamente?

Escolher entre praticar a Arte solitariamente ou em um Coven de uma determinada Tradição pode ser uma decisão difícil, que envolve diversos fatores que vão desde a vontade de compartilhar sua religião com outras pessoas, até a natureza reclusa de cada um, isso poderá ser um fator determinante na escolha da prática solitária. Você deve fazer algumas reflexões a fim de descobrir qual caminho é melhor para si:

- Que tipo de Bruxo pretende ser?
- Deseja compartilhar suas experiências com outras pessoas?
- Tem facilidade de conviver em grupo ou em comunidade?
- Possui natureza mais extrovertida ou introspectiva?
- Sente-se confortável em grupos?
- Há Covens disponíveis na região onde vive?
- Existe alguma Tradição pela qual se sinta atraído?
- Possui tempo e disponibilidade para participar de uma comunidade?
- Existe independência familiar e financeira de sua parte para poder participar de um Coven, sem depender da autorização de outros?

Todas essas questões são importantes para serem feitas na hora de decidir se o melhor caminho para você está na participação de um Coven ou na prática solitária.

Se em um Coven você terá forte suporte em seu processo de aprendizado, na prática solitária haverá mais liberdade para fazer as coisas no seu próprio ritmo. Covens geralmente são formados por pessoas com vasta experiência na Arte, com quem poderá aprender diretamente. Porém, tais grupos costumam ser extremamente organizados e rígidos no processo de transmissão de conhecimento. Isso quer dizer que você terá um programa de ensino fundamentado e sólido, mas terá prazos para realizar os trabalhos propostos.

Alguns grupos trabalham com esquema de registro de diários, resumos, rituais devocionais, que devem ser feitos diariamente, e um esquema mensal de práticas e exercícios que devem ser realizados e registrados em forma de relatórios. Em um Coven, você poderá alcançar um grau elevado de aprendizado por meio de seu Treinamento Mágico, mas muito lhe será exigido. Covens, sem exceção, terão expectativas sobre seus membros, e com muitas delas você não se sentirá confortável ou não conseguirá corresponder. Se não conseguir corresponder a essas expectativas, você será convidado a se desligar do grupo, invariavelmente.

Bruxos praticam a arte em pequenas comunidades de até 13 membros chamadas Covens, que se reúnem para celebrar os antigos Deuses, realizar rituais de mudança das fases lunares e das estações do ano e praticar magia. Existem também aqueles que praticam a Arte solitariamente, sem pertencer a grupo nenhum. A essas pessoas se dá o nome de Bruxos Solitários.

Por outro lado, um Bruxo Solitário pode aprender por si só contando com o seu tempo. Não haverá pressão para cumprir prazos nos estudos propostos e ele pode seguir sua própria programação, que corresponda às suas próprias expectativas. Se por um lado isso é sedutor, por outro pode se tornar um problema quando dúvidas surgirem e ele não tiver a quem recorrer. Bruxos devidamente treinados não estarão disponíveis, como acontece quando se faz parte de um Coven, e será necessário compreender as coisas ou solucionar os problemas por si só, sem a ajuda de ninguém. O caminho solitário, na maioria das vezes, é limitado. Como a maior parte do Treinamento Mágico dos Solitários se dá por meio de livros, e as obras disponíveis no mercado são superficiais, corre-se o risco de se permanecer restrito ao que encontrar para ler, avançando, assim, bem pouco nos estudos e na prática da Arte.

Como Bruxos Solitários não são iniciados em nenhuma Tradição e não possuem linhagem, alguns praticantes da Arte poderão não os reconhecer como Bruxos autênticos e genuínos. Se uma pessoa não fizer parte de um Coven ou de uma Tradição, não importa quantos anos ela tenha estudado a Arte, o aprendizado dela não será reconhecido pelos Iniciados mais ortodoxos e tradicionais. Uma vez que não foi iniciado por ninguém, um Bruxo Solitário também não tem o direito de oficiar Ritos de Iniciação para outras pessoas. Não se pode transmitir a outro aquilo que nós mesmos não recebemos de alguém.

Cada Coven é diferente, mas existem algumas linhas gerais comuns a todos eles. Uma regra tradicional é que, em geral, eles não convidam pessoas para se tornarem seus membros, nem oferecem Iniciação aberta e diretamente a ninguém. Muitos mantêm um programa de estudos em forma de círculos de aprendizado, que é oferecido a todas as pessoas interessadas, mas jamais o convidarão para ser iniciado no grupo ou ser admitido como membro deles. É necessário que se diga a eles que está interessado em Treinamento e peça para fazer parte do grupo. Se um Coven ou Sacerdote/Sacerdotisa se aproximar de você e pedir para que se junte a eles para dedicar-se ou iniciar-se, fique longe deles!

Bons Covens não têm esse tipo de atitude, exatamente porque a Arte não é uma religião conversista, e o pedido por Dedicação/Iniciação expressa uma decisão consciente de cada indivíduo em ingressar na Arte por livre e espontânea vontade, sem qualquer tipo de coação.

Se você tiver interesse por um grupo de alguma Tradição, peça a eles para participar de uma reunião aberta a visitantes. Ao se identificar com um grupo, solicite que eles o aceitem como um novo membro. Pode ser que o grupo peça para que participe de mais algumas reuniões, para que conheça melhor os outros membros e se familiarize com sua visão particular da Wicca. Se após isso eles o aceitarem, então será marcado um ritual de Dedicação que o introduzirá no grupo e marcará o início de seu processo de aprendizado.

Em muitos Covens, uma pessoa se tornará seu responsável, como um tutor ou um padrinho, e acompanhará seu Treinamento de perto junto ao seu Dedicador. Como Dedicante, será requerido que você estude por no mínimo um ano e um dia antes de ser iniciado e aceito definitivamente como membro do grupo.

Em seu ritual de Dedicação você poderá escolher um nome da Arte, e é por ele que será chamado por todos os membros do grupo a partir de então. É necessário que saiba que um Pagão não possui um único nome, mas vários. Poderíamos citar quatro tipos de nomes diferentes para começar:

- NOME DA ARTE: nome escolhido para ser reconhecido em uma comunidade ou grupo.
- NOME DE COVEN: nome pelo qual é reconhecido dentro de seu Coven.
- NOME INICIÁTICO: nome que é seu elo com os Deuses e que na maioria das Tradições é transmitido diretamente pelo seu iniciador caso faça parte de um Coven. Se for um Bruxo solitário, obviamente quem escolhe ou "recebe" esse nome é você. Se passar a fazer parte de um grupo depois de

se iniciar solitariamente, esse nome deverá ser reinterpretado, utilizado de outra maneira e será necessário agir de acordo com as diretrizes do grupo e respeitar suas regras.

- NOMES DE TRANSIÇÃO OU PASSAGEM: nome recebido ou escolhido durante um Rito de Passagem. São muitos e podem ser usados, incorporados e adquiridos ao longo de uma vida de variadas formas. Esses nomes podem ser usados durante um determinado tempo, até que você atravesse um ciclo, e depois são trocados por outros.

Assim sendo, um Wiccaniano pode assumir diferentes nomes e de variadas maneiras no decorrer de sua vida. Não existem regras, nem uma forma única para isso. Cada Coven, Grove ou Círculo tem sua própria maneira de escolher nomes mágicos ou da Arte.

Uma vez que esteja dentro de um Coven, provavelmente haverá um programa de estudos que deverá cumprir. Além disso, haverá uma série de requisitos que deverão ser observados por você como um Dedicante, que incluem: frequência de participação nos rituais, observação às Leis do Coven, redação de relatórios de acompanhamento de seus estudos, leitura de obras indicadas para o aperfeiçoamento de seus estudos, etc.

Durante o período de Dedicação, seu Tutor, Dedicador e todo o Coven irão acompanhar o treinamento de perto, para se certificar de que você é sério em seu propósito, e avaliar se sua personalidade se adapta ao grupo. É importante que você esteja em perfeita harmonia com o grupo, pois todos os Covens são regidos pelo ideal do "perfeito amor e perfeita confiança". Cada Coven é como uma família mágica e, assim, todos os membros devem estar em perfeita sintonia energética para que esse ideal não seja quebrado e conflitos entre os membros sejam evitados.

Compromisso é a palavra-chave para todos os que desejam ser membros de um Coven. Como Dedicante, você terá de se encontrar com seu instrutor em uma base regular para participar dos rituais e estudar. Isso pode parecer fácil de ser cumprido, mas quando você tiver de conciliar sua vida pessoal com as funções e as expectativas que se criam ao redor de sua filiação dentro de um Coven, as coisas podem se tornar realmente complicadas.

Como membro de um Coven, sua presença às reuniões se torna indispensável. Não comparecer a um ritual em que você era esperado para invocar um quadrante ou desempenhar uma função específica, pode colocar em risco toda a estrutura do ritual elaborado.

Covens geralmente se encontram nas noites de Lua cheia e nos dias de Sabbats. Assim, você terá aproximadamente dois encontros mensais. Há ainda os grupos que se reúnem semanalmente e desenvolvem projetos voltados à comunidade como manter uma praça, ajudar na limpeza de um parque, prestar serviços de auxílio a entidades beneficentes ou visitar hospitais. Obviamente, você, na condição de membro do grupo, deverá se envolver com as causas e participar de tudo. Dessa forma, fazer parte de uma comunidade Pagã é algo que deve ser ponderado com muito cuidado e responsabilidade. Essa é uma decisão que precisa ser pensada e não tomada levianamente.

Não importa qual caminho escolha seguir, seja dentro de uma Tradição, seja solitariamente, seguramente os Deuses estarão com você, seja qual for sua decisão. Participar ou não de uma Tradição é uma questão pessoal. Isso não o transformará em um Bruxo mais ou menos poderoso. O importante é seguir seu caminho com o coração e servir aos Deuses da melhor maneira que puder, esteja você em um grupo ou não.

Ritos de Passagem

Como qualquer outra Religião, a Wicca também tem Ritos de Passagem que celebram as diferentes fases na vida de uma pessoa.

Cada Rito de Passagem pode ser considerado uma diferente "Iniciação", pois desempenha papel de extrema importância na vida do homem religioso, visto que tais rituais sempre envolvem uma mudança ontológica e apresentam um conjunto de Mistérios ao indivíduo que passa por eles.

Ritos de Passagem são muito mais que rituais sagrados que marcam a vida de um Bruxo. Para a Wicca, eles são vistos como um processo mágico e social que preparará as pessoas para viverem em comunidade e para a vida em todas as suas manifestações.

Existem inúmeros Ritos de Passagem e eles geralmente estão associados às três fases da vida humana: NASCIMENTO, VIDA e MORTE.

Os Ritos de Passagem mais conhecidos e praticados são:

Rito de Unção

Ocorre nos primeiros dias de nascimento de uma criança.

Nesse ritual, os Bruxos ungem a criança com óleos sagrados e lhe conferem dons mágicos como forma de presente.

Wiccaning

É o ritual que ocorre logo após o Rito de Unção, geralmente na Lua cheia seguinte. Nele, a criança é apresentada à Deusa e ao Deus. Esse ritual visa a apenas pedir proteção dos Deuses à criança e jamais comprometê-la com a religião Wiccaniana em si. Qualquer compromisso desse tipo poderá ocorrer apenas quando a criança chegar a uma idade que tenha capacidade de decidir qual é o melhor caminho espiritual para ela mesma. No *Wiccaning*, a criança ganha dois padrinhos que a auxiliarão nos momentos de necessidade em sua vida.

Ritos de Puberdade

Muitas culturas primitivas, incluindo a celta e a nativa americana, tiveram rituais para marcar a passagem de uma pessoa para a fase adulta.

Para as meninas, isso ocorre em sua primeira menstruação, no Rito de Menarca, que é celebrado por meio de um ritual exclusivo para mulheres.

Para os meninos, a cerimônia que marca sua introdução na fase adulta é o Rito de Transição, que ocorre por volta dos 13/14 anos e que é celebrado somente por homens.

Handfasting

É o Casamento Pagão, que ocorre quando duas pessoas decidem se unir para viverem juntas enquanto casal. O *Handfasting*, ou a União das Mãos, é oficiado por um Sacerdote Wiccaniano; nele, os noivos fazem votos de fidelidade e de amor um ao outro. No final, suas mãos são unidas com um laço. A cerimônia pode acontecer em qualquer data, menos entre Samhain e Imbolc, cujas energias de morte e de transformação não se harmonizam com os propósitos do *Handfasting*. Algumas Tradições afirmam que Beltane também não é um período favorável para casamentos, enquanto outras afirmam ser a melhor data.

Handparting

A Wicca é uma religião que encoraja a responsabilidade social em todos os seus aspectos e manifestações. Por isso, quando duas pessoas que se uniram por meio do *Handfasting* decidem se separar, é orientado que essas desfaçam sua união perante os Deuses, por meio de um rito chamado de *Handparting*, ou a Separação das Mãos. Este é um ritual específico da Wicca e não encontramos prática similar em nenhuma cultura religiosa.

Croning

Nas culturas ancestrais, as mulheres mais velhas eram respeitadas por seu conhecimento e sua sabedoria. Elas eram reverenciadas como a memória viva do mundo e eram as Guardiãs da sabedoria ancestral de sua cultura. O *Croning* marca a entrada da mulher na menopausa e no caminho da Deusa Anciã, para se tornar uma Sábia.

Saging

Na Wicca, o ritual que honra a sabedoria de um homem adquirida através da Idade se chama *Saging* e ocorre tradicionalmente por volta dos 65 anos de idade. Como qualquer parte da vida de uma pessoa, a terceira idade deve ser respeitada e observada, uma vez que nossos anciões têm muita sabedoria e experiência para compartilhar conosco, se permitirmos.

Réquiem

O *Réquiem* é a cerimônia Pagã que ocorre quando um Bruxo morre. Nessa cerimônia é pedido para que os Portais do País de Verão sejam abertos para que a alma da pessoa possa passar. Três cerimônias distintas marcam o *Réquiem*. Uma ocorre no dia do enterro da pessoa, a outra, uma lunação após a morte e a terceira, um ano e um dia após a data do falecimento.

Pelos Ritos de Passagem poderemos nos manter no curso da verdade de nossa essência e encontrar a resposta para a maior indagação da alma humana: quem somos nós?

Dessa forma, nosso espírito brilhará nos mostrando o caminho correto, e assim, poderemos nutrir o espírito da verdade em cada um de nós, para que ele floresça e dê bons frutos.

Sendo assim, a Wicca forma os indivíduos e os prepara para a vida.

Dando seus Primeiros Passos na Wicca

Se você chegou a este livro é porque deseja conhecer um pouco mais sobre a Wicca e muito provavelmente praticá-la. Esta obra o introduzirá nos aspectos básicos da Wicca que seguramente o impulsionará a conhecer mais, dando início a uma busca que jamais terminará.

Poucas são as pessoas que possuem sorte de encontrar um Bruxo experiente e honesto para treiná-la e ensinar a ela tudo que sabe sobre a Wicca.

Com a superexposição da Arte nos últimos tempos, muitos são os cursos, professores e iniciadores que apareceram e que, na maioria das vezes, desejam mais lucrar com o seu dinheiro do que transmitir informações confiáveis e de qualidade. Instrutores e fontes de informações sérias são raros.

Por esse motivo, a maioria dos Wiccanianos atuais dirige seu próprio aprendizado e não há motivo para que você não faça isso também. Caso opte por ser um Bruxo Solitário, ou jamais encontre um instrutor confiável, você poderá receber ensinamentos valiosos de muitas fontes.

Hoje, livros a respeito do tema abundam no mercado, bem como sites e listas de discussão na Internet. A natureza também é uma valiosa fonte de recursos e você poderá aprender com ela, sem precisar gastar um centavo sequer. A Deusa e o Deus também colocam à nossa disposição seus ensinamentos por meio de insights, sonhos, reflexões e mensagens transmitidas em meditações diárias.

Leia o quanto puder. Mesmo que cada autor tenha opiniões divergentes e por vezes completamente opostas, algo de valor, na maioria das vezes, será retirado de um livro. Muitos autores apresentam suas teorias e pensamentos como verdades inequívocas, como se elas fossem legítimas para todos os Bruxos e Tradições. Por isso, adapte os ensinamentos dos livros à sua forma de viver, de acordo com o seu discernimento.

Esteja aberto para aprender com qualquer um e com tudo. A natureza ao seu redor está cheia de ensinamentos para lhe transmitir, a Deusa se reflete em cada coisa viva. Abra seus sentidos quando estiver na natureza, caminhe com frequência em um parque, praia ou trilha. Isso o levará a perceber quantas coisas diferentes é capaz de sentir, ver, cheirar, provar, e mostra a diversidade do mundo da Deusa; tal experiência o afetará de forma substancial em diferentes níveis da vida.

Enquanto caminha na natureza, recolha objetos e utensílios para fazer um Altar. Uma pedra para o elemento Terra, uma pena para o Ar, um bastão para o Fogo, uma concha para a Água são apenas algumas sugestões do que poderá encontrar em suas caminhadas e que poderão ser utilizadas na criação de um Altar. Arrume tudo isso de forma agradável sobre alguma superfície, acenda incensos e velas com frequência nesse local, enquanto reflete pedindo paz, harmonia e centramento. O Altar é o local onde podemos contatar o divino.

Viva o que você acredita!

A Wicca celebra a vida e ensina que tudo o que existe é Sagrado. Como você traduziria isso em sua forma de viver? Por onde começaria?

Se desejar praticar a Wicca, abra-se para o Sagrado e deixe-o se comunicar com você. Siga, se possível, as seguintes sugestões para iniciar sua caminhada na Arte:

- Nós somos cocriadores da realidade, tanto como os Deuses. Abra-se para o Sagrado e deixe-o atuar através de você.
- O Sagrado está dentro e fora de nós. Identifique a interconexão das energias, percebendo que todos nós estamos ligados uns aos outros.
- A Wicca é uma religião de transformação alcançada pela prática e não pela teoria. Ler é bom, mas muitas vezes você deve deixar os livros de lado e praticar aquilo que aprendeu na teoria. Somente isso pode abrir o caminho para que os Deuses se comuniquem com você.
- Wiccanianos vivem de maneira sagrada, porque a vida é mágica. Respeite tudo o que existe e você também será respeitado.
- A Magia surge de nossa relação com a natureza e pela harmonia e o equilíbrio do nosso ser. Busque sempre estar centrado, seja sensato, honesto e verdadeiro. Onde há verdade há poder.
- A Magia é imprevisível e segue nosso fluxo interior. Se você estiver em equilíbrio, sua magia será equilibrada.
- Bruxos não realizam Magia manipulativa. Respeite o livre-arbítrio dos outros, começando pelo seu próprio.
- A natureza é nossa ponte de comunicação com os Deuses. Se você estiver em harmonia com a natureza, estará em harmonia com o Sagrado.
- Tenha a Deusa como sua principal fonte de inspiração e de informação. Ela reside em seu interior e está pronta para despertar e fazer sua luz brilhar fundo em você, iluminando sua vida e tudo o que estiver ao seu redor.

A Wicca possui muitos caminhos. Eles são variados e diferentes uns dos outros, exceto por estarem ligados pela mesma energia: o amor, a amizade e a celebração à natureza.

Seja bem-vindo ao fantástico e encantador universo da Wicca!

A Deusa e o Deus

> "No momento infinito, a Deusa se elevou do caos
> e criou tudo aquilo que é, foi e será."
>
> *Trecho do mito Wiccaniano da Criação*

A Religião na Pré-História

A mente humana, há 30.000 anos, tinha começado seu processo de buscar explicações acerca dos mistérios da vida, assim como fazemos hoje. A arte associada com a revolução humana daquela época é indispensável para apoiar a teoria de que o *Homo Sapiens* possuía certas crenças espirituais. Arte e religião sempre tiveram um relacionamento inextricável entre si.

O fio comum que une toda a fé moderna é mais bem explicado pela definição do termo religião. O antropólogo J. G. Frazer define religião como "uma propiciação ou conciliação de poderes superiores ao homem que se acredita dirigir e controlar o curso da natureza e da vida humana". Em nível básico, é o Xamã que cumpre esse papel. É o Xamã que é capaz de interceder e interpretar tais relacionamentos. Ele compartilha um relacionamento íntimo com o reino espiritual, como Joseph Campbell explica:

> O Xamã é um tipo particular de homem curador, cujos poderes podem causar a cura ou a doença, comunicar-se com o mundo além, prever o futuro, e podem tanto influenciar o tempo como o movimento de animais, cuja gravidez acredita-se ser derivada de suas relações sexuais com espíritos vislumbrados.

Apesar de o Xamanismo não gozar nem a popularidade nem o número elevado de seguidores das religiões mais importantes do mundo, o Xamã continuou a praticar uma arte que permaneceu relativamente inalterada desde tempos imemoráveis. As raízes do Xamanismo pré-datam todas as religiões atuais existentes. Embora seja encontrado principalmente em sociedades caçadoras e simples ao redor do mundo, sua influência pode muito bem ser encontrada em praticamente todas as culturas e religiões hierarquicamente mais complexas. Para evidenciar tal hipótese, é necessário seguir o progresso dos *Homo Sapiens* arcaicos, conforme eles se desenvolveram nos *Homo Sapiens* modernos.

No período Paleoltico, o artista e o Xamã eram provavelmente uma só pessoa. Por seus poderes mágicos de recriar animais nas paredes das cavernas de templo, eles – os artistas-xamãs – conectavam-se com a fonte da vida que animava tanto os humanos quanto os animais, tornando-se veículos dessa fonte, criadores da forma viva, e assim também, a fonte dela.

A arte foi a forma de comunicação dos primeiros *Homo Sapiens*. As pinturas dos *Homo Sapiens* modernos, encontradas nas paredes das cavernas como Trois Freres e Lascaux, na França, representam algo mais que meras representações de animais como vistos em suas vidas diárias pelos artistas. Como Jung explica:

> [...] uma palavra ou uma imagem é simbólica quando encerra algo mais que seu significado imediato óbvio [...] como há inumeráveis coisas além do alcance do entendimento do ser humano, nós constantemente usamos termos simbólicos para representar conceitos que não podemos definir ou plenamente compreender. Essa é a razão pela qual todas as religiões empregam uma linguagem simbólica ou imagens.

O trabalho de arte achado dentro dessas cavernas do Paleolítico Superior foi pintado por indivíduos com um propósito maior em mente do que apenas retratar a vida animal cotidiana deles. Aliás, a maioria desses trabalhos, que foi achada no fundo dessas cavernas, não era facilmente acessível. O trabalho de arte foi realizado para dizer algo além do mundo, do simples. O Dr. Herbert Kuhn descreve sua visita a Trois Freres e a dificuldade em alcançar o interior das câmaras da caverna:

> [...] o chão é úmido e lamacento, temos que ser muito cuidadosos para não escorregar por entre as rochas. Sobe-se e desce-se, então vem uma passagem muito estreita pela qual você tem que rastejar [...] a galeria é grande e longa e então aí vem um túnel muito baixo [...] o túnel não é muito mais amplo que os meus ombros, nem alto. Posso ouvir os outros à minha frente ofegando e ver o quão lentamente suas lanternas deslizam.

Com os nossos braços pressionados, contorcemo-nos adiante nossos estômagos, como cobras. A passagem possui apenas um pé de altura, de modo que se deve colocar sua face diretamente no chão. Senti-me como se rastejássemos por um caixão.

Foi sugerido que a arte achada nas paredes dessa caverna representa alguma forma de magia ou cerimônia religiosa. O esforço que exige alcançar essas câmaras interiores ao menos elimina a possibilidade de uma expressão artística simples. Joseph Campbell considerou a câmara de Trois Freres, bem como toda a caverna, um centro importante de caçadas mágicas, que serviam a propósitos mágicos. As pessoas responsáveis devem ter sido altamente respeitadas e/ou magos habilidosos. Seja lá o que tenha sido feito nessa caverna, o fato é que seus registros apontam para cerimônias proeminentes, importantes e mágicas.

Um dos trabalhos mais intrigantes de arte, sugerindo a Espiritualidade humana e encontrado no período Paleolítico Superior, é a pintura conhecida como o "Feiticeiro de Trois Freres". Um misto de animal com características de ser humano. O feiticeiro obviamente representa algo além que a interpretação simples de um animal de caça.

Os recantos escuros e fundos das câmaras e cavernas teriam propiciado situações ideais para os Xamãs. A escuridão e a experiência de isolamento dentro dessas cavernas de labirinto teriam ajudado a induzir um transe hipnótico e visões Xamanísticas.

Dentro dos recantos fundos dessas cavernas, em luz indistinta ou em escuridão total, o artista-xamã praticou a sua arte, sua magia, com a esperança de se comunicar com os espíritos dos animais.

Talvez essas cavernas servissem como centros para ritos de fertilidade, rituais de iniciação e ritos probatórios da maturidade, com o "Feiticeiro de Trois Freres" dirigindo as cerimônias. O que se torna claro é que as cavernas Paleolíticas como Trois Freres e Lascaux provavelmente tenham sido centros de alguma importância espiritual. O trabalho de arte refletiu algo mais do que apenas uma representação do mundo natural, refletiu uma forma de simbolismo conhecido talvez somente pelo artista-xamã e pela sociedade em que ele trabalhou.

Muitos foram os elementos xamânicos que estiveram presentes na crença espiritual dos primórdios da humanidade, como a crença em um Ser Superior, de caráter celeste, em espíritos divinos, que intervêm na vida dos homens e em suas atividades, os transes extáticos, invocação e domínio do mundo dos espíritos.

Os ritos desses primeiros povos eram, na maioria das vezes, do tipo socioeconômico (ritos de caça, de pesca, de guerra), notando-se a ausência de um culto específico a alguma figura divina nomeada.

Resumindo, podemos dizer que os primeiros grupos humanos não chegaram a um conceito claro da divindade, menos ainda a cultuar uma deidade única.

A vida errante a que foram compelidos pelas condições adversas do clima e pelas contínuas lutas entre os grupos, impediram a elaboração mais refinada de suas crenças e o desenvolvimento de um culto específico.

No entanto, nesse passado histórico, são encontrados inúmeros vestígios de religiosidade na pré-história. Entre os "Homens de Cro-magnon" encontramos indícios de rituais religiosos como o sepultamento dos mortos. A religiosidade se manifestava nas principais preocupações do cotidiano e em nível de desenvolvimento dos povos.

No período Paleolítico (100.000 a 30.000 AEC), da pedra lascada, do predomínio da caça, havia a crença em uma potência superior e a ela eram endereçadas ofertas para que, em troca, tivessem multiplicadas a caça e a prole.

No Neolítico (de 10.000 a 5.000 AEC), iniciou-se a civilização urbana, com a vida sedentária e surgindo problemas de hierarquia social e administrativa, a religião foi se tornando complexa na mesma medida. A ideia de um ser supremo que se esboçou no Paleolítico, começou nesse período a ser encoberta por uma série de entidades divinas mais próximas do homem, representando as forças atmosféricas (o vento, a chuva, elementos tão importantes na agricultura).

Tanto na época dos caçadores nômades quanto na dos agricultores sedentários, há uma vivência de um cosmos sacralizado. O mundo é vivido como algo carregado de valores e significados. Assim, para o homem religioso o Cosmos "vive" e "fala". A própria vida do Cosmos é uma prova da sua sacralidade, pois ele foi criado pelos Deuses e os Deuses mostram-se aos homens por meio da vida cósmica e da natureza. Essa vivência parece revelar uma experiência de integração do ser humano com a natureza e uma disposição para conhecê-la. Provoca a imagem de um ser humano humilde frente à extraordinária criação do Universo e dos seus mistérios.

Para o homem das sociedades arcaicas, tudo era passível de se tornar sagrado. A vida humana se desenrolava paralela a uma vida sacralizada, do Cosmos ou dos Deuses. Os rituais não eram reservados apenas para determinadas ocasiões ou atividades específicas, mas envolviam atividades rotineiras tais quais: as refeições, os atos sexuais, os cumprimentos, o acordar e o adormecer.

A religiosidade foi uma maneira, a primeira talvez, por meio da qual se construiu um conhecimento sobre os ritmos, ciclos e funcionamento do Universo. Os homens primitivos tinham complexos sistemas simbólicos com correspondências micro macrocósmicas como: a assimilação do ventre à gruta, das veias e das artérias com o Sol e à Lua. Outro exemplo é a comparação da vida sexual aos fenômenos cósmicos, como as chuvas e a semeadura: dizia-se que as chuvas fertilizavam a terra.

Na cultura primitiva, antes do aparecimento das cidades e das tribos, na cultura dos povos coletores, a religião servia ao principal propósito de garantir a unidade do grupo e a sobrevivência de seus membros. Por meio dela, o homem deu início às reflexões acerca do mistério da vida, fomentadas por comunicação mais intensa entre os grupos humanos. Na mesma época, surgiu o Totemismo. Nas culturas tribais, as famílias se uniam em grupos maiores para segurança e mais eficiência na caça e, na religião, incrementavam-se os ritos de iniciação dos jovens. À medida que a humanidade se desenvolve, a religião acompanha essas mudanças. Quando a população das culturas superiores cresceu, isso exigiu mais organização social, política e religiosa. A religião então passou a alcançar maior sofisticação para atender interesses coletivos incorporando, assim, poderes políticos, por exemplo.

Mãe do Tempo – Estatuetas Paleolíticas

De todos os pensamentos e formas de culto encontrados na pré-história, o de uma Divindade criadora feminina, a Deusa, parece ter sido o mais central e desenvolvido.

Estatuetas de Vênus é um termo amplo para um número de itens pré-históricos, principalmente em forma de estátuas de mulheres obesas ou grávidas, esculpidas no período Paleolítico Superior e achadas na Europa. Essas estatuetas estão entre os objetos mais antigos de cerâmica já conhecidos. São consideradas por muitos estudiosos ícones da fertilidade e representações do arquétipo da Grande Mãe. Elas são feitas de pedra, osso, barro e foram descobertas perto dos restos de paredes das primeiras habitações humanas.

Essas estátuas foram encontradas na Espanha, França, Alemanha, Áustria, Checoslováquia e na Rússia, a maioria delas tem mais de dez mil anos.

A Vênus de Willendorf é talvez a estatueta Pleistocena mais famosa. Representada com seios e nádegas exagerados, essa figura foi feita na Idade da Pedra há mais de 20.000 anos e forma nossas impressões da primeira Deusa Mãe Primordial. O acento sexual nos seios femininos e nas nádegas é considerado, por muitos, um sinal de fertilidade. Essas estatuetas sem forma são predominantes nas esculturas Pleistocenas. Foram encontradas mais de cinquenta figuras desse período, dentre elas, somente cerca de cinco das masculinas são conhecidas.

Nem todas as estatuetas femininas são protuberantes e gordas, mas a maioria se assemelha a Vênus de Willendorf. É comum que suas barrigas e seus seios sejam desproporcionais. A cabeça e os braços são demonstrados relativamente sem importância em relação ao meio do tronco. As coxas tendem a ser exageradas, com pernas menores. As Deusas Primordiais do Pleistoceno podem representar apenas símbolos de fertilidade. O mundo Pleistoceno representa a mudança do *Homo Neanderthalensis* para *Homo Sapiens*. É um mundo que desperta com a arte das cavernas e a expansão geográfica.

A Vênus de Laussel é uma estatueta da Deusa datada do período Paleolítico.
Ela aparece com um chifre, contendo 13 marcas, nas mãos, numa alusão
aos 13 meses do antigo calendário lunar das culturas ancestrais.

Dois achados arqueológicos mais antigos também são categorizados como estatuetas de Vênus – a Vênus de Berekhet Ram, que data entre 800.000 e 233.000 AEC; e a Vênus de Tan-Tan, que data entre 500.000 e 300.000 AEC. Achadas na Ásia e na África, respectivamente, elas foram feitas de pedra em vez de cerâmica. Ambas as estatuetas são muito ásperas e podem ter tomado a forma humana por processos geológicos naturais. No entanto, a Vênus de Berekhet Ram tem estriamentos, sugerindo ferramentas e trabalho humano em pedra, e a Vênus de Tan-Tan possui evidências de ter sido pintada: uma substância gordurosa encontrada na superfície da pedra contendo ferro e manganês indica que ela foi decorada por alguém e usada como uma estatueta religiosa, independentemente de como tenha sido formada.

As estatuetas de Vênus, neste contexto, podem ser vistas pela perspectiva animista da mente primária, por meio de uma mentalidade que vê o mundo como vivo e entrelaçado com a vida humana. As figuras e as visões dos seres humanos e animais, na forma da arte das cavernas, fornecem uma ligação forte entre seres humanos e o mundo natural. As estatuetas Paleolíticas logicamente podem se encaixar nessa visão, assumindo-se que elas eram parte de uma ênfase maior na fertilidade – seja tanto apontando ao aumento mágico dos animais quanto à fertilidade humana.

Erich Neumann advoga que a Deusa é um símbolo da Terra por si mesma. Postula que a Deusa frequentemente é retratada como se estivesse a se sentar. Ele tira suas teorias de imagens e figuras primitivas da Deusa, que muitas vezes são retratadas sentadas em "tronos", como apoio para uma crença mais ampla comprovando que a Deusa é um símbolo da Mãe Terra. Neumann também advoga que a Deusa Primordial pode representar uma montanha, fornecendo, inclusive, exemplos de figuras que comprovam essa associação em suas obras[8].

Descobertas recentes mostraram que durante o período de 6.500 a 5.700 AEC, a Grande Deusa permeava todos os aspectos da vida de Çatal Huyuk, a mais antiga cidade que se conhece do período Neolítico, na Antiga Anatólia.

Çatal Huyuk foi uma aldeia agrícola primitiva da Anatólia (Turquia moderna), foi descoberta e escavada por James Mellaart, nos anos de 1950. O povo de Çatal Huyuk especializou-se em produção de obsidiana, criação de

---

8. Verificar o livro *A Grande Mãe* (Editora Cultrix), de Erich Neumann para mais informações a respeito do tema.

gado, olaria e fabricação de cesta. O local representava uma aldeia Neolítica relativamente grande para a época. A arquitetura inclui construções de casas domésticas e santuários. A imagem central da Deusa cultuada por esse povo era a de uma mulher jovem, dando à luz, e uma mulher mais velha. A Deusa era representada em santuários, em imagens esculpidas ou pintadas na parede. Os touros representavam outra imagem encontrada em santuários desse povo, e foi considerada pelos estudiosos tal qual a imagem masculina do Sagrado, o Deus. Várias estatuetas masculinas foram achadas em Çatal Huyuk, mas a imagem da Deusa ultrapassa em número as figuras do Deus.

A Deusa parece ter sido a única característica importante proeminente e o foco da cultura naquela época. James Mellaart foi capaz de reconstruir muito da vida religiosa, econômica e social daquele período, estudando as sepulturas, a organização de famílias, as fontes de suas riquezas, suas decorações de santuários e suas estatuetas esculpidas e ainda achou evidências de práticas avançadas em agricultura e estoque, numerosas importações e um negócio florescente em matérias-primas (obsidiana) assim como também planejamento urbano e arquitetônico.

As imagens de Çatal Huyuk retratam a Deusa sentada em um trono de felinos, como se ela estivesse voando no ar, com seu cabelo fluindo ao vento, como um abutre e/ou como uma flor.

O nascimento era um tema central em muitas das descrições dos santuários, interpretado por Mellaart em uma escavação como lugares de nascimento. O chão e as paredes eram pintados em vermelho, uma cor dominante encontrada por toda Çatal Huyuk. Mellaart achou evidências de que o leopardo seria considerado sagrado, podendo ter sido a corporificação simbólica da Deusa. Em um dos santuários foi encontrada uma Deusa dentro de uma caixa de grãos, retratando o ato de dar à luz e descansando entre dois leões ou leopardos. Comumente, esse trono toma a forma de leões ou de leopardos. Essas imagens formam parte da teoria base de Neumann, citada anteriormente, de que a Deusa representa a Mãe Terra. Os leões, leopardos e chifres de touro frequentemente são achados ao lado da Deusa, aos seus pés ou usados na forma de ornamentos. Na maioria dos casos, a Deusa senta-se como se estivesse em um trono.

Anne Baring e Jules Cashford afirmam que tais imagens da Deusa com chifres de carneiros e touros encontradas em Çatal Huyuk mostram afinidade com a civilização da Europa antiga, mas também com a cultura Minoica.

A Deusa e o Deus: a interação que cria o mundo, as estações e toda realidade manifesta

Das origens primitivas do Neolítico e do Paleolítico surgiram todas as formas de Magia e de religião, além de a inspiração para recriar muitas outras formas de espiritualidade que surgiram posteriormente, incluindo a Wicca. Exatamente por isso, honramos o Sagrado Feminino em todas as suas muitas manifestações.

Para as crenças Wiccanianas, o Universo e tudo o que existe foram criados pela Deusa, que é considerada a primeira divindade da humanidade, desde o início dos tempos, de acordo com as evidências arqueológicas.

"É possível traçar a figura da Deusa ao longo do tempo, já que podemos historicamente documentar significados e significância." Um Wiccaniano, para ampliar seus conhecimentos e práticas deve traçar a Deusa Primordial ao longo do tempo e fazer conexões que pareçam plausíveis. Deve explorar a Deusa em suas muitas culturas como Egito, Mesopotâmia, Creta e Europa e, em sua procura por pontos convergentes, procurar traçar a associação da Deusa com os animais tais quais pássaros, gado e cobras ao longo do seu caminho de exploração.

Seguramente, os paleoeuropeus acreditavam que o poder criador universal era feminino e adoravam as forças da natureza como forma de estabelecer contato com o Divino.

O culto à Deusa Mãe é muito anterior à Era de Touro (4.000 AEC a 2.000 AEC), tempo em que os homens viviam da caça e da pesca e as mulheres eram as grandes Sacerdotisas, Xamãs e detentoras do poder religioso. Nessa época, o respeito ao feminino e aos mistérios da procriação estavam em seu apogeu. Os homens ainda não tinham associado o ato sexual à concepção e viam a gravidez e o nascimento como algo sagrado, recebido diretamente dos Deuses. Os homens ancestrais acreditavam que as mulheres engravidavam deitadas ao luar, por meio da Grande Deusa personificada como a própria Lua.

Foi a partir daí que o conceito do Sagrado Feminino passou a existir e prevaleceu durante milênios. Nossos ancestrais acreditavam que o poder que conspirou para que o Universo existisse era feminino e, por isso, cultuavam a Deusa como a Criadora do mundo e de tudo aquilo que existe nele. Segundo as crenças Pagãs primitivas, essa Deusa, geralmente simbolizada pela Terra e/ou pela Lua, teria criado tudo e todos, até seu próprio complemento, o Deus, que era personificado pelo Sol.

A adoração à Deusa foi a primeira religião estabelecida pelos seres humanos. Como vimos anteriormente, muitas evidências arqueológicas incluindo estátuas, amuletos, cerâmicas, pinturas nas cavernas e outras imagens indicando a veneração da Deusa foram descobertas, comprovando a existência de um culto primordial, em que uma Divindade Criadora feminina era adorada. Torna-se claro, assim, que uma Deusa, e não um Deus foi a divindade central de culto para as antigas civilizações. Essas esculturas são tão antigas que datam do Paleolítico superior, que ocorreu por volta de 25.000 AEC, e foram sempre encontradas perto de grutas, cavernas, círculos de pedras e cemitérios, o que seguramente as conecta com algo sagrado.

Merlin Stone, em *When God was a Woman* (*Quando Deus era uma Mulher*), diz que Arqueólogos localizaram evidências de adoração à Deusa antes das comunidades do Neolítico de cerca de 7.000 AEC, algumas das esculturas datam do Paleolítico Superior, de cerca de 25.000 AEC. Desde as origens Neolíticas, sua existência foi comprovada repetidamente até os tempos romanos.

As estatuetas que representam a Deusa não foram meras decorações das pessoas que as criaram, mas, sim, objetos profundamente importantes, porque representavam o meio pelo qual os seres humanos se expressavam antes mesmo de começarem a utilizar a fala. A arte, ao longo da História, sempre revelou o que as culturas valorizavam e o conhecimento que tentavam passar às gerações futuras.

Claramente o parto, a maternidade e a sexualidade feminina eram considerados sagrados. Isso nos mostra que essas culturas tiveram pouco ou nenhum conhecimento do papel do homem na reprodução. Para todos eles, a mulher concebia o bebê por ela mesma. O sexo não era associado com o parto e as mulheres eram consideradas as doadoras exclusivas da vida. Até hoje algumas culturas isoladas na Terra acreditam que o homem não tem participação alguma na concepção.

Além disso, como o conceito de paternidade ainda não tinha sido entendido, as crianças pertenciam somente às mães e à comunidade. Crianças "ilegítimas" não existiam, elas levavam o nome de suas mães e a família descendia pela linhagem materna. Essa estrutura social, baseada na afinidade feminina, é chamada de "matrilinear", e ainda existe em algumas partes da África, da Índia, da Melanésia e da Micronésia.

As culturas primitivas eram frequentemente matrifocais, isso significa que, quando uma mulher casava, o marido ia morar com a família da esposa, ao invés da mulher ser desarraigada e se mudar para a casa da família do marido. Isso significa que todo o poder e o status que as mulheres detiveram na sociedade teriam sido certamente cada vez mais altos se não fosse a queda matrilinear. Se não fosse o domínio patriarcal na sociedade e na religião, mulheres jamais teriam sido totalmente dependentes dos homens e consideradas suas propriedades. A importância da virgindade e dos castigos por adultério não teriam existido, pois eles fazem parte de conceitos patrilineares, em que a paternidade é mais estimada que a maternidade.

A adoração da Deusa nas culturas antigas incluía o papel principal das mulheres nos trabalhos religiosos e nas celebrações sagradas. As mulheres eram as grandes sacerdotisas, adivinhas, parteiras, poetisas e curandeiras. Elas presidiam templos erguidos a Deusas como Ishtar, Ísis, Brigit, Ártemis e Diana, que estão entre os mais populares.

Do envolvimento das mulheres com a religião vieram muitos avanços, como o conhecimento do poder das ervas que curavam os doentes e aliviavam a dor do parto, por exemplo. Até o primeiro, o calendário lunar, que foi utilizado por muito tempo, pode ter começado com mulheres que observavam seus ciclos menstruais e os comparavam com os ciclos de Lua. Além da astronomia, as mulheres desenvolveram também os idiomas, a agricultura, a culinária, a cerâmica e muito mais. As contribuições das mulheres para a cultura humana são inúmeras, e elas jamais tiveram o devido crédito e valor.

A Deusa é o princípio Divino Feminino, a Divindade suprema adorada na Wicca. Ela seguiu sendo reverenciada ao redor do mundo por milhares de anos, até que foi silenciada pelas religiões patriarcais. Em anos recentes, a Deusa e seus cultos tiveram um devido ressurgimento, e hoje contam com grande popularidade entre as feministas que buscam uma dimensão espiritual para as suas causas políticas, entre aqueles que se interessam pelas religiões antigas, abrangendo aqui todas as manifestações Pagãs, entre mulheres e homens comuns que sentem que algo está se perdendo nas proeminentes religiões organizadas de hoje.

É difícil definir a Deusa em alguns parágrafos, mas a versatilidade é uma de Suas características mais interessantes. Para alguns, Ela é a única Divindade existente. A Deusa não é necessariamente vista como uma pessoa, mas como uma força multifacetada de energia que se expressa em uma variedade de formas e pode ter inúmeros nomes diferentes.

Ela foi chamada Ishtar, Astarte, Inanna, Lillith, Ísis, Maat, Brigit, Cerridwen, Gaia, Deméter, Danu, Arianrhod, Afrodite, Vênus, Ártemis, Atena, Kali, Lakshmi, Kuan Yin, Pele e Mari, entre muitos outros nomes. A Ela foram atribuídos muitos símbolos – serpentes, pássaros, a Lua e a Terra.

A Deusa é a Criadora de todas as coisas e ao mesmo tempo a Destruidora. Tudo vem Dela e tudo retornará a Ela. A Deusa está contida em tudo e vive na terra, nos céus, no mar, em cada botão de flor, em cada pingo d'água e em cada grão de areia. Ela não é um Ser distante e intocável, mas, sim, uma Divindade que está aqui conosco, vive e se manifesta em cada um de nós. É a Donzela, a Mãe e a Anciã. A Deusa é você, sou eu, é tudo e todos.

Nas práticas Pagãs, a Deusa possui três aspectos distintos. Sua Triplicidade é muito anterior ao cristianismo e não é difícil que seja Ela quem tenha dado origem ao pensamento da Trindade Cristã. Porém, na Wicca, a Triplicidade se refere a três estados distintos da mesma Divindade.

Cada um desses aspectos tem suas características particulares, distintas das outras, e cada um deles traz a possibilidade de serem relacionados com aspectos internos de nossa psique. Suas três faces são a Donzela, a Mãe e a Anciã, os seus aspectos reverenciados por toda a humanidade desde tempos imemoráveis.

A Donzela representa os impulsos, os começos e está relacionada à Lua crescente. A Mãe é a Doadora da Vida, a Grande Nutridora e está associada à Lua cheia. A Anciã é a detentora da sabedoria, a Grande Conhecedora e Transformadora e está associada à Lua minguante.

A Deusa é abrangente porque pode ser tudo que você quiser que Ela seja. A maioria de seus seguidores compartilha algumas convicções em comum. Starhawk, uma das mais atuantes Bruxas modernas e autora do livro *Dança Cósmica das Feiticeiras,* afirma que os três princípios da religião da Deusa são: imanência, interconexão e comunidade.

Imanência é o meio pelo qual a Deusa está presente na Terra e em nós: a natureza, a cultura, a vida. Interconexão é o meio pelo qual todos os seres estão relacionados e a forma como estamos unidos ao Cosmo. Enquanto comunidade, crescimento e transformação passam por interações íntimas. Basicamente, a lei da Deusa é o Amor: Amor Incondicional. Ela não tem nenhuma ordem a ser seguida a não ser o Amor, em todas as suas manifestações e formas.

A Deusa teve grande popularidade e proeminência até as religiões patriarcais como o judaísmo, o cristianismo e o islamismo a silenciarem.

A mudança para o patriarcado foi gradual e procedeu de uma reformulação nos sistemas de parentesco que mudou de matrilinear para patrilinear. A ênfase na paternidade e no homem é clara e evidente nas principais religiões praticadas até os dias de hoje. A relação de pai/filho e Deus/Jesus é a chave do cristianismo, embora a figura da mãe tenha conseguido persistir e aparecer no catolicismo como Maria, que curiosamente é chamada de "A Mãe de Deus".

Outros fatores relativos à ascensão das religiões patriarcais foram a ênfase das ditaduras militares, que aumentaram o culto aos Deuses guerreiros. Esther Harding escreveu em *Women's Mysteries* (*Mistérios das Mulheres*):

> A elevação do poder masculino e da sociedade patriarcal provavelmente começou quando o homem passou a acumular bens, o que não é comunitário, propriedades, e achou que a força pessoal dele e a sua coragem pudessem aumentar suas posses e riquezas. Essa mudança de poder secular coincidiu com o aumento da adoração ao Sol sob um sacerdócio masculino que começou a substituir os muitos cultos à Lua realizados desde tempos imemoráveis.

Assim, do mesmo modo que os homens ganharam poder sobre as mulheres, e o masculino se tornou a Grande Divindade, o Sagrado Feminino passou a ser reconhecido cada vez menos. A ausência do culto à Deusa trouxe guerras, crimes, regras e tirania.

A maioria das religiões atuais da humanidade é baseada em figuras e princípios divinos masculinos, com Deuses e Sacerdotes, ao invés de Deusas e Sacerdotisas. Durante milênios, os valores femininos foram colocados em segundo plano, e em muitas culturas as mulheres foram subjugadas e passaram a ocupar uma posição inferior aos homens, quer seja em nível social, quer seja espiritual.

A Wicca busca recuperar o Sagrado Feminino e o papel das mulheres na religião como Sacerdotisas da Grande Mãe, além da complementaridade e equilíbrio entre homem e mulher, simbolizados por meio da Deusa e do Deus, que se complementam.

O Deus representa os aspectos masculinos da criação. Ele é o Deus Cornífero, o protetor das florestas e dos animais que presidia principalmente a caça. Ele é considerado o primeiro nascido, sendo ao mesmo tempo filho e amante da Deusa.

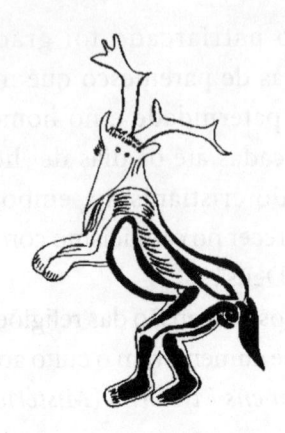

Representações que simbolizam o Sagrado Masculino são muito mais recentes na história da humanidade. Uma das figuras mais antigas, simbolizando os aspectos masculinos do Divino, foi encontrada na caverna de Trois Frere e é nomeada de "Xamã" ou "Feiticeiro". Ela data apenas de 10 mil anos AEC aproximadamente, enquanto a maioria das estatuetas da Deusa está datada de 40 mil anos AEC ou mais.

Para alguns, isso pode parecer incestuoso, mas o simbolismo é fácil de ser compreendido: o Deus é ao mesmo tempo filho e consorte da Grande Mãe, porque ele expressa o Sagrado Masculino e simboliza analogamente os homens, que nascem de uma mulher para se unir com outra. Simbolicamente, ao final, todos os homens se unirão em casamento ao mesmo princípio que os gerou, o Feminino.

O reconhecimento e a reverência ao Deus Cornífero surgem tempos depois do culto à Deusa, e ele foi proeminente no Paleolítico, aproximadamente 12 mil anos atrás, quando os homens o representaram nas paredes das cavernas.

Desse modo, mesmo sendo considerada uma religião centrada no Sagrado Feminino, a Wicca é baseada na dualidade que reflete o equilíbrio e a energia da natureza. A Deusa é considerada a doadora da vida enquanto o Deus é o fertilizador. Ela representa todas as mulheres e o Deus todos os homens.

É necessário deixar claro que a visão do Deus para a Wicca em nada se parece com o Deus patriarcal expresso pelas religiões judaico-cristãs. O Deus da Wicca é vivo, forte, viril, sexual, ligado aos animais, não sendo em nada semelhante ao assexuado e transcendental Deus monoteísta. Ele representa tudo o que é bom e prazeroso como a vida, o amor, a luz, o sexo, a fertilização.

Com a chegada do cristianismo na Europa, com todo seu conjunto de pecados, proibições e tabus sexuais, o Deus Cornífero foi transformado na figura do demônio e do mal pelos primeiros cristãos. Até então, o diabo jamais tinha sido representado com chifres na cabeça, e isso aconteceu somente para denegrir a imagem do Deus dos Bruxos.

O Deus Cornífero orna chifres em sua cabeça não por ser o diabo, pois Bruxos nem nele acreditam, mas por causa de sua ligação com os animais e a caça. Ele não é de nenhuma forma o demônio, e muito menos é o Deus cristão. Ele é, sim, o Deus Pagão da natureza e da vida.

O Cornífero é geralmente representado ornando chifres de veado. Nas culturas antigas o veado é um importante animal simbólico. Parece que na arte das cavernas ele teria constituído, ao lado do touro e do mesmo modo que o cavalo e o boi selvagem, um sistema dualístico mítico-cosmológico, de acordo com historiadores. Por causa de seus chifres serem semelhantes às árvores e se renovarem periodicamente, o veado era considerado símbolo da vida que rejuvenesce de modo contínuo, do renascimento e do decorrer do tempo.

Na mitologia nórdica antiga, quatro veados teriam se alimentado dos ramos da árvore do mundo, a Yggdrasil, comendo seus frutos (horas), flores (dias) e ramos (estações do ano).

Já na Antiguidade ele era considerado inimigo das serpentes venenosas, sua pele era um amuleto contra mordidas de cobra, e o pó do chifre defendia sementes de sortilégios.

O veado é o primeiro dos quatro animais sagrados a ser mencionado no poema de Amergin, na cultura celta. Existe uma relação próxima entre o veado e o javali na mitologia céltica. É a relação da luz crescente e minguante no ciclo do ano. Ambos são criaturas do Outromundo, que cruzam os limites entre os mundos servindo como mensageiros ou guias por meio desses limites. Um é associado com o "Dia" e o outro com a "Noite" do ano.

Depois de Beltane, o javali se torna um animal solar talentoso, com sabedoria poética, e a potência do veado está no limiar do verde, crescendo terra abaixo. Depois de Samhain, é quando o javali, que agora é um leitão, vaga sobre a terra estéril, disfarçado em uma Deusa medrosa, enquanto o veado mora nos reinos celestiais como uma presença brilhante, oferecendo esperança.

O veado é um mensageiro apropriado para a grande mudança que está para acontecer depois do Solstício de Inverno. Embora a Terra permaneça escura e infrutífera, as noites são muito mais longas que os dias, a luz começou a crescer, mas é ainda imperceptível. Estamos ainda envolvidos na escuridão dos tempos, mas uma centelha começa a arder diante de nós, lembrando-nos para ficarmos em contato com a energia vital, pois em breve estaremos na luz. O "veado de sete galhos," que tem sido forte por muitos ciclos de crescimento e de minguamento, sempre luta na busca de uma vida triunfante, é um guia no qual podemos confiar.

O veado é flexível, tenso, indiferente e incrivelmente forte. Personifica o espírito selvagem e é o emblema antigo não só do Deus, mas da Deusa tal qual doadora do nascimento. Por outro lado, seus chifres ramificados estão ligados aos raios do sol. Cervo, outro nome pelo qual os veados são chamados, quer dizer "fogo brilhante", ou seja, o próprio Sol.

O Sol sempre esteve ligado ao Deus. Por ser simbolizado pelo Sol, o Deus mostra suas diferentes faces por meio da viagem do astro pelas quatro estações do ano. Isso reflete as mudanças dos ciclos sazonais. Ele nasce no Solstício de Inverno como um jovem bebê, cresce na primavera se tornando um jovem viril. No verão, ele atinge sua maturidade e no outono se torna o sábio Ancião, se preparando para retornar ao ventre da Deusa e renascer no primeiro dia do inverno.

A união da Deusa e do Deus traz vida e luz para Terra, por isso é sagrada. Eles são considerados parte de nós e estão vivos em todas as coisas e em todos os lugares.

Os Wiccanianos cultuam seus Deuses para pedir saúde, paz, harmonia, sucesso e prosperidade, da mesma forma que os praticantes de quaisquer outras religiões fazem. No nosso dia a dia desenvolvemos uma prática constante de meditações, rituais e invocações que possibilitam o desenvolvimento de nossa relação com o Sagrado. Qualquer pessoa pode e deve explorar a energia e o poder da Deusa e do Deus em sua vida.

Sua lei é o amor em suas múltiplas formas.

Se você for capaz de amar, poderá alcançá-los. Eles estão dentro de todos nós, esperando pelo nosso chamado para que possamos nos tornar um reflexo do seu amor.

Chamando a presença da Deusa e do Deus para sua vida

Treinar nossa mente, alma e coração para ouvir a voz dos Deuses é uma experiência das mais enriquecedoras.

Nossa mente foi treinada para acreditar que o Divino está separado de nós e, por isso, é preciso desprogramá-la desse pensamento separatista. Na Wicca, percebemos a presença da Deusa e do Deus em todas as coisas, naquilo que está dentro e fora de nós.

Invocar significa fazer algo se tornar presente. Sendo assim, acostume-se a chamar o Sagrado para fazer parte de sua vida e de suas ações, tornando-as mágicas.

Aqui se encontra uma invocação que pode ser feita diariamente à Deusa e ao Deus. Você pode proferi-la olhando para o Sol, ou para a Lua ou para o céu e as estrelas, enquanto contempla a criação da Deusa, ou simplesmente acendendo uma vela e um incenso sobre o seu Altar, como uma oferenda aos Deuses:

Deusa e Deus,
Eu peço por suas bênçãos neste dia para que eu possa conhecer o seu amor.
Conforme as folhas mudam e caem, ajudem-me a transformar
e libertar tudo aquilo que não me serve mais.
Eu peço que estejam em minha mente
para que meu pensamento seja claro e liberto de julgamentos.
Estejam em meus olhos, para que eu possa reconhecê-los em todas as coisas.
Estejam em minha boca, para que eu fale somente a verdade.
Estejam em minhas mãos,
para que eu construa um mundo de altos propósitos.
Estejam em meus pés,
para que eu possa caminhar gentilmente em seu solo sagrado.
Eu peço sua orientação.
Despertem meus conhecimentos para que eu me mova profundamente no silêncio de minha alma para honrar os dons e as bênçãos que me concedem.
Que sua presença me envolva e que eu nunca esteja sozinho.
Que assim seja!

Estabelecendo um Altar

Na Wicca, usamos um Altar como foco e também para estabelecer um espaço sagrado. É sobre ele que ficam os Instrumentos Mágicos, um conjunto de objetos ritualísticos com o qual o Bruxo trabalha e que são usados durante as cerimônias quando realizamos um feitiço, consagramos um talismã, etc. O Altar é o nosso portal de comunicação com os Deuses e é visto como uma oferenda física e espiritual ao Divino, além de representar nossa mente subconsciente.

Assim, o Altar sempre é tratado com reverência, pois ele não suporta apenas símbolos que representam o Sagrado, mas também a essência dos elementos da natureza, que estão dentro e fora de nós, lembrando-nos de que tudo o que é realizado sobre o Altar é feito em honra aos Deuses.

Obviamente, os Wiccanianos sabem que os Deuses não moram no Altar. Simplesmente os utilizam como meio de comunicação com eles. A palavra Altar vem do grego *altum* que significa "lugar elevado". Dessa forma, o altar transforma-se em um lugar onde elevamos nossa consciência ao Divino.

A maioria dos Wiccanianos reserva um pequeno espaço em suas casas onde dispõem o seu Altar, deixando-o montado permanentemente. Isso serve como um lembrete, voltando nosso pensamento ao Sagrado todas as vezes que olharmos em direção a ele. Outros Bruxos montam e desmontam seu Altar a cada cerimônia religiosa.

O Altar Wiccaniano sempre fica voltado para o Norte, que além de ser o eixo magnético da Terra está ligado à energia feminina e, consequentemente, à Deusa Mãe, aos Mistérios e ao crescimento. Considerando-se que sobre o altar sempre ficam objetos que nos remetem aos elementos, voltá-lo para o Norte o liga diretamente à Terra, onde todos os outros elementos se sustentam.

Quando montamos um Altar devemos ter em mente que ele se divide em dois lados, o esquerdo, representando a Deusa, e o direito, que representa o Deus. Sendo assim, quando dispomos sobre o Altar estátuas ou símbolos que representam o Sagrado Feminino e Masculino, devemos levar isso em consideração.

Geralmente o Altar é disposto com uma estátua da Deusa ao lado esquerdo e a do Deus ao lado direito. Símbolos femininos como o cálice e flores são colocados ao lado da Deusa e os masculinos como o athame e o bastão são colocados do lado direito, simbolizando o Deus.

Cada canto do Altar está ligado a um elemento da natureza. O Norte, como mencionado anteriormente, representa o elemento Terra, o Leste está ligado ao Ar, o Sul ao Fogo e o Oeste simboliza a Água.

Um sino, tocado para marcar o início e o final dos rituais, é colocado ao Leste. O sino também é tocado para marcar momentos importantes dos rituais.

Fotos e objetos que têm importância significativa para o Bruxo também podem fazer parte do Altar, de forma que seu pensamento seja remetido a momentos e pessoas que lhe tragam a sensação de felicidade e de segurança.

Velas para representar a Deusa e o Deus também são dispostas na superfície do Altar. As cores de velas mais usadas são o preto, para representar a Deusa, e o branco para o Deus, colocadas do lado esquerdo e direito, respectivamente. Muitos colocam uma vela vermelha ao centro do Altar, representando a Arte e a face mãe da Deusa. Outras cores como azul, prata e violeta também são largamente usadas para simbolizar a Deusa, e o verde, marrom e dourado para o Deus.

Geralmente, o Altar é disposto em uma mesa de madeira, já que ela é uma ótima condutora de energia, além de nos ligar diretamente à natureza. No entanto, qualquer espaço plano pode ser usado para montar um Altar. Muitos Wiccanianos estabelecem seu Altar até mesmo no chão, acreditando que isso os coloca em contato mais direto com as forças telúricas.

Óleos mágicos, incensos, pedras também são encontrados com frequência sobre os Altares Wiccanianos.

Caso não saiba ao certo onde estabelecer seu Altar, pense nas seguintes questões quando decidir criá-lo:

1. Para que o seu Altar será usado? Como um foco para estabelecer contato com os Deuses ou como um local de meditação e de contemplação?
2. Ele será usado para a realização de encantamentos e de feitiços ou será um espaço exclusivamente devocional?

3. Que tamanho ele deve ter para servir a esses propósitos?
4. Ele pode ficar disponível aos olhos curiosos ou deverá ser montado em um lugar reservado?
5. Terá velas acesas com frequência sobre sua superfície? Se sim, quais medidas preventivas você deve tomar para evitar acidentes?
6. O que colocar sobre o Altar para parecer agradável aos seus olhos?

Você pode refletir em muitos outros critérios, como altura e formato do Altar, que serão um bom ponto de partida para o seu estabelecimento. O importante é que todas as coisas colocadas sobre o Altar lhe façam sentido de maneira que saiba o porquê está colocando tais utensílios sobre ele.

A seguir, um pequeno exemplo de como estabelecer um Altar básico padrão. Use sua criatividade para dar seu toque de sua personalidade.

Tudo o que colocar sobre seu Altar deve servir para algum propósito e representar alguma coisa. Jamais coloque um cálice do lado esquerdo somente porque leu em algum lugar que era assim se isso não tiver algum significado para você. Proceda da mesma maneira com tudo.

Lembre-se, o Altar representa a sua essência e, por isso, deve vibrar em ressonância com o seu ser.

Instrumentos, Objetos e Utensílios Mágicos

Na Wicca, existe um conjunto de objetos usados para contatar o Sagrado. Esses utensílios são utilizados não apenas para estabelecermos um Altar, mas também para praticar a Arte Wiccaniana.

Muitos dizem que os Instrumentos Mágicos são úteis no início do nosso treinamento como Bruxos, e podem ser descartados com o passar do tempo. Outros dizem que uma pessoa que está iniciando agora no caminho deve usar apenas sua mente e corpo para fazer magia e deixar instrumentos e objetos mágicos para a prática avançada.

É necessário deixar bem claro que os instrumentos não são mágicos por si só. As características mágicas de um instrumento, na realidade, residem em seu portador. Somos nós que criamos, elevamos e canalizamos a energia para ser direcionada por um instrumento.

Muitas pessoas quando se voltam às práticas da Wicca querem logo comprar o máximo de instrumentos possíveis, pois acreditam que somente dessa forma é possível praticar a Religião da Deusa.

Será que isso é mesmo necessário?!

A resposta é não!

A única coisa que realmente precisamos para fazer magia é do nosso corpo e da nossa mente. Costumamos dizer que nosso corpo é sagrado e carrega em si os quatro elementos.

Nossa massa corpórea e ossos são a Terra, a temperatura de nosso corpo o Fogo, nossa respiração e sopro o Ar, nosso sangue e saliva a Água, nossa mente é a quintessência sagrada, a moradia do espírito, a potencialidade da mudança e da transformação do ser. É só disso, e de nada mais, que precisamos para efetivamente praticar nossa religião.

Particularmente, acredito que o Bruxo aprendiz deveria, de início, deixar os Instrumentos Mágicos de lado e aprender a trabalhar com a energia das manifestações do seu corpo, como o sopro, a mente, o toque, etc.

Isso nos ajuda e muito a crescermos em nosso caminho mágico, livres de artefatos que muitas vezes nos tornam escravos e nos limitam. Há alguns Bruxos que não conseguem trabalhar quando lhe são tirados seus bastões e athames, e isso é extremamente prejudicial no caminho da Arte. Instrumentos são grandes auxiliares, mas devem ser utilizados somente quando necessários ou para facilitar o trabalho daqueles que tenham minimamente desenvolvido seus dons psíquicos e os poderes inerentes ao seu corpo e a sua mente.

Ferramentas Mágicas é outro nome largamente usado para se referir aos instrumentos, e eles fazem exatamente o que qualquer ferramenta faria: facilitam o trabalho de quem as utiliza. No entanto, é necessário lembrar que a força e a habilidade nesse processo são méritos de quem as usa. Ainda assim é provável que você queira adquirir alguns utensílios rituais para começar sua prática na Wicca.

Para isso é importante gastar algum tempo procurando o objeto certo. Muitos acreditam que é o objeto que procura o seu dono e não o contrário. Seja como for, o importante é que os utensílios mágicos que farão parte de seu Altar reflitam sua personalidade. Por isso, não compre, por exemplo, um caldeirão de que não gostou, apenas porque foi o único que encontrou. Procure algo que o satisfaça, e se não encontrar, deixe o tempo criar o caminho para o instrumento apropriado chegar até você.

Conheça os instrumentos e utensílios mágicos mais comuns encontrados nos altares Wiccanianos e usados pela maioria dos Bruxos e seus simbolismos:

Você

Você é a maior ferramenta mágica dentre todas. São suas intenções e energias que determinam os resultados de qualquer trabalho mágico. Muitos Bruxos nunca usam qualquer tipo de instrumento, mas sua própria energia pessoal durante os rituais mágicos. Alguns dos rituais mais poderosos podem ser feitos sem que você deixe a poltrona de sua sala. Enfoque, concentração, intenções e desejos residem em seu interior e essas são as verdadeiras ferramentas de um Bruxo.

Pentáculo

Instrumento do tamanho e formato de um pires de café, com um Pentagrama (estrela de cinco pontas) gravado ou desenhado ao meio.

O Pentáculo é usado para consagrar ervas, pedras e todas as coisas a serem utilizadas em um ritual, além de ser um reservatório de energia. A cada ritual, um pouco do poder criado é automaticamente puxado para o Pentáculo, que posteriormente pode ser usado para sacralizar e carregar magicamente um amuleto, um talismã, ou qualquer outro objeto com energia.

Alguns utilizam o Pentáculo para guardar o sal utilizado nos rituais, que serve para purificar, limpar e banir.

O Pentáculo está ligado à Terra; no Altar, ele fica posicionado no ponto cardeal Norte.

Athame

Usado para direcionar e manipular energias em um ritual. É com ele que traçamos o Círculo Mágico, consagramos as comidas que são compartilhadas no final das cerimônias, dentre outras atividades.

O athame é nada mais nada menos do que um punhal de lâmina dupla, com o cabo preto. No entanto, hoje muitos Bruxos possuem athames com diferentes formatos e cores de cabo. Algumas vezes sua lâmina ou seu cabo é gravado com símbolos mágicos ou com o nome do Bruxo escrito em algum alfabeto antigo como o rúnico. Ele jamais é usado para cortes físicos ou para causar dano a alguém.

Instrumento ligado ao elemento Ar; no altar fica posicionado no ponto cardeal Leste.

Bastão

O uso do bastão é semelhante ao do athame e pode ser utilizado para as mesmas funções.

É feito com um galho de árvore ou com um cano de cobre, ou de bronze, uma ponta de cristal em uma das extremidades. Geralmente tem a mesma medida que vai do nosso cotovelo à ponta do dedo médio da mão com a qual escrevemos, chamada de mão de poder.

As madeiras mais comuns para fazer um bastão mágico são o salgueiro, o carvalho e a bétula. Se você não conseguir encontrar nenhuma dessas árvores na região onde mora, poderá fazer seu bastão com um galho de qualquer outra árvore que possua significado especial para você.

Instrumento ligado ao elemento Fogo; no Altar fica posicionado no ponto cardeal Sul.

Cálice

O cálice é usado para conter vinho, água e outras bebidas sagradas a serem ingeridas no decorrer de um ritual.

A maioria dos cálices Wiccanianos é feita de prata, mas você pode ter um de qualquer outro material, como pedra sabão, cristal ou vidro comum.

O cálice, que representa a Deusa e a fertilidade da vida, é usado na cerimônia do Grande Rito, que representa a união da Deusa e do Deus, quando a lâmina do athame é mergulhada no líquido contido em seu interior.

Instrumento ligado ao elemento Água; no Altar fica no ponto cardeal Oeste.

Caldeirão

Talvez seja o Instrumento Mágico mais conhecido dos Bruxos. Ao contrário do que se pensa, ele não é utilizado para cozinhar criancinhas ou realizar maldições, mas, sim, para fazer poções e feitiços benéficos com o intuito de curar e inspirar paz e felicidade.

O caldeirão representa o poder da transformação e é geralmente feito de ferro, possuindo um tripé que representa as três faces da Deusa.

Fica no centro do Altar, representando a quintessência, o elemento Espírito, e a união dos quatro elementos.

Vassoura

A vassoura também tem sido há muito associada com a Bruxaria. Ela é usada muitas vezes para preparar o espaço sagrado, servir de portal e para representar a união da Deusa (cerdas) e do Deus (cabo). Exatamente por esse motivo, era usada entre os povos campesinos em ritos de magia simpática, em que as Bruxas pulavam sobre suas vassouras no arado, acreditando que quanto mais alto pulassem, mais alto cresceriam as sementes e as colheitas seriam abundantes.

A vassoura é usada para varrer energeticamente um espaço que será usado para a realização de um ritual. A varredura não precisa ser realizada fisicamente, muitas vezes varremos simplesmente o ar enquanto visualizamos o local sendo limpo das influências negativas.

As árvores tradicionais para a confecção de sua vassoura são a bétula, o salgueiro e o freixo.

Estaca

A estaca é feita do galho de uma árvore que se divide em duas ramificações, como um estilingue, e deve ter a mesma medida do seu dono.

É um instrumento secundário, mas de um simbolismo muito profundo para diversas linhas da Bruxaria. Algumas Tradições fazem uso dela, enquanto outras nem mencionam sua existência. A estaca representa o Deus Cornífero e, por isso, seu dono é simbolicamente representado como o descendente direto do Deus. Ao realizar os rituais solitariamente, a estaca é fincada no chão atrás do Altar ou no centro do Círculo Mágico, com o Altar à sua frente. Uma vela representando o tema do ritual geralmente é acesa ao meio da forquilha. Ao trabalhar em grupo, a estaca é colocada do lado de fora do Círculo Mágico, na posição Norte. Para um grupo ela representa o Guardião do Círculo e o elo que será estabelecido entre os dois mundos sob sua proteção.

A árvore escolhida para fazer a estaca geralmente é o freixo ou o loureiro; seu dono deve cortar o galho com suas próprias mãos no período da Lua cheia, com uma faca purificada e consagrada pelos quatro elementos.

Sino

É usado para marcar o início e o fim de uma cerimônia. Também pode ser usado para a limpeza de um local ou de nosso campo áurico. O sino pode ser utilizado para invocar energias positivas, Deuses e os espíritos dos elementos.

Incensários

Instrumento usado para queimar ervas como incenso. Acredita-se que a fumaça liberada pelas ervas eleva nossos pedidos aos Deuses. A fumaça também é usada como um recurso visual para focar nossas intenções e desejos.

Bolline

Faca de cabo branco usada para cortar ervas, gravar símbolos nas velas, confeccionar talismãs, etc. Os primeiros bollines eram feitos na forma de uma pequena foice, semelhante à dos antigos Druidas. Hoje facas de qualquer tamanho e formato, usadas apenas para finalidades mágicas, podem ser consideradas um bolline.

Colher de Pau

A colher é o símbolo da união e da vida, pois é com ela que nos alimentamos e misturamos os temperos à comida que é preparada, fazendo assim a grande alquimia do dia a dia. Muitos Bruxos utilizam a colher como um bastão de poder, com o qual são exorcizadas as energias negativas, abençoados os alimentos e com o qual podem traçar o Círculo Mágico em volta do fogão, enquanto preparam suas poções mágicas e até mesmo a alimentação diária.

Livro das Sombras

Não é considerado um Instrumento Mágico propriamente dito, mas, sim, um artefato muito importante. O Livro das Sombras é o nosso diário mágico, onde registramos nossos encantamentos, rituais, feitiços e experiências. Nele transcrevemos todos os sortilégios que achamos interessantes, mitos de Deusas e Deuses, nossos pensamentos, invocações e tudo o mais que for relevante.

Óleo Mágico

O Óleo Mágico não é um Instrumento Mágico em si, mas é usado nos rituais para potencializar os objetos que serão usados. Ele tem como base o azeite de oliva, símbolo da sabedoria, e purifica de maneira simples tudo que se usará nos ritos mágicos. A seguir é fornecida uma receita simples de um Óleo Mágico eficaz para ser usado por você:

- 30 ml de azeite de oliva
- 15 gotas de óleo essencial de rosas
- 05 gotas de óleo essencial de basílico
- 05 gotas de óleo essencial de jasmim

Existem muitas outras receitas de Óleos Mágicos disponíveis. No entanto, a fornecida aqui é perfeita para ser usada para múltiplas finalidades, como limpar, purificar, abençoar ou carregar magicamente um objeto ou Instrumento Mágico.

Antes de iniciar um ritual ou um sortilégio, algumas gotas de óleo são colocadas nas mãos e espalhadas para purificar. Os instrumentos e utensílios que serão utilizados no ritual também são ungidos com o mesmo óleo.

Para Finalizar, quando estiver escolhendo seus instrumentos Mágicos, pense que muitas vezes eles podem ser substituídos por coisas que encontramos na própria natureza.

Usar pedras, conchas, cristais, penas e outros objetos provenientes diretamente da natureza nos colocam mais em contato direto com os elementos do que muitos athames caros e importados. Usar aquilo que a natureza pode nos presentear é extremamente importante e fornece resultados muito satisfatórios.

Saber alternar o uso de instrumentos com objetos provenientes da natureza pode formar um Bruxo com uma pluralidade ritualística e cerimonial inimaginável. Eu costumo alternar meu Altar com instrumentos e coisas que posso encontrar na própria natureza. Em algumas épocas, monto meu Altar com um enorme aparato de instrumentos, em outras, monto outro, composto de uma pedra, uma pena, uma lamparina e uma concha. Sempre que faço isso aproveito para refletir acerca da simplicidade de nossas práticas mágicas, basicamente centradas na magia natural, que é ao mesmo tempo tão rica e simples.

Outro fator importantíssimo é interagir com os elementos da natureza. Um Pentáculo de prata pode ser muito caro financeiramente falando, mas é lixo mágico se o seu dono não souber torná-lo um verdadeiro instrumento de poder. Isso não é conseguido com rituais mirabolantes e fórmulas de consagração extensas, mas, sim, interagindo com os elementos, despertando a magia adormecida que existe dentro de cada um de nós e que fará com que o Pentáculo se torne um objeto realmente sagrado e investido de poder.

Se pudermos fazer nossos Instrumentos Mágicos, melhor ainda. Ao fazermos um instrumento estamos transmitindo a ele nossa energia, fazendo com que ele se torne um objeto realmente vivo, com olhos para ver, ouvidos para ouvir e mãos para agir.

E assim toda magia se faz!

CONSAGRANDO OS INSTRUMENTOS MÁGICOS

Quando adquirimos nossos Instrumentos Mágicos, eles chegam a nós com diferentes energias absorvidas de outros lugares e de pessoas com as quais tiveram contato.

Sendo assim, antes de fazer um Altar com eles é necessário consagrá-los para que todas as influências negativas neles impregnadas sejam neutralizadas. Você vai precisar de um incenso do seu aroma preferido, de uma vela, um copo com água e sal e de um pequeno prato com um pouco de terra fresca. Disponha esses elementos em uma pequena mesa colocando a terra ao Norte, o incenso a Leste, a vela ao Sul e o copo com água a Oeste, representando os quatro elementos da natureza que nos ligam diretamente aos Deuses.

Antes de começar seu ritual de consagração tome um banho, vista uma roupa limpa e relaxe por alguns instantes. Se desejar, unja seus pulsos com o seu óleo essencial preferido. Isso o estará colocando em um estado alterado de consciência, aos poucos, preparando-o para praticar magia.

Coloque os instrumentos que deseja consagrar no meio do Altar. Acenda a vela ao Sul do Altar. Respire profundamente algumas vezes e veja um círculo de luz se fazendo ao seu redor. Peça a presença da Deusa, do Deus e dos espíritos dos elementos para estarem com você.

Comece, então, a sacralização de um dos instrumentos escolhidos. Passe-o na terra e apresente-o a este elemento com palavras como as que seguem:

Eu o limpo, consagro e abençoo com a força deste elemento para que você se transforme em um Instrumento cheio de luz e poder. Que assim seja e que assim se faça.

Passe o instrumento na fumaça do incenso e repita as mesmas palavras. Em seguida, proceda da mesma maneira, passando o instrumento na chama da vela e logo depois respingando algumas gotas da água salgada sobre ele. Apresente-o à Deusa e ao Deus com palavras semelhantes a estas:

Deusa e Deus, hoje apresento meu (dizer o nome do instrumento). Que ele seja abençoado e consagrado com o seu poder. Que ele possa criar uma ponte entre nós. Que assim seja e que assim se faça!

Proceda da mesma forma com todos os outros instrumentos e, em seguida, disponha-os sobre o seu Altar de acordo com o elemento que representam. Ao terminar, agradeça a presença da Deusa, do Deus e dos elementos e visualize o círculo de luz ao seu redor se desfazendo.

Esse pequeno ritual de consagração pode ser utilizado não apenas para abençoar um Instrumento Mágico, mas qualquer objeto como pingentes, pulseiras, correntes, amuletos, etc. que desejar consagrar.

O Círculo Mágico

As práticas rituais Pagãs eram sempre realizadas junto à sagrada natureza, considerada morada dos Deuses e Divina por si só. Quando a Bruxaria passou a ser perseguida e os Bruxos tiveram de mover seus rituais dos lugares de poder naturais, como as florestas, os círculos de pedras e os bosques para o interior de suas casas, os ritos passaram a ser realizados no interior de um Círculo Mágico.

Assim, o ato de lançar um Círculo Mágico passou a estabelecer não só um espaço sagrado, tornou-se um vórtice de poder onde os Espíritos da natureza podiam ser atraídos e um portal de comunicação com o Sagrado estabelecido.

E dessa forma fazemos até os dias atuais, traçando um Círculo ao nosso redor para invocar as energias que reverenciamos e que conosco trabalham em perfeita harmonia.

Traçar um Círculo Mágico precede qualquer ritual Wiccaniano. O Círculo auxilia a conter o poder e a força mágica criada e elevada nos rituais. Ele também serve para manter as energias indesejadas do lado de fora, bem como conter o que é desejado em seu interior.

O ato de lançar o Círculo Mágico nos coloca em estado receptivo de energia, alterando nossas consciências e estabelecendo uma ponte entre os mundos onde a verdadeira magia pode efetivamente acontecer. Sendo assim, o local onde realizamos uma cerimônia se torna multidimensional e nos posicionamos entre o mundo dos Deuses e o dos homens.

O Círculo Mágico não precisa necessariamente ser delimitado no chão com giz, corda ou qualquer marcação física, apesar de muitos Bruxos utilizarem isso como um lembrete visual. O importante é a criação energética do Círculo, visualizando mentalmente um círculo de luz ao seu redor que se transforma em uma esfera conforme o espaço sagrado é criado e lançado, enquanto se caminha ou se circula todo o lugar onde vamos realizar o ritual no sentido horário. Depois disso, os elementos são invocados enquanto nos voltamos aos quatro quadrantes e, em seguida, a Deusa e o Deus são convocados a presenciarem o ritual.

Depois que o Círculo Mágico é lançado, todos os movimentos, enquanto estivermos dentro dele, devem ser em sentido horário (movimento chamado *Deosil*), exceto quando ele estiver sendo destraçado, ocasião em que circulamos o espaço no sentido anti-horário (movimento chamado *Widdershins*).

Muito se tem discutido nos meios Wiccanianos sobre a medida exata do Círculo Mágico e, apesar de seu tamanho poder se adaptar às necessidades de cada praticante, nove pés é o diâmetro tradicional.

O Altar geralmente fica ao centro do Círculo, voltado para o Norte, mas também pode ser posicionado próximo ao perímetro dele, no mesmo quadrante, se mais espaço for necessário para o ritual.

Os motivos pelos quais o Círculo Mágico é traçado poderiam ser classificados em:

1. Alterar nossa Consciência: o ato de lançar o Círculo antes de um ritual altera nossas consciências, facilitando os estados de transe necessários para qualquer trabalho mágico. Fazer algo que não realizamos comumente, antes de um rito começar, chama a atenção de nosso eu interior, fazendo com que a mente se desligue do mundano e mergulhe no Divino.
2. Estabelecer um Templo: o Círculo é o verdadeiro templo do Bruxo. Nele invocamos nossos Deuses, nos conectamos com o Divino. O Círculo é tratado como um espaço sagrado, repleto de forças poderosas e divinas.
3. Proteger: o Círculo cria um escudo de defesa contra as energias contrárias e não desejadas, internas e externas, que poderiam causar algum dano a nós ou à nossa cerimônia.
4. Filtrar: o Círculo é um filtro das energias que nos cercam, fazendo com que somente as forças desejadas e úteis unam-se a nós em um rito.
5. Poder de Concentrar: o Círculo tem a virtude de conter e manter as energias criadas e invocadas ao nosso redor em seu interior, até que seja o momento de liberá-las.
6. Recortar um espaço entre os mundos: o Círculo Mágico é estabelecido com o athame exatamente para recortar um espaço neste mundo para ser lançado no Outromundo. O Círculo não permanece nem no mundo dos homens nem no mundo dos Deuses, ele se torna intermediário entre os dois.

7. Criar um Ovo Akáshico: o Círculo também representa o Ovo Cósmico no ventre da Deusa. Ele carrega em si forças criadoras em potencial (nossos desejos) que germinarão e nascerão do ventre da Grande Mãe.
8. Interligar a aura de seu criador com o Sagrado: ele também é uma extensão da aura de quem o cria, interligando-o com o Divino. Exatamente por esse motivo devemos estar centrados e equilibrados antes de lançá-lo. Quando o Círculo é criado para um ritual coletivo, interliga a aura de seus vários participantes entre si e com os Deuses.
9. Redefinir o Eu: por meio das meditações e rituais realizados em seu interior, o Círculo nos impulsiona a reexaminar nossas vidas e a nós mesmos.

Dessa forma, se você deseja realizar qualquer ritual demonstrado neste livro, precisará antes lançar um Círculo Mágico ao seu redor. Veja a seguir um exemplo simples de como traçar um Círculo Mágico para realizar seus rituais.

Traçando um Círculo Mágico

Antes de lançar um Círculo Mágico, preste atenção ao seu redor e veja o quão grande seu Círculo seria se tivesse de delimitá-lo fisicamente. Se já estabeleceu uma dimensão real com giz, pedras, conchas, cordas ou outros artefatos, será mais fácil; se não, simplesmente estime suas proporções.

Caso seu espaço seja significativamente pequeno para estabelecer um Círculo de qualquer tamanho, não há problema. O que importa é seu significado simbólico nessa criação. Faça os mesmos gestos e movimentos sugeridos a seguir sem sair do lugar, apenas movendo-se ao redor de si mesmo e declarando mentalmente que está sacralizando o espaço onde realizará seu ritual.

Acenda o incenso e as velas que estão sobre o Altar. Pegue seu athame e dirija-se ao quadrante Norte, aproximando-se do perímetro do Círculo. Segure o athame em sua mão de poder (aquela com a qual escreve), aponte para o perímetro do Círculo e comece a circular a área imaginada ou delimitada no sentido horário, indo de Norte a Leste, Sul a Oeste, visualizando um Círculo de luz sendo traçado ao seu redor, enquanto diz:

> Eu lanço este Círculo de poder para ser o meu escudo e minha ponte entre os mundos dos homens e dos Deuses. Eu o consagro e abençoo em nome da Deusa e do Deus.

Caminhe ao redor do Círculo por mais duas vezes, repetindo as mesmas palavras e procedendo da mesma forma. Quando tiver circulado pela terceira vez, diga:

O Círculo está traçado. Que assim seja!

Agora é hora de invocar a ajuda dos quatro elementos que residem nos pontos cardeais.

Enquanto invoca cada elemento, volte seu pensamento às forças da natureza. Ao invocar a Terra, pense nesse elemento visualizando árvores, rochas e montanhas; na hora de invocar o Ar, veja a ventania, as folhas viajando através dos ventos e assim por diante. Isso direcionará sua mente para aquilo que é mais sagrado a nós Wiccanianos: a natureza.

Ainda no Norte, eleve seu athame e invoque os poderes da Terra e diga:

Terra que frutifica e gera

Eu invoco sua força neste ritual.

Poderes da Terra

Sejam bem-vindos!

Dirija-se agora para o Leste e elevando seu athame novamente invoque os poderes do Ar, dizendo:

Ar que sopra a inspiração

Eu invoco sua força neste ritual.

Poderes do Ar

Sejam bem-vindos!

Agora vá até o Sul e, procedendo como das outras vezes, invoque o elemento Fogo:

Fogo que traz calor e luz à Terra

Eu invoco sua força neste ritual.

Poderes do Fogo

Sejam bem-vindos!

Por último, siga em direção ao Oeste, eleve o seu athame e diga:

Água que lava e purifica

Eu invoco sua força neste ritual.

Poderes da Água

Sejam bem-vindos!

Vá para o seu Altar, coloque seu athame sobre ele e eleve seus braços aos céus, invocando a presença dos Deuses e diga:

Deusa e Deus.

Invoco sua presença neste ritual.

Estejam aqui e unam-se a mim através de meus atos e pensamentos.

Derramem suas bênçãos sobre este Círculo Sagrado.

Senhora e Senhor,

Sejam bem-vindos!

Procedendo dessa maneira, seu Círculo estará traçado e abençoado. Agora você pode realizar o ritual que quiser ou usar esse espaço sagrado para conversar com os Deuses, oferecer uma poesia, cantar, dançar ou meditar.

Quando tiver encerrado seu trabalho mágico consagre os alimentos e as bebidas que fizerem parte do seu ritual. Faça uma libação[9] aos Deuses e deposite um pouco do alimento sobre o Altar, em um prato especialmente preparado para essa finalidade e, em seguida, destrace o Círculo Mágico.

Destraçando o Círculo

Toda vez que um Círculo Mágico é traçado no início de um ritual, ele deve ser destraçado ao final. Isso não é apenas uma forma de dispensar as energias que foram invocadas para seu ritual, mas também uma maneira simbólica de voltar à sua consciência habitual e mundana.

---

9. Libação é o ato de verter um pouco de água ou vinho no chão como oferenda em honra aos Deuses.

Para isso, você deve agradecer a presença dos elementos, da Deusa e do Deus com palavras espontâneas ou semelhantes às que seguem:

Deusa e Deus.

Agradeço sua presença e ajuda neste ritual.

Abençoados sejam e sigam em paz!

Em seguida vá até o Norte com o athame e circule por três vezes o espaço no sentido anti-horário indo de Norte a Oeste, Sul, Leste e Norte novamente dizendo:

Pelo Ar que é o Sopro da Deusa

Pelo Fogo que é o Espírito Dela

Pela Água que é o Seu útero

E pela Terra que é Seu corpo

O Círculo está aberto, mas não rompido.

Que assim seja e que assim se faça.

Blessed Be!

Os Sabbats

Sempre buscando a Grande Deusa, o apaixonado Deus Cornífero muda de forma e de rosto a cada estação. Dessa eterna busca surge a Roda do Ano.

Em Samhain, o Festival do Retorno da Morte, os portões dos mundos se abrem e a Deusa transforma-se na Velha Sábia, a Senhora do Caldeirão, e o Deus é o Rei da Morte que guia as almas perdidas através dos dias escuros de inverno.

Em Yule, a escuridão reina como se estivéssemos no Caldeirão da Deusa. Assim, O Rei das Sombras transforma-se na Criança da Promessa, o Filho do Sol, que deverá nascer para restaurar a natureza.

Em Imbolc, a luz cresce. O Deus nascido em Yule se manifesta com todo seu vigor e a Criança da Promessa cresce com vitalidade e é festejada. Assim, os dias tornam-se visivelmente mais longos e renova-se a esperança.

Em Ostara, luz e sombras são equilibradas. A luz da vida se eleva e o Deus quebra as correntes do inverno. A Deusa é a Virgem e o Deus renascido é jovem e vigoroso. O amor sagrado da Deusa e do Deus traz a promessa de crescimento e de fertilidade.

Em Beltane, a Deusa se transforma em um lindo Cervo Branco e o jovem Deus é o Caçador Astado. Ao ser perseguido pela floresta, o Cervo Branco se transforma em uma linda mulher. E assim, Eles se unem, e sua paixão sustenta o mundo e toda vida.

Chega então Litha. A Deusa é a Rainha do Verão e o Deus um homem de extrema força e virilidade. O Sol começa a minguar e o Deus começa a caminhar rumo ao País de Verão. A Deusa é pura satisfação e demonstra isso por meio das folhas verdes e das lindas flores do verão.

Em Lammas, a Deusa dá à luz e o Deus se prepara para morrer em amor a Ela. A Deusa precisa de sua energia para que a vida possa crescer e prosseguir. O Deus se sacrificará para que os filhos da Deusa sejam nutridos. Mas, através do grão, Ele renasce. No ápice de sua abundância Ele retorna através Dela.

Em Mabon, as luzes e as trevas se equilibram novamente. Porém o Sol começa a minguar mais rapidamente e o Deus se torna então o Ancião, o Senhor das Sombras, cruzando os Portais; os portais da morte.

Chega novamente Samhain e então o ciclo recomeça e tudo retorna à Deusa.

Assim sempre foi e assim sempre será!

Os principais rituais Wiccanianos são os Sabbats, que celebram as mudanças das estações do ano e o percurso do Deus, simbolizado pelo Sol, por meio dos ciclos sazonais.

Para nós, o ano é uma grande Roda, sem começo nem fim e, por isso os oito Sabbats são chamados conjuntamente de Roda do Ano. Eles possuem grande significado para os Wiccanianos e é uma das chaves principais para o entendimento de nossa religião.

A Wicca vê uma relação profunda entre o ser humano e o ambiente onde ele vive. Acreditamos que a natureza é a própria manifestação da Deusa e, dessa forma, celebramos as mudanças das estações.

A Roda do Ano é vista como um ciclo ininterrupto de vida, morte e renascimento. Assim, reflete a passagem das estações do ano, bem como as mudanças interiores e exteriores provocadas por elas e a nossa própria ligação com o mundo. Para nós, tudo que vive e respira é Divino, e ao celebrarmos a vida nas mudanças das estações estabelecemos contato com o mundo dos Deuses, atraindo as energias do mundo natural para dentro de nós, alcançando assim a unidade com o mundo Divino.

Um Bruxo procura sempre se conectar com a natureza em todas as suas manifestações, não somente observando, mas também sentindo o fluxo dela em nós e as mudanças provocadas na vida cotidiana por meio dela. Os Mistérios da Deusa e do Deus, e seus diferentes aspectos, estão contidos em cada estação. A Roda do Ano simboliza a história ancestral da Deusa e o ciclo de morte e renascimento do Deus, seu Filho e Consorte.

A Roda do Ano Wiccaniano possui dois significados:

1. Roda de Celebração da Natureza: todos os Covens e Wiccanianos se reúnem nos dias de Sabbats para celebrar a Deusa e bênçãos que Ela concede à Terra por meio das mudanças de estações.
2. Roda da Iniciação: expressando os ensinamentos dos Antigos através das estações, pois os Deuses e a natureza são um só.

Os Sabbats são celebrados com fogueiras, velas, cânticos e comidas sagradas, quando nós, Wiccanianos, agradecemos pelas bênçãos de fartura e de abundância em nossas vidas.

Alguns sítios arqueológicos que pré-datam o Neolítico, como Stonehenge, por exemplo, eram utilizados como calendários naturais para marcar a mudança e os ciclos das estações, o que nos indica que tais datas eram consideradas momentos importantes para as civilizações antigas.

Conheça as Tradições e a Simbologia da Roda do Ano

A Roda do ano é dividida entre quatro Sabbats maiores, que celebram o ciclo agrícola da Terra, marcando a semeadura, o plantio e a colheita e, cujo nomes, de origem celtas, são: Samhain, Imbolc, Beltane e Lammas. E quatro Sabbats menores, nomeados de Yule, Ostara, Litha e Mabon, que marcam os Equinócios e Solstícios e a trajetória do Sol pelo céu.

Samhain

Celebrado em 1º de maio no Hemisfério Sul e 31 de outubro no Hemisfério Norte, Samhain é a data Pagã mais importante e marca o Ano Novo Wiccaniano.

Para os antigos Povos, esse era considerado não apenas um momento de poder, mas também o tempo em que o véu que separava o mundo encontrava-se mais fino e os Deuses e Ancestrais podiam se encontrar com os homens.

Por ser a celebração dos Ancestrais, esse Sabbat fala também da morte que, para os Pagãos, é encarada como parte da vida, sempre abrindo caminho para o novo. Nesse Sabbat, todos os que morreram são relembrados, e seus espíritos são convidados para fazer parte dos rituais como convidados de honra.

Como a morte lembra a finalização, nesse Sabbat fazemos uma profunda reflexão a respeito do término das relações, trabalhos e períodos da vida que precisam passar, e também aquilo que precisamos deixar ir.

Uma das Tradições desse Sabbat consiste em deixar um prato e um lugar à mesa para os Ancestrais, bem como acender uma vela laranja à meia-noite para guiar os espíritos em sua viagem de volta à Terra.

É a festa na qual honramos nossos Ancestrais e aqueles que já tenham partido para o País de Verão[10]. Essa é a noite em que o véu que separa o mundo material do mundo espiritual encontra-se muito tênue e o contato com nossos Ancestrais é facilitado. O Sol está em seu ponto mais baixo no horizonte e, assim, o Velho Rei morre e a Deusa Anciã lamenta sua ausência nas próximas seis semanas. Samhain era o dia no qual começava o Ano Novo celta e o inverno, por isso era um tempo ideal para términos e começos.

---

10. País de Verão é como se chama o Outromundo Pagão, um lugar de descanso e alegria, onde as almas resgatam suas energias entre uma encarnação e outra.

Tema do Sabbat

Essa é a noite em que o Deus Velho morre e volta ao País de Verão para esperar por seu renascimento em Yule.

A Deusa em seu aspecto de Anciã lamenta a perda de seu Consorte, deixando as pessoas em escuridão temporária.

Os Pagãos acreditam que o véu entre o mundo dos vivos e o mundo dos espíritos fica mais fino nessa noite, e os espíritos passeiam pela Terra para visitar sua família e amigos e tomar parte nas celebrações rituais.

O Ritual de Samhain

Material necessário para a realização do Sabbat:

- 07 velas de cores diferentes
- 06 velas pretas
- 06 velas laranja
- Cabaça cerrada ao meio
- Caldeirão com água
- Várias maçãs
- Incensos de sálvia
- Athame
- Cálice com vinho

Procedimento

Coloque o caldeirão com água e algumas maçãs dentro dele e ao seu redor, no meio do local onde será realizado o Sabbat. Faça um grande círculo em volta do caldeirão com as velas pretas e laranjas, intercalando-as de modo que ao lançar o Círculo você fique dentro dele.

Acenda os incensos e em seguida as velas pretas e laranjas. Lance o Círculo Mágico e então diga:

Nesta noite as portas dos planos material e espiritual estão abertas. Nesta noite tão sagrada e poderosa, toda magia é possível. Possam os irmãos do País de Verão juntar-se a mim (nós) neste Círculo de força e poder.

Ó, Grandes Deuses antigos, hoje todos os Elfos, Espíritos e fantasmas vagueiam pelo mundo. Que através de seus poderes os bons espíritos e energias estejam presentes neste local para me (nos)[11] bendizer.

Encha a cabaça com um pouco de água do caldeirão e circunde-a com as sete velas coloridas, acenda-as, eleve as mãos aos céus e diga:

> A Roda do Ano continua a girar. Hoje o Deus retorna ao ventre da Grande Mãe. Quando novamente renascer, a vida será coroada com paz e fertilidade. A Terra aguarda o renascimento da Vida. Que Ele venha mais uma vez nos abençoar.

Comece a circular o caldeirão, dizendo:

> Que aqueles que foram antes de mim possam retornar hoje para abençoar-me. Que as Bruxas ancestrais se façam presentes. Elas que tudo sabem, elas que tudo podem. Elas que possuem luz, força, poder e magia. Elas que possuem brilho, encantos e sabedoria. Que venham transmitir boas energias e que possam me ajudar neste rito sagrado de Bruxaria.

Enquanto diz essas palavras imagine diversas mulheres vestidas com longas túnicas negras dançando ao seu redor. Elas são as antigas Bruxas que vieram abençoar o seu rito de Sabbat. Quando visualizar essa cena, faça seus pedidos. Levante o athame e diga:

> Que através do poder dos quatro elementos este Instrumento Mágico seja abençoado.

Continuando com o athame em suas mãos, espete uma das maçãs que está dentro do caldeirão, reparta-a e coma-a. Quando terminar de comer a maçã, diga:

> Que o fruto da vida revigore meu corpo e minha alma, para que assim todos os meus sonhos, desejos, esperanças e objetivos se realizem. Pelo poder "do três vezes o três", que assim seja e que assim se faça!

Pegue o cálice com o vinho, tome um gole e despeje um pouco sobre o solo dizendo:

> Em nome da Deusa e do seu Filho e consorte, o amado Deus, eu faço esta libação em homenagem a todos aqueles que partiram antes de mim.

---

11. Use o plural se você estiver realizando o ritual com outras pessoas.

Após realizar a libação em homenagem aos espíritos ancestrais, agradeça aos Deuses com as seguintes palavras:

Mais uma vez a Roda do Ano gira e sempre continuará a girar. Possa a Deusa, o poderoso Cornífero e todos os antigos Deuses da Colina do Norte me protegerem com saúde, alegria e prosperidade. Que assim seja e que assim se faça!

Destrace o Círculo Mágico, agradecendo e dispensando todos os Deuses e energias que estiveram presentes.

YULE

Celebrado no Solstício de Inverno que ocorre por volta de 20 de junho no Hemisfério Sul e por volta 20 de dezembro no Hemisfério Norte, este é o momento de celebrar o retorno do Sol.

Depois das longas noites de inverno, a partir desse momento, o Sol voltará a brilhar e os dias serão mais longos que as noites.

Para os povos antigos, o clima era algo extremamente importante, uma vez que passavam a maioria do tempo ao ar livre. Exatamente por isso, o Solstício de Inverno era uma data reverenciada, pois anunciava a promessa do retorno do Sol, da luz e da fertilização da vida. O Deus, como a Criança da Promessa (o Sol nascente e crescente), era celebrado para trazer calor e luminosidade.

Yule assinala a esperança de um novo tempo, abrindo caminho para as inúmeras possibilidades.

Era celebrado com luzes, fogo e a tradicional Árvore de Yule, com enfeites e bolotas de carvalho, que posteriormente foi assimilada pelo cristianismo e se transformou na Árvore de Natal.

A Tradição desse Sabbat é confeccionar uma *Yule Log* (Tora de Yule) onde uma vela branca, uma preta e uma vermelha (representando as três faces da Deusa) são colocadas no meio de um pequeno tronco deitado e acesas enquanto fazemos nossos pedidos. O *Yule Log* é guardado até o ano seguinte quando deve ser queimado.

Yule representa o retorno da luz, quando na noite mais fria e longa do ano a Deusa dá à luz o Deus Sol, a Criança da Promessa. Com isso, as esperanças renascem e Ele traz fertilidade e calor à Terra.

Tema do Sabbat

Yule é um dos Sabbats mais antigos e amplamente observados. Celebra o renascimento do Deus, simbolizado pelo Sol, que começa a retornar novamente depois dessa noite de escuridão. É um tempo quando o Rei do Azevinho (representando os aspectos de morte do Deus) é superado pelo Rei de Carvalho (representando o renascimento do Deus). A Árvore de Natal e os presentes trocados entre pessoas queridas são derivados Pagãos, pois no Hemisfério Norte esse Sabbat é comemorado próximo ao Natal.

Ritual de Yule

Material necessário para a realização do Sabbat:
- Várias velas vermelhas
- Incenso de alecrim
- Cálice com vinho
- Pequena árvore – pinheiro por exemplo
- Papéis com pedidos escritos a lápis
- Caldeirão com uma vela vermelha em seu interior
- Folhas de louro
- Sino
- Velas preta, branca e vermelha

Procedimento

Espalhe algumas velas vermelhas e os incensos por todo local onde será realizada a cerimônia. Acenda-os. Coloque o caldeirão no meio do local, preencha-o com as folhas de louro, coloque uma vela vermelha em seu interior.

Faça um triângulo com as velas preta, vermelha e branca de forma que o caldeirão fique dentro deste triângulo. Coloque o cálice com o vinho e a pequena árvore sobre o Altar.

Lance o Círculo Mágico, toque o sino e então diga:

Que o poder do Sol e do Espírito da Luz sejam despertados!
Que o poder do Sol e do Espírito da Luz voltem.
Que eles voltem do País de Verão.
Que a luz extinta renasça agora.

Acenda então o triângulo formado pelas velas: vermelha, preta e branca e a vela que está dentro do caldeirão, dizendo:

Que a partir de hoje a luz aumente, e que a força do inverno enfraqueça aos poucos. Ó, Grande Deusa e antigos Deuses, que o Sol renasça através de sua ajuda e de seu amor.

Comece a andar em volta do caldeirão, com os papéis dos seus pedidos nas mãos, dizendo ininterruptamente:

O amor renascerá e a luz voltará.

Diga essa afirmação várias vezes, andando em volta do caldeirão, até sentir que sua consciência se encontra em estado alterado.

Quando sentir que pode parar com a afirmação, sopre por três vezes seguidas sobre os papéis com os pedidos e então diga:

Sol dos vales, rios e cachoeiras. Sol das fontes, mares e montanhas a Roda do Ano continua a girar. Que no decorrer deste mesmo ano, os meus pedidos possam frutificar. Que assim seja, e que assim se faça!

Distribua os papéis com os pedidos na árvore, pedindo aos Deuses para que eles se realizem.

Pegue o cálice, eleve-o e diga:

Por Você e para Você, Deus da Luz, Luminosidade, Senhor da Aurora.

Tome um gole do vinho e também despeje um pouco sobre a raiz da árvore dos pedidos.

Destrace o Círculo Mágico.

PS: deixe os pedidos pendurados na árvore até o dia seguinte. Depois os queime e sopre suas cinzas ao vento.

Imbolc

Celebrado em 1º de agosto no Hemisfério Sul e em 02 de fevereiro no Hemisfério Norte, a palavra Imbolc significa "no leite" e marcava o período de lactação das ovelhas e gado na Europa.

Era o momento mais frio do ano, em que não existia mais lenha disponível para as fogueiras, tão comuns nas celebrações dos Sabbats maiores. Elas então tomavam forma nas procissões de velas, que percorriam o arado para purificar a terra para o plantio das novas sementes.

Esse era o dia consagrado a Brigit, a Deusa celta do fogo, do lar, da família, da cura e da fertilidade. As muitas velas representavam o poder e a luz do Sol que se aproximava com a chegada da primavera.

Um costume tradicional desse Sabbat é colher um ramo verde e deixá-lo pendurado em algum lugar, dentro da casa, para abençoá-la com novas energias.

Imbolc é o festival que celebra a luz nas trevas. É o momento ideal de banirmos nossos remorsos, culpas e planejarmos o futuro. A Deusa está cuidando de seu bebê, a Criança do Sol (o Deus). Ela e seu filho afastam o inverno e o Deus cresce forte e poderoso. Nessa celebração a Deusa Brigit, Senhora do Fogo, da Vida e do Conhecimento, era honrada, e todos agradeciam por Ela ter mantido o fogo das lareiras aceso durante as noites escuras e frias do inverno.

Tema do Sabbat

Esse é o Sabbat que honra a Deusa como a noiva que espera o retorno do Deus Sol. Na Irlanda, é um dia especial para honrar a Deusa Brigit em seu aspecto de noiva. Os celtas revestiam pequenas bonecas de pano com grãos e as fixavam em um lugar de honra dentro das casas como, por exemplo, em seus altares ou sobre as lareiras. Normalmente, elas eram colocadas em berços chamados de Camas de Noiva, símbolos de fertilidade.

Ritual de Imbolc

Material necessário para a realização do Sabbat:
- Vassoura de palha
- Caldeirão
- Cálice com vinho
- Álcool
- Velas vermelhas
- Pote com sal
- Incensos de mirra
- Velas preta, branca e vermelha
- Bastão Mágico
- Pequena boneca de tecido recheada com manjericão
- Estaca de madeira

Procedimento

Separe algumas velas vermelhas, espalhe os incensos e o resto das velas por todo local onde será realizado o Sabbat. Acenda as velas e os incensos. Coloque o caldeirão no meio do Círculo e despeje o álcool dentro do mesmo. Acenda o caldeirão cuidadosamente com uma das velas. Disponha, então, as velas preta, vermelha e branca em forma de triângulo sobre o Altar. Coloque a boneca no meio do triângulo de velas e o cálice com vinho abaixo da boneca. Acenda as três velas.

Lance o Círculo Mágico de maneira normal. Comece então a varrer o Círculo energeticamente, sem que a vassoura toque o chão. Na realidade você vai varrer o ar, pois a vassoura deve ficar um pouco acima do solo. Diga:

> Grande Deusa, em seu nome eu limpo e varro este Círculo para que todas as energias maléficas sejam afastadas. Que sejam varridas deste Círculo a mágoa, o ódio, o rancor, insatisfações, obstáculos e dificuldades de minha vida. Em seu nome eu abro caminho e abençoo este lugar. Que assim seja e que assim se faça.

Pegue o sal e comece a despejá-lo em volta do Círculo, dizendo:

> Com o sal eu consagro, com o sal eu purifico, com o sal eu abençoo este Círculo.

Segure o bastão com a sua mão de poder (a mão que você escreve) e comece a andar em volta do Círculo no sentido horário, elevando o bastão acima de sua cabeça, então diga:

> Brigit, Senhora do Fogo, venha presenciar esta cerimônia. Ó Deusa da poesia e da inspiração, Druidesa encantada da Lua cheia. Senhora que cura, guerreia. Grande Mãe da beleza de todas as coisas da Terra. Senhora do Fogo Primaveril. Abençoada seja você Deusa Tríplice, Senhora de Amor e Sabedoria.

Coloque o bastão novamente sobre o Altar. Pegue a estaca e vá até o caldeirão, bata firmemente por três vezes a base da estaca no chão e então diga:

> Que ele venha das montanhas, vales, bosques e prados. Ó Senhor de todos os animais, venha Grande Fecundador do Universo. Deus que ilumina e traz vida, regente dos céus e das estrelas, Galhudo das florestas, Senhor de tudo que existe e do que há de vir. Venha iluminar

o mundo. Que o caminho seja aberto e que a primavera possa passar. Sem a primavera não haverá o nascimento da luz, sem a luz não haverá fertilidade sobre a Terra. Abençoado seja você, Senhor da Fartura e da Prosperidade.

Coloque a estaca atrás do Altar. Eleve a boneca aos céus e diga:

Que neste dia a luz da Deusa e sua benevolência cheguem a todos.

Encaixe a boneca na forquilha da estaca, dizendo:

Brigit chegou, seja bem-vinda. Brigit chegou, seja abençoada. Brigit chegou, seja bem-amada.

Comece a andar em volta do caldeirão, dizendo sem parar:

A luz da inspiração vai crescer, pois Brigit traz vida a cada amanhecer.

Dirija-se até o Altar, olhe fixamente para a boneca, eleve suas mãos aos céus e diga:

Que a união de Brigit e do Deus tragam prosperidade à Terra.

Pegue as velas vermelhas que não foram acesas e que foram separadas no início do Sabbat e sopre três vezes seguidas sobre elas e diga:

Que pela força deste sopro mágico, a energia dos Deuses antigos seja transmitida a estes símbolos de iluminação. Que estas velas possam ajudar a todos aqueles que delas fizerem uso[12].

Pegue o cálice de vinho e dirija-se até o caldeirão. Beba três goles de vinho e diga:

Pelo poder "do três vezes o três" eu bebo este líquido mágico em nome de todos os Deuses antigos.

Derrame um pouco do vinho no interior do caldeirão, dizendo:

Que a Terra seja fortalecida. Ó Senhora da Lua de Prata e Deus dos Caminhos. Essa libação é feita por vocês e em seus nomes. Que assim seja e que assim se faça.

Destrace o Círculo Mágico.

---

12. As velas devem ser dadas de presente para pessoas queridas.

Ostara

Celebrado no Equinócio da Primavera, que ocorre por volta de 20 de setembro no Hemisfério Sul e por volta 20 de março no Hemisfério Norte, o Equinócio da Primavera celebra a renovação da terra e a chegada das flores, e foi celebrado por inúmeras culturas através da história. Festivais para Hathor no Egito; Afrodite em Chipre; Eostre na Escandinávia e para Olwen na Bretanha entre os celtas ocorriam nessa época do ano.

Em Ostara, a Deusa se apresenta como a Donzela da Primavera e o Deus como um jovem Caçador ou Guerreiro. Sua união será consumada em Beltane, quando a Deusa como a Terra e o Deus como o Sol trarão a germinação das sementes plantadas na época da primavera após se unirem.

Uma das mais conhecidas Tradições de Ostara é pintar ovos com símbolos e cores que representam o nosso desejo e depois plantá-los ou depositá-los no pé de uma árvore frondosa e florida. O ovo representa a semente de nossos sonhos e desejos, que quando deixado sobre a terra, germinará, concedendo-nos bênçãos.

Ostara representa o momento de união e de amor entre a Deusa (Lua) e o Deus (Sol), pois é um período de igualdade e de equilíbrio entre as forças da natureza. Isso indica também que é o momento ideal para fortalecer a energia de complementaridade entre feminino e masculino. É o momento de "plantar" e "cultivar" nossas "sementes".

Tema do Sabbat

Ostara é uma noite de equilíbrio, quando dia e noite são iguais, com as forças da luz sobre as forças da escuridão. Algumas Tradições de Bruxaria veem esse Sabbat como um tempo de união entre o Deus e a Deusa, quando a relação é consumada em Beltane. Outras Tradições, porém, honram o Deus como um Caçador ou um Guerreiro nesse dia. Esse é o Sabbat da fertilidade. Nele podem ser abençoadas sementes, para um futuro plantio, e ovos coloridos devem ser colocados sobre o Altar como talismãs mágicos. O Coelho da Páscoa e seu simbolismo derivam do Paganismo.

Ritual de Ostara

Material necessário para a realização do Sabbat:

- Caldeirão
- Margaridas
- 09 velas verdes
- 13 velas amarelas
- O Pentáculo
- Incenso de jasmim
- Cálice com leite
- Ovos cozidos, com as cascas pintadas, colocados em um prato
- Pétalas de rosas brancas

Procedimento

Acenda os incensos, encha o caldeirão com as margaridas e circunde-o com as nove velas verdes.

Coloque o prato com os ovos sobre o Altar. Faça um Círculo com as treze velas amarelas de forma que você fique dentro dele. Acenda as velas e consagre o Círculo Mágico do jeito normal. Então diga:

> A Senhora da Primavera anunciou a sua chegada. Que a vida possa nascer das sementes. O Sol e a Lua terão agora a mesma duração. Que a Grande Mãe e seu filho, o Deus Cornífero, sejam abençoados por continuarem girando a Roda da Vida com perfeição.

Espalhe as pétalas de rosas pelo Círculo, dizendo:

> Para que volte nascer a vida, para que volte brilhar o Sol eu a invoco e a chamo Senhora da Terra.

Vá até o caldeirão e acenda as nove velas verdes que o circundam. Então eleve suas mãos aos céus e diga:

> Que o caminho seja iluminado para a primavera passar. Ó Senhora das Flores e Senhor do Sol que os pássaros possam cantar. Que as flores possam crescer, que a cada dia tenhamos alegria e prazer de viver.

Pegue o Pentáculo, eleve-o aos céus e dê nove voltas ao redor do caldeirão repetindo por nove vezes a seguinte afirmação:

A primavera renasceu. Que a vida floresça, que a dança cósmica da natureza para sempre permaneça!

Vá até o Altar e pegue o prato com os ovos. Eleve-os em sinal de apresentação, dizendo:

Bendita seja sua força. Ó Deusa, que dá a vida, pois sagrado é o seu poder. Que a Terra seja gratificada através de sua união com o Deus das florestas. Abençoada seja, Criadora Celeste.

Feito isso, descasque um dos ovos e coma-o. Após comê-lo, pegue o cálice com leite e eleve-o dizendo:

Leite nutridor, leite de força e poder, ofereço-o aos Deuses em sinal de agradecimento pelas graças alcançadas.

Tome três goles do leite e derrame um pouco sobre o chão. Então diga:

Abençoadas sejam as forças da primavera que chegou. Que assim seja e que assim se faça.

Destrace o Círculo Mágico.

BELTANE

Celebrado em 31 de outubro no Hemisfério Sul e em 1º de maio no Hemisfério Norte, Beltane pode ser traduzido literalmente como "Fogo de Bel"[13] e é a celebração máxima do fogo.

Essa era a festa que celebrava o meio da primavera e preparação para a chegada do verão e, consequentemente, da fertilidade esperada para o próximo ano.

Nesse Sabbat, eram escolhidos um homem e uma mulher para representar a Senhora e o Senhor da Primavera, em alusão à Deusa e ao Deus. O gado e as pessoas passavam pelo fogo para serem purificados, ao mesmo tempo em que a fumaça assegurava a fertilidade e bênçãos.

---

13. Bel é um antigo Deus celta do Sol.

Nesse período, o Deus atinge a força e a maturidade para se unir à Deusa e, juntos, trazem calor, luz e germinação às sementes da terra que serão colhidas em Lammas.

É tempo de celebrar a vida em todas as formas. É o momento de dar boas-vindas ao verão. Momento de equilíbrio, em que nos despedimos das chuvas e as colinas e vegetações atingem tons dourados.

A Deusa e o Deus estão em plena vitalidade e amam-se com toda intensidade. É o momento da união entre os princípios masculino e feminino da criação, a união dos meios e de todos os poderes que trazem a vida a todas as coisas.

Um dos símbolos mais conhecidos associado a esse Sabbat é o *Mastro de Beltane*, que representa o falo do Deus. O mastro é sempre ornado com fitas e uma coroa de flores, que representa o ventre da Deusa. As fitas multicoloridas são entrelaçadas pelos participantes, umas às outras, até que todo o mastro esteja revestido por elas, representando a união da Deusa e do Deus.

Outra celebração das tradições desse Sabbat é colher nove gravetos de nove árvores diferentes e enfeitá-los com lindas fitas e flores, queimando-os no fogo enquanto fazemos um pedido.

Tema do Sabbat

Beltane é um tempo para celebrar a nova vida em todas as suas formas.

É quando Deusa e o Deus estão unidos em matrimônio sagrado, momento em que sua relação se consome. Esse ato representa a fertilidade dos animais e as colheitas para o próximo ano.

Você pode decorar seu Altar com uma tigela de flores ou velas flutuantes. Pétalas de flor podem ser espalhadas pelo chão.

Um ato ritual comum nesse Sabbat é o Grande Rito. É o simbolismo da união entre os princípios masculino e feminino da criação, a união das duas forças que trazem vida a todas as coisas.

Esse ritual geralmente é executado mergulhando-se um athame em um cálice ou caldeirão pequeno com vinho.

Ritual de Beltane

Material necessário:
- Guirlanda com folhagens e flores
- 08 velas verdes
- Cálice do Altar com vinho
- Athame
- Frutas de todas as cores
- *Pacote de Beltane*, com nove galhos colhidos de nove lugares diferentes
- Álcool de cereais

Procedimento

Coloque o cálice no meio do Altar, circunde-o com as oito velas verdes. Enfeite seu Altar com as frutas de forma que ele fique bem colorido e alegre. Trace o seu Círculo e então diga:

Hoje chamamos a Deusa e o Deus para que fecundem toda a Terra e para que os campos, gado, homens e mulheres sejam férteis.

Acenda as velas e, ao acender cada uma, diga:

Com este fogo sagrado o inverno se afasta e o verão se aproxima.

Eleve a guirlanda, dizendo:

Este é o Círculo sagrado do renascimento, o símbolo da união que traz alegria à Terra.

Coloque-a sobre o Altar de forma que o cálice fique no meio do vão da guirlanda. Acenda o seu caldeirão, enquanto diz:

Neste caldeirão, brilha a chama de Bel,
O fogo da primavera que chama o verão.
Assim a Roda do Ano gira mais uma vez.
Este é o Fogo de Beltane.
Que ele traga alegria e paz

Coloque o seu *Pacote de Beltane* no fogo do caldeirão, dizendo:

Com estas nove madeiras sagradas eu chamo o verão para trazer felicidade à Terra e riqueza ao mundo.

Pule o caldeirão, pedindo pela purificação e fazendo um pedido. Segure o cálice na mão esquerda e o athame na mão direita. Eleve-os, dizendo:

Mãe e Pai eternamente representados aqui pelo cálice e athame,
Eu uno o masculino e o feminino para que a Terra seja fertilizada.
Que a união da Deusa e do Deus possa sustentar a Terra.

Mergulhe a lâmina do athame no vinho. Beba um pouco e faça uma libação em homenagem aos Deuses. Coma uma fruta e faça seus pedidos, mentalmente.

Dance e cante em honra à Deusa e ao Deus.

Destrace o Círculo.

Litha

Celebrado no Solstício de Verão, que ocorre por volta de 20 de dezembro no Hemisfério Sul e por volta 20 de junho no Hemisfério Norte, Litha representa o apogeu do Sol, uma vez que é o Solstício de Verão.

Esse é o dia mais longo do ano, mas a partir daqui as noites serão maiores do que os dias, trazendo paulatinamente o inverno à Terra. Nesse dia, o Deus atinge a maturidade e era celebrado com grandiosas fogueiras pelos povos da Europa. As fogueiras representam o grande poder do Rei Solar, concedendo mais energia ao astro para que o verão durasse mais tempo, de maneira que o inverno não fosse tão rígido.

Os Pagãos sempre reconheceram o poder de força e de criação do Sol, assim como muitos outros grupos religiosos. Esse é o tempo ideal de celebrar a vida e o crescimento.

Uma das tradições do Solstício de Verão consiste em colher flores em um parque, bosque ou jardim e levar até uma fonte cristalina oferecendo-as ao Povo das Fadas que são facilmente acessados nessa data.

Em Litha, celebramos a abundância, a luz, a alegria, o calor e o brilho da vida proporcionada pelo Sol. Nesse instante, o Sol transforma as forças da destruição com a luz do amor e da verdade. Litha é o auge do poder do Sol, a Deusa foi fertilizada pelo Deus. A partir de agora, o Deus Sol começará lentamente a sua caminhada rumo ao País de Verão e morrerá em Samhain.

Tema do Sabbat

Esse é o tempo quando o Sol alcança seu ápice de poder. A Terra está cheia de verde e assegura a promessa de uma colheita abundante. A Deusa Mãe é vista em estado de gravidez e o Deus está no cume de seu poder. Ele é honrado como o Sol supremo. O Solstício de Verão é o dia mais longo do ano. É uma celebração de paixão e sucesso. É um tempo bom para realizar feitiços. Podemos usar girassóis para decorar o Altar e essa é também uma ótima noite para comungar com Duendes e Fadas.

Ritual de Litha

Material necessário para a realização do Sabbat:
- Caldeirão com água
- Incensos de olíbano
- Velas azuis, verdes e laranja
- Pão de cereais
- Bastão para invocar
- Pétalas de rosas brancas, vermelhas e amarelas
- 13 pedras de rio
- Cálice com vinho
- Bananas, maçãs, abacaxi e peras

Procedimento

Faça um Círculo de mais ou menos três metros ao redor do Altar com as pedras de rio. Espalhe as velas e os incensos por todo local e acenda-os. Faça um arranjo com as frutas e coloque com o pão e o vinho, em cima do Altar. O caldeirão deve ficar nos pés do Altar.

Lance o Círculo normalmente, pegue então o bastão e diga:

Chamo por aquele que é o Senhor da Luz e da Vida. Aquele que abençoa o solo com fertilidade e com sua imensa luz. Ó Poderoso Deus da Iluminação. Guie-me pelo caminho que leva aos reinos dos Deuses.

Gire em torno do caldeirão dizendo ininterruptamente:

Danço em volta do caldeirão. Derrame sobre mim a luz da iluminação.

Quando girar em volta do caldeirão mentalize que um poderoso redemoinho de luz dourada envolve todo o seu ser. Ao sentir que sua mente se encontra em estado alterado, pegue as pétalas de rosas e comece a espalhar por todo Círculo e despeje um pouco da água do caldeirão, dizendo:

Que seja celebrada a luz, a alegria e a força do Sol. Que sua luz me abençoe através do poder de todos os Deuses antigos.

Após espalhar as pétalas, coloque suas mãos sobre o caldeirão em forma de benção e diga:

Que a luz, a força e o brilho do Sol estejam presentes sobre todo universo. Que os nossos desejos fertilizem, que as nossas aspirações se concretizem. Pelo poder da Grande Deusa, pelo poder do Grande Deus e pelo poder "do três vezes o três", que assim seja e que assim se faça!

Vá até o Altar, pegue o cálice e eleve-o aos céus dizendo:

Que os Deuses sejam testemunhas do meu ato, pois faço esta libação em nome daquele que é mais antigo que a vida, aquele que é chamado por diversos nomes, a grande luz vivificadora que abençoa o solo com sua imensa luminosidade.

Tome um gole do vinho e derrame um pouco no chão. Destrace o Círculo Mágico normalmente.

LAMMAS

Celebrado em 02 de fevereiro no Hemisfério Sul e em 1º de agosto no Hemisfério Norte, Lammas, também conhecido como *Lughnasadh*, é o Sabbat da primeira colheita, momento em que os primeiros grãos eram colhidos, pães eram feitos e a fartura voltava a reinar.

Nesse momento, oferendas de agradecimento aos Deuses eram feitas, grãos eram consagrados para serem plantados posteriormente e o Deus era celebrado como o Senhor dos Grãos, que fazia seu primeiro sacrifício para nutrir os filhos da Deusa.

Uma das tradições desse Sabbat é fazer uma boneca de milho ou de trigo e colocá-la em algum lugar da casa para representar a Deusa como a Senhora da Colheita. Acredita-se que isso assegura a continuidade da abundância em nossas vidas.

Lammas é o festival celta em homenagem ao Deus do Sol (Lugh). Ele agora se transforma no Deus das Sombras, doando sua energia às sementes para que a vida seja sustentada, enquanto a Mãe se prepara para assumir o papel de Anciã. Esse poderoso ritual enfatiza a relação do fogo com os Deuses da vida e a centelha da criação. Lammas é tempo de dar gratidão pelo que você começou a receber e sacrificar o que você puder para receber mais.

Tema Do Sabbat

A Deusa, como a Rainha da Abundância, é honrada como a mãe que pariu a generosidade. O Deus é honrado como o Pai da Prosperidade. Nesse dia, o pão é assado por tradição e as primeiras frutas do jardim são colocadas sobre o Altar. Uma porção do pão é oferecida tradicionalmente ao povo das fadas.

O Ritual de Lammas

Material necessário para a realização do Sabbat:
- Ramos de trigo
- Pães de vários tipos
- Cálice com vinho
- Velas amarelas
- Frutas como melão, bananas e abacaxi
- Incenso de sândalo
- Caldeirão
- Álcool
- Papéis com pedidos escritos
- Bastão

Procedimento

Coloque o caldeirão no centro do local onde você vai realizar o rito. Espalhe as velas por todo o cômodo. Coloque as frutas, os pães, os ramos de trigo e algumas velas sobre o Altar. Acenda os incensos e lance o Círculo Mágico de forma usual. Despeje o álcool no interior do caldeirão e acenda-o. Então diga:

Que neste dia sagrado, em que Lugh é homenageado, os meus (nossos) anseios e desejos se realizem.

Pegue o bastão, toque o chão e depois o eleve aos céus girando no sentido horário e dizendo:

Que as sementes germinem. Que o solo se fortaleça e se torne fértil. Que a vida seja festejada e louvada pelo nome de Lugh, o Deus Sol, o iluminado e encantado.

Comece a girar o bastão em torno do caldeirão no sentido horário, com o papel dos pedidos em suas mãos. Mentalize a concretização dos seus objetivos e acredite que todos os pedidos que foram escritos no papel serão realizados. Se mais pessoas estiverem presentes, peça para que façam o mesmo.

Quando sentir que sua consciência se encontra alterada e que do seu interior brota um profundo entusiasmo, jogue os papéis com os pedidos no caldeirão, dizendo:

Nesse fogo, possam os meus desejos se elevar. O fogo é símbolo da transmutação e da purificação. Que através de seu poder tudo em minha (nossa) vida seja ativado para o meu bem e de todos da Terra!

Olhe profundamente no fogo que arde no caldeirão e mentalize com profundidade tudo aquilo que você quer. Pegue o cálice com o vinho, eleve-o aos céus, dizendo:

Ó Poderoso Lugh, que esta libação seja feita em sua homenagem.

Tome um pouco do vinho e derrame-o sobre o chão. Vá até o Altar, eleve o bastão e toque-o nos pães e nas frutas. Reparta os pães e divida entre todos os presentes, se houver. Caso contrário, coma um pouco da alimentação, meditando acerca do significado do ritual.

Destrace o Círculo Mágico agradecendo aos Deuses.

PS: os ramos de trigo devem ser oferecidos às pessoas queridas, para que sirvam de amuleto. Oriente-as a guardá-los na carteira.

MABON

Celebrado no Equinócio de Outono, que ocorre por volta de 20 de março no Hemisfério Sul e por volta de 20 de setembro no Hemisfério Norte, Mabon é o Equinócio do Outono e marca o festival da segunda colheita.

Agora o Sol caminha mais rapidamente em direção ao inverno e o plantio feito em Ostara chega à sua colheita final, iniciada em Lammas. É hora de agradecer pela abundância, pela fartura, e também de reconhecer o equilíbrio da vida, pois nos Equinócios tanto o dia quanto a noite possuem o mesmo tempo de duração.

Era o momento em que os povos antigos começavam a estocar seus alimentos e armazenar os grãos para que houvesse comida suficiente durante o período de inverno.

Mabon é o festival de ação de graça Pagã, quando lembramos as conquistas alcançadas. Por isso, uma das Tradições desse Sabbat é colocar um cálice com vinho no meio da mesa do almoço ou do jantar e deixá-lo passar de mão em mão, enquanto cada pessoa presente faz seus agradecimentos e desejos de felicidade.

É o tempo de equilíbrio, gratidão e meditação acerca da escolha dos nossos projetos, e de agradecimento por tudo que obtivemos no ano que passou. A morte do Deus está por vir, pois ele doou todos os seus poderes aos humanos por meio das colheitas.

Tema do Sabbat

Particularmente, é a celebração da vinha, e está associado com as maçãs como símbolos de vida renovada. Nesse dia sagrado, tradicionalmente se celebra o vinho e colhe-se uma maçã, colocando-a no Altar em homenagem ao Povo das Fadas; um ato simbólico de gratidão pela colheita da vida e desejo de viver em comunhão com tudo.

O Ritual de Mabon

Material necessário para a realização do Sabbat:
- Instrumentos Mágicos usuais
- Chifre de boi ou de búfalo enfeitado com fitas de várias cores
- Moedas
- Incensos de mirra
- Várias velas marrons, verdes e amarelas
- Cálice com água
- Grãos de cereais em geral
- Caldeirão com uma vela preta apagada

Procedimento

Espalhe as velas e os incensos por toda parte e acenda-os. Coloque o chifre, as fitas, as moedas, as espigas de milho, o cálice e os grãos crus sobre o Altar. O caldeirão com a vela apagada é colocado aos pés do Altar.

Consagre o Círculo Mágico e, após traçá-lo, diga:

> Luz e Escuridão são iguais, porém, aqueles que conhecem a Arte sabem que tudo tem seu próprio ritmo, pois aquilo que está embaixo é como aquilo que está em cima. Tudo o que está embaixo deve subir e tudo o que está em cima deve descer. É a lei da vida, é a eterna Roda do Ano e seus ciclos.

Acenda a vela do caldeirão e diga:

> A Roda do Ano segue imutável e incansavelmente seu ritmo. Que a Senhora da Abundância e da Fartura e o Senhor das Folhagens e da Colheita possam me (nos) abençoar.

Após acender a vela do caldeirão, erga o chifre acima do Altar, dizendo:

> Que a Sagrada Cornucópia, símbolo da prosperidade e da riqueza, espalhe sua sagrada luz sobre mim (nós) e meus (nossos) entes queridos. Que assim seja, e que assim se faça!

Comece então a amarrar as fitas coloridas no chifre, mentalizando a concretização de seus desejos. Caso mais pessoas estejam presentes na celebração do Sabbat, cada uma delas deve amarrar uma fita no chifre e mentalizar seus pedidos.

Após atar todas as fitas ao chifre, comece a colocar dentro dele as moedas e os grãos mentalizando abundância, fartura, sucesso e prosperidade. Então diga:

> Ó Grande Deusa, de onde provém toda vida, abençoada seja, Senhora da Prosperidade e da Fartura. Que o mistério da vida seja revelado, porém, selado, e que seus frutos possam me (nos) sustentar, através do mistério do renascimento presente em cada semente.

Com o chifre erguido aos céus, em sinal de apresentação, comece a andar pelo Círculo no sentido horário até completar três voltas. Tenha em mente que é por causa do renascimento das sementes que você e todos os seres da Terra serão nutridos e, assim, poderão continuar sua caminhada rumo à evolução. Coloque o chifre sobre o Altar. Pegue o cálice, erga-o aos céus dizendo:

> Que através do poder da água, todos os frutos da Terra possam ser fertilizados. Ó Senhor da Colheita, das Folhagens e da Fartura. Ó, Senhora da Abundância e da Prosperidade é a vocês e por vocês que é feita esta libação.

Tome um pequeno gole da água e depois derrame no chão. Recoloque o cálice sobre o Altar. Destrace o Círculo Mágico agradecendo o auxílio dos Deuses.

PS: coloque o chifre sobre a porta de entrada de sua casa. No Sabbat do Equinócio de Outono, do ano seguinte, troque os grãos enterrando os velhos.

Para Finalizar, é importante ter em mente que os dias de comemoração dos Sabbats variam de acordo com o hemisfério, pois quando no Hemisfério Norte é verão, aqui no Hemisfério Sul é inverno. É importante ter em mente que os Sabbats são celebrações de um tempo no ano e não de uma data.

A maioria dos livros escritos sobre Wicca é de autores americanos ou ingleses, devido a isso fato, eles trazem referências das datas de acordo com o Hemisfério Norte. Por isso, atente-se em relação às datas quando estiver lendo livros a respeito de Wicca para não acabar realizando ritos de outono na primavera ou de inverno em pleno verão.

Neste livro, todos os Sabbats trazem referência para os dois hemisférios, Norte e Sul. Sendo assim, você não precisa se preocupar em fazer as conversões de datas tão comuns nas obras relativas à Bruxaria.

Existe muito simbolismo na Roda do Ano e, ao entendê-la, assimilá-la e integrá-la a seu modo de vida, você estará compreendendo a essência da Religião Wicca.

A Roda do Ano representa a maneira como vemos o Universo, celebramos os ciclos da natureza e entendemos seus reflexos em nosso viver.

Sempre girando, estes ciclos internos e externos vão retornar à sua fonte primordial de energia, ao seu início, e vão começar e terminar muitas vezes mostrando que depois da morte sempre há renascimento. Isso é refletido no cair das folhas e no florescer das flores; no germinar das sementes e nas colheitas dos grãos semeados, consumidos e replantados; no apogeu e no declínio do Sol.

Atualmente, com os avanços científicos e tecnológicos, pode ser difícil compreender como uma religião de civilizações agrárias antigas pode fazer sentido nos tempos modernos, e o que ela pode nos oferecer.

Para responder a essa questão basta olhar ao nosso redor. Se fizermos isso acuradamente, perceberemos que, independentemente de nossa vontade, as estações continuam mudando, e que a força da natureza é infinitamente maior do que todos os avanços alcançados pelo homem modernos. E vamos perceber, ainda, que nós precisamos da natureza, mas que ela não precisa de nós.

Conhecendo o que acontece no mundo e ao nosso redor, alcançaremos um grande entendimento de onde viemos, aonde chegamos e as possibilidades que nos aguardam.

A Roda nos mostra que o Universo reflete o ciclo da mudança, sempre em constância.

Celebrando um Sabbat

Cada um de nós pode e deve celebrar a Roda do Ano, pois ela reflete não somente a mudança da natureza, mas também nossos ciclos internos e externos.

Quando integramos as celebrações dos Sabbats em nossas vidas nos ligamos, direta e integralmente, à natureza. Consequentemente, isso nos traz paz, tranquilidade, harmonia e equilíbrio, pois buscamos em nossa memória ancestral a reconexão com as mesmas forças um dia invocadas por aqueles que nos antecederam.

Para celebrar um Sabbat, você não precisa seguir os rituais expostos anteriormente de maneira estrita ou possuir grandes conhecimentos teóricos sobre os mitos, contextos históricos e tradições dessas datas, porque essas informações estão dentro de você. Elas precisam apenas ser despertadas.

Para acessá-las, basta observar a natureza ao seu redor e retirar dela elementos que sejam simbólicos para você e que poderão fazer parte de uma pequena cerimônia realizada para marcar a mudança de uma estação ou celebração de um ciclo.

Assim, ao observar a primavera, você vai poder identificar que nessa época o céu se torna intensamente azul-celeste. As flores vermelhas, amarelas e brancas abrem-se, trazendo uma multiplicidade de cores e de aromas que o rodeia.

Todos esses elementos podem fazer parte de um ritual para celebrar a chegada da estação, usando as cores do céu e das flores nas velas, nas roupas ou nos panos para cobrir seu Altar. Os aromas mais frequentes podem assumir a forma de incensos ou de óleos para ungir e purificar o corpo, e por aí vai...

Após acender as velas e incensos, pode ungir o seu corpo com o óleo, procurando se conectar com a natureza que viceja ao seu redor, visualizando as mudanças que ocorrem nela e em você nessa época, meditando profundamente sobre isso.

Quais transformações internas decorrentes dessa mudança de ciclo ocorrem em seu interior? Como você via o mundo há alguns meses e como o percebe agora? Como as pessoas ao seu redor se comportam nessa estação? Isso o afeta de alguma forma?

Depois de meditar, leia uma poesia feita por você, oferecendo-a à Deusa e ao Deus. Cante, dance, ou simplesmente fique em silêncio, ouvindo sua voz interior. Finalize agradecendo aos Deuses por mais um giro na Roda e por todas as bênçãos concedidas. Observando a natureza que o rodeia, você poderá comemorar os oito Sabbats realizando lindos rituais.

Na Wicca, os rituais criados têm muito mais poder e valor do que aqueles lidos, memorizados e copiados de livros. Conforme for exercitando a arte de criar rituais, mais bonitos e elaborados eles se tornarão. Cada um de nós é uma fonte de inspiração e de criação, por isso devemos colocar nossas habilidades à disposição dos Deuses, construindo rituais e cerimônias para celebrar a mudança da vida que acontece dentro e fora de nós.

Os Esbats

Além da celebração dos Sabbats, os Wiccanianos reverenciam outras importantes mudanças que ocorrem na natureza, como a mudança das fases lunares.

A fase lunar mais importante é a cheia, momento em que a Lua se encontra em seu poder máximo, no ápice de sua força. A Lua cheia representa a Deusa em sua face Mãe, o seu aspecto primordial.

A palavra Esbat vem do francês arcaico *Esbatre* que significa "divertir-se". Aos Rituais de Lua Cheia damos o nome de Esbat, um termo que passou a ser popularmente usado a partir do início do século 20.

Os Wiccanianos se reúnem em seus Covens ou realizam cerimônias privativas nos Rituais de Lua Cheia para prestarem seu culto devocional à Deusa e ao Deus, para praticarem Magia, confeccionarem um talismã, consagrarem objetos e utensílios mágicos ou simplesmente cultuarem seus antigos Deuses. Os Esbats são momentos em que os Bruxos não só realizam suas celebrações em honra à Deusa, mas também compartilham notícias, opiniões e informações sobre suas diferentes experiências e práticas na Arte. Habitualmente cânticos e danças são partes integrantes dos Esbats.

Treze lunações são celebradas no decorrer de um ano. Isso acontece porque os Wiccanianos seguem os antigos calendários lunares dos povos celtas, baseados em treze meses com vinte e oito dias.

Entre os povos antigos, quando praticar Bruxaria era passível de execução, o ritual de Esbat era realizado na calada da noite, no interior de um bosque ou em uma floresta, longe dos olhos curiosos e onde poucos se atreviam a entrar.

Durante o Esbat, honramos nossos Deuses e agradecemos suas bênçãos e presenças em nossas vidas. Nesse período, também lançamos feitiços de acordo com as influências lunares em voga ou com o momento do ano em que nos encontramos. Se houver necessidade, também podemos realizar práticas divinatórias e rituais de cura. Um Ritual de Lua Cheia pode também consistir, única e exclusivamente, em apenas sentir o fluir das energias ou uma prática meditativa.

Uma prática comum nos Rituais de Esbat é o ato de *Puxar a Lua Para Baixo*, quando o poder lunar e da Deusa são atraídos para uma Sacerdotisa ou para uma Bruxa. Isso pode ser realizado em um Coven ou até mesmo pelo praticante solitário. Quando "puxamos a Lua", convocamos os poderes mágicos lunares para que entrem em nós e iluminem nossa alma. Essa energia pode ser usada posteriormente para a realização de um feitiço, de uma consagração ou para ser emitida a alguém que precisa de cura.

Em um Esbat realizado num Coven, o *Ritual de Puxar a Lua para Baixo* é uma das experiências mais bonitas e transformadoras, no qual o Sacerdote invoca o espírito da Deusa para se tornar uno com a Sacerdotisa. Nesse momento, a Sacerdotisa pode declamar a *Carga da Deusa*[14] ou palavras espontâneas inspiradas, representando o poder da Deusa na Terra.

Entre os praticantes solitários, o ato de *Puxar a Lua para Baixo* pode ser feito simplesmente visualizando-se a energia e a luz lunar iluminando nosso ser.

Hoje, com o crescente interesse pelas práticas Pagãs, pessoas de todas as idades e condições se encontram nas noites de Lua cheia para reverenciar a Deusa e a vida. Como acontece com os Sabbats, celebrar os Esbats nos coloca em harmonia com toda a natureza, pois se as mudanças das fases lunares exercem influência sobre as marés e o plantio, seguramente influenciam também nossas emoções e os acontecimentos diários.

Cada uma das lunações recebe um nome específico, que reflete o momento da Roda do Ano em que ela se encontra, expressando um dos muitos temas da vida humana. Esses nomes podem variar de Bruxo para Bruxo ou dependendo da Tradição. Os nomes que seguem são os mais comuns e largamente utilizados entre a comunidade Pagã:

---

14. *A Carga da Deusa* é um texto escrito por Doreen Valiente, uma das mães da Bruxaria Moderna, na década de 1950, representando as bênçãos e orientações da Deusa aos Wiccanianos. Hoje, várias versões diferentes desse texto e outras *Cargas* escritas por Bruxos modernos também são usadas nesse ritual. Exemplos desses textos são fornecidos no Compêndio ao final deste livro.

JANEIRO

Lua do Feno

É o momento em que vemos a natureza em sua plena maturidade. As sementes germinaram e é chegada a hora de pensar no que será guardado para o inverno e relembrar os grãos (sonhos) que foram plantados em setembro, na Lua do Arado. Agora é chegado o momento de se preparar para a materialização dos frutos de nossas ações.

ERVA: madressilva.

COR: branco, marrom, prata e cinza.

MOMENTO IDEAL PARA: preparar-se para o sucesso, meditar a respeito dos objetivos e planejar o futuro.

FEVEREIRO

Lua do Milho

Lunação que marca o período da primeira colheita e a retribuição dos benefícios de nossas ações. Momento de nos alimentarmos interna e externamente, lutando pelos nossos sonhos.

ERVA: louro.

COR: laranja, ouro e amarelo.

MOMENTO IDEAL PARA: encontros, fortalecer as amizades e lutar pelos sonhos.

MARÇO

Lua da Colheita

É a lunação que marca o período da segunda colheita. É tempo de agradecer pela fartura e pela abundância e meditar acerca do equilíbrio da vida. Ideal para organizar nossa vida espiritual e emocional.

ERVA: avelã.

COR: marrom e amarelo.

MOMENTO IDEAL PARA: agradecer pelas conquistas, meditar, organizar e fortalecer os diferentes aspectos da vida.

Abril

Lua do Sangue

Lunação que marcava o período sazonal de caça e de estoque de comida para o inverno. Momento de celebrar os ancestrais e meditar sobre o tema morte e renascimento, já que o Sabbat Samhain se aproxima. Hora de deixar de lado os hábitos nocivos e se desfazer das coisas que não nos servem mais, dentro e fora de nós.

ERVA: cipreste.
COR: laranja, preto, roxo.
MOMENTO IDEAL PARA: se livrar de vícios, purificar e buscar harmonia.

Maio

Lua Escura

É a lunação da transformação e da preparação para a chegada do inverno. Momento de selar a paz consigo mesmo e com aqueles ao seu redor.

ERVA: cedro.
COR: preto, cinza, verde escuro.
MOMENTO IDEAL PARA: buscar o entendimento, fortalecer a comunicação com a Deusa e com o Deus e encontrar a paz.

Junho

Lua do Carvalho

Lunação do renascimento espiritual. Após o Solstício de Inverno, que ocorre nesse mês, marcando a noite mais longa do ano, os dias passarão a ser maiores que as noites. Exatamente por esse motivo essa lunação é ideal para nos levar ao encontro de nossa alma. Conforme a luz solar crescer, sua energia iluminará nossas vidas nos mostrando os caminhos a serem percorridos.

ERVA: azevinho.
COR: vermelho, branco, verde.
MOMENTO IDEAL PARA: buscar pelo renascimento, auxiliar amigos e familiares, pedir orientação aos Deuses.

Julho

Lua do Lobo

Lunação ideal para trabalhar os sentimentos interiores. O período de reclusão nas noites frias e longas do inverno está passando; é hora de despertar, preparando-se para o florescimento da primavera.

Erva: bétula.

Cor: branco e violeta.

Momento ideal para: gestação, concepção, proteção e para estudar os projetos que desejamos ver realizados.

Agosto

Lua da Tempestade

Lunação associada ao Sabbat Imbolc, ideal para purificação, limpeza e descartar o que não nos serve mais. O Sol começa a dar seus primeiros sinais de força e de luz, e as trevas são dissipadas.

Erva: sorveira.

Cor: vermelho, verde, laranja, azul-celeste.

Momento ideal para: canalizar a energia necessária para a realização dos desejos, purificação, cura, cuidar do lar e da família.

Setembro

Lua do Arado

É a lunação que marca o momento de arar e semear. A terra despertou do seu sono profundo e agora é hora de ter esperança e deixar os ventos da transformação trazer nova energia para a sua vida.

Erva: amieiro.

Cor: azul, amarelo, branco.

Momento ideal para: crescer, prosperar, acreditar e recomeçar algo que foi deixado de lado no passado.

Outubro

Lua dos Grãos

A Terra se enche de luz, e o que foi plantado, agora começa lentamente a germinar. A união da Deusa e do Deus traz a energia fertilizadora necessária para que a futura colheita seja farta e abundante.

Erva: pinheiro.

Cor: verde e vermelho.

Momento ideal para: produzir ou desenvolver algo, aproveitar as oportunidades e a sorte e para trabalhar nosso temperamento.

Novembro

Lua da Lebre

É hora de celebrar o amor e a vida. Essa lunação marca o período que segue a união da Deusa e do Deus. A Terra está cheia de um poder que está pronto para ser utilizado. É hora de abraçar as diversas partes do nosso eu e reconhecer que todas elas fazem parte de nossa natureza e precisam ser equilibradas.

Erva: rosas.

Cor: rosa, verde, vermelho.

Momento ideal para: usar nossa energia criativa, buscar pelo amor ideal e verdadeiro e fortalecer nossa ligação com a natureza.

Dezembro

Lua dos Prados

Lunação que indica o momento de honrar a Deusa e de agradecer pelo aprendizado conquistado no decorrer do ano. O verão agora se inicia, trazendo o poder do Deus solar à Terra. O velho morrerá para dar espaço ao novo, por isso agora somos capazes de nos fortalecer.

Erva: flor do campo.

Cor: azul-claro, rosa e laranja.

Momento ideal para: tomar decisões, assumir responsabilidades, fortalecer as relações amorosas e conquistar um novo amor.

Celebrando um Esbat

Se você observou o florescer da natureza ao seu redor para celebrar a mudança dos ciclos sazonais, já terá vários elementos que poderão ser utilizados em seu Ritual de Esbat.

Os Esbats, como exemplificados neste capítulo, é uma reafirmação das mudanças da Roda do Ano e de como ela tem muito a nos oferecer para o entendimento da religião Wicca.

Inclua as cores e os aromas já identificados por você na ocasião do Sabbat também em seu Esbat. Use, da mesma forma, as informações fornecidas para cada lunação na hora de compor um Ritual de Lua Cheia.

Você poderá querer incluir o lançamento de um Círculo Mágico para realizar seu Ritual de Lua Cheia no interior de um espaço sagrado.

Se quiser, poderá realizar o lançamento formal do Círculo, como é demonstrado anteriormente, ou simplesmente sentar por alguns instantes, respirar e imaginar um círculo de luz ao seu redor, na cor que mais gosta.

Enquanto o imagina se formando ao seu redor, profira frases como "Eu traço este círculo para me proteger e tornar este espaço sagrado" ou "Eu lanço um círculo de luz ao meu redor, que nele nenhum mal entre e que dele nenhum mal saia". Ou pode optar por mudar as frases exemplificadas para se adequarem às suas necessidades e até mesmo criar outras espontaneamente na hora. Depois disso é comum convocar a força dos quatro elementos da natureza (Terra, Ar, Fogo e Água), bem como a Deusa e o Deus, para testemunharem seu ritual.

É comum, também, realizar os rituais de plenilúnio em homenagem a uma face da Deusa. Por isso, identifique aquela que mais corresponda às suas necessidades no momento e componha uma poesia, cântico ou dança em celebração a Ela.

Medite acerca do tema do Esbat que está realizando e encontre respostas para as suas indagações. Peça paz, luz, amor, cura e união. Consagre algum objeto como uma corrente, pingente ou anel com o óleo aromático de que mais gostar, pedindo as bênçãos da Deusa e do Deus, e use-o diariamente para protegê-lo ou para ajudá-lo a alcançar seus sonhos.

Contemple a Lua, sinta sua energia entrar em você e guarde em seu interior o poder gerado por ela. Essa força será seu combustível e o ajudará a chegar até a próxima lunação em harmonia e plenitude total.

Cante para a Lua, a ela eleve seus braços e deixe que sua magia promova o seu reencontro com a Grande Mãe.

Ritual

A palavra ritual tem como definição uma cerimônia religiosa com uma ordem de eventos pré-definidos. Na Wicca, o nosso contato com os Deuses acontece por meio de rituais. É também de forma ritualística que formulamos nossos desejos, construímos um talismã ou consagramos um objeto para nos proteger ou para atrair energias positivas.

Na nossa religião, um ritual não começa com o lançamento do Círculo e termina com o apagar das velas, e nem todos são formais ou idealizados somente para trabalhos mágicos. Na maioria das vezes, eles são de caráter devocional, somente para honrar os nossos Deuses, como ocorre quando celebramos um Sabbat ou Esbat.

O ritual é uma forma de nos conectar com as energias da natureza, com o Sol, a Lua ou os Ancestrais. Ele é a nossa ponte de comunicação com o Outromundo; praticamos rituais para assegurar que não perderemos contato com essas forças.

De acordo com a filosofia da Wicca, um ritual pode se apresentar de muitas maneiras diferentes. Qualquer coisa pode se tornar um ritual. Até mesmo tarefas convencionais como ler, escrever, comer, acordar ou dormir podem ser ritualizadas para lhes conferir um significado espiritual. Elevar o pensamento à Deusa, agradecendo pela fartura antes de nos alimentarmos, ou saudar o Sol pela manhã são práticas rituais simples que nos coloca em contato direto com o Sagrado, chamando-o a fazer parte de nossas vidas, para que todos os momentos se tornem mágicos.

Na maioria das vezes, um ritual envolve a comunicação com uma divindade. Por meio dele uma ligação psíquica se estabelece, trazendo a consciência do Sagrado para mais perto de nós, convidando-o a fazer parte da cerimônia devocional, para que ele estenda suas bênçãos e sua presença em nossa vida diária.

Saiba que nem todos os Wiccanianos ritualizam da mesma maneira. Os rituais variam muito de um Bruxo para outro e entre os Covens. Isso acontece porque, para que os rituais realmente funcionem, eles precisam refletir a personalidade de seu operador, e isso somente é possível dando um toque pessoal, adaptando-os de acordo com a nossa visão e entendimento do Divino.

Existem basicamente duas classificações de rituais na Wicca:

- RITUAIS DEVOCIONAIS: para honrar uma Deusa, o Deus, uma divindade em especial ou celebrar um Sabbat ou Esbat.
- RITUAIS MÁGICOS: para direcionar a energia mágica para o alcance de desejos pessoais por meio de feitiços, sortilégios, talismãs, etc.

Em muitos casos, como nos rituais de Esbat, um ritual pode ser mágico e/ou devocional, reverenciando a Deusa na sua face Mãe, ao mesmo tempo em que um encantamento ou sortilégio é feito e lançado.

Ritualizando

A partir daqui você conhecerá um pouco da magia que os Wiccanianos utilizam e, compreendendo sua essência, poderá também praticá-la para preencher sua vida com a presença do Sagrado.

O que é descrito é apenas uma diretriz para que comece a realizar seus rituais. As sugestões dadas refletem muito do que é feito pela maioria dos Bruxos. No entanto, sinta-se à vontade para dar seu toque pessoal e desenvolver sua própria maneira particular de realizar rituais que reflitam sua personalidade e conceitos pessoais. A melhor maneira de aprender a ritualizar é praticando.

Um ritual segue algumas diretrizes para ser criado e realizado. É fundamental que se conheça essas bases, pois elas são imprescindíveis para o sucesso de qualquer operação na Magia:

1. Preparação dos objetos e da área ritual

É importante limpar os objetos e o espaço que será usado para fazer o seu ritual.

Limpe os instrumentos do Altar, varra o chão da sala escolhida para o ritual, enfeite o local com flores, velas e incensos. Deixe o ambiente agradável aos seus olhos.

Certifique-se de que tudo o que precisa estará à mão na hora em que o ritual começar. Por isso, confiratudo que for usado, ervas, velas, instrumentos, etc.

2. Preparação pessoal

A preparação pessoal também é importante, pois ela nos coloca em um estado receptivo para a energia dos Deuses e nos centra interiormente.

Quando fazemos um ritual, carregamos nossa própria energia para o Círculo Mágico. Por isso precisamos estar limpos de mente, corpo e coração.

Tome um banho de ervas purificadoras – alecrim, cravos-da-índia ou sálvia – antes de realizar um ritual. Enxugue-se com uma toalha recém-lavada e se vista com uma roupa limpa.

Se desejar, passe no corpo um óleo com seu aroma preferido e purifique-se na fumaça de um incenso. Enquanto faz isso, reflita acerca do propósito do seu ritual, pedindo para que os Deuses purifiquem seu ser.

O ato de se purificar é uma prática que nos coloca em estado alterado de consciência, preparando-nos para a Magia.

3. Criação do espaço sagrado

A criação do espaço sagrado pode ser dividida em três etapas diferentes: purificar, lançar e abençoar.

Um cômodo – sala ou quarto pode ser utilizado para um ritual. Mas como eles são usados também para outras funções, muitas energias residuais acabam permanecendo nesses locais.

O propósito de purificar o espaço sagrado é remover da área todas as energias incompatíveis com a sua prática.

Coloque um pouco de sal em uma vasilha com água e respingue-a no chão, enquanto visualiza todas as energias negativas sendo destruídas e anuladas.

Você também pode usar um incenso e até mesmo a chama de uma vela para purificar a área que será usada.

Circule o ambiente no sentido anti-horário, o movimento usado para banir. Enquanto faz isso, diga as palavras a seguir ou algo espontâneo que transmita a mesma intenção:

Eu purifico este local de toda energia negativa

Que o mal saia e que o bem entre

Por todo o poder "do três vezes o três"

Que assim seja e que assim se faça!

Após a purificação, o próximo passo é lançar o Círculo Mágico, que sacralizará a área utilizada. Um exemplo de como o Círculo pode ser traçado foi descrito no capítulo 4.

Lançar um Círculo consiste basicamente em circular a área ritual no sentido horário por três vezes com o athame, enquanto visualizamos uma luz saindo de sua ponta e indo em direção ao solo, formando uma bolha de luz ao nosso redor.

4. Dar as boas-vindas aos elementos e e aos Deuses

Logo depois que o Círculo Mágico é lançado, os elementos da natureza e os Deuses são invocados. A invocação desses poderes nada mais é que uma solicitação pessoal para que eles estejam presentes e abençoem o seu ritual.

Os primeiros a serem chamados são os elementos. As invocações aos elementos da natureza são sempre feitas em ordem, começando pelo Norte, depois Leste, Sul e Oeste, invocando respectivamente os elementos Terra, Ar, Fogo e Água. Em seguida, a Deusa, o Deus e todas as outras divindades que desejamos invocar opcionalmente são também convocadas para o ritual.

Quando invocamos a presença de uma energia em nossos rituais, esperamos uma resposta, mas nem sempre é perceptível uma forte presença nas práticas rituais, principalmente nas primeiras experiências. Com o tempo e prática, as energias invocadas serão cada vez mais nítidas e sua presença poderá ser fortemente sentida.

5. Alinhando um ritual com Sabbat, Esbat ou com um propósito

Se você estiver realizando um ritual para celebrar a chegada de uma estação ou uma noite de Lua cheia, a observação dessa data deverá estar associada com a sua temática.

Leia os capítulos 5 e 6 para mais detalhes sobre a celebração dos Sabbats e Esbats. Suas lendas, tradições e costumes são uma grande fonte de inspiração para um ritual.

Quando seu ritual incluir também uma prática mágica, esta é a hora da confecção de um talismã ou de realizar o feitiço escolhido, por exemplo.

Muitas são as práticas mágicas que podem ser usadas em um ritual, desde rituais com velas à magia com cordas. No capítulo 10 você encontrará alguns feitiços que podem ser realizados para as diferentes necessidades da vida humana. Use-os como uma forma de alinhar o seu ritual com o seu desejo.

6. Banquete

O banquete marca o final do ritual e é usado para retornar sua consciência ao estado normal, já que comer é um dos atos mais humanos e que pode facilmente remeter nossa mente às atividades diárias.

Os alimentos e as bebidas que fazem parte dos banquetes variam muito de Bruxo para Bruxo, mas os mais comuns são as frutas, o vinho e os pães. Muitos Wiccanianos utilizam bolos, sementes e muitas outras fontes de alimentação como parte do banquete. Os pratos com as comidas geralmente ficam sobre o Altar ou aos seus pés, e antes de serem ingeridos, são consagrados com o toque do bastão enquanto se diz as palavras a seguir ou algo espontâneo que transmita a mesma intenção:

> No nome sagrado da Deusa e do Deus eu o consagro e abençoo.
>
> Que ao ingerir este alimento eu (nós) seja (sejamos) revigorados interna e espiritualmente, e que eles me (nos) tragam saúde, harmonia e prosperidade.
>
> Que assim seja e que assim se faça!

Essa é a hora de realizar o Grande Rito, momento em que o vinho, a água ou qualquer outro líquido presente no cálice do Altar é consagrado.

O Grande Rito representa a União da Deusa e do Deus, que trazem as bênçãos da abundância à Terra. Para realizá-lo, pegue seu athame na mão direita e o cálice na esquerda. Lentamente, mergulhe a lâmina do athame no líquido do cálice, veja-o brilhar através do olho da mente e então diga:

> A união da Deusa e do Deus é aqui representada.
>
> Que este vinho (ou qualquer outro líquido) traga-me (nos) saúde, sucesso, prosperidade e harmonia.
>
> No nome sagrado da Deusa e do Deus,
>
> Que assim seja e que assim se faça!

7. Finalizar o ritual

É hora de agradecer aos elementos, Deuses e todas as energias que estiveram presentes em seu ritual.

Nessa hora, o Círculo Mágico é destraçado. Para isso o operador agradece os elementos, a Deusa, o Deus e todas as energias invocadas, e então percorre por três vezes a área ritual no sentido anti-horário, enquanto visualiza a esfera de luz se evanescendo.

A finalização do ritual é uma parte importante e não deve ser jamais esquecida, pois é ela que vai fazer com que retornemos ao nosso estado de consciência diário, mundano, necessário para executar as tarefas do dia a dia.

Após a finalização, as velas e os incensos devem ser apagados, sem soprar, por meio de um abafador ou outro artefato, ou poderão também ser deixados sobre o Altar para se consumirem até o fim. Tudo o que foi usado no ritual é recolhido e guardado.

A Eficácia do Ritual

Um ritual é uma parte importante da vida religiosa das pessoas em todo o mundo. A causa primeira de um ritual é invocar para se conectar com o Grande Mistério: uma Deusa ou um Deus, uma força da natureza, os diferentes mundos espirituais, ou até mesmo os ritmos simples das estações do ano. Assim, o ritual é a invocação em ação.

Na Wicca e demais caminhos Pagãos, todo ritual é um momento de transformações, um instante mágico em que um portal entre os mundos é aberto e tudo se torna possível. É pelos rituais que nos conectamos com nossas antigas Divindades para que mudanças físicas e espirituais aconteçam. O chamado a essas Divindades se dá por intermédio de invocações, orações e textos sagrados, que são recitados ou lidos durante as práticas ritualísticas como um convite para que o Divino se manifeste. Tais invocações chamam aspectos e forças divinas específicas para que se tornem perceptíveis em nossos ritos. A percepção dessas forças pode ser sentida de muitas formas: pela conexão emocional, mental e até mesmo sinestésica.

Rituais nos ajudam nessa conexão com os Grandes Mistérios da existência. Lembre-se de que eles são portais de acesso a outras realidades de poder, poderíamos fazer uma analogia simples com a televisão, sendo um portal de conexão com o mundo. O mundo sempre existirá, programas de notícias, novelas e documentários estarão passando na casa de muitas pessoas, independentemente de ligarmos ou não a TV. Mas a televisão é um canal que codifica os sinais que são enviados pelas antenas e nos ajuda a vê-los de uma forma compreensível à nossa mente e olhos. Isso também ocorre na magia: os Deuses sempre estão presentes ao nosso redor, mas o ritual e as invocações são o foco para nos conectarmos com eles.

Seguindo algumas diretrizes simples, um ritual para a invocação de uma Deidade ou força pode ser criado para qualquer tipo de necessidade de maneira satisfatória.

13 Passos para um Ritual Invocatório Eficaz

Existem 13 passos básicos que devem ser seguidos visando a realização de um ritual invocatório bem-sucedido, imprescindíveis para que um rito seja bem elaborado e projetado, que são:

1. Definir o objetivo.
2. Escolher e preparar os símbolos.
3. Purificar e consagrar objetos.
4. Usar símbolos.
5. Momento certo.
6. Força da palavra.
7. Invocação dos Deuses.
8. Preparar o Espaço Sagrado.
9. Criar um estado de relaxamento.
10. Usar os cinco sentidos.
11. Pronunciamento do desejo.
12. Geração de poder.
13. Liberar a magia.

Analisaremos detalhadamente cada um desses passos, tão importantes na arte da invocação, começando pela definição do objetivo.

1. Definindo o objetivo

Quando realizamos um ritual, precisamos ter planos específicos, por isso o objetivo é muito importante.

Devemos tomar todo o cuidado para que nosso objetivo não seja mal interpretado caso expressado incorretamente por meio das invocações. O desejo de uma invocação deve ser construído em termos muito precisos. Meditar pode ser algo positivo na hora de escolher termos, frases e palavras que serão usadas em suas invocações no decorrer de um rito.

Na hora de preparar um ritual ou rascunhar uma invocação espontânea para ser utilizada em uma cerimônia e/ou em sua prática devocional diária, utilize o seguinte exercício para auxiliá-lo:

Respire profundamente e deixe sua mente divagar. Focalize sua atenção apenas para o seu desejo.

Escreva de forma extensiva o seu desejo em um pedaço de papel. Deixe que suas ideias fluam livremente. Depois, submeta sua carta a uma análise e revisão. Vá reduzindo as palavras de menor significado, deixando apenas aquelas que exerçam mais impacto emocional e visual, mas esteja atento para que a sua fórmula não perca o sentido.

A frase resultante pode ser recitada durante uma invocação em forma de cântico, ladainha, encantamento, etc.

Desejando

Ao invocar, formule o desejo de forma clara e como achar correto. Repita o desejo diariamente e faça o que for necessário para que ele se materialize.

Quando a invocação for pronunciada, concentre-se nela e direcione toda a sua energia pessoal para que seus esforços práticos sejam direcionados para a realização.

Invocações sempre são mecanismos que impulsionam a nossa vontade. Por isso elas são muito importantes em qualquer processo mágico.

Repetir sua Invocação e o seu desejo várias vezes emite ondas de energia para ajudar a realizar aquilo que você almeja, já que é a nossa vontade que desperta, dirige e manifesta a energia mágica.

Desejando com responsabilidade

A responsabilidade pelos seus desejos é inteiramente sua, por isso se deve refletir muito antes de realizar uma invocação. A realização dos desejos expressos em uma invocação pode ter desdobramentos jamais imaginados. Por isso, sempre realize este exercício antes de invocar:

- Anote o objetivo de seu ritual respondendo várias perguntas sobre a atuação dele no mundo, como: quem será atingindo, de que forma, por que, o que isso resultará posteriormente, como você poderá ficar depois que ele se realizar, etc.
- Responda às perguntas pensando no lado positivo e negativo, nas coisas boas e ruins que podem ocorrer. Pense seriamente sobre o seu ritual, refletindo sobre o que ele significa para você e como poderá afetar os outros.
- Levando tudo isso em consideração, escreva uma fórmula verbal caprichada, expressando o seu desejo.
- Com isso, crie uma invocação ou palavras adicionais que serão direcionadas a uma Deidade ou força da natureza para ser usada em seu ritual.

As palavras

O homem sempre usou o som para se comunicar com este e outros planos de existência. Magicamente falando, um ritual é uma projeção verbal e mental, ou seja, ele é composto de imagem e som. Sem esses dois fatores, inclusive, não há magia.

Precisamos aprender a usar corretamente a linguagem, sua energia e a sabedoria que vem dela. Expressões e frases positivas relacionadas aos nossos desejos ajudam a reforçar a invocação e o ritual:

Pense por alguns instantes no seu desejo e escolha uma expressão curta que o descreva. Deixe a frase ecoar em sua mente e visualize uma luz brilhando acima de você. Depois de alguns instantes, visualize as palavras da sua frase brilhando na luz, indo em direção a uma imagem da Deidade formada em sua tela mental. Isso significa que você deve visualizar a Deusa ou o Deus invocado brilhando nessa luz. Lentamente, veja as palavras sendo enviadas de volta para você, sendo derramadas sobre a sua cabeça. Perceba que elas se tornam compelidas a sair de sua boca. Grite a frase ou cante-a, visualizando a realização de seu desejo enquanto percebe a imagem da Divindade acima de você, abençoando-o.

2. Escolha e preparação dos símbolos

Aqui, nos referimos aos símbolos relacionados à Deidade que será invocada ou a parte da representação de seu desejo, objetivo ou meta em termos mágicos, que amplifica ainda mais o poder de seu ritual. Você pode utilizar desde símbolos tradicionais, usados há muito tempo para representar aquilo que quer, até um símbolo que fale especificamente à sua mente e inconsciente. Lembre-se de que símbolos são também formas de invocação, pois despertam lembranças, sentimentos e energias adormecidas em cada um de nós.

Para escolher quais símbolos usar em suas invocações no decorrer de um ritual, procure pelos seus significados em tabelas de correlações e analogias e identifique a representação que mais chamar sua atenção.

Você pode utilizar objetos, plantas, pedras, imagens, figuras, etc.

Segue uma pequena lista de referência de acordo com os temas pertinentes ao ritual:

- Amor: rosas, coração, quartzo-rosa, manjericão, verbena, laços, fitas, cores rosa e vermelho, mel, doce, perfumes e pombo.
- Prosperidade: moedas, pirita, citrino, chifres, terra, argila, louro, alecrim, sementes e cores laranja, verde e azul-marinho.
- Saúde: bétula, fumo, algodão, alecrim, incensos de limão, foto do doente, círculo em um papel, ágata, cor amarela e quartzo-verde.
- Proteção: cordão, obsidiana, turmalina-negra, ônix, granada, cores preto e vermelho, gengibre, urucum, alho e Runa Algiz.

Com as analogias descritas anteriormente, crie uma pequena invocação ritual que represente o seu desejo, usando palavras, símbolos e gestos relacionados à sua meta.

Outro exercício que poderá ser feito:

Pense no ritual que deseja realizar ou na Divindade que será invocada. Qual a primeira cena que lhe vem à mente? Consegue identificar um símbolo nessa cena? Se sim, qual é? Se não, qual o primeiro símbolo que lhe vem à mente com relação ao seu ritual? Pense em outros símbolos, no mínimo três e no máximo nove. Como você juntaria todos os símbolos (em incenso, vela, amuleto, visualização, etc.) para fazer parte do seu ritual?

3. Purificação e consagração dos símbolos e objetos a serem utilizados

A consagração e a purificação dos símbolos e objetos usados em um ritual são essenciais, pois isso elimina toda memória e influências passadas aos materiais que serão utilizados ritualisticamente para que eles sejam devidamente programados para trabalhar exclusivamente para você.

Procure encontrar fisicamente os símbolos que identificou no exercício anterior. Você levará alguns instantes para consagrá-los e carregá-los de poder. Isso será uma forma simples de remover qualquer energia negativa adquirida pelo objeto, além de dar uma função e uma forma de programação para ele.

Purificações rituais podem ser feitas de inúmeras maneiras. Aqui seguem alguns exemplos:

- Passe o símbolo no sal, enquanto visualiza aquilo que deseja e o símbolo cumprindo sua missão.
- Deixe o objeto enterrado por um ciclo de 24 horas.
- Esfregue algumas folhas ou sementes no objeto, particularmente aquelas relacionadas ao seu desejo[15].
- Passe o símbolo na fumaça de um incenso enquanto visualiza o que deseja. Essa fumaça pode ser gerada por ervas associadas ao seu desejo, relacionadas com a purificação como cravos, cedro, sálvia, ou sagradas para a Divindade que será invocada por você.
- Sopre sobre o símbolo algumas vezes, enquanto visualiza o sopro na cor do seu desejo (rosa para amor, laranja e verde para prosperidade, preto e vermelho para proteção, amarelo e marrom para saúde, etc.) ou na cor sagrada relacionada ao Deus invocado.
- Submerja o símbolo em água com sal ou água de fonte, mar, cachoeira, etc.
- Faça uma unção no símbolo com um óleo essencial relacionado ao seu desejo ou ao Deus invocado.
- Passe o símbolo na chama de uma vela na cor sagrada à Deidade que será invocada.

---

15. Para listas de ervas e tabelas de correspondências, consulte o livro *Wicca – A Religião da Deusa* do autor.

Purificando o símbolo

Pegue o símbolo por alguns instantes e deixe-o se comunicar com você. Aproxime-o três vezes do seu chacra frontal e perceba o que ele lhe comunica. Qual tipo de limpeza ele deseja que você faça? Alguma das já listadas aqui ou outra completamente diferente? Deixe o símbolo interagir com você e deixe ele mesmo lhe dizer qual é a melhor forma de purificação. Eleve sua mente à Divindade que será invocada em seu ritual e solicite que ela lhe dê um insight acerca de qual purificação é mais adequada para o objeto e realize-a.

Programando o símbolo

Após ter purificado o símbolo, inicia-se a programação ou consagração propriamente dita. Isso envolve a invocação de uma Deusa ou um Deus, Espíritos elementais ou qualquer energia que você invocará. Isso pode ser feito simplesmente com uma breve invocação à energia específica, descrevendo o uso pretendido.

Você pode colocar suas mãos em forma de bênção sobre o objeto e fazer a invocação, elevá-lo aos céus, apresentá-los às quatro direções, aproximá-lo dos seus lábios enquanto pronuncia o que deseja. Enfim, as formas são muitas, desenvolva aquela que mais se adequar à natureza do ritual em questão. O importante é que o simbolismo desse ato funcione para você.

Outra forma adicional de purificação:

> Passe suas mãos algumas vezes pelo símbolo escolhido e tente sentir as impressões psíquicas nele contidas. Visualize a Deidade para qual o símbolo será consagrado e peça que ela o auxilie nessa tarefa. Em poucos minutos, irá aparecer na sua mente a melhor forma de consagração do seu símbolo mágico. Sinta o que o objeto quer lhe comunicar, ele inclusive pode dizer qual é a melhor maneira de usá-lo durante o ritual, onde, como, quando e em quais situações. Esteja aberto para a magia.

4. Usando o símbolo

Após ser preparado, o símbolo deve ser usado. Coerentemente, acredita-se que o que for feito com o símbolo no espaço sagrado deve estar de acordo com a sua função. Se quer atrair algo, traga lentamente o que representa o seu desejo para algo que representa você, enquanto faz uma invocação e expressa o seu desejo. Se quer encontrar a pessoa amada, então una dois corações enquanto verbaliza o seu desejo para uma Divindade do amor. Se quer banir algo da sua vida, destrua, transforme em pó, rasgue aquilo que representa o mal e se desfaça dele, invocando uma Divindade apropriada. E assim, sucessivamente.

Pegue o símbolo em suas mãos e, por alguns instantes, deixe sua mente vazia, livre de pensamentos ou de imagens. Pense agora na função do símbolo e sem racionalizar muito sinta o que deve fazer com ele naquele momento do ritual. Verbalize então o seu desejo, enquanto utiliza o objeto.

5. Momento certo

Qualquer momento pode ser usado para fazer um ritual, mas existem dias, luas e épocas tradicionais favoráveis para a formulação de desejos.

Você pode usar datas que inspirem algum significado especial para realizar o ritual. Existe alguma data que se relacione ao seu desejo? Data de nascimento simboliza longevidade e novos inícios. Aniversário de casamento é ótimo para renovar sua relação no amor.

As estações do ano podem interferir em seu ritual. Por exemplo, a concepção, nascimentos e fertilidade relacionam-se fortemente à primavera. As restrições, ao período de inverno, e assim sucessivamente. Qual a melhor estação para adicionar ainda mais poder ao seu ritual? Você está realizando o ritual na estação mais adequada? Existem signos e fases lunares que interferem no seu desejo? Se sim, quais? Seu ritual pode esperar o momento mais apropriado para ser feito ou é importante que ele seja realizado agora para aproveitar a sua força de vontade?

Faça uma lista das principais épocas para formular seus pedidos e fazer suas invocações e rituais por tema.

Aqui estão algumas relações que poderão ser usadas:
- Lua crescente: faz o desejo crescer, dá uma força maior à invocação.
- Lua cheia: momento de grande poder, ideal para qualquer invocação.
- Lua minguante: banir, restringir, diminuir.
- Lua nova: banir o mal, quebrar feitiços.
- Amanhecer: novos inícios, esperança, ampliação.

- **Meio-dia**: eliminação da negatividade, força, coragem, poder.
- **Anoitecer**: encerrar algo, concluir, deixar no passado.
- **Primavera**: despertar, renovar.
- **Verão**: abundância, socialização, energia.
- **Outono**: colher o que foi plantado, reclusão.
- **Inverno**: parar, restringir, consumar.

6. A força da palavra

As palavras, o ato de conversar e falar existe desde tempos imemoráveis. Palavras têm poder. Elas podem construir ou destruir, tumultuar, mudar o rumo de algo, etc. Palavras expressam sentimentos, comunicam acontecimentos. Com elas podemos criar problemas ou soluções, ofender ou apoiar. Podemos perceber, então, o quanto o poder das palavras transforma e tece os acontecimentos da vida.

Falar adequadamente e se expressar de forma clara, segura e correta quando realizamos uma invocação ou um ritual é imprescindível para o sucesso nos processos mágicos.

É importante que você conheça os cânticos e as invocações tradicionais, bem como compor suas próprias canções e encantamentos a serem usados em seus rituais invocatórios tem muita relevância.

Gestos, imagens, símbolos podem ser acrescentados conforme você trabalha o poder de sua palavra para fortalecer mais ainda a sua intenção durante os rituais.

Verbalizando o desejo

Crie uma frase que represente o seu desejo e então repita essa frase ininterruptamente, transformando-a em uma melodia. Deixe o Cone de Poder se elevar, projetando as cenas em sua mente para a realização dos seus desejos ou em direção à imagem da Deidade invocada criada em sua tela mental.

Pode ainda escolher uma única palavra associada à sua invocação. Faça essa palavra vibrar em suas cordas vocais. Sinta a palavra ressoando dentro de você, até que perceba o poder que ela carrega. Quando isso acontecer, estará pronto para fazer sua invocação.

Se preferir, após relaxar por alguns minutos, sinta um som espontâneo saindo de dentro de você. Esse som deve estar associado à natureza de sua invocação, pode ser uma expressão de fundo emocional como um grunhido, uma letra ou uma sílaba cantada continuamente. Depois, faça suas orações ou invocações, sabendo que sua intenção foi ampliada por meio desse ato.

Relaxar é importante! Relaxe por alguns instantes e então deixe uma expressão verbal sair de você espontaneamente. Sinta o poder dessa expressão e, lentamente, comece a realizar gestos que estejam associados ao Deus que está invocando. Para Ártemis, lance uma flecha imaginária; reproduza movimentos marciais para Marte ou Athena; imagine uma lira em suas mãos e toque-a enquanto invoca Apollo ou Lugh e assim sucessivamente. Faça isso até sentir que a intenção foi bem fixada em sua mente.

7. Invocação aos deuses

Usar o poder das palavras e de nossa voz pode ser um ato mágico ilimitado. Tudo na natureza e na vida carrega poder. As estrelas, os ventos, o Sol, a Lua. As palavras e os nomes trazem em si poderes adormecidos que podem ser despertados de seu sono profundo por meio de nossa clara intenção.

Invocar apenas e simplesmente o nome de uma Deusa ou de um Deus pode ser de grande ajuda. Precisamos ser criteriosos e estar atentos quanto às Divindades invocadas ou chamadas para dentro de nossos Círculos. Porém, invocar uma Deusa ou um Deus pode consistir única e exclusivamente em chamá-la(o) pelo seu nome ou títulos.

É importante que aprenda a meditar ao menos com uma Deusa, cujas histórias e poderes particularmente são apelativos a você. Alguns mitos da Deusa incluem um Deus, que é filho e consorte Dela, como nas lendas de Ísis e Osíris, Freya e Odin, Morgana e Arthur[16], Inanna e Dumuzi. Outros mitos, por exemplo, os de Diana, a virgem caçadora, não envolvem um Deus masculino. Somente você é a autoridade correta para estabelecer uma relação pessoal com os Deuses e, se está começando agora na Arte, sinta-se à vontade para experimentar. Seja curioso, tenha a mente aberta e seja persistente. Com o tempo, você aprenderá a sentir a presença da Divindade em seu Altar e em sua vida, enquanto as invoca.

---

16. Apesar de Morgana e Arthur serem personagens míticos das Sagas Arthurianas, sua origem está em antigas divindades celtas que sobreviveram através de simples personagens. Além disso, os arquétipos de Reis, Rainhas, Guerreiros ou Sábios encontrados nos mitos e nas sagas podem ser

O início dessa busca pode se dar pela investigação dos Deuses que foram importantes para os seus ancestrais. Ou, muitas vezes, você será atraído para Deuses e Deusas, cujas qualidades se assemelhem com a sua personalidade ou com suas características pessoais.

Uma mulher com problemas e que se sente fragilizada pode se voltar à Ártemis, Deusa indomada, selvagem e livre, dona de si mesma. Alguém que precisa tomar uma decisão pode chamar por Hécate, que se estende nas encruzilhadas, onde três caminhos se convergem. Uma pessoa que deseja desenvolver suas capacidades artísticas pode se voltar a Apollo, o Deus das mil artes. Quando descobrir qual inspiração e sabedoria precisa, estará pronto para invocar uma Deusa ou um Deus específico.

Chamando as divindades

Abra o seu coração, ouvidos e visão. Escute. Onde está a Deusa? Chame o nome Dela. Você pode senti-la se aproximar. Invoque-a para que conte sua lenda. Ela está se aproximando. Mova-se, faça poesia, ofereça presentes e oferendas. Agora Ela está aqui, dentro de você, em todos os lugares. Diga a si mesmo, "Ela está aqui, seja bem-vinda!" Olhe para um espelho e admire a criação da Deusa, você mesmo. Cante o nome da Deusa. Ela não precisa ter nenhum nome especifico dos panteões mais famosos. Ela pode ser chamada simplesmente de Aquela que ouve, Aquela que sorri, Ela que brilha, Senhora da Inspiração ou qualquer outro nome que parecer apropriado. Sinta a presença Dela. Deixe Ela se comunicar com você.

Escolha uma Deusa com a qual possa trabalhar

Escreva os nomes de várias Deusas em diversos pedaços de papéis, dobre-os e coloque-os em um saquinho. Tire um nome. Essa é a Deusa com a qual você deve trabalhar durante um período de sua vida, pois Ela tem algo para lhe ensinar neste momento. Procure informações sobre essa Deusa e se abra para a comunicação. Estabeleça uma prática devocional para Ela, recitando invocações diárias em sua honra, em frente ao seu Altar, enquanto faz oferendas de velas, incensos, flores e oferece o seu próprio amor e devoção a Ela.

---

usados e invocados nas meditações, visualizações e rituais para servir como uma fonte de inspiração e de poder, pois trazem ensinamentos e arquétipos ancestrais que podem guiar nossas vidas.

Medite com a Deusa para que ela faça parte de sua vida

Respire profundamente por alguns instantes e entre em estado alterado de consciência. Dirija-se mentalmente para algum lugar da natureza que você aprecia e, lá, encontre a Deusa. Imagine-a com riqueza de detalhes. Se for necessário, pesquise anteriormente sua aparência em livros e em outras fontes para servir de referência. Dialogue com Ela pedindo que lhe conte um pouco de suas lendas e mitos. Nesse momento, agradeça e retorne ao seu estado normal de consciência. Abra os olhos e recite uma oração a Ela em frente ao seu Altar. Esteja atento nos próximos dias para sentir as sincronicidades que certificarão você de que sua conexão com a Deusa foi efetiva.

Cante o nome da Divindade invocada

Ao som de um tambor ou chocalho, cante o nome da Deusa que você está invocando. Explore algumas possibilidades de desdobramento do nome da Deidade escolhida. Dessa forma estará invocando todos os aspectos dessa Divindade:

ISHTAR

SHTAR

HTAR

TAR

AR

R

Procure colocar esses nomes em uma melodia, de forma que soem bem aos seus ouvidos. Lembre-se que o som também é uma forma de invocação. Sinta o poder sendo criado e crescendo. Volte sua mente para a Deusa e agradeça.

8. PURIFICAR O ESPAÇO SAGRADO

A purificação do espaço sagrado antes do ritual começar é muito importante.

Todo ritual é uma invocação ao nosso Eu Jovem para fazer magia e provocar mudanças. Quando efetuamos uma limpeza energética no espaço sagrado antes do ritual começar, mandamos um aviso por meio de símbolos para o nosso subconsciente, dizendo que algo importante está para acontecer e que é hora de deixarmos de lado qualquer coisa que possa prejudicar o bom desempenho de nossa prática ritual.

As formas de limpeza energética são muito variadas e é importante que, com o passar do tempo, você desenvolva as suas próprias técnicas. A seguir seguem alguns exemplos úteis:

Purificação com os quatro elementos

Você vai precisar de sal, incenso, vela e um cálice com água.

Após o Círculo Mágico ser lançado, circule uma vez mais o perímetro do Espaço Sagrado com cada um dos itens anteriormente citados.

Primeiro o sal para a Terra, depois o incenso para o Ar, em seguida a vela para o Fogo e posteriormente o cálice para a Água.

Conforme for passando os elementos, utilize palavras que inspirem limpeza e proteção. Exemplos:

> Pela Terra que é o corpo Dela, o Ar que é o Seu sopro, o Fogo que é o Seu Espírito, a Água que é Seu útero vivo, este espaço sagrado está limpo e preparado.

> No nome sagrado da Deusa e do Deus e pelos seus quatro elementos eu purifico este solo para que ele se torne sagrado e condigno a receber os antigos Poderes.

> Com os quatro elementos eu purifico este espaço mágico para o início desse ritual.

Esses são apenas alguns exemplos. É importante que com o tempo você crie suas próprias formas de invocação. Use a sua criatividade.

Purificação com água e sal

Você vai precisar de sal e uma vasilha com água.

Coloque a vasilha de água no centro do Círculo e próximo dela o sal.

Respire profundamente algumas vezes e deixe sua mente divagar por alguns instantes. Deixe passar todos os pensamentos que não estiverem relacionados ao seu ritual. Preste atenção nele por alguns instantes e deixe-os ir.

Pegue a vasilha com água, coloque suas mãos sobre ela e diga:

> Abençoada seja, criatura da Água.

Depois pegue o sal, coloque suas mãos sobre ele e diga:

Abençoada seja, criatura da Terra.

Caso prefira, diga palavras criadas por você mesmo que expressem purificação.

Misture o sal com a água. Relaxe mais ainda, deixando todos os distúrbios fluírem para o interior da vasilha. Você também pode nomear aquilo que quer enviar para a água e que gostaria que fosse transformado: "Eu envio o rancor, o estresse que tive no trânsito, a briga com meu chefe."

Quando sentir que já enviou tudo o que queria, pense nas coisas boas que quer atrair e, então, comece a respingar a água da vasilha para cima, criando uma chuva de boas energias com aquilo que foi transformado.

Respingue o solo e peça pela purificação do seu espaço sagrado.

Purificação com a vassoura

Para esse tipo de purificação é necessário o uso de sua vassoura mágica.

Varra o espaço sagrado com a sua vassoura enquanto canta um cântico de purificação ou faz uma invocação verbalizando que o espaço está sendo purificado.

Visualização

Veja o Círculo ao seu redor e, então, com o olho da sua mente, veja-se andando e circulando o espaço ritual, limpando magicamente a área que será usada.

Pare mentalmente em cada quadrante e peça ao elemento que o auxilie nesse processo.

9. Criando um estado de relaxamento

Relaxar para que o ritual seja bem-sucedido é outro fator de suma importância. Entrar em estado de relaxamento profundo é um pré-requisito básico que antecede a prática invocatória propriamente dita.

A seguir, veja alguns exemplos de técnicas de relaxamento que poderão ser usadas nos rituais:

Visualizando para relaxar

Após ter feito a purificação, pense no propósito de seu ritual. Deixe-o se tornar firme em sua mente. Comece a visualizar os quatro elementos da natureza em seus respectivos quadrantes.

No Norte, veja a Terra com suas montanhas, campos, pedras, vales, árvores, bosques, vegetação.

No Leste, veja o Ar com as nuvens, redemoinhos, brisas, o seu próprio sopro.

No Sul, veja o Fogo com sua chama, o raio do sol, o vulcão, a lava, o fogo no centro da Terra.

No Oeste, veja a Água com seus mares, rios, fontes, lagos, chuva.

Deixe o poder dos elementos entrar e fazer parte de você.

Misture agora as visualizações. Como seria a junção da Terra e da Água? Do Ar e do Fogo? Do Ar e da Terra?

Veja em sua mente as sucessivas manifestações da natureza que acontecem dia a dia e como elas influenciam a sua vida, seu humor, sua essência.

Continue visualizando os elementos da natureza até relaxar completamente.

Os sons da natureza

Outra forma de chegar a um estado de relaxamento profundo é por meio dos sons.

Deixe os sons da natureza se expressarem além de você. Reproduza os sons da Terra, do Ar, do Fogo e da Água. Misture os sons dos elementos. Continue reproduzindo esses sons até se sentir profundamente relaxado. Una o som à visualização. Enquanto sua mente vê um rio, reproduza o som do rio, quando sua mente visualizar a floresta, reproduza o som das folhas caindo e, assim, sucessivamente. Se quiser, dê sequência à sua visualização, vendo as folhas sendo levadas ao vento e chegando até a Divindade que é invocada por você, o rio fluindo em direção ao reino da Deidade, etc.

Relaxando com as cores

Cada cor representa uma força na natureza e, visualizá-las, é uma maneira de chegar a um estado de relaxamento profundo.

Veja a escala cromática e flua em cada uma das cores.

Observe o vermelho e se sinta fluindo através dele.

Sinta o laranja e flua nele.

Sinta-se navegando através do amarelo.
Visualize o verde e absorva a energia da cor.
Visualize o azul e se sinta pleno nessa energia.
Veja o violeta e se deixe levar através da intensidade da cor.
Por último, veja o branco e se sinta relaxado, pronto para realizar seu ritual.

Sons espontâneos

Deixe os sons fluírem de forma espontânea, seguindo a energia da natureza de sua invocação.

Para invocações aos Deuses do amor, procure deixar sons vibrantes, como a essência do Fogo, fluírem espontaneamente através de você.

Para invocar Deidades da prosperidade, cura, solidificação, concretização e centramento, sons fortes e firmes são os mais indicados (Terra).

Para invocações que buscam harmonia, paz, equilíbrio emocional, permita que sons oscilantes se formem (Água).

Para criatividade, eloquência, inspiração, deixe sons suaves fluírem (Ar).

Deixe-se levar pela energia do elemento da natureza mais indicado para a sua invocação.

10. Usando os cinco sentidos

Devemos sempre ampliar nossa visão e nossas possibilidades ritualísticas e invocatórias. Isso é muito importante, pois quanto mais vívidas e reais forem as visualizações e as meditações que acompanham cada invocação, mais favoráveis serão os resultados alcançados. Use os cinco sentidos quando estiver realizando um ritual invocatório, procurando ver, ouvir, sentir, cheirar e provar como se sua visualização, que ocorre apenas em sua mente, realmente estivesse acontecendo no mundo real.

Cada um dos sentidos está associado a um ou mais elementos:

- Tato – Terra
- Audição e Olfato – Ar
- Visão – Fogo
- Paladar – Água

Percebendo a natureza em nós

Um erro muito comum entre os Wiccanianos é pensar que a natureza resida somente fora de nós. É muito comum uma pessoa visualizar árvores e montanhas quando nos referimos à Terra, mas não pensar no nosso próprio corpo e ossos. É necessário mudar esse condicionamento e perceber a natureza que reside também dentro de nós. Este exercício é feito exatamente para mudar essa equivocada visão.

Feche os olhos e relaxe por alguns minutos e então pense na Terra e em seus atributos. Veja a Terra na natureza, nos campos, nas pedras, no solo e diga: "A Terra está ao meu redor." Agora pense na Terra que reside dentro de você. Onde ela está? Na sua massa corpórea, nos seus ossos, em tudo aquilo que estiver no seu corpo e for sólido e diga:

A Terra é o meu corpo.

Agora pense no Ar de fora, na natureza. As nuvens, o furacão, as folhas sendo levadas ao vento. Pense no Ar de dentro. Onde ele está? Sinta o Ar entrando e saindo de você. Veja como seus pulmões são preenchidos pelo Ar. Sopre algumas vezes. Sopre o seu próprio corpo e veja que, como a Deusa, você também pode criar o Ar a partir do seu próprio organismo, lembre-se de que você é semelhante à Deusa e diga:

O Ar é o meu sopro.

Pense no Fogo que reside na natureza. O raio do sol, a temperatura, o calor. Pense no Fogo de dentro. Onde ele está? Sinta a quentura do seu próprio corpo, dentro e fora de você. Quais partes do seu corpo são mais quentes que outras? Sinta o fogo interior queimar por dentro, como uma centelha divina, o seu próprio espírito. Então diga:

O Fogo é o meu espírito.

Pense na Água que corre na natureza. Os rios, os mares, as cachoeiras. Agora pense na Água dentro de você. Onde ela está? Sinta a sua saliva, suas lágrimas, o seu sangue fluindo e refluindo através de você. Deixe a sua própria água purificá-lo, limpá-lo. Diga:

A Água é o meu sangue.

Sinta-se harmonizado com os quatro elementos.

Aguçando os sentidos

Dentro do Círculo, respire profundamente e perceba os diferentes aromas no interior do seu Espaço Sagrado. Abra os olhos e veja o seu Círculo. Perceba os mínimos detalhes de cada instrumento, de cada objeto. Veja como as cores são vívidas, fortes e diferentes. Prove algo do seu Altar como a água, o vinho ou uma fruta. Perceba os diferentes gostos. Agora tateie alguma coisa em seu Altar. Sinta as diferentes formas, espessuras e tamanhos.

Perceba nesse exercício a diversidade presente na natureza.

Tornando a visualização real

Visualize a Divindade invocada por você e procure torná-la o mais real possível. Sinta os cheiros presentes na cena, tateie mentalmente algo que aparece em sua visualizaçãoe, assim, sucessivamente, aguçando os seus cinco sentidos.

Torne sua visualização cada vez mais real.

11. Pronunciamento do desejo

O poder da palavra é algo muito importante na magia. O pensamento é o primeiro passo para magia e se expressa por meio de palavras, que invariavelmente traduzem aquilo que queremos alcançar em diferentes níveis de nossa existência.

Quando realizamos uma invocação, ritual, um feitiço ou uma prática mágica, devemos nos atentar à maneira como pronunciamos nosso desejo.

Veja alguns exercícios capazes de auxiliar nesse processo.

Transformando pensamentos em palavras

Fixe o pensamento em sua invocação. Pense bem sobre as diferentes possibilidades que envolvem a realização do seu objetivo. Pense nas palavras que mais representam o seu desejo e deixe-as fluírem de dentro de você. Perceba que quanto mais palavras disser, mais energia colocará na sua invocação e mais intensa sua vontade se tornará. Aumente o ritmo das palavras, falando cada vez mais rápido e passe a não pensar mais nelas, deixando-as fluir com o impulso de sua vontade.

Os diversos sentidos de uma mesma palavra

Pense nas palavras que fazem parte de sua invocação. Perceba os diversos sentidos que as envolvem. O que poderia acontecer em sua vida se essas palavras fossem interpretadas equivocadamente e não da maneira que as interpretou ou idealizou? Por exemplo, passar por um período difícil emocionalmente com o seu parceiro, durante o ritual você pede para que a situação negativa entre vocês se resolva e chegue ao fim. Claro que você estaria desejando que a situação se resolvesse da melhor forma e que a harmonia entre vocês fosse restabelecida. Porém, simplesmente solicitar que tal situação se resolva e chegue ao fim pode acarretar diferentes interpretações, inclusive o término do relacionamento, a separação do casal.

Seja claro e detalhista nas palavras que usa, não dando margem para expressões com significados ambíguos.

Potencializando o poder de sua palavra

Qual palavra expressa sem equívocos o desejo de sua invocação no seu ritual? Com a sua mão de poder trace essa palavra noar e a veja brilhando intensamente. Imagine que essa palavra entra pela sua boca e cresce cada vez mais, até que se sinta compelida a sair novamente. Quando não aguentar mais, grite sua palavra e visualize-a subindo aos céus.

12. GERANDO PODER

Quando trabalhamos magicamente, geramos poder por meio de nossos corpos, vozes, pensamentos, gestos e ritos. Esse poder é gerado para trabalhar nossa vontade e realizar nossos desejos.

Pense na geração de poder como o combustível que conduz as suas palavras ao mundo dos Deuses.

Tradicionalmente, existem oito formas de fazer magia e gerar poder.

1. Ritual.
2. Dança.
3. Conhecimento e uso de ervas mágicas.
4. Habilidade de concentrar o desejo.
5. Transe.
6. Controle psíquico das forças encontradas no corpo físico e espiritual.

7. Habilidade para invocar os Deuses.
8. Magia sexual, usada em ocasiões excepcionais.

Pense por alguns instantes em como você geraria poder com essas técnicas. Invoque os Deuses e então dance, cante, direcione sua vontade e perceba que você sabe como proceder, conhece naturalmente a maneira de fazer isso por meio dos oito caminhos para fazer magia.

13. Liberar a magia

Liberar o poder concentrado ao final de cada ritual é algo imprescindível para a realização de sua vontade. Existem várias técnicas para que isso aconteça, mas o mais importante é que você tenha de forma bem clara em sua mente, ao final de cada invocação, o desejo de que suas palavras atinjam o objetivo expressado por elas. Antes de o Círculo ser destraçado, pare por alguns instantes e perceba a energia que gerou. Então, intencionalmente, encaminhe tais energias para o local, pessoas ou situações que deseja transformar por meio de sua invocação.

Veja a seguir algumas das técnicas mais usadas.

Elevando o Cone de Poder

Cantando e dançando em volta do Círculo, torne a melodia mais rápida a cada volta, sempre pensando no seu objetivo. Tenha em sua mente o seu propósito bem claro, as cenas bem nítidas, girando cada vez mais rápido. Quando sentir que gerou poder suficiente, direcione sua vontade para a cena que está em sua mente, vendo um grande cone espiralado ascendendo aos céus e indo embora em direção à sua vontade. Você pode finalizar o processo com uma invocação de agradecimento aos Deuses e forças reverenciadas.

Palavra de poder

Pense fortemente no propósito de seu ritual e da sua invocação e então sinta a energia no Círculo. Visualize a energia subindo aos céus na forma de um grande raio branco, azul ou prata. Quando sentir que o raio se encontra na plenitude de seu poder, grite uma palavra que expressa o seu desejo: AMOR, SAÚDE, PROSPERIDADE, SUCESSO, PAZ, etc.

Elevando a esfera de poder

Posicione os seus braços horizontalmente. Veja que ele se mistura a uma grande esfera de energia que o engloba. Pense no seu desejo e então eleve os seus braços, como se, com isso, estivesse erguendo a esfera de energia e levantando uma grande bola. Quando quiser, arremesse essa bola em direção à sua vontade. Faça uma oração de agradecimento aos Deuses.

Como podemos viver magicamente cada dia

A Wicca não é algo que simplesmente fazemos. Ela é uma forma de vida, um estado mental e, acima de tudo, um estado de ser.

Obviamente, esse sentimento não se apresenta automaticamente, exige-se muita dedicação e muito trabalho para que ele se manifeste plenamente em nós. No entanto, isso pode ser agradável quando fazemos de nossa vida um verdadeiro ritual, tornando sagrado tudo o que fizermos.

Cada ato diário pode ser transformado em um ritual, capaz de nos conectar com o Sagrado e preencher nossa vida com paz, harmonia, saúde e felicidade.

O ato de abençoar-se

Tente se abençoar todos os dias como uma forma de se conectar com a Deusa e com o Deus. Isso pode ser feito a cada manhã ou a cada noite, antes de dormir. Agindo dessa forma, em breve estará vendo as coisas de maneira diferente, podendo, com isso, perceber os Deuses nas pequenas e grandes coisas de sua vida.

Para abençoar-se, toque cada parte do corpo, enquanto diz:

Deusa e Deus me abençoem, pois sou seu Filho.

Abençoe meus pés que conduzem os meus caminhos.

Abençoe meu coração, para que eu possa sentir seu amor e a luz brilhando em mim.

Abençoe meus olhos para que eu veja a sua beleza.

Abençoe minha mente, para que eu possa conhecer sua verdade.

Abençoe meu corpo, para que eu possa ser preenchido com o espírito da vida.

Abençoe-me com sua presença neste dia, Deusa e Deus, pois sou seu filho.

Sinta-se livre para modificar este exemplo de autobênção. Acrescente frases diferentes a cada dia, incluindo outros termos ou palavras que expressem suas necessidades.

Vendo o sagrado no mundano

Procure se conectar diariamente com os elementos da natureza, pensando neles e identificando sua presença em seu dia a dia.

Sinta a Água todas as vezes que tomar banho ou beber um suco. Sinta o elemento Ar quando vir as nuvens no céu ou os pássaros voando. Sinta o Fogo quando sentir os raios do sol e o seu calor. Perceba o poder da Terra, enquanto caminha indo ao seu trabalho ou à escola. Veja o Sagrado no mundano e torne sua vida muito mais mágica.

Cozinhando magicamente

Quando estiver cozinhando algo para sua família, amigos ou para você mesmo, haverá a oportunidade de colocar sua própria energia para abençoar o alimento, para trazer mudanças positivas a todos os que se alimentarem dele.

Não cozinhe a menos que esteja tranquilo, em paz consigo mesmo e de bom humor, caso contrário sua energia negativa pode ser transmitida para o alimento que está preparando. Deixe que a função de cozinhar se transforme em um ato de amor, cura e harmonia.

Enquanto prepara o alimento, direcione sua energia para ele, desejando saúde, sucesso e equilíbrio para todos aqueles que se alimentarem dele. Conforme for usando o fogo para aquecer (Fogo), a água para fazer o molho (Água), as ervas para temperar (Terra) e puder sentir o seu maravilhoso aroma (Ar), peça que os espíritos desses elementos se unam nessa obra alquímica e juntem as bênçãos deles às suas.

Assim, estará transformando o alimento de sua família em pura magia.

Abençoando o alimento

Como Wiccaniano, você deve ser consciente acerca do lugar da qual sua comida vem.

Todas as vezes que for comer, visualize de onde sua comida veio e todo o processo pelo qual ela passou até chegar a você. Não se esqueça daqueles que estiveram envolvidos nesse processo de trazer a comida até sua mesa, indo desde a pessoa que preparou a terra para a semente ser plantada até aquela que serve o alimento preparado em sua mesa.

Se quiser, faça um pequeno ato de agradecimento aos Deuses por seu alimento, colocando suas mãos sobre ele em forma de bênção enquanto diz:

Deusa e Deus

Somos agradecidos pelas sementes que crescem

Pelo leite, pelos ovos e pela carne

Pelas vidas que são sacrificadas para nos alimentar

Por todos os que plantam

Por todos os que colhem e ordenham

Pelo sol, pela chuva, pelo vento e pela terra.

Agradecemos a todos os que foram importantes para que este alimento estivesse sobre nossa mesa neste momento.

Abençoados sejam!

Essa bênção pode ser modificada de acordo com a sua vontade. Enquanto abençoa seu alimento visualize cenas que lembrem as palavras que você profere.

Ritualizando o seu banho

O banho é um ritual diário feito na maioria das vezes de forma ordinária e sem preocupação. Torne o seu banho um ato mágico, acrescentando uma meditação como parte dessa rotina diária.

Se você não pode tirar 15 minutos do seu dia para meditar, o banho pode se tornar o lugar perfeito para isso acontecer. Ao ligar o chuveiro, deixe a água escorrer pelo seu corpo, relaxando todos os seus músculos. Feche os olhos por alguns instantes e visualize pedras acima do seu chuveiro, árvores ao seu redor, transforme o seu chuveiro em sua cachoeira particular e deixe que suas águas purifiquem e renovem o seu ser.

Se você tiver uma banheira, adicione algumas pitadas de sal em seu banho com algumas gotas do seu perfume predileto ou óleo essencial de que mais gostar. Transforme a sua banheira em sua fonte sagrada de renovação, invocando a força curadora e renovadora da água.

Energia, o princípio da Magia

A magia tem sido definida como a Arte de alterar os fatos conscientemente de acordo com a nossa vontade.

Todas as religiões do mundo praticam magia, mesmo que não admitam isso. Um cristão quando ora, um católico quando acende uma vela em honra a um santo ou um Bruxo quando realiza um feitiço estão todos praticando magia, já que intencionalmente desejam modificar uma situação de acordo com o seu desejo.

A Wicca ensina que o verdadeiro poder mágico reside dentro de nós, está ao nosso redor e que somos livres para usá-lo, sempre em harmonia com a natureza, respeitando a Lei Tríplice e o Dogma da Arte. Sendo assim, a magia está em todo lugar, pois toda a natureza é mágica e cada um de nós somos partes integrantes dela. A Magia é vista também como um dos instrumentos de conexão com o Sagrado e, quando usada sabiamente, pode preencher a nossa vida e a de todos todos ao nosso redor.

Como a Magia Funciona?

Tudo o que existe, inclusive nós, fomos criados pelos Deuses, e se fomos criados por eles, também somos divinos e possuímos poderes para tudo transformar.

A Wicca vê o homem como parte da natureza, ao mesmo tempo em que a considera mágica. Para nós, Bruxos, todos os humanos possuem habilidades mágicas natas. Elas não são consideradas sobrenaturais. Do mesmo modo que a arte de pintar ou de cantar se manifesta naturalmente, em maior ou menor escala em cada indivíduo, as habilidades mágicas, psíquicas e extrassensoriais também se apresentarão de maneira semelhante em nós. Muitas dessas habilidades não são reconhecidas pela ciência e nem por ela podem ser explicadas, até porque se elas pudessem ser explicadas pela ciência não seriam consideradas mágicas.

Existem dois tipos de Magia comuns à Wicca:

- MAGIA DIVINA: a magia provocada pelos Deuses, em resposta a um desejo ou a uma solicitação.
- MAGIA ENERGÉTICA: as energias encontradas no Universo, na natureza e em nós próprios.

Por meio de exercícios, práticas e rituais, o Bruxo aprende, paulatinamente, a usar suas habilidades mágicas naturais, senti-las e dirigi-las condignamente.

A vida e a natureza são dirigidas através da energia vital. Sem essa energia nada do que existe no Universo teria vida ou movimento. Essa força está sempre ao nosso redor e em constante movimento.

Os Wiccanianos acreditam que todos podem canalizar essa energia, que é abundante, para produzir a manifestação de um desejo, uma cura, etc.

A energia também pode ser criada por meio de geradores ou transformadores. Da mesma forma um Bruxo não apenas pode canalizar energia cósmica para dirigir a um propósito, como também criá-la através de nosso gerador natural, o corpo humano, que gera energia a cada palavra, cântico, movimento, dança ou meditação realizados em um ritual. Existem três itens que devem ser observados para um desejo se manifestar magicamente quando usamos essa energia:

- VONTADE: para o desejo se manifestar.
- ENERGIA: que precisa ser criada ou canalizada e devidamente direcionada para o desejo.
- HABILIDADE: para manipular a energia criada e fazer o desejo acontecer.

Muitas pessoas podem achar que tudo isso seja um processo muito difícil, mas na realidade é mais fácil do que podemos imaginar, porque a habilidade de trabalhar a energia mágica reside naturalmente dentro de nós. No entanto, ela precisa ser despertada.

Vamos conhecer alguns exercícios que o auxiliará no processo de aprendizado em sentir e saber como direcionar essa energia.

Sentindo a Energia da Natureza

A energia da natureza é abundante e está disponível ao nosso redor por meio de árvores, cachoeiras, mares, pedras, ventos, Sol, Lua ou qualquer outra fonte natural. Cada coisa encontrada na natureza corresponde a um ou mais elementos, possui vida e espírito.

Os elementos da natureza são como fontes inesgotáveis de energia que, quando corretamente utilizadas, podem nos ajudar a curar, reenergizar e até mesmo manifestar um desejo.

As pedras, por exemplo, são consideradas para os Wiccanianos verdadeiras baterias de energia natural. Todos podem sentir essa energia ao tocar em um mineral. Pegue um cristal ou uma pedra comum de rio ou cachoeira e segure-a em suas mãos por alguns instantes. Feche os olhos por um momento e sinta o peso da pedra em suas mãos. Aos poucos, perceba se ela causa alguma sensação física em suas mãos ou em seu corpo. É provável que perceba as suas mãos formigarem, esquentarem, esfriarem. Essa sensação pode tomar conta dos seus braços, se espalhar pelos músculos e causar até mesmo leve sensação de choque.

Quando atingir esse estado, perceba com o olho da sua mente (imaginação) essa energia em forma de cor. Qual cor você vê? Permaneça assim por alguns instantes.

Direcionando a Energia

Quando tiver praticado bastante a arte de sentir a energia, o passo seguinte é aprender a direcioná-la. Se quiser, pode utilizar a energia visualizada na pedra para promover cura. Para isso, use as suas mãos, que antes seguravam a pedra, para tocar o local do seu corpo que precisa de cura.

Essa energia também pode ser utilizada para realizar um desejo. Ao visualizar a energia da pedra como uma cor, veja-a saindo da pedra em forma de um facho de luz, que chega até uma cena que representa o seu desejo. Ao imaginar isso, diga em voz alta aquilo que deseja e visualize a cena subindo aos céus em direção ao Universo, até desaparecer.

Direcionar a energia também significa dar um propósito a ela. Isso pode ser feito simplesmente verbalizando o seu desejo enquanto projeta a energia ou simplesmente visualizando uma pessoa melhorando seu estado de saúde, sendo admitida no emprego desejado, comprando um carro novo, etc.

Alterando sua Consciência

Quando relaxamos, somos levados a um estado alterado de consciência. Assim, nossa consciência mundana fica suspensa por alguns minutos e nos comunicamos com o nosso subconsciente. Esse é o estado perfeito para fazermos um ritual e praticarmos magia.

Isso pode parecer um pouco difícil, ou algo que levará um longo tempo, mas na realidade, pode ser facilmente conseguido escutando uma música relaxante, contemplando a chama de uma vela por alguns instantes ou sentindo o aroma purificador de um incenso.

Faça isso para alterar sua consciência nos rituais e até mesmo conseguir meditar e visualizar mais facilmente.

Meditações e Visualizações

Ser hábil em relaxar e bloquear as interferências do mundo exterior é muito importante no trabalho mágico. Durante os rituais devemos ser capazes de visualizar em nossa mente exatamente aquilo que queremos alcançar. A prática da meditação pode ser fácil para alguns e muito difícil para outros, por isso praticar exercícios que desenvolvam sua habilidade em meditar pode ser necessário.

Diferentemente do que ocorre em outras religiões, nossas meditações não se baseiam no pensar em nada, procurando dissipar de nossas mentes imagens ou pensamentos. A maioria das meditações na Wicca envolve visualização, tornando-as muito mais fáceis, agradáveis e práticas.

Comece a treinar sua capacidade de meditar pensando em algum objeto, tentando retê-lo em sua mente por alguns minutos. Visualize esse objeto com todos os detalhes, vendo-o em seus diferentes ângulos. Aos poucos, sinta o objeto usando todos os seus sentidos nesse processo.

Se quiser, use uma música de relaxamento para auxiliá-lo ou se deixe acompanhar em sua meditação pelas batidas de um tambor ou ao som de um chocalho. Deixe o ritmo da música levar sua consciência para longe, com o tempo, não use sua imaginação somente para pensar em objetos, mas para aquilo que você deseja.

A esse tipo de prática meditativa damos o nome de Meditação Guiada, em que nossa imaginação ou voz vai dispondo várias cenas de forma que possam ser imaginadas com detalhes por nossa mente, para experienciarmos as emoções que as imagens provocam. A Meditação Guiada, também chamada muitas vezes de Contemplação, pode nos ajudar a desenvolver e a expandir nossa consciência, colocando-nos em contato com a Deusa.

Use a sua imaginação para criar suas meditações. Comece visualizando objetos comuns, depois aumente sua experiência visualizando um lugar da natureza e as possíveis energias que residem naquele local. Experimente visualizar os quatro pontos cardeais procurando sentir as energias da Terra ao Norte, do Ar ao Leste, do Fogo ao Sul e da Água a Oeste. Veja cenas da natureza que possam remeter sua mente aos elementos que aqueles quadrantes representam. Se desejar, poderá fazer algum pedido aos elementos e as forças que se apresentarem a você em suas meditações.

Magia é nada mais do que a arte de imaginar. Ambas as palavras possuem a mesma raiz, *magi*. A arte de imaginar é o maior instrumento do Bruxo, pois a energia flui para onde o pensamento e a atenção vai. A magia segue o pensamento; uma das mais importantes ferramentas utilizadas no trabalho mágico.

UM POUCO MAIS SOBRE ENERGIA

Para fazer magia a energia é essencial. Sem energia não há magia.

Como dito anteriormente, a força necessária para a magia está disponível em todos os lugares e em todas as coisas coisas, mas em alguns momentos a energia pessoal será necessária para realizar alguns propósitos. Isso acontece quando precisamos fazer magia rapidamente, para as diversas necessidades básicas diárias. No entanto, isso não é uma boa ideia, porque nosso reservatório de energia é limitado, e o uso indiscriminado dessa fonte pode nos levar ao cansaço e até mesmo ao esgotamento físico.

Há basicamente duas formas de restaurar nosso poder pessoal quando nossa fonte de energia se esgotar. Isso pode ocorrer por meio do descanso e da absorção energética de força vital proveniente de algum reservatório natural como uma pedra, uma árvore, o solo, etc.

Descansar é um processo natural de recuperação de energia. Fazemos isso todos os dias ao dormir ou ao ler um livro que nos dê prazer, por exemplo. Descansar é vital, mas muitas vezes pode ser um método demorado de restabelecimento energético. A segunda alternativa, então, é absorver energia de fontes naturais. Tudo o que tem energia pode nos fornecer energia: comida, água, os quatro elementos, etc. Isso também inclui cantar, ouvir música, dançar ou praticar qualquer atividade física.

Quando sentir que seu reservatório energético se encontra esgotado, abrace uma árvore ou ande descalço por algum tempo, sentindo a energia pulsante abaixo dos seus pés. Sinta a energia entrando em seu corpo e em sua alma e restaurando-os. Em pouco tempo você vai perceber que está completamente reenergizado.

Utlize, preferencialmente, pedras, ervas, velas ou qualquer outra fonte natural de energia para fazer magia.

Fazendo Magia

Agora que você já sabe como fazer um ritual, meditar, relaxar e direcionar o poder que existe dentro e fora de você, é hora de colocar esses conhecimentos em ação e fazer magia.

Na Wicca, a forma mais comum de fazer magia é por meio de feitiços. O vocábulo feitiço vem do grego *Facturus,* que significa ação sobre o futuro. Quando realizamos um feitiço, procuramos canalizar e colocar a energia ao nosso redor em ação para provocar mudanças de acordo com a nossa vontade.

Esqueça todas as coisas que você ouviu até agora a respeito de feitiços. Eles não fazem parte das lendas criadas em torno de magos negros que realizam rituais macabros na calada da noite, até porque, Bruxos não usam seus poderes mágicos para prejudicar os outros.

Todos os feitiços praticados na Wicca visam a estabelecer ligação entre o Bruxo e os Deuses para atrair saúde, harmonia e sucesso. Existe uma tradição Wiccaniana de que todo feitiço feito retornará para o seu emissor triplicadamente. Isso quer dizer que quem desejar o bem receberá bênçãos e quem desejar o mal receberá de volta aquilo que desejou.

Um dos tabus Wiccanianos é também não interferir no livre-arbítrio de alguém. Assim, até mesmo alguns feitiços aparentemente bons podem ser antiéticos. Isso se aplica, por exemplo, a sortilégios de amor feitos para conquistar uma pessoa em particular. Isso é magia manipulativa e, consequentemente, você estará interferindo na livre vontade de uma pessoa, desejando muitas vezes algo que ela não deseja para si. Por isso, seja ético e respeite o livre-arbítrio alheio ao realizar um encantamento, levando sempre em consideração o principal princípio Wiccaniano: "Faça o que quiser desde que não prejudique nada nem ninguém."

Os feitiços são forças usadas para criar circunstâncias favoráveis de forma que o que desejamos se materialize. Como visto no capítulo anterior, a maior ferramenta para que isso aconteça é o seu poder pessoal e sua imaginação. Isso criará um canal entre você e os Deuses, para que sua vontade se realize plenamente.

Muitas vezes usamos velas, ervas, incensos e alguns Instrumentos Mágicos para realizar um feitiço. Isso obviamente não fará o seu feitiço ser mais poderoso ou funcionar de forma miraculosa, mas serve como foco e traz um acréscimo de poder mágico e energia vital dos próprios elementos usados para o seu encantamento.

Os feitiços na Wicca usam, na maioria das vezes, elementos encontrados na natureza, além da própria vontade do Bruxo. Isso é mais do que suficiente para a realização de qualquer encantamento.

Sacrifícios animais são abominados por todo Wiccaniano sério, o que significa que usar sangue de um animal, por exemplo, não é aceitável na Wicca!

Existem algumas práticas em que é aceitável até que se use o seu próprio sangue para servir de testemunho, como na confecção de um feitiço. Mas para esses casos pode ser usado um pedaço de sua unha, um fio de seu cabelo ou um algodão embebido em sua saliva ou suor, o que significa que o sangue não é essencial, mas uma das muitas alternativas possíveis. Caso opte por usar seu próprio sangue, uma gota conseguida pela picada do seu dedo com um alfinete é mais do que suficiente e nada mais além disso. Seja consciente e leve sempre em consideração o perigo que estará correndo ao se mutilar com um objeto de metal não esterilizado. Eu desencorajo esse tipo de coisa para qualquer um!

Saiba que o Universo não permanece inerte esperando seu feitiço ser projetado para colocar as energias em movimento. Lembre-se de que o Universo é um ser vivo e carrega em si muitas energias e poderes, às vezes, operando em direções opostas à sua vontade e desejo. Exatamente por esse motivo é necessário realizar um ritual ou um feitiço muitas e muitas vezes para obter resultados favoráveis.

Um feitiço pode ser realizado como parte de um rito de Esbat ou por uma prática devocional, sendo possível simplesmente lançar um Círculo Mágico ao seu redor e então realizá-lo. Para que um feitiço se materialize satisfatoriamente, deve-se agir em harmonia com a natureza. De acordo com a filosofia Wiccaniana, existe tempo e fase lunar corretos para tudo, inclusive para trabalharmos desejos por meio de um feitiço.

Para todos os que são novos na religião Wiccaniana, é suficiente considerar dois fatores: a fase da Lua e os dias da semana.

Fases Lunares

Para os Wiccanianos, as fases da Lua são consideradas as próprias manifestações das faces da Deusa, que se apresenta como a Donzela, Mãe e Anciã na Lua crescente, cheia e minguante, respectivamente.

Todos os seres na natureza reagem às fases lunares. Os mares, as plantações e a menstruação das mulheres são todos governados pelos ciclos da Lua.

O poder mágico também muda conforme as fases lunares e, por isso, quando temos a intenção de fazer um ritual ou um feitiço apropriadamente, devemos seguir o período lunar mais indicado.

Veja a seguir as fases da Lua e suas respectivas correspondências:

Lua crescente

É o período ideal para encantamentos que visam ao crescimento, fortalecimento e novos inícios. Esta é a fase lunar ideal para fazermos feitiços relacionados a planejamentos, mudanças, nascimentos, conquistas e novidades.

Lua cheia

Período ideal para fazer feitiços ligados à abundância, sucesso, prosperidade, fertilidade e matrimônios. A Lua cheia também está ligada à paz, direção espiritual, intuição e proteção em todos os sentidos.

Lua minguante

Ideal para feitiços relacionados à sabedoria, ao conhecimento, à transformação, à eliminação de vícios e a superação de obstáculos. Também é o período ideal para finalizar relações, trabalhos ou amizades que estejam terminando.

Lua nova

Tradicionalmente, nos primeiros três dias dessa lunação não trabalhamos magicamente. Após esse período, inicia-se uma fase positiva de reflexão acerca de nossos medos, sombras e receios. É a fase ideal para enfrentarmos as partes desconhecidas do nosso ser.

Em média, a cada dois ou três dias a Lua estará "fora de curso" por algumas horas. Acredita-se que não se deve começar nenhum ritual ou projeto durante essas horas. Consulte um calendário astrológico ou lunar para saber as datas e as horas em que a Lua se encontra nesse período.

Dias da Semana

A relação dos dias da semana com os Deuses e os planetas é muito importante e bastante antiga. Sua nomenclatura pode ser percebida em muitas línguas, como no inglês, por exemplo, em que os dias da semana estão diretamente ligados aos planetas e aos Deuses.

Conheça as seguintes correspondências:

Domingo

É o dia do Sol. Apropriado para trabalharmos o crescimento, a cura, o sucesso, a prosperidade e assuntos financeiros. Sua cor sagrada é o laranja.

ELEMENTO: Fogo.

CORES: dourado, laranja e amarelo.

METAL: ouro.

PEDRAS: citrino e todas as pedras de cor amarela ou laranja.

ANIMAIS: leão, águia e todos os animais ferozes e de porte solene.

INCENSOS: todas as resinas como o olíbano, lentisco, benjoim, estoraque, ládano, âmbar e almíscar.

PLANTAS: angélica, açafrão, alecrim, balsameiro, calêndula, canela, crisântemo, genciana, girassol, heliotrópio, laranjeira, lavanda, lótus, louro, manjerona, sálvia, sândalo-vermelho, tomilho e trigo.

Segunda-feira

É o dia da Lua. Ideal para aumentar os dons psíquicos, extrassensoriais, fertilidade e emoções. Sua cor sagrada é o branco.

ELEMENTO: Água.

CORES: branco, prata e tons lácteos.

METAL: prata.

PEDRAS: quartzo-branco, pedra da lua e todos os cristais brancos.

ANIMAIS: gato, pato, coelho branco e cisne.

INCENSOS: folhas de todos os vegetais, como por exemplo, a folha indiana, a murta e a dama-da-noite, etc.

PLANTAS: alfazema, beldroega, cabaça, canforeira, colônia, junco, nenúfar, papoula, rapôncio, sândalo-branco, tamarga, tília e vitória-régia.

Terça-feira

É o dia de Marte. Ideal para fortalecer, proteger, estabelecer limites e desenvolver a garra, a coragem e o dinamismo. Sua cor sagrada é o vermelho.

ELEMENTOS: Fogo.

COR: vermelho.

METAIS: ferro e aço.

PEDRAS: hematita, granada, rubi e todas as pedras de tons avermelhado ou provenientes do ferro.

ANIMAIS: lobo, águia e falcão.

INCENSOS: todas as madeiras aromáticas, sândalo, cipreste, bálsamo e aloés.

PLANTAS: absinto, acanto, alho, ameixeira-brava, artemísia, aspargo, beladona, briônia, cardo, cebola, cebolinha, dormideira, espinhosa, eufrásia, fava, hortelã, manjericão, mostarda, noz-moscada, pimenta, taioba, urtiga e videira.

Quarta-feira

É o dia de Mercúrio. Relacionado com a comunicação, viagens, negócios e cura das doenças. Sua cor sagrada é o amarelo.

ELEMENTOE: Ar e Terra.

CORES: marrom e amarelo.

METAIS: mercúrio e alumínio.

PEDRA: ágata.

ANIMAIS: papagaio, raposa, macaco e todos os animais astutos e vivazes.

INCENSOS: todas as raspas de madeira ou frutas, canela, cássia, flor da noz--moscada, cascas de limão, loureiro e sementes aromáticas.

PLANTAS: acácia, alteia, anis, aveleira, camomila, endívia, madressilva, matricária, margarida, mil-folhas, roseira-brava, sabugueiro, salsaparrilha, selo-de-salomão, trevo e zimbro.

Quinta-feira

É o dia de Júpiter. Apropriado para resolver temas da vida ligados à liderança, atividades públicas, dinheiro, riquezas e heranças. Sua cor sagrada é o azul-marinho.

ELEMENTOS: Fogo e Água.

CORES: azul-marinho, índigo e lilás.

METAL: estanho.

PEDRAS: turquesa e ametista.

ANIMAIS: pavão, elefante, cisne, leão e águia.

INCENSOS: de todas as frutas aromáticas como, por exemplo, a noz-moscada e o cravo.

PLANTAS: agrimônia, aloés, amaranto, betônica, cedro, cerejeira, espinheiro, figueira-brava, freixo, gergelim, morangueiro, peônia, sorveira e violeta.

Sexta-feira

É o dia de Vênus. Em decorrência disso, a sexta-feira está ligada aos assuntos do amor, amizade, beleza, sociedade e artes. Sua cor sagrada é o verde.

ELEMENTOS: Terra e Ar.

CORES: verde e rosa.

METAL: cobre.

PEDRAS: aventurina, água-marinha, quartzo-rosa e todas as pedras de tonalidade verde e rosa.

ANIMAIS: pomba, pavão, faisão e perdiz.

INCENSOS: de todas as flores, rosa, violeta, açafrão, jasmim, tulasi, etc.

PLANTAS: açucena, amor-perfeito, ancolia, cássia, celidônia, coentro, íris, lilás, limoeiro, macieira, malva, manjericão, melissa, mirta, rosa, saião, verbena, vessicária e visco.

Sábado

É o dia de Saturno. Está ligado à restrição, proteção, libertação, quebra de vícios e encontro de pessoas e objetos perdidos. Sua cor sagrada é o preto.

ELEMENTOS: Terra e Ar.

Cores: cinza, branco e preto.

Metal: chumbo.

Pedras: ônix, obsidiana, turmalina-negra e todas as pedras de tonalidade preta.

Animais: corvo, bode, coruja, urubu, urso, morcego.

Incensos: de raízes aromáticas, como a raiz do mastruço-ordinário e a árvore-de-olíbano. Por tradição temos também o enxofre.

Plantas: acônito, arruda, avenca, cactos, cicuta, cipreste, cominho, estramônio, figueira-preta, funcho, heléboro, hera, mandrágora, musgo de árvores, parietária, salgueiro, salsa, serpentária, tabaco.

A Correspondência é a Linguagem do Ritual

Quando planejamos um ritual, precisamos compreender que a linguagem dos Deuses é simbólica. Os símbolos se comunicam melhor com nosso Self Jovem, que é a parte de nosso ser não verbal. O Self Jovem é nossa criança interior, fascinada com a magia, os ritmos, as cores, a dança e a arte. O Self Jovem tem comunicação direta com os Deuses. Essa é nossa parte que intui e se comunica com o Sagrado, por meio do êxtase e dos símbolos. É exatamente por esse motivo que nós usamos velas, aromas, sons, invocações e cânticos para trazer à tona os sentimentos e as imagens às quais nosso Self Jovem responde.

Uma das partes mais agradáveis na hora de compor um ritual é escolher as correspondências a serem usadas. Isso se refere às cores das velas, ervas, pedras, imagens e objetos a serem usados. Esse conjunto de elementos é chamado de correspondências, porque na magia, uma coisa sempre corresponde à outra. Assim, cada coisa utilizada em um ritual é usada para representar o propósito a ser alcançado.

Cada Bruxo possui seu próprio conjunto de correspondências, e você mesmo pode ter a sua própria tabela de analogias, com símbolos que trabalhem corretamente ao seu dispor. No entanto, existe uma série de correspondências testadas e aprovadas por outros Bruxos e que são largamente aceitas e utilizadas na hora de compor feitiços, rituais ou sortilégios na Wicca. Vamos conhecer algumas delas ao mesmo tempo em que viajamos pelo reino mágico dos quatro elementos: Terra, Ar, Fogo e Água.

Terra

A Terra nos ensina a cuidar de nós mesmos e a fazer as coisas acontecerem. A Terra é o poder manifestador que nos encoraja a realizar o impossível.

Cada coisa existente na natureza pode ser considerada uma parte do corpo da Deusa, que é a própria Terra. Assim, para muitas culturas, a vegetação sempre crescente era os cabelos da Deusa, e para muitos povos antigos, as pedras representam os ossos da Grande Mãe.

Na Wicca, o elemento Terra é um dos mais importantes. Ele talvez seja o mais usado nos rituais por meio de ervas, pedras, folhas e flores. A Terra está ligada ao ponto cardeal Norte e é considerado um elemento feminino e passivo. Suas cores sagradas são: verde, marrom e preto. Velas nessas cores são geralmente usadas para marcar o Quadrante Norte no Círculo. Também está associada ao inverno e à meia-noite.

A Terra possui o poder de estabilizar, silenciar, crescer e fazer renascer. É o principal elemento utilizado quando precisamos atingir rapidamente objetivos materiais.

PEDRAS, OS OSSOS DA TERRA

Para que uma pedra (ou cristal) se componha é preciso que todos os seus átomos estejam em perfeita harmonia para fazer com que a cor e a luz se reflitam de forma sólida. Ela é então um símbolo de perfeição e de equilíbrio.

Cada pedra possui vida em seu interior. Para as práticas Wiccanianas não importa se ela é preciosa, semipreciosa ou um mineral comum; todas são consideradas verdadeiras baterias de poder e energia vital.

Uma pedra pode ser usada de muitas maneiras: como um receptáculo de energia, uma fonte de poder mágico que pode ser usado em forma de talismã ou instrumento de cura.

Já pudemos senti-las na forma de um receptáculo de energia em exercícios anteriores, quando as seguramos em nossas mãos para captar sua aura e sentir o seu poder. As pedras são tanto projetivas quanto receptivas e, por isso, podem captar nossos desejos ou projetar nossa energia.

Como fonte de poder mágico, uma pedra pode ser magicamente carregada com nossa vontade e depois ser usada como um talismã. Projetar um desejo em uma pedra é uma tarefa mais simples do que se possa imaginar. Para isso, é preciso simplesmente segurá-la em sua mão de poder enquanto pensa em seu desejo, visualizando em sua mente cenas relacionadas a ele. Outra forma simples de programar e projetar aquilo que deseja em uma pedra é passá-la por três vezes na chama de uma vela da cor do seu desejo. Você encontrará informações a esse respeito neste capítulo na parte referente ao elemento Fogo.

As pedras podem ser usadas como instrumentos de cura, projetando nossa energia para sanar uma doença ou elevar nosso nível energético. Uma pedra pode ser colocada sobre uma área doente para projetar nossa energia curativa ou para sugar a enfermidade existente naquele local. O que a pedra fará, dependerá das nossas intenções e das nossas programações.

Use a magia e o poder dos cristais para curar, abençoar e potencializar seus rituais.

Conheça os diferentes cristais

Muitos são os cristais que podem ser usados em seus rituais. De acordo com suas cores e a sua constituição, eles estarão ligados a energias e elementos diferentes. Poderíamos dizer que pedras:

- Verdes, negras e marrons estão ligadas à Terra, e por isso acalmam, centram e trazem prosperidade, estabilidade e poder.
- Amarelas e brancas estão ligadas ao Ar, e por isso trazem os dons do intelecto, inspiração e cura.
- Vermelhas e laranjas representam o elemento Fogo, e por isso trazem energia, determinação, garra e proteção.
- Azuis, peroladas e púrpuras estão ligadas ao elemento Água e equilibram, purificam e aumentam os poderes psíquicos.

As diferentes categorias de pedras também possuem poderes especiais. Vamos conhecer algumas delas:

ÁGUA-MARINHA: atrai inspiração e equilibra as emoções. Favorece a comunicação, a expressividade e os dons artísticos.

AMETISTA: desenvolve os dons psíquicos e transmuta as energias negativas. Usada para eliminar vícios. Favorece a meditação e o relaxamento.

AVENTURINA: usada para curar, trazer sorte e atrair ganhos financeiros.

CORNALINA: aumenta a energia e auxilia no equilíbrio de processos hormonais.

HEMATITA: traz coragem, vigor e força de vontade.

Jaspe: protege e elimina o mal. É usada para auxiliar na superação dos obstáculos.

Obsidiana: usada em rituais de banimento e como contrafeitiço. Também é usada para curar todos os tipos de doenças físicas e emocionais.

Olho de tigre: uma pedra usada para atrair sucesso, prosperidade e nos proporcionar o reconhecimento por nosso trabalho.

Pedra da lua: a pedra sagrada da Deusa. Pode ser usada para todas as finalidades e para nos colocar em contato direto com o Sagrado.

Quartzo-branco: usado para todas as finalidades. Serve de intensificador de nossas vontades.

Quartzo-rosa: pedra do amor, usada para atrair as bênçãos e trazer equilíbrio emocional.

Turmalina-negra: uma pedra usada para proteção em todas as suas manifestações.

Obviamente, existem diversos outros tipos de cristais além dos mencionados aqui. Porém, descrever seus usos e suas aplicações excede o propósito do presente livro. Pesquise acerca do tema em outras fontes para conhecer um pouco mais a respeito do assunto. Isso será de grande utilidade na hora de usar uma pedra para confeccionar um talismã ou realizar um ritual de cura.

Transmitindo um sentimento negativo para uma pedra

As pedras possuem o poder de captar as energias negativas ou positivas com as quais estabelecem algum tipo de contato. Exatamente por esse motivo elas são poderosos ímãs que podem puxar um sentimento negativo – ódio, rancor, mágoa ou medo.

Quando sentir esses sentimentos por algum motivo, pegue uma pedra em sua mão de poder e procure perceber com clareza aquilo que você sente. Geralmente, um sentimento nocivo nos causa uma forma de angústia, comumente chamada de "aperto" no peito ou no coração.

Sinta essa energia vibrando em seu chacra cardíaco, que se localiza bem no meio do seu peito. Aos poucos, sinta a pedra puxando essa emoção. Visualize esse sentimento saindo do centro do seu peito e se deslocando pelo seu corpo, passando pelas suas mãos e sendo absorvido pela pedra. Continue mantendo essa cena em sua mente até se sentir mais aliviado. Quando terminar, deposite essa pedra aos pés de uma árvore ou sobre a terra para que sejam sugadas todas as energias nocivas absorvidas por ela.

Círculo protetor com cristais

Os cristais também podem ser usados para criar um Círculo de poder e de proteção. Para isso, pegue várias pontas de cristal e crie com elas um grande círculo em sentido horário. Faça com que as pedras toquem umas nas outras, de forma que o círculo fique totalmente fechado.

Sempre que necessitar recarregar suas baterias energéticas, entre no círculo e permaneça sentado em seu interior por alguns minutos.

Ervas e plantas

Do mesmo modo que as pedras, cada erva possui vibração e energia.

As ervas são presentes da Mãe Terra, capazes de curar, purificar, abençoar e atrair sorte e sucesso. Elas podem ser utilizadas em conjunto com pedras, complementando-se. O ideal seria plantar e colher suas próprias ervas. Mas como isso pode ser um pouco difícil nos dias modernos, o mais comum é comprá-las em lojas especializadas.

As ervas são largamente usadas nas práticas Wiccanianas. Elas são queimadas no caldeirão como oferendas, usadas para fazer banhos purificadores ou como preenchimento de talismãs. Um pote de ervas pode ser feito misturando-se várias delas com pedras. Quando esse pote é colocado em um ambiente, ele serve de filtro energético e é capaz de afastar as influências negativas que estiverem por perto.

Algumas das ervas mais usadas na Wicca e suas propriedades mágicas:

ARRUDA: usada para proteger e afastar todo o tipo de mal. Erva ligada ao planeta Marte.

ARTEMÍSIA: usada para desenvolver os dons psíquicos extrassensoriais. Está ligada à Lua.

AÇAFRÃO: clareia a mente e estimula a vida sexual e amorosa. Está ligado a Vênus e ao Sol.

BENJOIM: atrai energia física e mágica. Está ligado ao planeta Mercúrio.

CALÊNDULA: atrai saúde, sonhos proféticos, conforto e amor. Está ligada ao Sol.

CANELA: favorece a energia física, o amor e a prosperidade. Erva ligada ao Sol.

CÂNFORA: purificadora e energizadora a cânfora é também usada para assegurar a fidelidade. Está diretamente ligada à Lua.

CARVALHO: traz centramento e poder em todas as suas manifestações. Está ligado ao planeta Júpiter.

CEDRO: favorece o autocontrole e a espiritualidade. Ligado ao Sol.

CIPRESTE: atrai saúde e tranquilidade. Está ligado a Saturno.

CRAVO-DA-ÍNDIA: protege, afasta o mal e atrai proteção. Está ligado ao Sol e a Júpiter.

GENGIBRE: potencializador de encantamentos e de feitiços. Seu pó pode ser usado para afastar os inimigos. Está ligado a Marte.

JASMIM: apropriado para atrair harmonia, paz e tranquilidade. Está ligado a Vênus e a Mercúrio.

JUNÍPERO: erva protetora e purificadora. Pode igualmente ser usada para a recuperação física. Está ligado ao Sol.

LOURO: atrai vitalidade, sucesso, prosperidade, conhecimentos psíquicos e purificação. Está ligada ao Sol.

MANJERICÃO: traz consciência, alegria, paz e dinheiro. Está ligado a Marte e a Vênus.

NOZ-MOSCADA: atrai energia mágica, prosperidade, riqueza e expansão. Está ligada a Júpiter.

ROSA: atrai o amor em todas as suas manifestações. Está fortemente ligada a Vênus.

SÂNDALO: usado na conquista de todos os desejos. Está ligado à Lua.

VERBENA: atrai amor e é usada para quebrar feitiços. Está ligada a Mercúrio.

VETIVER: ótima para feitiços amorosos. Está ligada ao planeta Vênus.

Carregando magicamente uma erva

Existem ervas para todos os propósitos. Quando for escolher uma que mais se adequar às suas necessidades, destine algum tempo carregando-as com sua própria energia. Para isso, coloque-as em um pequeno pote de porcelana, de madeira ou de qualquer outro refratário natural e, com as suas mãos sobre elas em forma de bênção, diga as seguintes palavras ou semelhantes:

Ervas sagradas
Pela Deusa e pelo Deus
Sejam abençoadas
Eu agora transmito a vocês minha energia e minha intenção
Este é o meu desejo, ouçam minha invocação
Pela Terra, pelo Ar, pelo Fogo e pela Água
Que assim seja e que assim se faça!

Visualize suas mãos reluzindo ao mesmo tempo em que a luz vai impregnando na aura das ervas, fazendo-as brilhar. Medite um pouco acerca de suas intenções e daquilo que deseja usando as ervas. Ao fazer isso, elas estarão magicamente carregadas e prontas para serem usadas para finalidades ritualísticas.

Lembretes rituais

As ervas e as pedras são auxiliares poderosos em qualquer ritual ou feitiço, e são muito utilizadas como lembretes rituais.

Um lembrete ritual é qualquer objeto utilizado em um rito que pode ser guardado conosco para nos lembrar de nosso desejo, ao mesmo tempo em que nos transmite a energia e as bênçãos daquela cerimônia. Um exemplo é uma pedra que pode ser guardada conosco em nosso bolso, ou ervas que podem ser guardadas em carteiras. O lembrete ritual pode também ser transformado em um talismã quando o unimos a outros componentes de nosso Altar. Os itens mais utilizados na hora de compor um talismã incluem:

- Sal do altar
- Cinzas de papéis ou incensos
- Pétalas de flores
- Grãos
- Uma gota de vinho, água ou outro líquido do Altar
- Cera de velas
- Um encantamento ou seu desejo escrito num pedaço de papel
- Algumas gotas de óleos essenciais

Esses itens podem ser colocados em um pedaço de pano na cor do planeta associado ao seu desejo e/ou costurados no interior dele.

Use o poder da Terra em seu dia a dia, utilizando ervas em sua comida ou espalhando cristais ao seu redor para trazer boas vibrações à sua casa e ao seu ambiente de trabalho.

Seguramente a Terra não o desapontará e irá abençoar sua vida com todas as suas dádivas.

Correspondências do elemento Terra

DIREÇÃO: Norte – o lugar das maiores trevas.

ENERGIA: receptiva, feminina.

SIGNOS: Touro, Virgem e Capricórnio.

TRABALHO RITUAL: o corpo, crescimento, sustentação, ganho material, dinheiro, nascimento, morte, silêncio, rochas, pedras, cristais, joias, metal, ossos, estruturas, noite, riqueza, tesouros, rendição, força de vontade, toque, empatia, crescimento, mistério, conservação, incorporação, negócios, prosperidade, emprego, estabilidade, sucesso, fertilidade, cura, forças da natureza combinadas, abundância material, runas, sabedoria prática, força física e ensino.

LUGARES: cavernas, vales, cânions, florestas, abismos, campos cultivados, fazendas, jardins, parques, cozinhas, creches, porões, minas, buracos, tocas e montanhas.

CORES: preto, marrom e verde.

FORMAS RITUAIS: enterrar, plantar, fazer imagens de argila ou de areia, andar na natureza, enquanto visualiza o que se deseja.

NATUREZA BÁSICA: fertilizar, enraizar, estabilizar. A gravidade é a manifestação desse elemento.

FASE DA VIDA: velhice.

TIPOS DE MAGIA: cultivo, ímãs, imagens, estátuas, pedra, árvore, nó, amarração.

TEMPO: meia-noite.

ESTAÇÃO: inverno.

FERRAMENTAS: pentáculo, pentagrama, imagens, pedras, sal, gemas, árvores e cordas.

SENTIDO: tato.

PEDRAS: cristal de rochas verdes e pretas como a esmeralda e o peridoto, ônix, obsidiana, turmalina-negra e quartzo-rutilado.

METAIS: ferro e chumbo.

INCENSOS: estoraque e benjoim.

PLANTAS E ÁRVORES: confrei, hera, grãos, arroz, trigo, patchouli, vetiver, líquens, musgo, nozes, plantas secas ou grandes e frondosas, carvalho e raízes.

ANIMAIS: vaca, touro, búfalo, veado, cervo, antílope, cavalo, formiga, esquilo, texugo, urso e lobo.

DEUSAS: Ceres, Deméter, Gaia, Nephtys, Perséfone, Rhea, Rhiannon e Prithivi.

DEUSES: Adônis, Athos, Arawn, Cernunnos, Dionísio, Marduk, Pan e Tammuz.

INSTRUMENTOS: tambor e todos os instrumentos de percussão.

Ar

O ar é o movimento sem forma
levando nossos sonhos e pensamentos para longe.
Os ventos cantam a canção dos Deuses
nos mostrando o caminho por onde seguir.

O Ar é considerado o sopro da Deusa. Esse elemento é a "respiração da vida"; sem ele, nada poderia existir.

Na Wicca, o elemento Ar está presente em nossos rituais por meio da fumaça dos incensos, dos aromas que se espalham pelo ambiente, mudando nossa consciência e despertando nossa memória para lembranças que nos ligam a lugares, pessoas, situações.

O Ar está ligado ao ponto cardeal Leste e é considerado um elemento masculino e ativo. Suas cores sagradas são o amarelo, branco e azul-claro. Velas nessas cores são usadas para marcar o Quadrante Leste no Círculo. Está associado à primavera e ao amanhecer. Possui o poder de expandir e despertar nossa consciência para as grandes verdades. É o principal elemento quando precisamos aumentar nossa criatividade, imaginação, memória e favorecer o intelecto.

Incenso, elo de comunicação com o sagrado

Na prática ritual podemos trabalhar de muitas formas com o elemento Ar. A mais comum é por meio do uso dos incensos.

Atualmente, existem diferentes tipos de incensos que vão desde varetas, cones, pós até ervas secas que são queimadas em brasa visando a exalar seus aromas e propriedades mágicas. Todos os tipos variados de incensos são válidos. Se desejar, poderá aprender a fazer seus próprios incensos, o que aumenta ainda mais seu poder.

Os incensos são potencializadores rituais naturais; quando sua fumaça sobe aos céus, leva consigo nossos desejos e intenções, estabelecendo um pórtico entre nós e os antigos Deuses.

Cada aroma possui uma propriedade mágica específca. Seu significado pode ser encontrado nas páginas anteriores referente às ervas, já que um incenso geralmente é feito de uma ou mais delas.

Os incensos são parte integrante da maioria dos rituais, e isso se dá pelo fato de eles alterarem a nossa consciência de maneira incrível. A fumaça dos incensos muda a atmosfera de um ambiente, tornando-o ideal para a prática da magia. Para quem está começando agora sua incursão na Wicca, recomendo basicamente quatro aromas de incensos que deve ter sempre à mão para transformar a atmosfera de um local para rituais:

ALECRIM: esse é um aroma básico que pode ser usado para todas as finalidades e ocasiões. Ele nos coloca em um estado receptivo para a comunicação com os Deuses e altera nossa consciência, facilitando a concentração, meditação e foco.

LÓTUS: sagrado para muitas culturas, esse aroma nos desperta para o Sagrado, eleva nossa consciência aos Deuses e está fortemente ligado à sabedoria divina.

OLÍBANO: é uma ótima oferenda aos Deuses. Era muito utilizado pelas culturas egípcia e grega nos rituais matinais, como forma de despertar os Deuses para um novo dia. Pode ser usado como uma oferta aos Deuses pela manhã sobre o seu Altar ou acendê-lo em qualquer ritual.

SÁLVIA: ótimo purificador de ambientes e neutralizador de energias nocivas. Possui poderosas propriedades de aprendizado e de sabedoria. É um aroma que nos coloca em contato direto com a Deusa.

Magia dos incensos

Agora já podemos fazer magia com o poder dos incensos. Talvez o ato mágico mais simples com um incenso seja acendê-lo enquanto se mentaliza aquilo que quer, ao mesmo tempo em que visualiza a fumaça ascendendo aos céus. É possível adicionar mais poder ainda a essa prática simplesmente dizendo algumas palavras espontâneas enquanto a fumaça sobe aos céus. É importante também visualizar seu desejo acontecendo.

Use os incensos na forma de oferendas. Eles podem ser acesos sobre o seu Altar pela manhã e a noite como forma de conexão com os Deuses. Além de encherem sua casa com agradável aroma, os incensos servirão de purificadores e de energizadores, abençoando todo seu lar.

Movimentos e sons

Uma prática de conexão com o elemento Ar muito comum é a dança realizada com uma música suave de fundo. Os sons e movimentos sempre evocam o poder do Ar. Eles nos chegam invisivelmente, sem que nossos olhos possam percebê-los. O som pode ser ouvido e sentido, tal qual o zunido dos ventos, mas jamais poderemos tocá-lo fisicamente.

Por meio dos movimentos, podemos reproduzir o vento girando ao redor de nós mesmos ou balançando nossas mãos e braços. Tudo isso é capaz de nos conectar com o Ar, o elemento que representa o voo do espírito livre e indomado. Essa sensação pode ser facilmente alcançada mediante a dança.

A dança foi uma das primeiras manifestações de reverência aos Deuses. Caracteres rupestres representando pessoas dançando, em estado de êxtase, são encontrados em muitas cavernas antigas. Cante e dance como forma de conexão com esse elemento e sinta a sua harmonia e poder renovador enquanto faz isso.

Se quiser, use um tecido suave e dance com ele. Sinta a leveza do Ar, medite acerca das cenas encontradas na natureza que o remetem a esse elemento. Abra-se para a comunicação com os Deuses.

O Ar pode se comunicar com você por meio de insights, imagens vindas em sua mente e de outras muitas formas. Abra-se para a comunicação com o Sagrado.

Usando a sua respiração

Usar a sua própria respiração é uma das muitas formas de fazer magia. Nosso sopro possui poder, podemos utilizá-lo como uma das muitas formas de elevar e de direcionar energia para um desejo.

Quando tiver uma necessidade ou um querer, simplesmente respire profundamente e sopre o seu desejo enquanto pensa naquilo que quer atingir. Sopre quantas vezes for necessário até sentir que seu desejo foi corretamente direcionado e será atingido. Quando quiser transmitir sua própria energia para algo, simplesmente sopre sobre ele.

Tenha em mente se deseja purificar ou energizar o objeto enquanto o sopra. Se desejar purificar, visualize as energias negativas sendo sopradas para longe enquanto faz isso. Se desejar a energização de um objeto, medite no seu desejo, naquilo que quer, e veja cenas relacionadas ao seu objetivo em sua mente.

Deixe que o elemento Ar dirija seu pensamento em direção ao Self e aos Deuses. Quando nos ligamos ao Ar, mergulhamos na consciência do Divino e assim podemos compartilhar de seu conhecimento e de sua sabedoria.

Correspondências do elemento Ar

DIREÇÃO: Leste.

ENERGIA: projetiva, masculina.

SIGNOS: Gêmeos, Libra e Aquário.

TRABALHO RITUAL: a mente, todo o trabalho mental, intuitivo e psíquico, o conhecimento, a aprendizagem abstrata, o vento e a respiração, inspiração, audição, harmonia, pensamento e crescimento intelectual, viagens, liberdade, revelação da verdade, encontro de coisas perdidas, habilidades psíquicas, instrução, telepatia, memória, habilidade de saber e de entender, conhecimento dos segredos dos mortos, meditação zen, discussões, começos e iluminação.

LUGARES: topos de montanhas e colinas, céus nublados, praias em que ventam muito, torres altas, aeroportos, escolas, bibliotecas, escritórios e agências de viagem.

CORES: branco, amarelo-claro, azul-claro e tons pastéis.

FORMAS RITUAIS: sacudir objetos no ar ou pendurá-los ao vento, suspender ferramentas em lugares altos, soprar objetos leves, enquanto visualiza energias positivas. Deixar que o vento carregue folhas, flores, ervas ou papel picado.

NATUREZA BÁSICA: movimentar, flutuar, refrescar, pensar. O som é a manifestação desse elemento.

FASE DA VIDA: infância.

TIPOS DE MAGIA: adivinhação, concentração, visualização, profecia, magia do vento, carma e velocidade.

TEMPO: nascer do sol.

ESTAÇÃO: primavera – o tempo do frescor.

FERRAMENTAS: incensário, athame, espada e visualização criativa.

SENTIDO: olfato e audição.

PEDRAS: topázio, pedras claras e transparentes, cristais, ametista, alexandrita, pedras azuis e amarelas.

METAIS: cobre.

INCENSOS: olíbano, mirra, alecrim e violeta.

PLANTAS E ÁRVORES: olíbano, mirra, prímula, tamareira, verbena, violeta e alfazema.

ANIMAIS: pássaros, especialmente águias e falcões; insetos e aranhas.

DEUSAS: Aradia, Arianrhod, Cardea e Nuit, Urania.

DEUSES: Enlil, Khephera, Mercúrio e Thoth.

INSTRUMENTOS: flautas e todos os instrumentos de sopro.

Fogo

O Fogo constrói o tudo do nada e, com o seu poder, destrói as barreiras e os obstáculos que se colocam em nosso caminho.

Com sua luz, dissipa as trevas da ignorância nos guiando.

O Fogo é considerado o espírito da Deusa, que traz luz e brilho à Terra. Esse elemento é a centelha divina que arde no interior de cada um de nós, fazendo com que continuemos vivos, agindo, conquistando.

Na Wicca, o elemento Fogo está presente em nossos rituais por meio das velas, que trazem a presença do Sagrado para o interior do Círculo, iluminando-o para que o caminho seja visível aos Deuses e aos ancestrais.

O Fogo está ligado ao ponto cardeal Sul e é considerado um elemento masculino e ativo. Suas cores sagradas são vermelho, laranja e dourado e velas nessas cores são usadas para marcar o Quadrante Sul no Círculo. Ele está associado ao verão e ao meio-dia e possui o poder de nos trazer a energia da conquista necessária para alcançarmos nossos objetivos espirituais e materiais. É o principal elemento quando precisamos aumentar nossa força de vontade, garra, vigor, dinamismo e proteção.

Vela, a luz da vida

A maioria dos rituais de numerosas religiões e cultos utilizam as velas como ponto principal de suas cerimônias. A magia com velas é muito antiga, e se ela persiste até os dias atuais é porque realmente funciona.

O Fogo é um elemento diretamente ligado à espiritualidade, pois representa o espírito. Exatamente por esse motivo, ele acrescenta poder ao trabalho mágico. Além disso, é um ótimo elemento purificador, capaz de afastar todo o mal, evocando nossa memória ancestral primitiva, quando o fogo era uma das poucas armas de proteção e de aquecimento.

Elemento que representa a luz do conhecimento que dissipa as trevas da ignorância e, por isso, simboliza a iluminação espiritual e nos ajuda a nos sintonizar com os estados mais elevados da consciência.

O Fogo tem sido, desde tempos imemoráveis, usado para invocar a presença dos Deuses e dos espíritos. Sua chama simboliza a essência própria da força vital Divina, a centelha que reside no interior de todo ser vivente.

Usando as velas

Em todo ritual Wiccaniano as velas são de muita importância, especialmente sua cor, já que cada uma delas vibra em relação com determinada qualidade mágica e desejo:

VERMELHO: paixão, energia sexual, força, proteção e para afastar o mal.

LARANJA: pensamento positivo, riqueza, sucesso e mudança de circunstâncias.

AMARELO: criatividade, imaginação, comunicação e cura.

VERDE: abundância, fertilidade, boa sorte e proteção.

AZUL: cura, verdade, inspiração, equilíbrio e harmonia.

ROXO: força espiritual e transformação.

BRANCO: pureza e paz.

ROSA: amor, equilíbrio, harmonia, sociedade e amizade.

PRATA: canalização de energias, clarividência, energias astrais e contato com a Deusa.

OURO: prosperidade, dinheiro, riqueza e contato com o Deus.

PRETO: proteção, contrafeitiços, afasta energias negativas e neutraliza o mal.

MARROM: cura de animais e resolução de problemas materiais.

NEGRO: esquecimento e libertação.

Quando uma vela chega até nós, ela já passou pela mão de várias pessoas, podendo, com isso, já ter absorvido energia tanto positiva quanto negativa. Uma forma de neutralizar essas energias é ungindo a vela com um óleo essencial apropriado ou do aroma de que mais gostarmos.

Ainda que não fosse totalmente necessário, o ato de ungir as velas pode ser não apenas um momento para neutralizar as energias adquiridas por elas, mas também para meditarmos um pouco a respeito do propósito do ritual.

Qualquer óleo essencial pode ser utilizado para esse propósito. As velas também podem ser ungidas com um pouco de azeite, que está diretamente ligado à bênção e aos poderes mágicos.

O sentido de unção das velas é muito importante, pois ele indica basicamente o propósito do ritual. Unja a vela do pavio para a base quando quiser atrair algo para a sua vida, como saúde, sucesso, amor, paz, prosperidade, etc. Quando quiser afastar algo da sua vida, como problemas, doenças, mágoas, rancores, infortúnios, etc., unja a vela da base para o pavio.

É importante pensar no propósito para o qual se usará a vela enquanto faz a unção, e também deixar que as velas ardam por completo; isso dará um sentido de cumprimento e de fechamento do ritual ou da cerimônia. No entanto, se isso não for possível, apague-a sem soprar e guarde-a para acendê-la em outra ocasião ou em outros rituais que tenham o mesmo objetivo como forma de reforçar o seu desejo.

O número de velas que se utilizam em um ritual também é importante, pois cada número representa um desejo e está ligado a um tema da vida humana:

1. Buscar novos inícios, novos projetos ou tudo o que estiver se iniciando.
2. Aumentar a fertilidade, os dons psíquicos e a força mágica.
3. Resolver assuntos legais e sorte no comércio.
4. Alcançar a estabilidade e honrar os compromissos.
5. Facilitar a comunicação e obter a mudança de uma situação.
6. Ter sorte no amor e saúde.
7. Conseguir a cura.
8. Favorecer as carreiras e a abertura do caminho profissional.
9. Aumentar a energia sexual, trazer resolução aos problemas e neutralizar feitiços.

Muitas vezes, uma pessoa precisa ser representada em um ritual por uma vela. Apesar de todas as pessoas poderem simplesmente ser representadas por uma vela branca ou negra, com suas iniciais marcadas na cera da vela, cada pessoa pode ser simbolizada por uma cor diferente de acordo com o seu signo zodiacal. Isso contribui para a individualização e a personalização de seu ritual. Conheça a cor de cada signo:

Áries: vermelho	Leão: laranja	Sagitário: azul-marinho
Touro: verde	Virgem: marrom	Capricórnio: preto
Gêmeos: amarelo	Libra: rosa	Aquário: azul
Câncer: branco	Escorpião: magenta	Peixes: roxo

A magia com as velas pode ser feita de inúmeras maneiras. Rituais repetidos por dias e dias, geralmente 3, 7, 9 ou 13, podem ser realizados com uma vela na cor do seu desejo, que é acesa por alguns minutos e em seguida apagada para ser reacesa no dia seguinte. Assim, a vela queimará um pouco a cada dia, até que no último dia ela se consuma até o final. Esse é um poderoso ritual, fortalecido pela repetição, cria uma forte egrégora[17], que auxilia seu desejo a se manifestar rapidamente.

Outra forma de usar as velas é movê-las sobre o Altar para atrair ou banir algo. Assim, um Altar poderia ser considerado como um palco, e as velas os atores que criam as cenas e as situações que serão refletidas na sua vida. Nesses casos, geralmente uma vela é colocada no centro, representando a pessoa que faz o feitiço ou a quem ele é destinado. Velas simbolizando desejo e intenção do ritual ficam ao redor dessa outra vela e, a cada noite, ou durante o decorrer de um ritual, elas são movidas para o centro quando o intuito é atrair algo, ou são movimentadas para fora do centro, se a intenção for afastar ou banir alguma coisa. Um exemplo de como dispor as velas é dado ao lado.

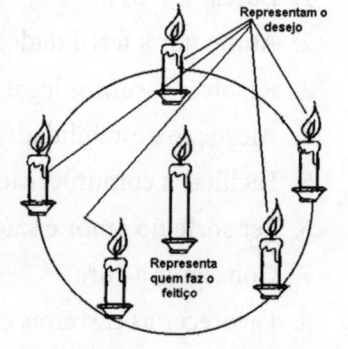

---

17. Egrégora é uma forma de pensamento que cria uma consciência energética através do poder da repetição.

Usar velas em seus rituais pode ser uma das formas mais fascinantes e agradáveis de fazer magia. Todas as vezes que tiver uma necessidade, vá a seu Altar, acenda uma vela, olhe para sua chama e sinta silenciosamente. Ofereça uma poesia ou im cântico aos Deuses e deixe-se levar pela magia do Fogo.

Correspondências do elemento Fogo

Direção: Sul.

Energia: projetiva, masculina.

Signos: Áries, Leão e Sagitário.

Trabalho ritual: energia, espírito, calor, chama, sangue, vigor, vida, vontade, cura, destruição, purificação, fogueiras, lareiras, velas, Sol, erupções, explosões, liberdade, mudança, visão, percepção, visão interior, iluminação, aprendizagem, amor, paixão, sexualidade, autoridade, vontade de ousar, criatividade, lealdade, força, transformação, proteção, coragem, eu superior, sucesso, refinamento, artes, evolução, fé, exercícios físicos, consciência corporal, vitalidade, autoconhecimento e poder.

Lugares: desertos, fontes termais, vulcões, fornos, lareiras, quarto de dormir (devido ao sexo), saunas, campos de atletismo e academias de ginástica.

Cores: vermelho, amarelo, cores do fogo, laranja e dourado.

Formas rituais: queimar, passar na fumaça ou derreter um objeto, erva ou imagem, velas e pequenas fogueiras.

Natureza básica: purificar, destruir, limpar, energizar, sexualizar e fortalecer. O calor é a manifestação desse elemento.

Fase da vida: juventude.

Tipos de magia: vela, tempestade, tempo e estrela.

Tempo: meio-dia.

Estação: verão.

Ferramentas: bastão, lamparina ou velas, ervas ou papéis queimados.

Sentido: visão.

Pedras: opala de fogo, jaspe, pedras vulcânicas, cristais de quartzo, rubi, cornalina, rodocrosita e ágata.

Metais: ouro e latão.

Incensos: olíbano, canela e junípero.

PLANTAS E ÁRVORES: alho, hibisco, mostarda, urtiga, cebola, pimenta-vermelha, canela, plantas espinhentas, buganvílea, cactos, grãos de café, amendoeira em flor.

ANIMAIS: dragões, leões, cavalos, cobras, grilos, louva-a-deus, besouros, abelhas, centopeias, escorpiões, tubarões, fênix, coiotes e raposas.

DEUSAS: Brigit, Sunna, Vesta, Pele e Héstia.

DEUSES: Agni, Hórus, Hefesto, Vulcano, Prometeu e Lugh.

INSTRUMENTOS: todos de corda como o violão e o violino, por exemplo.

Água

A água é o caos diferenciado, a essência Divina não formalizada.

É a condutora da energia do amor que nos religa ao Sagrado.

A Água é considerada o útero da Deusa, o elemento da geração responsável pelo início da vida na Terra. Está presente em 70% do corpo humano, nos ligando aos fluxos e refluxos interiores e exteriores.

Na Wicca, o elemento Água sempre está presente nos rituais e é representado por conchas sobre o Altar, poções, filtros, etc.

Considerada um elemento feminino e passivo, a Água está ligada ao ponto cardeal Oeste. Suas cores sagradas são azul, prateado e verde-água. Velas nessas cores são usadas para marcar o Quadrante Oeste no Círculo. Ela está associada ao outono e ao entardecer.

A Água possui o poder de nos trazer a energia das emoções e equilíbrio para chegarmos à totalidade de nosso ser. É o principal elemento condutor quando precisamos aumentar nossa autoestima e fortalecer nosso lado emocional. Símbolo universal do elemento feminino e do inconsciente, a Água está sempre ligada à fertilidade, à maternidade e à geração.

Oceanos e rios, olhos e bocas da Terra

A Água está diretamente ligada às emoções. Exatamente por esse motivo muitas vezes esse elemento é chamado de olhos e bocas da Terra. Os oceanos seriam os olhos, pois eles vertem água salgada. Os rios são considerados a boca do mundo, de onde sempre flui a água doce.

É o elemento das emoções, da compaixão e da tranquilidade, e é usada em muitos rituais de cura e de restauração de nossas baterias energéticas.

Cada lago, rio, fonte, cachoeira ou praia possui vida e espíritos diretamente ligados a eles. Quando nos conectamos com a energia desses lugares, atraímos a paz e o equilíbrio necessários para uma vida mágica.

Buscar a energia da Água em suas fontes naturais de poder é muito importante. Tente sentir a força da Água quando estiver se banhando em um rio, mar ou cachoeira. Quando fizer isso preste atenção ao que sente e percebe. Procure se ligar mentalmente aos espíritos dos elementos que habitam tais lugares. É possível que em pouco tempo eles se comuniquem mentalmente com você, transmitindo-lhe informações úteis para a busca do equilíbrio.

A Água é parte integrante de nossas vidas e não é necessário recorrer somente à natureza intocada para nos conectarmos com ela. Nossas próprias casas são uma fonte inesgotável da energia aquática, pois é alí que nos banhamos diariamente e também ingerimos a maior parte da água bebida por nós. Isso pode auxiliá-lo a perceber muitas coisas relacionadas a si próprio e à energia de seu próprio lar.

Com a Água também podemos fazer banhos mágicos com ervas ou chás para curarmos doenças e até mesmo nos reenergizarmos. Quando nos banhamos em uma infusão feita à base de ervas, lavamos e mandamos embora tudo o que não é desejado. Mesmo um banho comum pode fazer esse serviço, pois o espírito da Água pode lavar muito mais do que a sujeira do dia a dia, levando embora energias negativas e o estresse.

Ligue-se com a Água e aproveite toda a magia que ela pode lhe proporcionar.

Fazendo oferendas para a Água

Um dos costumes Pagãos mais antigos consiste em fazer oferenda a um lago ou mar como forma de conexão com os poderes da natureza que moram nesses lugares. Entre as oferendas mais comuns estão flores e pedras, que são biodegradáveis e não poluem a natureza.

Uma oferenda nos coloca em contato direto com o Sagrado, e esse é o momento ideal para formularmos um desejo ou simplesmente conversarmos com os Deuses.

Se fizer uma oferenda de pedra, fique atento à cor do mineral que será ofertado, pois cada tonalidade representa um desejo ou uma intenção diferente:

AMARELO: saúde, sorte nos negócios, estudos e comunicação.

AZUL: harmonia, tranquilidade e paz.

BRANCO: para todos os desejos.

LARANJA: prosperidade, sucesso e alcance dos desejos.

MARROM: bens materiais, propriedades e estabilidade.

PRETO: proteção. Pode ser usado para todos os desejos.

ROSA: amor, sociedade e família.

VERDE: proteção, esperança, cura e prosperidade.

VERMELHO: coragem, força e proteção. Neutraliza feitiços.

Se a oferenda que você deseja fazer for uma flor, é importante também se ater ao simbolismo que ela representa. Cada flor está ligada a uma energia e representa um desejo:

ACÁCIA: constância, elegância.

AMOR-PERFEITO: meditação, recordações e reflexão.

AZALEIA-BRANCA: romance.

AZALEIA-ROSADA: amor à natureza.

CAMÉLIA-BRANCA: beleza perfeita.

CAMÉLIA-ROSADA: grandeza de alma.

CAMÉLIA-VERMELHA: reconhecimento.

CRAVO-BRANCO: amor ardente, ingenuidade e talento.

CRAVO-ROSADO: preferência.

CRAVO-VERMELHO: amor vivo.

CRISÂNTEMO-AMARELO: amor frágil.

CRISÂNTEMO-BRANCO: verdade, sinceridade.

CRISÂNTEMO-VERMELHO: amor.

DÁLIA-AMARELA: união recíproca.

DÁLIA-ROSADA: delicadeza, sutileza.

GIRASSOL: dignidade, glória e paixão.

JASMIM: amor, beleza delicada e graça.

LÍRIO: casamento, doçura, inocência e pureza.

MAGNÓLIA: amor à natureza, simpatia.

MARGARIDA: inocência, virgindade.

MIOSÓTIS: amor sincero, fidelidade.

NARCISO: egoísmo, vaidade e mentira.

ORQUÍDEA: beleza, perfeição e pureza espiritual.

PAPOULA: fertilidade, ressurreição e sonho.

ROSA-BRANCA: paz, pensamento abstrato, pureza, silêncio e virgindade.

ROSA-VERMELHA: admiração, caridade, casamento, desejo e paixão.

SEMPRE-VIVA: declaração de guerra, imortalidade, permanência e proteção.

TULIPA-AMARELA: amor sem esperança.

TULIPA-VERMELHA: declaração de amor.

VIOLETA: lealdade, modéstia e simplicidade.

Com essas informações você está pronto para fazer sua oferenda ao elemento Água. Em um dia ensolarado, vá a um rio de águas claras ou a uma praia e deposite sua oferenda na água enquanto verbaliza algumas palavras espontâneas que representam o seu desejo.

Se quiser, cante alguma canção que faça referências ao elemento Água, enquanto direciona seus pensamentos aos Deuses. A seguir, alguns cânticos sagrados da Wicca relacionados com a Água: [18]

Força da Água

Força da Água toca e cura
Limpa, muda
Transforma.

O oceano é o início do mundo

O oceano é o início do mundo
O oceano é o início do mundo
Toda vida vem do mar
Toda vida vem do mar.

---

18. O CD *Ritual – Cânticos Sagrados da Antiga Religião*, produzido pelo autor e pela Tradição Diânica Nemorensis, traz diversos cânticos tradicionais da Religião Wicca para diversas ocasiões.

Afrodite

> Forte como o oceano
> Gentil como o mar
> Rio que leva as lágrimas
> Afrodite.

Purificação com água e sal

Por vezes nos sentimos cansados, esgotados e completamente sem energia. Isso pode ocorrer por vários motivos, desde cansaço físico até a absorção de energias negativas de ambientes ou de pessoas.

Quando isso acontecer, a melhor coisa a fazer é uma purificação com água e sal. Você vai precisar simplesmente de um cálice com água e três pitadas de sal misturadas a ela. O sal representa a força espiritual, e a água, a energia purificadora capaz de tudo transformar.

Molhe as pontas dos dedos na água e, em seguida, respingue em seu corpo dizendo as palavras que seguem:

> Água, você que é o poder da purificação e compaixão,
> Que se suja para nos limpar.
> Afaste de mim todo mal.
> Limpe minha mente, alma e coração.
> Purifique meu ser.
> Leve-me de encontro à totalidade.
> Que assim seja, e que assim se faça!

Círculo de conchas

Entrar em contato direto com as águas da natureza pode promover um total equilíbrio das diferentes partes de nosso ser.

Infelizmente, devido ao corre-corre dos tempos modernos, distância ou outros motivos, nem sempre podemos nos dar ao luxo de tomar um banho de mar, rio ou cachoeira. No entanto, sempre que quisermos, podemos nos conectar com a energia de um lugar da natureza a partir de nossos lares. Para isso, você precisará apenas de algumas conchas em número suficiente para formar um círculo que o comporte sentado em seu interior.

Quando precisar, sente nesse círculo e medite por alguns instantes visualizando os mares e os oceanos por onde essas conchas provavelmente passaram antes de chegar até você. Deixe o seu pensamento levá-lo para regiões distantes, onde os Deuses fazem sua morada. Lembre-se que o oceano é o útero do qual toda a vida nasceu e a ele você pode novamente retornar ao estado inicial do ser e também dialogar com a Deusa. Aproveite esses momentos para pedir algum conselho, fazer algum pedido ou simplesmente restaurar o seu poder pessoal.

Fique atento, pois o Divino pode se conectar com você por meio de insights, símbolos, sons e até mesmo por palavras ou frases que podem ser consideradas a própria voz dos Deuses. Permaneça nesse estado quanto tempo desejar.

Todas as vezes que precisar, sente-se em seu círculo de conchas, medite, contemple e seja renovado pela força do elemento Água.

Chás

As Bruxas de antigamente sempre usaram infusões com ervas para promover a cura e o bem-estar.

Pesquisas recentes comprovam que tomar chá pode proteger as artérias influenciando os fatores relacionados à formação de coágulos. Os elementos químicos do chá podem reduzir a capacidade de coagulação do sangue, impedir a ativação e o agrupamento das plaquetas, aumentar a atividade de dissolução de coágulos e diminuir os depósitos de colesterol nas paredes arteriais.

A arte dos chás é uma poderosa forma de conexão com o elemento Água e é, além de tudo, uma deliciosa forma de cura.

Conheça as propriedades terapêuticas dos chás mais utilizados e aproveite sua magia:

ALECRIM: indicado para estresse físico e mental, depressão, gota, reumatismo e facilita a digestão.

ALFAZEMA: indicado para insônia, excitação nervosa, alivia nevralgias (dores de cabeça), tosse, asma e bronquite.

BOLDO: tônico do aparelho digestivo que aumenta a produção da bile, eliminando gases e cálculos na vesícula e auxilia no combate às afecções do fígado e do baço.

CAMOMILA: auxilia a digestão aliviando cólicas abdominais, náuseas, diarreia e é indicado como calmante para insônia e nervosismo.

CARQUEJA: ação benéfica sobre o fígado e o intestino, aliviando azia, má digestão, gastrite, prisão de ventre, etc.

Confrei: ação terapêutica nas afecções do aparelho respiratório, como amigdalite, laringite, faringite. Cicatrizante de fissuras, feridas, abscessos e eczemas, podendo ser usado com cautela em processos internos tais quais úlceras gástricas e duodenais.

Erva-cidreira: insônia, nervosismo, cólicas no ventre e gases.

Erva-doce: alivia cólicas menstruais, cólicas de recém-nascidos e abdominais, também auxilia na má digestão.

Eucalipto: trata inflamações das vias respiratórias – tosse, rouquidão, bronquite, asma e alivia estados catarrais.

Hortelã: atenua azia, gases e cólicas. Vermífuga (lombriga e oxiurus). Alivia asma e bronquite.

Jasmim: tônico indicado contra sonolência, combate acessos de asma e é excelente diurético.

Maçã: sedativa, digestiva, antidiarreica e também indicada nos casos de colite.

Malva: afecções das vias respiratórias – bronquite, tosses catarrais, laringite e nos processos inflamatórios de boca e garganta, por meio de bochechos e gargarejos. Antisséptico de vias digestivas e urinárias.

Maracujá: dores de cabeça de origem nervosa, ansiedade, insônia, palpitações, perturbações nervosas da menopausa e dores espasmódicas.

Melissa: sedativa em distúrbio de origem nervosa, perturbações gástricas: indigestão, enjoos e espasmos. Alivia dores de cabeça.

Menta: indicado para má digestão, gases e cólicas.

Poejo: anti-inflamatório, ação expectorante nos processos respiratórios – tosses catarrais, antiespasmódico e ainda é depurativo.

Sálvia: estimulante estomacal, usado nas atonias digestivas, náuseas, dispepsias, alivia cólicas estomacais, intestinais e menstruais. Indicada nos casos febris com sudorese intensa. Ação antisséptica na higiene bucal e em afecções da pele de origem micótica e feridas.

A Água é o elemento que exerce domínio sobre a fertilidade da vida de todos os seres. Ela faz com que as amizades perdurem e afasta de nós os pensamentos negativos.

Use o poder da água em seu dia a dia, seja por meio do banho ou daquela que você bebe, molha as plantas ou faz o alimento, deixando-a levar embora tristezas, ilusões e tudo aquilo que não lhe serve mais.

Correspondências do elemento Água

Direção: Oeste.

Energia: receptiva, feminina.

Signos: Câncer, Escorpião e Peixes.

Trabalho ritual: emoções, sentimentos, amor, coragem, ternura, tristeza, intuição, a mente inconsciente, o ventre, geração, fertilidade, plantas, cura, comunicação com o mundo espiritual, purificação, prazer, amizade, casamento, felicidade, sono, sonhos, o psíquico, o eu interior, simpatia, amor, reflexão, marés e correntes da vida, o poder de ousar e de purificar as coisas, sabedoria interior, busca da visão, cura de si mesmo, visão interior, segurança e jornadas.

Lugares: lagos, rios, fontes, poços, praias, banheiras, piscinas, chuveiros, o oceano e as marés.

Cores: azul, verde, azul-esverdeado, cinza, índigo, roxo e preto.

Formas rituais: diluir, colocar na água, lavar e se banhar.

Natureza básica: purificar, fluir, curar, suavizar, amar e movimentar. A umidade é a manifestação da água.

Fase da vida: maturidade.

Tipos de magia: mar, gelo, neve, neblina, espelho, ímã e chuva.

Tempo: anoitecer.

Estação: outono – o tempo da colheita, quando a chuva lava a terra.

Ferramentas: cálice, caldeirão, espelho e o mar.

Sentido: paladar.

Pedras: água-marinha, ametista, turmalina-azul, pérola, coral, topázio-azul, fluorita-azul, lápis-lazúli, sodalita.

Metais: mercúrio, prata.

Incensos: mirra, camomila e sândalo.

Plantas e árvores: lótus, samambaia, musgo, arbustos, alga, couve-flor, gardênia e salgueiro.

Animais: dragões, serpentes, golfinhos, focas, todos os peixes, mamíferos marinhos e criaturas marinhas, gato, sapo, tartaruga, lontra, ostra, cisne, caranguejo e urso.

DEUSAS: Afrodite, Ísis, Tiamat e Frigg.

DEUSES: Dylan, Osíris, Netuno e Poseidon.

INSTRUMENTOS: piano, teclados, cravo e sinos.

ATERRANDO O PODER

Às vezes, rituais, meditações e visualizações podem nos deixar meio "fora de órbita" por causa da energia mágica elevada ou criada que pode muitas vezes ser maior do que o necessário.

Continuar com essa sobrecarga energética pode ser muito prejudicial, causando sentimento de desconforto, dores de cabeça e outras sensações desagradáveis que podem atrapalhar nossas atividades diárias.

Por esse motivo, ao final de cada prática ritualística ou mágica é necessário aterrar o poder. Isso é feito facilmente, sentando-se no chão e conectando-se com a energia telúrica por meio dos pés e das mãos. Sinta o desconforto dentro de você sendo aos poucos puxado para o interior da terra como um imã.

Permaneça nesse estado por alguns minutos até se sentir forte e equilibrado novamente.

Fazendo Feitiços

Um feitiço é um ato mágico realizado usando um conjunto de símbolos específicos que falam diretamente à mente inconsciente do Bruxo, aquela parte do nosso Eu que possui a força para tudo transformar. Feitiços podem ser considerados orações com atitudes.

Usando cores, aromas, gestos e palavras o Bruxo estabelece contato com seus Deuses para alterar a realidade ao seu redor e daqueles que o cercam. Sendo assim, torna-se possível modificar o futuro a partir do presente, usando a magia como o alicerce para que a transformação ocorra.

Como a magia possui uma natureza própria, cada Bruxo desenvolve com o tempo sua maneira pessoal, individualizada, de realizar seus feitiços, encantamentos e sortilégios.

Na Wicca, cada pessoa pode e deve criar seus próprios feitiços baseados em suas necessidades específicas. Para isso, alguns princípios são seguidos. Entendendo as bases da construção de um feitiço você estará apto a formular os seus próprios, de forma efetiva e prática.

O primeiro passo na construção de um feitiço é decidir precisamente qual resultado deseja obter com ele e o que você verdadeiramente almeja.

Tendo isso em mente, é necessário escolher o momento mais apropriado para fazer o feitiço, levando em consideração os dias, as fases da lua e outras questões apropriadas para a sua realização. A Lua é o corpo celeste que mais nos influencia, por estar mais próximo a nós. Por isso, escolha uma fase lunar adequada à realização do seu objetivo. Veja informações sobre isso no capítulo 9.

Observando a natureza ao seu redor, você vai perceber que tudo possui o seu momento certo; siga esta corrente natural de energia. Há o momento certo para plantar, amadurecer, colher e também para descansar ou se preparar.

Assim também acontece com as nossas vidas, quando começamos um projeto e aguardamos sua realização até alcançarmos êxito. Seguindo essas correntes, seu trabalho mágico se tornará muito mais fácil.

Lembre-se de realizar seu feitiço preferencialmente em um lugar privativo, em um horário do dia que não será interrompido. É importante que não tenha nenhuma distração.

Preste atenção se o lugar onde realizará seu ritual é confortável. Reserve, se possível, uma parte do seu quarto ou um canto no jardim para isso.

Todos os utensílios que irá usar para fazer o seu feitiço são apenas simbólicos. Sozinhos, eles não têm poderes mágicos. Tudo o que é usado para compor um feitiço – velas, talismãs, cordas, incensos, fitas, pedras servem apenas para focar sua intenção e ajudá-lo a criar o clima ideal, e se forem bem usados, irão despertar sua memória ancestral e primitiva que está adormecida profundamente em seu interior e que é perfeita para fazer magia.

Sendo assim, considere o propósito do seu ritual e escolha seus utensílios adequadamente. Se seu feitiço for direcionado à atração do amor, suas velas, óleos, incensos e tudo o mais devem trazer à sua mente pensamentos amorosos que o levarão ao encontro dessa energia. Lembre-se dos aromas, cores e flores que via ou sentia quando era feliz no amor e use-os na realização de seu feitiço.

Nunca esqueça, magia é manipulação de energia acrescida à arte de imaginar. Um pensamento é uma forma de energia, e a visualização é uma poderosa fonte de poder. Por isso, enquanto realiza seu feitiço, pense no que deseja e visualize seu desejo sendo realizado. Isso é o que direcionará sua vontade.

Vamos ver agora alguns feitiços idealizados para diferentes propósitos e necessidades. As fórmulas dadas a seguir podem e devem ser adaptadas visando a refletir sua necessidade e sua personalidade. Se não encontrar um feitiço que corresponda às suas necessidades, simplesmente crie o seu próprio.

Quando fizer um desses feitiços ou aqueles criados por você, lembre-se sempre do Dogma da Arte e da Lei Tríplice, pois o que desejar retornará a você de alguma forma.

Feitiços

DE BANIMENTO

Melhor dia: terça-feira
Melhor Lua: minguante
Propósito do feitiço: banir o mal, afastar a negatividade e o azar

Material necessário:

- Caldeirão
- Vela preta
- Manjericão
- Papel e lápis
- Óleo de cânfora

Procedimento

Coloque o caldeirão no meio do seu Altar, a vela preta ao Sul e as folhas de manjericão ao Norte.

Lance o Círculo Mágico e então diga:

Eu estou aqui para banir todo o mal de minha vida.

Peço à Deusa e ao Deus para me auxiliarem a eliminar toda e qualquer força negativa que esteja exercendo poder prejudicial sobre mim.

Unja a vela com o óleo de cânfora do sentido da base para o pavio, pensando em tudo aquilo que deseja banir de sua vida. Se preferir diga algumas palavras espontâneas que representam seu desejo de banimento.

Coloque toda a sua intenção e desejo nesse ato enquanto unge a vela. Repita o mesmo procedimento por três vezes.

No papel, escreva as coisas negativas que têm acontecido em sua vida. Pingue algumas gotas de óleo essencial de cânfora nele. Espalhe o óleo no papel. Eleve-o então em direção aos céus e diga:

Você agora deixa de ser apenas um simples papel e se transforma em influências negativas que permeiam minha vida nesse momento.

Acenda a vela preta e a fixe dentro do caldeirão. Olhe para a chama da vela por alguns instantes e mentalize todas as coisas negativas que aconteceram nos últimos tempos em sua vida. Queime o papel na chama da vela.

Mentalize uma vez mais as influências negativas de sua vida sendo banidas e desaparecendo nas chamas do fogo.

Deposite as cinzas dentro do caldeirão e coloque as folhas de manjericão sobre elas enquanto diz:

Com este manjericão eu atraio a proteção.
Terra, Ar, Fogo e Água.
Ouça a minha invocação.
O mal não se aproximará mais de mim.
Este é o meu desejo, que seja assim!

Agradeça aos elementos e aos Deuses, destrace o Círculo Mágico. Deixe a vela queimar até o fim.

Para conseguir um trabalho

Melhor dia: domingo
Melhor Lua: crescente ou cheia
Propósito do feitiço: conseguir um emprego

Material necessário:

- Vela laranja
- Raspas de gengibre
- Cordão verde
- Topázio bruto
- Lápis
- 05 pedaços de papel

Procedimento

Lance o Círculo Mágico ao seu redor e invoque a Deusa e o Deus. Escreva em cada pedaço de papel, a lápis, o nome do emprego desejado.

Eleve o cordão verde aos céus e diga:

Desejo o emprego correto.
Meu desejo é forte.
Meu objetivo é certo.
Traga-me a sorte.

Amarre os papéis com os desejos escritos um a um no cordão verde, mentalizando sempre seu objetivo e sorte para encontrar o emprego. Ao final, amarre as pontas do cordão e peça uma vez mais o emprego correto.

Abra o cordão sobre o Altar, fazendo um círculo. No meio dele coloque a vela laranja. Acenda a vela e formule seu desejo de forma espontânea. Espalhe as raspas de gengibre ao redor da vela e coloque o topázio dentro do círculo feito com o cordão.

Feche os olhos por alguns instantes e visualize-se conseguindo o emprego desejado, trabalhando, feliz e prosperando.

Deixe a vela queimar até o final e então coloque o cordão, as raspas de gengibre e o topázio dentro do saquinho amarelo, tornando-o assim um talismã. Quando fizer uma entrevista de trabalho ou deixar um currículo em uma empresa, leve este saquinho com você para lhe trazer sorte.

Como sempre deve ser feito, ao final do ritual destrace o Círculo Mágico.

Para atrair amor

Melhor dia: sexta-feira
Melhor Lua: crescente ou cheia
Propósito do feitiço: abrir os caminhos no amor

Material necessário:

- Um metro de fita cor-de-rosa
- Vela rosa
- Incensos de rosas
- Pote com mel

Procedimento

Lance o Círculo Mágico.

Medite por alguns instantes acerca das qualidades da pessoa que deseja atrair para a sua vida. Não pense em uma pessoa específica, mas, sim, na personalidade, no tipo físico e nas atitudes que essa pessoa deverá ter. Medite profundamente a esse respeito até ter bem claro em sua mente o tipo ideal de pessoa que deseja.

Em seguida, passe a fita rosa na fumaça do incenso por três vezes dizendo:

Que esta fita seja aquela que trará a mim o amor verdadeiro.

Que esta fita seja aquela que trará a mim a felicidade.

Molhe o seu polegar no mel, esfregue-o na fita e diga:

Mel, traga-me a doçura do amor.

Amarre a fita na vela rosa, dizendo:

Da fita para a vela
O feitiço se realizará
Da vela para os Deuses
Meu feitiço se elevará.

Desamarre a fita da vela, acenda-a e medite por mais alguns instantes a respeito do amor que deseja atrair para sua vida. Passe a fita levemente sobre a chama da vela, sempre visualizando com o olho da mente (imaginação) a pessoa ideal para você.

Destrace o Círculo Mágico e em seguida amarre a fita na cabeceira da sua cama. Todas as noites, toque a fita e peça aos Deuses que a pessoa certa seja atraída para a sua vida.

PARA PROSPERIDADE

Melhor dia: quinta-feira ou domingo
Melhor Lua: crescente
Propósito do feitiço: atrair prosperidade, dinheiro e oportunidades.

Material necessário:

- Cristais dourados, laranjas ou amarelos
- Moedas
- O Arcano do Sol do Tarô
- Um objeto pessoal seu – anel, corrente, etc.
- 03 folhas de louro

Procedimento

Lance o Círculo Mágico.

Coloque o Arcano do Sol em cima do Pentáculo do Altar e sobre a carta do Tarô. Disponha as moedas, as pedras, seu objeto pessoal e as três folhas de louro.

Coloque suas mãos em forma de bênçãos sobre todos os itens e visualize uma forte luz branca entrando pelo centro de sua cabeça, percorrendo todo seu corpo e saindo pelas suas mãos como uma forte luz dourada que se espalha sobre seu Altar.

Quando isso acontecer diga:

Fortuna e prosperidade venham a mim.
É o que desejo; que seja assim!

Ao fazer isso, visualize a luz sobre a sua cabeça se transformando em uma cornucópia abundante, vertendo moedas incessantemente.

Retenha essa imagem por alguns instantes.

Depois disso, veja a cena desaparecendo e se imagine em situações que representam a riqueza na sua vida. Visualize-se próspero, alcançando êxito em todas as suas ações. Continue assim por aproximadamente três minutos e agradeça aos Deuses por compartilharem sua prosperidade com você.

Destrace o Círculo e deixe os itens sobre seu Altar por 24 horas. Quando retirá-los do Altar, gaste as moedas comprando algo útil, presenteie amigos queridos com as pedras e guarde as folhas de louro em sua carteira. Assim, compartilhando sua prosperidade, estará colocando as energias em movimento para que o universo compartilhe sua riqueza com você.

Para cura

Melhor dia: quarta-feira
Melhor Lua: cheia
Propósito do feitiço: atrair saúde e afastar as doenças

Material necessário:

- Quartzo-branco rolado
- Óleo de bálsamo
- Orvalho

Procedimento

Lance o Círculo Mágico.

Lave o quartzo-branco no orvalho enquanto diz:

Cristal sagrado, traga-me o poder da cura.

Afaste a doença, leve-a embora.

Derrame sobre mim seu poder restaurador e reenergizador

Que assim seja!

Passe o óleo de bálsamo no quartzo-branco, pedindo para que a energia da cura seja atraída para sua vida.

Coloque o cristal na parte do seu corpo associada com a doença. Se não puder identificar, simplesmente segure-o em suas mãos enquanto visualiza o cristal irradiando uma forte luz branca que se espalha pelo seu corpo, iluminando-o.

Destrace o Círculo Mágico e coloque o cristal embaixo do seu travesseiro para que durante o sono ele transmita seu poder curador a você.

PS: um feitiço para cura é apenas um auxiliar para o restabelecimento da saúde. Ele jamais deve substituir o tratamento médico convencional.

CRIE VOCÊ MESMO SEUS PRÓPRIOS FEITIÇOS

Caso não tenha encontrado nas páginas anteriores nenhum feitiço apropriado para a sua necessidade, você é fortemente encorajado a criar os seus próprios.

Todos os feitiços e rituais foram um dia criados por alguém. Sendo assim, não há motivo para não idealizar os seus. Quando fizer isso, é importante conhecer as correspondências utilizadas na hora de compor o seu próprio encantamento.

Pensando nisso, disponibilizamos uma tabela de correspondências que facilitará o processo de criação dos seus próprios rituais e sortilégios. Esta tabela é apenas uma diretriz, dicas, para usar quando necessário. No entanto, lembre-se de que o mais importante para o sucesso de um feitiço é a sua intenção.

Proteção
ELEMENTOS: todos
CORES: vermelho, preto e verde
DIAS: terça-feira e sábado
ERVAS: arruda, manjericão, cravos-da-índia, louro e alho
PEDRAS: olhos de tigre, turmalina-negra, hematita e fluorita
INCENSOS: alecrim e cravo
DEUSES: Ártemis, Ísis, Ares e Plutão

Cura
ELEMENTOS: todos
CORES: amarelo e verde
DIA: quarta-feira
ERVAS: alecrim, eucalipto, bálsamo e camomila
PEDRAS: quartzo-branco, esmeralda e aventurina
INCENSOS: madeira de sândalo, lótus e jasmim
DEUSES: Brigit, Cerridwen, Diancecht e Hermes

Amor
ELEMENTO: Água
CORES: rosa, azul, branco e verde
DIAS: sexta-feira e terça-feira
ERVAS: rosas, jasmim, cumaru, canela, vetiver e madressilva
PEDRAS: quartzo-rosa, rodocrosita, pérola e esmeralda
INCENSOS: musk, patchuli e rosa
DEUSES: Afrodite, Pele, Eros e Pan

Prosperidade
ELEMENTO: Terra
CORES: verde, laranja e dourado
DIAS: quinta-feira e domingo
ERVAS: louro, canela, trigo e menta
PEDRAS: pirita, jade, citrino e turquesa
INCENSOS: cedro, carvalho e vetiver
DEUSES: Demeter, Danu, Dagda e Cernunnos

Força

ELEMENTO: Terra
CORES: vermelho e verde
DIA: terça-feira
ERVAS: artemísia, carvalho e louro
PEDRAS: jaspe, ágata e olho de tigre
INCENSOS: lótus, raízes e cânfora
DEUSES: Atena, Macha, Zeus e Lugh

Fertilidade

ELEMENTOS: Água e Terra
CORES: branco e tons lácteos
DIAS: segunda-feira e sexta-feira
ERVAS: arroz, trigo, figo, girassol e visco
PEDRAS: pedra da lua, pérola, kunzita e esmeralda
INCENSOS: pinho, musk e patchuli
DEUSES: Freya, Inanna, Hórus e Frey

Projeção Astral

ELEMENTOS: Ar e Água
CORES: branco, amarelo e azul
DIA: segunda-feira
ERVAS: musgo, mandrágora e artemísia
PEDRAS: ametista, mica e quartzo-branco
INCENSOS: sangue-de-dragão e alecrim
DEUSES: Ísis, Íris, Morfeu e Hermes

Fidelidade

ELEMENTO: Terra
CORES: rosa, verde e azul
DIA: segunda-feira
ERVAS: cominho, sabugueiro, cravos-da-índia e amêndoas
PEDRAS: ametistas, diamante e quartzo-branco
INCENSOS: rosas brancas e floral
DEUSES: Juno, Hera, Odin e Baldur

Amizade
ELEMENTOS: Água e Ar
CORES: branco e rosa
DIAS: segunda-feira, sexta-feira
ERVAS: limão, pêssego, rosas e jasmim
PEDRAS: aventurina e quartzo-azul
INCENSOS: alecrim e vetiver
DEUSES: Eostre, Ísis, Krishna e Osíris

Sorte
ELEMENTOS: Terra e Ar
CORES: verde, laranja e amarelo
DIAS: quarta-feira e quinta-feira
ERVAS: bambu, azevinho e anis
PEDRAS: lepidolita, olho de tigre e pirita
INCENSOS: violeta, madeira-de-rosa, morango e mel
DEUSES: Flora, Frigg, Pluto e Loki

E quando um feitiço não funciona?

Algumas vezes seu feitiço pode não funcionar. Quando isso acontecer o que fazer?

A primeira coisa que deve ser feita é encontrar a causa que levou isso a acontecer e tentar repará-la.

Conheça os possíveis motivos pelos quais um feitiço pode falhar:

1. O momento não era apropriado para a realização do seu desejo.
2. Falta de foco suficiente durante a realização do feitiço.
3. O objetivo do feitiço pode não estar de acordo com a sua vontade e com os valores centrais.
4. Pode ser que tenha esperado as coisas acontecerem como um milagre, sem fazer tudo que seria possível mundanamente para seu desejo se manifestar.
5. A energia e o poder do seu ritual podem não ter sido devidamente canalizados durante a realização do feitiço.

6. Você pode não ter agido eticamente e de acordo com a Lei Tríplice e o Dogma da Arte.
7. Talvez seja necessário repetir seu feitiço mais de uma vez.
8. Uma força, deste ou de outros mundos, muito maior do que a sua própria vontade, pode estar se opondo à realização do seu desejo.

É necessário esperar no mínimo uma lunação (28 dias) para que o seu feitiço tenha efeito. Se depois desse período nada acontecer, talvez seja necessário repetir o mesmo ritual uma ou duas vezes. Se de qualquer forma seu desejo não se realizar, analise uma das alternativas anteriores e procure identificar a falha.

Caso necessário, repita o mesmo sortilégio ou escolha outro mais apropriado ao seu objetivo e boa sorte!!!

Treinamento Mágico

Depois de todas essas informações você deve estar se perguntando: "Mas, como eu me torno um Bruxo?"

Para se tornar um praticante da Religião Wicca não basta levantar em um belo dia e dizer: "A partir de hoje eu sou um Wiccaniano!"

Tornar-se Wiccaniano demanda estudo, prática, devoção e dedicação. Um Wiccaniano é alguém que pratica, celebra, honra e se inicia ou se autoinicia na Arte dos Antigos.

O caminho da maioria dos Wiccanianos brasileiros tem início quase sempre com a leitura de algum livro. Depois de lerem obras que levam a outras obras, começa, então, um longo processo de identificação com a religião, estudos de crenças, filosofia e, logo em seguida, inicia-se a prática.

Ainda que não contássemos com um grande número de Covens e de Tradições em nosso país, a busca por um Coven sério e uma linhagem mágica tende a ser uma verdadeira, e nem sempre frutífera, peregrinação.

O caminho mais fácil, às vezes, é ler, pesquisar e praticar muito até que encontremos outras pessoas que anseiam pelo mesmo que nós e, então, organizar um grupo de estudos e um pequeno Círculo para a prática da Arte. A Deusa possui diferentes caminhos para diferentes pessoas. Tornar-se Wiccaniano ocorre para cada pessoa de maneira diferente e nenhuma forma é menos ou mais válida que outra.

Existem inúmeros caminhos, Tradições e maneiras de celebrar os antigos Deuses. Diferentes caminhos levam a diferentes formas de aprendizado e a diferentes princípios e diretrizes.

Ler tudo o que puder e tudo o que possa lhe transmitir algum conhecimento adicional sobre a Arte e suas crenças é muito importante para o processo de aprendizado e de crescimento. Somente assim, por meio do conhecimento das bases da religião, é que poderá determinar se a Wicca responde ou não aos seus anseios espirituais.

Determinando que este seja o caminho que deseja seguir, é importante fazer uma verdadeira análise de seu comportamento, sentimentos e pensamentos acerca do Divino, do Sagrado Feminino e sobre si mesmo e sua decisão de tornar-se um Pagão.

Uma boa forma é fazer uma lista, catalogando todas as suas razões para se tornar um Bruxo, bem como os prós e os contras dessa decisão. O ideal seria fazer essa lista em um caderno que poderá se tornar o seu futuro Livro das Sombras.

Feito isso, estabeleça seu calendário litúrgico com datas para Esbats, Sabbats e ritos em homenagem ao nascimento do Sol e da Lua. Meditar acerca do verdadeiro significado dos Sabbats e determinar se celebrará a Roda do Ano pelo Hemisfério Sul ou pelo Hemisfério Norte também é importante.

Sinta o fluxo da natureza, estude sobre a importância da egrégora dos Sabbats para, assim, fazer uma escolha consciente, e não motivada por influências ou convicções de terceiros a respeito de tais temas. Decida os tópicos importantes de sua prática mágica. Sinta os fluxos da Lua enquanto realiza seus rituais em homenagem à Deusa. Como a Lua interfere em sua personalidade? Você se sente mais forte, mais poderoso, mais psíquico durante o plenilúnio? Ou se sente esgotado, cansado e fraco durante esse período? O que isso quer dizer para você?

Sinta o poder e a força dos raios solares. Perceba como as energias da Lua (a Deusa) e do Sol (o Deus) são diferentes, mas ao mesmo tempo parecidas e complementares.

Integre-se à natureza. Sente-se em um jardim ou em uma praça e sinta a Mãe Terra, os ventos, os sons da natureza ao seu redor. Não se esqueça de escrever as sensações que tiver em seu Livro das Sombras, assim poderá acompanhar seus avanços.

Depois de se integrar à natureza, você vai perceber que tudo é magia, por isso praticá-la vai se tornar tão natural quanto respirar.

Para nós, a prática da magia não tem nada de sobrenatural. Quando fazemos magia apenas despertamos e canalizamos a energia que se encontra dentro de cada um de nós, na natureza e no mundo Divino. Porém, é necessário compreender que trabalhar com magia pode gerar graves consequências.

Bruxos são pessoas que se submetem de livre e espontânea vontade a um código de ética conhecido como Dogma da Arte: "Faça o que quiser desde que não faça mal a nada nem a ninguém." Você deve se lembrar sempre dessa diretriz e segui-la em todos os momentos de sua vida. "Não fazer mal a nada nem a ninguém" não se restringe somente à natureza e aos nossos semelhantes, mas a nós próprios. Por isso, maus hábitos, vícios e qualquer coisa que nos prejudique em qualquer nível devem ser evitados.

É necessário também entender a estrutura básica dos rituais. Como criar um espaço sagrado, invocar os quadrantes, a Deusa e o Deus, elevar o Cone de Poder, direcionar energia e encerrar um rito. Por isso, leia o maior número de livros que puder. Tire suas próprias conclusões e, baseado no que os autores falam, crie sua própria forma de realizar tais procedimentos.

Quando aprender os conceitos ritualísticos básicos poderá criar seus próprios sortilégios e rituais. Não se esqueça de realizar exercícios de meditação, visualização, contemplação, etc. Isso ajudará, e muito, a melhorar sua concentração para a prática mágica.

Depois de estudar e, principalmente, de nutrir uma prática devocional frequente, se ainda sente que a Wicca é o seu caminho, é hora de tomar um passo decisivo. Agora é hora de realizar um Ritual de Autodedicação ou, então, encontrar um Bruxo Iniciado (que tenha sido iniciado por alguém e com linhagem comprovada) ou encontrar um Coven para que seja Dedicado.

A Dedicação é exatamente o que o nome diz. A partir desse momento você vai dedicar sua vida à Wicca, aos antigos Deuses e a aprender a Arte antes de se Iniciar. A partir de agora é hora de cumprir uma Roda do Ano (um ano e um dia) ininterrupta de Sabbats, Esbats, rituais e exercícios de aprimoramento dos seus dons psíquicos. Esse tempo vai auxiliá-lo a se alinhar aos ciclos sazonais e a compreender bem mais a filosofia Wiccaniana e, definitivamente, vai ajudar você a decidir se essa é ou não a religião adequada à sua forma de ver o mundo e viver nele.

Passado esse período é hora de receber sua Iniciação. Se não encontrar um grupo e tiver de optar pela prática da Arte sozinho, jamais se sinta diminuído. Um Bruxo Solitário não é nada mais nada menos que um Bruxo, da mesma forma que aquele que pratica em Coven. Graus, Iniciações, Tradições não fazem um verdadeiro Bruxo. Somente a Deusa, a prática e a dedicação à Arte serão capazes de criar o clima propício para que a conexão com o Sagrado seja estabelecida e que você seja verdadeiramente iniciado pelos Deuses.

Abra seu coração, seus ouvidos e sua mente para a Deusa e ouça a sua voz interior. Ela o guiará pelos caminhos certos e verdadeiros!

Palavras Finais

Então você quer se tornar um Bruxo?

Bem, antes de tomar esta decisão faça uma profunda reflexão acerca dos reais motivos que o estão levando a isso.

Se você está sendo atraído para este caminho por causa de todas as histórias mirabolantes de Bruxas e Bruxaria que já ouviu até hoje, em função dos filmes de Hollywood como *Jovens Bruxas* ou *Charmed*, esqueça.

Isso não é Bruxaria!

Nenhum Bruxo produz efeitos especiais nem é capaz de mover objetos com o poder da mente, voar em vassouras e muito menos resolver todos os problemas do mundo, apesar de conseguir amenizá-los e percebê-los por meio de outras perspectivas.

A Bruxaria é uma religião e, como tal, é capaz de nos religar ao Sagrado e a nós próprios a fim de que nos tornemos seres melhores. Há na Wicca muito mais do que feitiços, rituais e magia. Ela é uma religião, um caminho, uma filosofia e uma atitude de vida, que envolve consciência ecológica, responsabilidade social e a libertação dos grilhões da ignorância e preconceitos patriarcais ensinados a nós como verdades absolutas.

O passo inicial e determinante para que você se torne um Bruxo é o desprendimento das atitudes intolerantes que adquiriu até o presente momento, abrindo-se para os ventos da mudança, deixando a Deusa forjar um novo ser capaz de respeitar e honrar as diferenças de cada pessoa que caminha sobre a Terra, fato que verdadeiramente nos torna únicos.

Muitas pessoas me perguntam: qual o objetivo da Wicca?

Eu poderia enumerar vários, que são não apenas o resgate do culto ao Sagrado Feminino, mas também a busca pela totalidade. Sim, totalidade!

Se olharmos no dicionário, a palavra totalidade significa: conjunto de partes que formam um todo; soma.

No decorrer de nossa vida muitas partes do nosso ser foram perdidas. Separamo-nos dos ritmos da natureza. Não mais dançamos e cantamos em volta das fogueiras, das ávores ou nas montanhas, entoando cânticos sagrados para celebrar as mudanças da Terra. Não vemos mais o fenômeno da suspensão do Sol, da Lua e das estrelas no céu como algo divino e dádiva dos Deuses. Os antigos ritos foram esquecidos, as velhas tradições foram perdidas.

Isso trouxe muitas perdas para nossa sociedade como um todo. E com essas perdas vieram a exploração da natureza, a mudança de valores sociais e as doenças, não somente físicas, mas também espirituais.

Hoje vivemos em um planeta completamente doente, em que rios precisam ser despoluídos para matar a sede, vegetais e verduras são envenenados com agrotóxicos para serem consumidos, onde nosso ser é bombardeado a cada dia com o lixo visual e informativo que a mídia falada e escrita nos disponibiliza. Nossa cultura caminha todo o dia, mais e mais, em direção ao caos, ao desencontro, ao separatismo, à desesperança.

Como Bruxos, acreditamos que isso seja provocado pela desconexão com a natureza, que carrega em si os ciclos da vida.

A Deusa é aquela que sempre manteve ordenadas todas as coisas: dia e noite, luz e sombras, inverno e verão, ordem e caos. Somente Ela é capaz de restabelecer essa ordem que trará a cura para os nossos diferentes tipos de doenças. Somente Ela pode nos guiar rumo à totalidade do ser.

Quando buscamos a totalidade por meio da Deusa, invariavelmente Ela nos responde e nos ensina a trilhar os caminhos pelo qual poderemos atingir sua essência e iniciar nosso processo de cura interior. Ela nos auxilia a juntar, tornar completas e curadas todas as partes do nosso ser, para que assim possamos ajudá-la a continuar seu trabalho de cura no mundo.

Tornar-se um ser total nem sempre é algo fácil ou simples. Muitas vezes é preciso reconhecer aquilo que temos de melhor e de pior dentro de cada um de nós e aprender a lidar com todas as partes desencontradas de nosso ser, de forma que não prejudiquemos os outros e nem a nós próprios.

Toda religião busca moldar o ser, forjar alguém mais equilibrado e harmônico para viver em harmonia com o Divino e com os seres humanos, que é a nossa grande comunidade espiritual. A Wicca não foge à regra. Talvez por englobar em seus princípios a compreensão da abelha e do mel, da rosa e do espinho, da luz e das sombras, existentes dentro de cada um de nós, essa busca seja mais difícil ainda, mas também muito mais recompensadora.

Quando descobrimos o quão feios, ruins e negativos podemos ser por dentro, mais quereremos mudar para melhor, assim, saberemos lidar com tais aspectos da personalidade humana quando eles se manifestarem em outros.

A Deusa é tudo e está presente no Todo. Nossas escolhas pessoais, as cores de nossa pele, nossa opção religiosa e sexual são motivos de orgulho e não de vergonha. Para que a totalidade se estabeleça em nós, é preciso que não tenhamos vergonha de mostrar todas as partes de nosso ser, pois todas elas são sagradas. Para que a totalidade se estabeleça em nós, é preciso que não limitemos nosso poder de entendimento à subjetividade e a preconceitos trazidos por séculos de patriarcado e heteronormatividade. Para que a totalidade se estabeleça em nós, é preciso olhar com os olhos dos outros e estarmos abertos de mente e coração para mudanças, dentro e fora de nós.

Isso torna tudo mais fácil, pois somente conseguimos compreender determinadas situações quando admitimos que agiríamos de forma semelhante se estivéssemos em posições parecidas. Isso é possível apenas quando não disfarçamos o selvagem que existe em nosso interior, mas aprendemos a nos relacionar com ele.

Os caminhos da Deusa nos ensinam a compreender e a aceitar quem verdadeiramente somos, recuperando nossa autoestima, nos livrando de nossas culpas, medos e ressentimentos, pois eles nos limitam e nos impedem de chegarmos à totalidade.

Se alguém diz que é conectado com a Deusa, mas age preconceituosa ou sectariamente, seguramente conexão nenhuma se estabeleceu, pois isso é uma demonstração clara da falta da autoaceitação de seus anseios e desejos mais recônditos. Se essa pessoa não se livra de suas culpas, medos e ressentimentos, certamente não aceitará que outros o façam. Essa atitude não faz parte da visão de mundo de um verdadeiro Pagão. Fuja desse tipo de gente!

A Deusa está retornando para nos ensinar que os motivos e os preconceitos pelos quais nossa sociedade se separa fazem parte da visão de um mundo patriarcal, machista, competitivo e que não engloba a visão do todo – a totalidade.

Ela nos ensinará os processos que nos levarão à cura não somente do nosso Planeta, mas também do nosso ser. Nesse momento de desencontros e conturbações, a Deusa ressurge para curar nossas almas, nossas feridas e mostrar que isso não é difícil e nem está fora do nosso alcance. Basta aceitarmos as diferenças uns dos outros e compreender quem verdadeiramente somos para que essa ligação e essa cura aconteçam.

A Deusa é aquela que nos ensinará o verdadeiro significado do nome que levamos – Wiccanianos – que quer dizer moldadores, giradores, transformadores.

Bruxos são os moldadores de um novo mundo. São pessoas que, com suas visões, crenças, ritos e poder podem auxiliar a mudar a realidade moderna, tão assustadora. Pessoas que acreditam em seus antigos Deuses como algo real, tangível. Que acreditam que por mais que tenhamos tentado, sempre há outra forma de buscar um mundo melhor. São pessoas que acreditam que sobreviveremos a esse tempo de caos e desencontros, e que o amor é a única energia capaz de nos libertar.

Bruxos acreditam que a Terra está viva e tem profundos segredos para nos contar, e acreditam também que, se tivermos coragem, poderemos tudo mudar, e tal qual o Sol, nos elevar para recomeçar.

Blessed Be,
Claudiney Prieto

Compêndio de Reflexões

Um Guia com Artigos e Pensamentos Acerca da Arte e sua Tealogia

Escrevi este compêndio como uma forma de compartilhar com os leitores minha visão sobre diversos temas controvertidos ou mais profundos a respeito da Wicca. Os artigos e os pensamentos que seguem são respostas a várias dúvidas frequentes aos muitos praticantes da Arte ao longo de sua jornada e incluem a natureza da Divindade, a relação devocional com os Deuses e aspectos históricos da Bruxaria. A leitura dessas divagações tornará possível desfazer vários equívocos e tirar o véu das ilusões dos olhos dos que estão começando na Arte agora.

Muitos nomes, temas e fatos discutidos aqui podem ser desconhecidos ou um pouco avançados para os que estão dando seus primeiros passos na Wicca, mas que, invariavelmente, cruzarão um dia o caminho de todos os que buscam a Arte com seriedade e profundidade e daqueles que estão muito além da superficialidade que se tornou ponto comum nos debates sobre Wicca e nos livros comerciais e populares a respeito do tema, disponíveis nas livrarias ou em revistas simplórias que abundam em bancas de jornal.

Em uma religião que tem sofrido constantemente com a mediocridade da maioria dos seus membros, que estão mais preocupados em fazer feitiços do que se aprofundar na metafísica da Arte e cultuar os antigos Deuses, tais questionamentos são vitais para elevar o nível da prática e do conhecimento teórico dos buscadores.

O intuito desse compêndio é fazer com que questione ao máximo aquilo que sabe, o que pratica e o que conhece sobre a Wicca, para que seja possível dar um passo além nessa incansável busca.

A Visão da Wicca Sobre o Sagrado

O Divino para a Wicca é considerado o centro da energia de todas as coisas que existem. A vida é uma inquebrantável teia de energia vibrante, e essa energia é Divina. A maioria dos Wiccanianos compreende essa energia como a Deusa e entende o Universo inteiro tal qual o corpo Dela – incluindo aqui a energia física e mental, as forças da natureza e as leis da física.

O Divino é então imanente, o que significa que ele está aqui, neste momento, e é presente em todo o mundo: é a natureza manifesta.

Porém, outros Wiccanianos entendem o Divino de maneira diferenciada. Vamos explorar as diferentes visões sobre o Sagrado, reconhecidas pelos praticantes da Arte, para que você se situe nesse vasto universo de crenças e perceba qual das formas se encaixa melhor em sua forma de ver o Divino durante seus rituais e invocações.

O Divino como a Deusa Primordial

O Divino é a Deusa primordial. Ela é a fonte de toda a vida. A força vital provém e flui por meio Dela. A Deusa é a Deidade primordial, sobrenatural, a força criativa de toda a vida. Se existe um Deus, ele é o filho, o consorte ou uma manifestação da Grande Deusa. Qualquer outra divindade que possa existir emana Dela.

Na realidade, as múltiplas divindades reconhecidas e invocadas podem ser vistas como diferentes aspectos e faces da Deusa. Pensemos em um imenso corpo (Deusa) que possui e é formado por vários órgãos e membros (Deuses); e que nenhum desses órgãos ou membros vive e atua à parte do corpo (Deusa), que necessitam estar plenamente presentes nele para realizar suas funções com êxito. Assim, os muitos arquétipos Divinos e os Deuses não são encarados como "criações" ou forças que vivem à parte desse imenso corpo Divino, mas fazem parte dele.

Da mesma maneira que o pé não desempenha as mesmas funções da mão ou do coração, quando invocamos ou chamamos uma divindade por este ou aquele nome é como se estivéssemos usando uma ou outra parte de um imenso organismo vivo. Quando dizemos que todas as Deusas são *a Deusa* e todos os Deuses são *o Deus*, estamos vendo o Divino por essa perspectiva. Como a escritora e Sacerdotisa Diânica Ruth Barrett diz: "Existem somente dois tipos de pessoas no mundo: as mães e seus filhos."

Nesse grande corpo divino não estão presentes somente os Deuses, mas nós também. Todos nós fazemos parte dele e vivemos nele. A vida só é possível porque esse corpo divino (a Deusa) vive. Quando invocamos esta ou aquela divindade estamos interagindo com as diferentes partes desse organismo divino da mesma forma que o coração interage com as artérias, com o sangue que circula por todo o corpo, interagindo, inclusive, que vivem no organismo. E assim, tudo está unido em uma teia sem fim.

Mesmo sendo imanente, o Divino é transcendente no sentido de que é um ser pensante, criativo e sobrenaturalmente independente.

Divino como Fonte Primordial

Muitos Wiccanianos estão reconciliando suas crenças espirituais com os ensinamentos dos novos físicos que desenvolveram a teoria chamada de Sutil Não Manifesto.

De acordo com as novas visões propostas pela física, o Divino é uma inteligência divina ativa e criativa, a fonte da energia para tudo o que existe. Consoante a essa teoria, essa inteligência divina existia antes que o Cosmos fosse formado, e toda realidade provém dela. Tudo está conectado, porque toda a realidade flui da fonte primordial, que abrange todo o tempo e espaço, todas as dimensões e planos de existência. Tudo o que existe se desdobra a partir dessa fonte e então retorna a ela, em um ciclo sem fim.

As pessoas, continuadamente, têm novas experiências e adquirem conhecimentos e insights. Todas essas informações se tornam parte da fonte primordial de energia, que se expande e evolui. As pessoas são parte dessa fonte, assim elas também evoluem, crescem e alcançam níveis mais sofisticados de inteligência. A fonte, o coração energético que alimenta o Cosmos, está sempre em movimento, avançando e evoluindo. As pessoas também são parte dessa evolução e são peças-chave nesse avanço.

Nossa própria inteligência e percepção nos permitem captar essa fonte. Nossa consciência age como uma ponte entre o mundo real e essa inteligência divina.

Por meio de nossa consciência, acessamos informações de nossas experiências no mundo e compartilhamos com o Divino. E é pela nossa consciência também, que podemos receber informações dessa fonte primordial de energia para usá-la no mundo.

Essa visão é consistente e compatível com a maneira pela qual o Paganismo encara sua relação com o Sagrado. Mesmo que a linguagem e a teoria física sejam contemporâneas, ela não é diferente da ideia da Deusa primordial como força vital e um ser criativo.

A Natureza da Divindade

Muitos Wiccanianos honram e cultuam múltiplas divindades. O entendimento de que os Deuses são de verdade varia enormemente entre as pessoas e as Tradições. Esses seres podem ser vistos como diferentes aspectos ou partes da Deusa ou, então, entidades separadas Dela. Alguns compreendem os Deuses como seres sobrenaturais, forças da natureza ou arquétipos.

Alguns Wiccanianos honram e cultuam a Deusa e o Deus e não se sentem forçados ou inspirados a nomeá-los. Outros sentem fortemente que devem nomear seus Deuses para honrá-los, cultuá-los e interagir com eles.

Uma vez que o inconsciente coletivo é inerente a todos os povos da Terra, os muitos mitos que as diversas culturas produzem são semelhantes, mesmo que esses grupos estejam completamente separados pelo tempo e por regiões.

No interior do inconsciente coletivo estão presentes os arquétipos, ou seja, as figuras que aparecem constantemente nos mitos e religiões de todos os povos: a Grande Mãe, o Pai Céu, o Guerreiro, a Criança Divina, etc. No interior desse universo pessoal vive também um arquétipo que Jung nomeou de "Self". Essa é a parte de nós que está além de nosso Eu cotidiano. É aquela parte de nós que sobrevive além da morte do corpo. É com esse material do inconsciente coletivo que a Wicca trabalha: o arquétipo dos Deuses, o Self e a relação entre eles.

Os arquétipos dos Deuses servem como arquétipos duplos de forças divinas que se movem no Universo e no mundo exterior, mas ao mesmo tempo eles são arquétipos de nossa própria divindade interior, o Self. Quando invocamos a Deusa e o Deus nos sintonizamos com a centelha divina dentro de nós.

Esse conceito de que estamos no centro de nossa Divindade é difícil para o ego alcançar. Geralmente vemos o Divino dentro de nós como uma divindade externa, mas ele é a manifestação da divinização da Divindade interior, daquilo que somos, e não da Divindade exterior.

Somos tanto humanos quanto Divinos, e em nossos encontros iniciais com o Self podemos percebê-lo não como um Deus ou Deusa, mas na forma arquetípica de seres espirituais que encontramos em nossas jornadas meditativas. Geralmente, nesses momentos, encontramos a figura do sábio ou da sábia que aparece em nossos sonhos e jornadas de meditação. Na realidade, essa figura que se apresenta a nós nessas ocasiões é o próprio Self.

Os primeiros encontros com o Self por meio dos processos de invocação e ritual podem ser problemáticos, pois o contato com essa essência divina pode criar em nós a sensação de onipotência. Isso acontece porque no decorrer dessa experiência mística um arquétipo pode sequestrar o ego. Nessas ocasiões o arquétipo aparece de maneira estranha, como se não pertencesse à consciência, e, se nos identificarmos com ele, isso poderá causar altos danos, mudando nossa personalidade e geralmente causando a megalomania ou o seu oposto.

A identificação com um arquétipo particular de uma Deusa ou um Deus é o centro dos rituais religiosos e mágicos de muitas religiões, inclusive da Wicca. Invocações criam mudança temporária dentro de nós, mas a função de todos os sistemas espirituais é tornar essa mudança permanente.

Quando *puxamos a Lua* ou *o Sol para baixo*, por exemplo, fazemos uma ponte entre o nosso eu cotidiano, o ego e o nosso Eu Divino. Quanto mais acessarmos esse Self por meio de invocações e de rituais, mais e mais essa ponte se fará permanente, até que a cruzamos, e, em vez do nosso ego alcançar o contato com o Self, o centro de nossa consciência será transferido para ele.

Se o Divino está dentro de nós, ele é meramente psicológico, uma construção imaginária? As formas externas dos Deuses são reais?

Podemos dizer que o que estamos personificando de maneira a refletir o nosso eu inconsciente é o poder da força divina em termos de símbolos.

Na Wicca, podemos dizer que aquilo que está por trás da imagem é uma realidade Divina. Essas imagens não são suposições, são verdadeiras expressões da natureza, do Divino, traduzidas em termos humanos. E nós, consequentemente, as tratamos com respeito e honra. A total natureza dessa realidade está além do nosso entendimento humano, e nós vestimos essa realidade multifacetada em imagens arquetípicas que são manifestações da verdade parcial, mas não da verdade completa.

Os Deuses são considerados expressões do Divino dentro da humanidade. São também considerados forças Divinas operando no Universo. Se eles são vistos como aspectos de uma força vital impessoal ou como seres cósmicos com uma individualidade, vai depender de nossa própria experiência interna, e cada pessoa irá interpretar isso de maneira diferente. Porém, na Wicca, ambos os conceitos da natureza do Divino repousam nas antigas interpretações Pagãs de dois grupos de filósofos gregos: os Neoplatônicos e os Estoicos.

Os Pagãos Neoplatônicos viam o Divino como um ser de uma natureza diferente a da humanidade, fora do mundo criado da transcendência. Os Estoicos acreditavam que o Universo era Divino por si só e que os seres humanos eram parte desta divindade. Na Wicca contemporânea, a maioria das pessoas aceita que o Divino é imanente, enquanto outras pessoas acreditam que ele é também transcendente.

Macha Nightmare explica isso muito bem em um trecho do seu livro *Witchcraft and the Web*:

> Muitos de nós experienciamos o Divino como imanente, em vez de transcendente, porém podemos também experimentar o Divino em formas que transcendem e de maneira que transformem. Vemos a divindade dentro do mundo e como o mundo; o mundo não está separado do sagrado. Em um de seus livros, *O Alto Sacerdote Gardneriano*, Gus diZerega nota que "o mundo nunca está completamente separado do Sagrado, e então, ele possui intrínsecos valores que somos obrigados a respeitar, e que é um pouco independente de nossas próprias preferências". E depois explica: "Quando vemos a espiritualidade Pagã como um todo, iremos encontrar uma extensa ênfase ao longo deste ponto. Algumas pessoas irão enfatizar a dimensão Divina transcendente... Outras irão enfatizar mais as dimensões espirituais imanentes... Mas, ao menos, todas as Tradições Pagãs reconhecem a existência de ambas as dimensões."

Panteístas veem o Divino em tudo, acreditando que o Divino é onipresente. Eles concebem o Universo físico como Divino em sua totalidade. Uma de suas visões é a imanência. Nightmare ainda salienta:

> Panenteístas, no entanto, concebem o Divino de duas formas: como transcendente e imanente. Irei descrever a mim mesma como sendo panenteísta. Percebo a Deusa preenchendo e imbuindo todas as coisas, incluindo meu próprio ser. Eu a vejo na vasta visão do horizonte do ponto mais alto, em rios cintilantes, nos gansos que migram e em passeios pela calçada na cidade; ela existe para mim nas latas de lixo, no correr das ratazanas e nos rubis brilhando em vermelho. Ela está lá na aurora boreal, em bosques de sequoias e na bolsa de uma mulher. Eu a ouço nos ruídos de uma estrada e nos ruídos do mar, no grito estridente da presa do falcão e no arrulhar do pombo. Seu aroma surge de um amontoado de esterco e do jardim de rosas, do pântano e do lótus. Eu a respiro a cada respiração, e caminho no tempo com o seu caminhar.
>
> Se panenteísta é um termo apropriado para descrever minhas crenças e experiência, politeísta também é. [...]
>
> A maioria do tempo percebo as deidades como sendo separadas de mim mesma, entidades para se aproximar com reverência e tratar com honra e dignidade – exceto por aquelas entre elas que não têm nada a ver com dignidade. Mas, algumas vezes surgiram circunstâncias em que chamava o Divino para falar através de mim. Desde o início, o Divino, quando se manifestou no meu corpo, foi feminino. [...]
>
> Quando experimento a mudança de consciência que me transforma em alguma deidade manifestada no meu corpo me sinto extática, no sentido que eu saio de meu estado normal.
>
> A mortal Macha retrocede em mim e permite ao Divino falar. Nessas circunstâncias, minha experiência do Divino é transcendente. Transcendo meu eu humano e me abro para a divindade.
>
> Vamos olhar para mais um dos "teísmos": o henoteísmo.
>
> O henoteísmo trabalha com um conjunto particular de deidades, enquanto não nega a existência de outras. Posso alegremente trabalhar com um único grupo de Deuses, um panteão étnico particularmente – em outras palavras caminhar pela estrada do henoteísmo – quando

estou com pessoas que façam dessa forma. Tenho dois amigos que, como Sacerdotisa de Hécate e Sacerdote de Hermes, construíram um templo onde realizam Rituais de Lua Negra para as duas divindades. Esta é sua prática religiosa regular. Poderia chamar isso um exemplo de henoteísmo.

Gus diZerega nos diz que, uma vez que vemos o mundo como uma dimensão da Divindade, ao contrário de estar separado dela, naturalmente buscamos por outras fontes além de textos para legitimar o conhecimento e o discernimento espiritual.

Alguns Pagãos e Bruxos não "acreditam" em nenhuma deidade, mas ainda assim acreditam ser benéfico falar com e para elas e trabalhar com as mesmas no contexto de um ritual em grupo. Refletindo sobre nossas atitudes acerca das deidades, Erik Davis observa que "muitos Pagãos abraçam essas entidades com uma combinação de convicção e frivolidade, superstição, psicologia e materialismo demais". São nossas práticas compartilhadas, apesar de nossas crenças individuais, que mantêm nossa comunidade unida.

Como podemos ver, um praticante da Arte pode perceber o Sagrado de diferentes maneiras. O importante não é a maneira como vemos e compreendemos, mas, sim, se o nosso contato com ele é efetivo e capaz de promover mudanças interiores que nos levam à cura de nossa alma.

Relação Devocional com os Deuses

Na Wicca, a relação devocional com o Divino é o aspecto mais importante da prática pessoal. A maioria dos praticantes da Arte acaba por focar sua prática apenas nos aspectos mágicos da Wicca, o que inclui a realização de feitiços e sortilégios. No entanto, essa é uma parte secundária e menos importante do caminho do Bruxo, que chamará a atenção somente daqueles que estão buscando os aspectos superficiais da religião e não dos buscadores sérios da Arte.

Qualquer pessoa que esteja procurando praticar a Bruxaria deve vê-la, acima de tudo, como uma religião em que o principal objetivo é criar uma relação com o Divino e explorá-la em sua profundidade.

A conexão com a Divindade é um dos primeiros Mistérios da Arte que devemos praticar com assiduidade. Essa experiência é subjetiva e pode ser percebida de muitas maneiras. Não somos somente nós que buscamos a Divindade, mas ela também nos procura. Isso pode acontecer durante um ritual, uma meditação ou até mesmo pelas sincronicidades do dia a dia.

A ideia de adotar uma Deusa ou um Deus como seu principal guia é importante e vital para muitos caminhos da Arte. Essa Divindade é considerada aquela que o guiará em sua vida mágica e que vai auxiliar você a compreender a natureza de sua espiritualidade e os ensinamentos que são aprendidos ao longo do seu caminho.

Essa aproximação deve acontecer de forma recíproca. Os Deuses somente o perceberão se, por sua vez, você prestar atenção neles e chamá-los para fazer parte de sua vida.

Uma vez que essa Divindade o chamou, ou você a ela, será necessário buscar espiritual, intelectual, psicológica e intuitivamente pela Deusa ou Deus em questão. Existem milhares de páginas escritas acerca de cada um deles em muitos livros, mas isso não é o suficiente para estabelecer uma relação efetiva com os Deuses. Você também deve se conectar com eles espiritualmente para reforçar seus laços, usando sua intuição e sua inspiração nesse processo.

Pode demorar algum tempo para que se sinta próximo a essa Deidade. Às vezes, isso poderá demorar meses, ou até mesmo anos...

Essa divindade, com quem estabelecerá relação profunda ao longo de sua vida, nós chamamos de Deusa ou Deus pessoal.

No entanto, nem sempre ela será a única Divindade a chamar a sua atenção ou por quem se sentirá atraído espiritualmente. Ao longo de sua jornada muitas e muitas outras Deidades "cruzarão seu caminho" para ensinar importantes lições. Isso não significa que esses Deuses irão ocupar o lugar de seu Deus ou Deusa pessoal, mas, sim, que eles possuem algo de valor para compartilhar e que serão vitais no seu processo de busca pela Totalidade.

Uma das formas mais usadas para que essa aproximação aconteça é pelo ato da invocação e por meio do ritual.

O simples fato de acender uma vela e um incenso diariamente sobre o seu Altar e invocar o seu Deus pessoal estabelece o cultivo de uma relação espiritual profunda, em que os Deuses poderão falar com você. Abrir-se aos Deuses é algo sutil e envolve a abertura de seu espírito e de seu coração. É uma abertura mental e energética. A invocação aos Deuses como prática habitual pode fazer muito por você nesse sentido.

Ao invocar os Deuses estará não somente abrindo a sua mente para a conexão com eles, mas também cultivando a abertura de sua aura para que eles possam entrar em sua vida. Abrindo a sua mente e a sua aura, será aberto também o seu espírito para que sinta a Divindade próxima, dentro de si, falando através de sua consciência e ao seu redor. Enquanto conexão, ritual e invocação à Divindade é o coração de todas as práticas religiosas, servir uma Deusa ou um Deus é uma vocação, um chamamento religioso que o tornará um verdadeiro Sacerdote da Antiga Religião. Ao longo da história, os Sacerdotes são definidos tradicionalmente como pessoas que servem de ponte para o Divino. Os Deuses de um povo ou um culto falam ao mundo por meio de seus Sacerdotes.

Conheça um pouco acerca das divindades dos mais variados panteões e perceba qual delas fala ao seu coração. Cada Deidade possui uma série de analogias, mitos e símbolos que o auxiliarão nesse processo de aproximação. Você pode usar essas informações como uma maneira de chamar a presença da Divindade em sua vida. Se desejar, estabeleça um Altar para a Deusa ou o Deus que mais chamar sua atenção e passe a cultivar sua Deidade constantemente, fazendo-lhe oferendas, criando novas invocações dedicadas a ela e declamando poesias em sua honra. Isso criará uma ligação inquebrantável entre você e a Deidade em questão, fazendo com que você mergulhe em sua consciência e possa, inclusive, explorar as técnicas mais elevadas de invocação que incluem a assumição de Formas Divinas, como *Puxar a Lua* e/ou o *Sol para Baixo*, que é um dos maiores e mais altos Mistérios da Wicca.

Deuses da Wicca

Muitos Bruxos tradicionalistas insistem em dizer que somente a Deusa da Lua e o Deus de Chifres podem ser cultuados na Wicca, pois Gardner idealizou a Arte como uma religião duoteísta.

Wiccanianos no mundo inteiro discutem até hoje se a Wicca é politeísta, duoteísta, monoteísta, panenteísta ou henoteísta. É tanto "teísmo" que talvez esteja na hora de fazermos um Concílio, como os de Niceia e Constantinopla, para fundamentarmos as "únicas" e "reais" verdades de nossa religião.

Da maneira como essas pessoas falam, parece que nem Gardner nem Doreen Valiente eram Wiccanianos autênticos, pois eles próprios mencionaram divindades de panteões variadíssimos na *Carga da Deusa* original, que faz referência a Deusas de diferentes panteões como Ártemis, Astarte, Dione, Melusina, Cerridwen, Dana, Ísis e tantas outras. Ironias à parte, para mim, esse tipo de afirmação é pura falta de bom senso, preconceito e xenofobia barata.

Se não for para concordar com o culto às Deusas africanas na Wicca, por exemplo, devemos começar excluindo Ísis da lista de Deusas celebradas, pois onde fica o Egito se não na África? Por que Ísis pode ser cultuada e Mawu não, por exemplo? Por qual motivo, se uma é tão africana quanto a outra?

Concordo com as alegações de muitos de que atualmente as pessoas fazem qualquer mistura e chamam isso de Wicca. Mas não dá para generalizar dizendo que aqueles que são mais ecléticos em sua prática, experimentando o trabalho com Deusas e Deuses de diferentes panteões, não são Wiccanianos!

Tal tipo de afirmação é tão absurda ou equivocada quanto dizer que todos os alemães são nazistas. Os Deuses da Wicca são simplesmente A Deusa e O Deus, o princípio do Sagrado Feminino e do Sagrado Masculino, que se manifestaram em diferentes culturas com diferentes nomes e se complementam.

A realidade é que, atualmente, Bruxos em todo mundo celebram Deuses de diferentes panteões e os percebem como manifestações da Deusa e do Deus como um todo. Cada Tradição cultua um casal divino em particular ou um panteão específico. Algumas Tradições, inclusive, cultuam Deuses de diferentes panteões alternadamente a cada ritual.

O ecletismo, no sentido de mistura de panteões, sempre existiu. É sabido que gregos e romanos assimilavam os Deuses da cultura que dominavam, e a cultura subjugada associava os Deuses de seu dominador.

Os egípcios, por exemplo, sofreram forte romanização em muitos aspectos de sua cultura e religião até serem extintos por completo. Ísis é chamada de a Deusa Universal devido ao seu culto ter chegado a lugares tão distantes – Roma ou Portugal. Ela teve seu culto ligado a Serápis, Diana, Io, Deméter e muitos outros Deuses. Tacitus, em sua obra chamada *Germanicus*, relata que uma tribo escandinava chamada *Rus* cultuava Ísis. Até mesmo Ganga, a Deusa do Rio Ganges, teve seu culto associado ao de Ísis em algum momento na História. O *Papiro Oxyrhynchus*, que menciona os nomes e atributos de Ísis em outros países, sugere que ela fora governante do Ganges.

Quando Alexandre, o Grande, invadiu partes da Índia, deixou reis gregos como responsáveis pelos territórios que foram conquistados. Isso impulsionou, obviamente, a mescla de arquitetura, arte e religião. Como resultado disso, surgiu a arte greco-indiana em Gandhara, onde se criaram muitas das convenções artísticas encontradas até hoje nas representações dos Deuses indianos. Ísis influenciou a iconografia de diversas Deusas. Até Kuan Yin passou a ser representada, anos depois, com o Nó Tyet, o nó de Ísis, amarrado em sua vestimenta.

Os antigos Deuses da Índia sofreram alterações marcantes em suas características em decorrência da invasão ariana. Um exemplo claro disso é a própria Deusa Kali, uma Deusa tão antiga, cujo culto está na cultura matriarcal da antiga Índia. Sua pele negra demonstra que ela pré-data a invasão ariana (de pele clara), no Continente Indiano.

O conflito entre os invasores e a cultura original indiana pode ser rastreado nos próprios mitos de Kali. Em muitos mitos, Kali se esforça para defender seu povo contra os invasores (simbolizados pela mitologia dos monstros, pragas, pestes, guerreiros, etc.). Os invasores arianos introduziram a cultura dos Deuses patriarcais, muitos de pele clara, na Índia. Mas Kali continuou a ser cultuada e retratada como a Mãe Negra por várias tribos que ainda guardam traços do matriarcado em sua cultura, como os *Shabara de Orissa*.

Arquétipo é a terminologia usada por Jung para "designar o conjunto de imagens psíquicas do inconsciente coletivo que são patrimônio comum de toda a humanidade". Assim, encontramos semelhanças mitológicas e fisionômicas entre o Cernunnos celta e o Shiva hindu, entre os caracteres rupestres de caçadores nas paredes das cavernas dos sítios arqueológicos de Trois-Frères até a da Serra da Capivara, no Piauí, Brasil.

Os arquétipos são padrões de caráter universal originários do inconsciente coletivo e que constituem o alicerce da mitologia, religião, lenda e contos de fadas de todos os povos. Apesar de o arquétipo aproximar duas divindades de panteões distintos, não faz delas a mesma deidade, no sentido estrito da palavra.

O conceito de que "Todas as Deusas são uma só Deusa e todos os Deuses são um só Deus" foi primeiro desenvolvido por Dion Fortune, fundadora da Sociedade da Luz Interior (*Inner Light*), e depois explorado e ampliado ao redor do mundo por meio da perspectiva Wiccaniana. No entanto, esse conceito não expressa a noção de arquétipo. Os arquétipos são motivos primordiais, não expressam imagens ou motivos mitológicos definidos. O arquétipo impulsiona a tendência em formar tais representações que podem variar em detalhes, de cultura para cultura, de indivíduo para indivíduo, sem perder sua configuração original, simples e descomplexa. A semelhança de Cernunnos e Shiva expressa o arquétipo do Deus de Chifres e Caçador, não a individuação da Divindade.

É comumente aceito que não existe autoridade central na Wicca. Se não existe autoridade central, também não existem leis ou regras que digam que Wiccanianos não possam celebrar Deuses de variados panteões, observadas a coerência e o bom senso em todo esse processo. Logo, isso é um tema que interessa somente a cada praticante, Coven e Grove de acordo com suas diretrizes internas. Os Deuses que alguém celebra é um tema que importa somente à pessoa envolvida na questão.

Pensando abrangentemente, temos tanto direito de cultuar um Deus hindu, uma Deidade celta ou um Deus mediterrâneo quanto as pessoas que carregam a ancestralidade dos povos que cultuavam ou ainda cultuam esses Deuses, pois todos andamos sobre a mesma Terra, nascemos da mesma Mãe: a Deusa.

Quando cultuamos Deuses indígenas ou africanos na Wicca, por exemplo, isso não quer dizer que os celebraremos exatamente como essas culturas fazem, mas que usaremos apenas o arquétipo daquela Deidade para nos conectarmos com um tema universal, seja ele o amor, a proteção ou a sabedoria.

O ritual realizado àquela divindade na Wicca não será indígena ou africano. Tais Deuses serão cultuados à maneira Wiccaniana, usando-se apenas seu arquétipo e nome como fonte de inspiração e força para despertar uma energia e umaconsciência única.

Alguns podem dizer que isso não seja suficiente para justificar o culto aos Deuses de diferentes culturas na Wicca e podem ainda dar muitas outras explicações do por que isso não deve ser feito, baseadas em territórios geográficos estabelecidos pelo homem que, a meu ver, apenas enfraquecem tanto o Paganismo quanto a luta que hoje travamos para construir pontes entre o que nos separa. Eu digo que não há fronteiras para o Sagrado, e o chamado para servir uma Deidade deste ou daquele Panteão pode surpreender qualquer um de nós nos momentos mais inesperados de nossas vidas.

Somos cidadãos do mundo, filhos da mesma Mãe Terra e, como tal, temos direito de cultuar os Deuses e Deusas com os quais nos sentimos mais próximos ou aqueles que nos chamam para servi-los.

Somos um Planeta, um só povo, uma só raça: a raça humana!

Egrégora e Outros Planos de Existência

A Wicca é uma religião baseada na natureza e não na egrégora. Assim, antes de pensarmos no conceito de egrégora devemos avaliar o contexto da religião dentro da natureza, caso contrário alguns conceitos da Wicca ficam completamente sem sentido. Isso quer dizer, por exemplo, que a natureza sempre deverá estar acima da egrégora quando tivermos de escolher entre uma ou outra.

Há muitos questionamentos sobre se os Deuses seriam pura egrégora ou a natureza manifestada. Poderíamos afirmar, sem medo de errar, que eles são uma junção das duas coisas.

A compreensão acerca dos Deuses procede do contato direto e intransferível com o Divino. Afinal, cada ser humano é um universo, único, em miniatura. Por isso, a Deusa, o Deus ou os Deuses, de forma geral, irão se apresentar para diferentes pessoas de diferentes formas.

Existe um ditado na Wicca que diz: "Pergunte a cinco Wiccanianos o que é a Wicca e você obterá seis respostas diferentes." Isso é verdade, porque a prática da Arte depende da visão individual e particular de cada pessoa, levando em conta seu entendimento sobre o Sagrado e sua vivência com ele, que é limitada pelo tempo, consciência e experiência. Além disso, todos os Deuses são multifacetados, possuem diferentes características e atributos e por isso irão se apresentar de forma única para cada um de nós.

Alguns descartam a teoria de que os Deuses seriam a manifestação da natureza deificada e afirmam que eles são formados a partir da egrégora, como uma forma de pensamento apenas. Porém, o que nesta vida não é uma forma de pensamento?!

Pense comigo. Tudo se dá primeiro na mente para chegar a uma formação. Um carro, um telefone, uma lâmpada ou um par de sapatos precisaram primeiro ser concebidos pela mente de alguém (ou seja, pensado) para depois tomar forma, não é? E o que os Deuses são se não pensamentos e conceitos, formados a partir de uma ideia inicial, que se solidificou e passou a ter uma forma, sendo aceita e reverenciada por um grupo de pessoas através dos tempos?!

Isso não invalida a crença daqueles que, como eu, afirmam que os Deuses sempre existiram. Na realidade só valida ainda mais esta concepção.

O rio, a fonte e o fogo sempre existiram. Portanto, não dependeram da mente humana para serem criados. Porém, quando a energia existente nesse rio, fonte ou fogo passou a ser chamada de Brigit, Héstia ou Agni e lhe atribuíram uma forma, uma personalidade, mitos, sistema de culto, etc., uma Divindade com características únicas, no sentido antropomórfico da palavra, passou a existir. Mas, em essência ela sempre esteve lá, apenas não possuía um nome ou uma forma de culto específica.

Assim, essa Divindade sempre existiu e somente sua forma e rituais de veneração foram moldados pela mente humana ao longo do tempo. Dessa maneira, o que são os Deuses se não essencialmente a própria natureza manifestada?!

A egrégora é uma das muitas ferramentas com a qual trabalhamos, mas não a força motriz da Wicca. Esse conceito pode até ser a ferramenta principal de outros sistemas mágicos, que estão muito mais centrados no conceito transcendental da Deidade do que a Wicca, mas é demasiadamente limitante para a ideia imanente e panteísta do Divino expressa na natureza sustentada pela Arte.

Exatamente por esse motivo a celebração dos Sabbats pela egrégora, e não pela natureza, é algo que deve ser ponderado por todos os praticantes do Hemisfério Sul, que optam em manter as datas do Hemisfério Norte para as suas celebrações. Tal prática transforma uma religião baseada na natureza e seus ciclos em algo artificial e contraditório. Muitas pessoas nem sequer pensam que elas estarão celebrando o inverno em pleno verão. Vemos pessoas dizendo "Seja bem-vinda Criança da Promessa, nos aqueça com o seu calor e leve o frio para longe conforme você cresce", enquanto do lado de fora do Círculo se está com um calor de mais de 35 graus. Nessa hora a egrégora deve ser descartada, pois a natureza e seus ciclos falam em tom muito mais alto. Para a Wicca, a natureza é a essência, a base de tudo. A natureza, como o pilar central do qual retiramos a inspiração e o conhecimento para os fundamentos de nossa religião estará sempre em primeiro lugar quando tivermos de optar entre ela ou a egrégora.

A Wicca vê uma relação profunda entre o ser humano e seu pensamento, mas, antes disso, vê uma relação mais profunda ainda entre o ser humano e o ambiente onde ele vive. Qualquer pessoa que siga a Wicca está afirmando sua convicção na sacralidade da Terra e nos seus ciclos naturais e, sendo assim, reconhecendo a dependência da Terra para nossa própria sobrevivência.

Os conceitos herméticos de egrégora surgem de um tipo de magia que não vê nenhuma conexão particular entre a humanidade e o seu ambiente, tudo acontece no astral, os seres espirituais e os Deuses vivem no astral, são transcendentes e distantes do mundo dos homens. Por esse motivo, eles praticam magia somente utilizando egrégoras.

Para a Wicca esse tipo de visão é insustentável! A magia surge de nossa relação com a natureza. A Wicca ensina que o verdadeiro poder mágico reside dentro de nós, está ao nosso redor, e que somos livres para usá-lo sempre em harmonia com a natureza. A magia trabalha de acordo com as leis físicas e naturais do Universo e da vida. A força usada na magia é um misto daquela encontrada na natureza e em nós próprios.

Para a Wicca, os outros planos estão situados na Terra, vibrando apenas em outro nível de existência. Todos eles estão ligados à natureza, ou seja, ao Planeta Terra. Assim, quando nos referimos ao Outromundo ou "outros mundos" falamos dos níveis de existência paralelos ao nosso próprio. Existem vários planos de existência aqui na Terra, e o lugar onde estamos agora (vivendo, respirando, teclando na Internet) é apenas um deles. Os planos diferentes dos nossos também podem ser acessados, desde que abramos portais para essa conexão. Podemos acessar essas outras dimensões em espírito. Esses portais de conexão se abrem por meio do ritual, da meditação, da prática da magia ou através da morte. É importante salientar que esses outros níveis de existência estão espalhados pelo mundo e dentro do próprio ser humano. Os portais de acesso a essas dimensões são múltiplos e residem, inclusive e principalmente, dentro de nós mesmos.

Ao contrário da visão dos sistemas herméticos, a magia na Wicca não acontece no plano astral antes do material. Para nós, o plano material é uma ponte para o plano astral, e a magia está em todo lugar; cada um de nós é parte integrante dela. Essa é a diferença vital da visão da magia pelo prisma da Wicca para a visão sustentada pela Magia Cerimonial e pelo hermetismo.

Visão da Wicca Sobre a Vida Após a Morte

O Outromundo Wiccaniano é chamado de País de Verão. No entanto, cada Tradição possui nomes e conceitos diferentes para se referir a esse mundo. Todas as diferentes Tradições da Wicca acreditam em um outro mundo, mas onde e como ele é tem sido amplamente discutido no meio Pagão há tempos.

A primeira coisa a ser compreendida é que, o País de Verão está em todo lugar, dentro de nós e ao nosso redor. Muitas são as lendas que falam sobre as aventuras de um povo ou de nossos ancestrais ao Outromundo, e elas se tornaram uma fonte inspiradora e um guia para as futuras gerações compreenderem "aquilo que não pode ser visto". A lenda irlandesa de Donn, que é considerado o primeiro homem a morrer na Irlanda e que acabou por ser deificado como o Deus da Morte, é um bom exemplo disso.

O Outromundo e o reino dos espíritos estão conosco sempre. Vivemos como parte deles e eles de nós. Os portais para esses mundos estão no centro do ser. É por meio dele que podemos viajar aos muitos reinos do Outromundo que recebem variados nomes, dependendo de cada Tradição. Não existe unanimidade de conceitos e termos, por isso País de Verão, ou *Summerland* como é chamado em inglês, não é o único, somente um deles. *Tir fo Thonn, Tir na Bea, Tirtain giri, Tir nan Og* e *Tir na Moe* são mais alguns dos incontáveis nomes que o Outromundo recebe.

Não podemos esquecer que somos divididos em mente, corpo e espírito; e o espírito existe em tudo e cria seu próprio mundo. O reino onde a morte viaja é o seu próprio reino, criado por suas crenças e convicções desenvolvidas ao longo de nossa existência. O Outromundo é então um local entre os mundos e é somente uma realidade não física.

Não apenas cada Tradição possui sua crença sobre o Outromundo, mas cada religião também. O que talvez distinga a Wicca é que em nossa noção de Outromundo não há céu, inferno, purgatório, nem lugar de terror e condenação. Se tudo o que fazemos nesta encarnação a nós retornará invariavelmente na mesma vida, não há "pecados", faltas ou erros a serem pagos. Sendo assim, o Outromundo Wiccaniano é um lugar de paz, harmonia onde vamos restaurar nossas energias para uma encarnação futura.

Alguns Bruxos, por exemplo, acreditam que um dia retornaremos para a fonte primordial de energia da qual viemos, a Deusa, que possui em si poderes criativos e destrutivos. Todos nós somos parte do Divino e retornaremos para a mesma fonte no momento da morte para sermos criados novamente e nos tornarmos plenos para um dia renascer. Como essa fonte primordial vai se apresentar ao nosso espírito após a morte depende da Cosmovisão que acreditamos em vida. Alguns Bruxos acreditam no País de Verão, outros em *Amenti*, *Emania*, que retornaremos ao útero da Deusa e por aí vai...

Provavelmente a noção do País de Verão, compartilhada por muitos Wiccanianos, está fundamentada no reino celta de *Tir Nan Og*, que é o lugar para onde os mortos viajam caminhando em direção às águas do Oeste. Ele não é somente um local de descanso e repouso. Lá tudo existe em abundância e esse reino é habitado por todas as criaturas dos mitos e das lendas e por aqueles que partiram antes de nós.

Wiccanianos não se reportam somente à mitologia celta para o desenvolvimento de suas crenças, pois absorveram conceitos religiosos de sumerianos, egípcios, anglo-saxões e muitos outros.

Sendo assim, podemos verificar que a noção de Outromundo como um lugar de verão eterno não é somente celta. Em diversos mitos gregos, por exemplo, há menção a um lugar conhecido como *Hiperbórea*, a terra dos hiperbóreos. Esse reino é descrito pelos poetas como um lugar que é sempre aquecido e ensolarado, onde Apollo é continuamente venerado com dança e música. Em Hiperbórea não há doença, velhice ou discórdia. Esse reino paradisíaco é amplamente descrito nos escritos de Pindar, Bacchlydes, Herodotus, Diodorus, Siculus e Pausinias. Eles relatam que a Hiperbórea se localiza além do vento norte, que é a região de Bóreas, que envia seu sopro gelado. Isso simboliza que Hiperbórea é sempre aquecida e ensolarada, porque está além do alcance do Deus do Vento Norte.

Podemos ver assim, que não apenas o conceito de *Tir Nan Nog*, mas também o de Hiperbórea podem ter influenciado os Wiccanianos para o entendimento do Outromundo. Muitas outras teorias também são possíveis, que tornariam este pequeno resumo em um livro inteiro.

O importante é ter em mente que o País de Verão e o seu conceito será diferente para diferentes pessoas que viajarem para lá quando morrerem. Não há uma única visão a respeito desse lugar.

O País de Verão pode ser diferentes coisas para diferentes pessoas, e também estar em diferentes lugares, dependendo de nossas crenças pessoais. O confortador é saber que, ao desencarnamos, um lugar paradisíaco, sem castigos ou expiações, estará nos aguardando, e que nele poderemos restaurar as nossas energias para novamente renascer, em um ciclo ininterrupto de nascimento, vida, morte e renovação.

Nudez Ritual

> E em sinal de que são verdadeiramente livres,
> apresentar-se-ão nus em seus ritos.

Essa é uma pequena parte da *Carga da Deusa*, um dos textos sagrados e tradicionais da Arte, utilizado por muitos Wiccanianos que expressa a nudez como uma parte importante dos rituais.

Um ponto muito controvertido entre a comunidade Pagã é a questão de ser ou não aconselhável trabalhar magicamente "vestido de céu" ou com as "vestes da lua", como também é chamada a nudez ritual, ou se devemos trabalhar vestidos com robes, mantos ou túnicas.

Existem muitas Tradições que trabalham "vestidas de céu", enquanto outras preferem as vestes cerimoniais para realizar seus ritos. Na realidade, é muito improvável que a nudez ritual tenha sido uma regra entre as Bruxas da Antiga Europa, visto que o clima daquele continente é frio, principalmente no período de inverno.

Muitos historiadores e estudiosos afirmam que a crença que apregoa que as praticantes da Antiga Religião realizavam nuas os seus rituais é mais uma das inúmeras deturpações propagadas pela Inquisição. Outros afirmam que a nudez ritual foi incorporada à Antiga Religião por Gardner, em uma tentativa de trazer para a Religião Wiccaniana princípios do naturismo, do qual ele particularmente era simpatizante e praticante.

Em meados dos anos 1950 e 1960, muitas Bruxas trabalhavam "vestidas de céu". Com o surgimento de outras Tradições, o uso de vestes cerimoniais se tornou comum na prática Wiccaniana; o retorno à nudez ritual se deu por volta dos anos 1970 e 1980, por meio das Bruxas ligadas ao movimento feminista.

Muitos Bruxos alegam razões mágicas para a nudez ritual, afirmando que qualquer coisa que for usada sobre o corpo irá interferir na energia criada e projetada a partir dele. Como na Wicca o corpo humano é considerado um dos principais geradores de energia, esta explicação é bem razoável para o entendimento do ato de vestir-se de céu durante as práticas mágicas. Não somente a roupa interfere nos ritos, mas também as joias, os perfumes e qualquer ornamento artificial usado sobre o corpo.

Outros Bruxos, no entanto, alegam que uma simples roupa ou outros artefatos não são capazes de impedir a criação e a veiculação da energia criada pelos nossos próprios corpos e aquelas trazidas para dentro do nosso Círculo por meio da invocação aos Deuses e aos elementos, já que essa energia pode atravessar qualquer barreira humana e não humana.

A nudez ritual também exerce um fator psicológico, já que isso impõe a necessidade de nos aceitarmos como somos ou mudar a nossa condição, se não estamos felizes com ela. Nus, estamos sem máscaras e, para a magia, o autoconhecimento e a aceitação do que somos, sem ilusões, é essencial. Nossas roupas, nosso estilo, são reflexos do que os outros querem que sejamos. A nudez nos traz a liberdade do pensamento convencional e mundano trazidos pelo uso de nossas roupas, que expressa exatamente o que os outros esperam de nós. A nudez ritual assegura que os ricos não possuirão roupas caras, nem joias, para demonstrarem sua classe social dentro de um Círculo.

Se por um lado a nudez ritual pode contribuir muito para que todos se apresentem da mesma forma aos Deuses, além de auxiliar no processo de desprogramação da vergonha e pecados que a criação por meio dos parâmetros de valores judaico-cristãos nos incutiu, também pode atrair para dentro de um Coven todo tipo de malucos, maníacos sexuais e tarados.

Mesmo com toda essa controvérsia, a nudez ritual ainda é utilizada por muitos praticantes da Arte e considerada uma regra no caso de Tradições como a Gardneriana, por exemplo.

A maioria dos grupos, no entanto, usa robes, mantos e túnicas para realizar os seus rituais por diversas razões. O uso de vestes cerimoniais favorece o senso estético e confere beleza adicional para os ritos. Além disso, o ato de trocar a roupa do dia a dia por outras reservadas exclusivamente para os rituais também desperta o nosso subconsciente para o Divino. É como se fosse um recado enviado diretamente para o nosso Eu Mágico dizendo "agora é a hora da Magia".

A maioria dos grupos opta pelo tradicional preto ou por outra cor qualquer que reflita a personalidade do Coven. Existem muitos grupos que preferem o verde em vez do preto, já que essa é uma cor não apenas relacionada à terra e sagrada para todos os Deuses, mas também intimamente ligada aos antigos Deuses celtas. Muitos Covens utilizam túnicas azuis, já que em várias culturas matrifocais essa cor sempre foi sagrada para a Deusa. Outros, ainda, optam pelo vermelho ou pelo branco, cores relacionadas respectivamente à face Mãe e Donzela da Deusa.

Muitos grupos utilizam as cores das vestes cerimoniais para refletir os diferentes níveis dos membros do Coven, usando, por exemplo, preto para Sacerdotisa e Sacerdote, branco para os Iniciados e Dedicantes e as cores dos elementos verde, amarelo, vermelho e azul para os Senhores dos Quadrantes. Diferentes grupos podem utilizar diferentes cores para essas correlações, com a finalidade de refletir a natureza daquele Coven. Mesmo que algumas formas sejam consideradas tradicionais, nada é estabelecido rigidamente, e cada grupo pode alterar ao seu próprio gosto tais correlações.

O uso de tecidos naturais, como algodão, para a confecção de vestes cerimoniais, é sempre observado. Os tecidos sintéticos podem interferir substancialmente nos rituais e podem pegar fogo por acidente facilmente quando expostos sobre a chama de uma vela ou de um caldeirão flamejante.

A nudez ritual ou o uso de vestes cerimoniais serve apenas para influenciar o subconsciente de forma que ele perceba a diferença entre o mundo mundano e o mágico.

Sendo assim, antes de decidir se praticará seus rituais "vestido de céu" ou usando robes, pense e repense, analisando os prós e contras dessa escolha e tenha em mente que essa decisão é importante e diz respeito somente a você. Jamais seja influenciado por opiniões alheias ou pelo que é mais ou menos aceito dentro dos diferentes grupos.

Faça como sentir ser correto e como achar melhor!

Autodidatismo na Wicca

A grande questão entre Bruxos que não são iniciados tradicionalmente é se esses têm o direito de oficiar rituais sagrados da Wicca como a Iniciação, ou formar um Coven (onde ocorrem Iniciações), uma vez que eles mesmos não foram "devidamente" iniciados.

Eu, particularmente, acredito que a autoiniciação (ou autodedicação, como alguns preferem chamar esse ritual) pode e deve ser realizada por indivíduos que não tenham a possibilidade de ter acesso aos grupos onde ocorrem os treinamentos tradicionais, desde que elas tenham o pleno entendimento de que esse ato é válido apenas para elas e para ninguém mais.

Um autoiniciado jamais poderá treinar e iniciar outras pessoas. Isso não será reconhecido pela comunidade Wiccaniana estabelecida, da mesma forma que um engenheiro autodidata, por mais amplos que sejam seus conhecimentos, jamais poderá assinar a planta de uma construção a ser construída e/ou não será reconhecido tal qual um profissional legítimo por outros dessa classe, a não ser que tenha uma formação acadêmica reconhecida.

Porém, a grande realidade é que em todas as áreas existem muitos autodidatas que podem ser infinitamente mais capacitados para exercer uma função do que aqueles que possuem uma formação convencional. Até mesmo entre os acadêmicos existe o título de *Doutor Honoris Causa*, um título honorífico concedido a uma pessoa que não pertence a uma determinada classe acadêmica, mas que, por meio dos importantes serviços prestados no ramo, ou por descobertas feitas, acabou se tornando qualificado por si mesmo.

Outro fator interessante a ser ressaltado é que o autodidatismo pode criar uma classe que reconheça a si mesma como legítima a partir do momento em que vários indivíduos se reúnam num ideal em comum para estabelecer tal reconhecimento. Foi assim que todas as áreas do conhecimento humano estabeleceram suas classes.

Isso também ocorre na Wicca. Hoje vemos em diversas partes do mundo Covens autoiniciados que surgem da união de pessoas que se reúnem mediante o ideal de estudar e explorar a Arte juntos. Esses grupos, ao longo de sua existência, acabam estabelecendo um conjunto de práticas, liturgia e forma particular de acessar o Mistério. O que resulta na criação de uma "legitimidade" por si só. Isso é uma realidade que não pode ser ignorada!

Eu compreendo a indignação e incompreensão daqueles que foram treinados tradicionalmente e receberam uma Iniciação formal legítima diante desse tema, mas esse fato não pode ser ignorado. É claro que na maioria das vezes os autoiniciados que desejam ser respeitados como iniciados "legítimos" mal sabem o que estão discutindo, desconhecem a história da Arte e seus fundamentos mistéricos mais básicos e elementares, e isso cria um ponto de tensão entre os dois grupos. Infelizmente, livros e sites com rituais de autoiniciação abundam por aí, e tem muita gente que acaba caindo no engodo do "faça você mesmo sua Iniciação", realizando tais ritos após ler o primeiro livro de Wicca e sem saber direito o que isso representa. Tais rituais não possuem validade nem significado algum. É importante que se saiba que a autoiniciação deve ser o processo final de uma longa caminhada, estudo e compreensão da Arte. É uma decisão que deve ser ponderada e levada em consideração e que somente deve ser feita quando todas as demais alternativas de uma transmissão tradicional e oral de conhecimento se esgotaram.

A "legitimidade" de um autoiniciado não ocorre por meio da realização de um ritual meramente decorado ou feito mecanicamente, mas pela mudança interior e exterior, pela capacidade intelectual que se espera de um Inciado, pelo conhecimento de causa e pela experiência acumulada por anos a fio de contato e de imersão ao Sagrado.

Um exemplo que sempre dou e que se aplica ao caso da Iniciação tradicional versus autoiniciação é o que se segue.

Se você deseja chegar até um lugar que eu já conheça, posso lhe dar o endereço em um papel e lhe dar vagas indicações de como proceder para chegar até lá (autoiniciação) ou posso encontrá-lo e acompanhá-lo até a porta do local (iniciação tradicional). No primeiro exemplo, você terá de procurar por si mesmo os melhores caminhos, vias alternativas e mapas para descobrir como chegar. Ao chegar lá, terá de se apresentar para quem abrir a porta, que pedirá para que espere por algum tempo até que seja recebido e possa fazer suas apresentações. Se eu acompanhá-lo, indicarei o melhor caminho, chegaremos mais rápido e entraremos sem formalidades. Das duas formas você chegará ao lugar destinado, porém de maneiras diferentes.

A Validade da Autoiniciação

Lamentavelmente, a Wicca brasileira atual encontra-se em uma posição muito mais radical do que no país em que esta religião nasceu ou nos outros na qual ela é praticada há muito mais tempo do que aqui. Talvez isso ocorra porque eles já passaram pela fase inicial que estamos passando em nosso país e perceberam que ser radical nesse ponto é algo apenas importante para aqueles que querem fazer parte de um grupo "legítimo e seleto" e não para os Deuses. No exterior existe muito radicalismo também, mas no Brasil esse fenômeno chega perto da psicose.

E um dos temas em que isso se torna mais aparente é no tocante à autoiniciação. A própria Iniciação de Gardner foi inúmeras vezes colocada em dúvida ao longo da história da Wicca, e se ela realmente não aconteceu, o que talvez nós nunca saberemos, todo esse clamor pela "linhagem pura e genuína" é completamente sem valor.

A Wicca antes de tudo é uma religião de Mistérios. Assim sendo, a Iniciação na Wicca é uma experiência mistérica por excelência.

A palavra Mistério vem do grego *Myein* que significa "fechar". Da palavra *Myein* vem *Mystes* que significa "aquele que foi iniciado nos mistérios" e também *Mysterion* que quer dizer "rito secreto ou divino". A palavra Mistério, em inúmeras culturas e línguas, sempre quis dizer algo que está além do conhecimento ordinário humano e cujo entendimento e compreensão somente são possíveis a algumas pessoas, àquelas que tocaram o Mistério por meio de uma experiência de epifania.

Na Bruxaria, a Iniciação é um processo mágico que desperta o ser para um novo estágio de sua consciência e expande sua percepção; seus canais são despertados e abertos para o bom desempenho de suas faculdades psíquicas, intuitivas e espirituais. Dessa forma, uma Iniciação é um Rito de Passagem que expressa a forte decisão de um Pagão em aprofundar sua ligação com os Deuses.

O propósito de qualquer religião iniciática de Mistérios é promover um despertar espiritual para o Sagrado dentro do Iniciado. A Iniciação também promove nossa religação com o Divino, já que mediante ela é possível a expansão de nossa consciência e o aumento de conhecimento.

A Iniciação na Wicca mudou muito da década de 1950 para cá. Durante um longo período a Bruxaria foi uma religião secreta e, ser iniciado na Arte, de regra, significava passar pelo treinamento mágico por meio de um praticante que também já tivesse sido iniciado por outro Bruxo. Hoje, a autoiniciação (ou autodedicação como alguns preferem chamá-la) é algo contestado apenas por uma franca minoria e é bem aceita entre os Pagãos de diversos segmentos da Arte e de Tradições. Desde meados dos anos de 1970 a autoiniciação tem sido bastante propagada e cada vez mais vem sendo considerada uma verdadeira Iniciação aos olhos de muitos Wiccanianos iniciados por outros Bruxos com uma linhagem "ininterrupta" e teoricamente legítima.

Isso é muito controverso, pois alguns dizem que "só um Bruxo pode fazer outro Bruxo", considerando que outros afirmam que somente a Deusa e o Deus e a demonstração de habilidade para tal feito é que fazem um verdadeiro Bruxo.

Doreen Valiente, iniciada pelo próprio Gardner e considerada a Mãe da Wicca, astutamente perguntava: "Quem iniciou o primeiro Bruxo?" Doreen e outros como Raymond Buckland, um dos maiores difusores do conceito da autoiniciação, afirmam que, aqueles que escolhem se autoiniciar devem fazê-lo sem nenhuma restrição, pois os verdadeiros iniciadores são os Deuses e o poder supremo do universo.

Muitos afirmam que a autoiniciação é um fenômeno moderno sem fundamentos, que não faz parte de nenhum caminho mágico autêntico e que, por isso, deve ser ignorada, desincentivada, criticada e combatida. No entanto, essa afirmação não é verdadeira!

Podemos ver o conceito da autoiniciação em textos tão antigos quanto o *Asno de Ouro*, de Apuleyo (escrito no século 2 EC), que é tido como inspiração e autêntico modelo de Mistérios Iniciáticos para diferentes caminhos mágicos, narrando a saga de Lúcio pela sua Iniciação. No decorrer do texto, vemos as aventuras de Lúcio (provavelmente o próprio Apuleyo disfarçado em personagem), em que ele, procurando compreender o Divino por si só, para ter acesso aos Mistérios, se unge com um unguento mágico ansiando se transformar em pássaro, mas, por algum descuido ou erro, vê-se transformado em um asno, porém, preservando sua mente humana. O texto vai narrando as aventuras de Lúcio que, como asno, passa por sucessivos donos, servindo a um sacerdote, um moleiro, um jardineiro, um confeiteiro e um cozinheiro.

Com isso, Lúcio passa a experienciar a vida por diferentes perspectivas e se torna capaz de perceber a si mesmo por um ângulo inteiramente diferente.

O *Asno de Ouro* mostra a peregrinação de Lúcio como seu caminho para o renascimento. A Iniciação, em qualquer religião, inclusive na Wicca, possui esse mesmo significado: deixar a vida mundana e renascer para uma nova vida espiritual. Após passar por uma série de aventuras extraordinárias, Lúcio recupera a forma humana graças à intervenção de Ísis, que o conduz à purificação. A Deusa Ísis aparece a ele em sonho e indica o caminho que Lúcio deve seguir. Quando a Deusa aparece em sonho para Lúcio, ela o inicia em seus Mistérios e ele volta à forma humana, para servi-la por toda vida.

A Deusa então diz:

> Venho a ti, Lúcio, comovida por tuas preces, eu, mãe da natureza inteira, dirigente de todos os elementos, origem e princípio dos séculos, divindade suprema, Rainha dos Manes, primeira entre os habitantes do Céu, modelo uniforme dos Deuses e das Deusas. Os cimos luminosos do Céu, os sopros salutares do mar, os silêncios desolados dos infernos, sou eu quem governa tudo isso, à minha vontade. Potência única, o mundo inteiro me venera sob formas numerosas, com ritos diversos, sob múltiplos nomes [...]. Venho a ti favorável e propícia [...].
>
> Por minha providência desponta para ti agora o dia da salvação [...].
>
> Então, presta às ordens que vais receber de mim uma atenção religiosa [...]. [...] acima de todas as coisas, lembra-te, e guarda sempre gravado no fundo do teu coração, que toda a tua carreira, até o fim de tua vida, e até o teu derradeiro suspiro, me foi penhorada [...].

E assim, a própria Deusa inicia Lúcio durante uma visão de pura epifania.

O que é a autoiniciação de cada Wiccaniano senão a reconstituição do próprio caminho de Lúcio? Onde está a ancestralidade e a validade da Iniciação de Lúcio senão na própria Deusa?

A Wicca é uma religião de Mistérios e muitos são os que confundem a palavra Mistério com segredo. O termo "Mistério" para os caminhos Pagãos não é compreendido como grandes segredos jamais revelados e mantidos durante séculos por um grupo seleto de "escolhidos", mas, sim, como a experiência religiosa que somente pode ser vivida por meio do contato direto e intransferível com o Sagrado, que possibilita o real entendimento sobre "o que não pode ser visto" e sobre "o que não pode ser compreendido" mediante a experiência intelectual, mas mística e espiritual, semelhante a que Lúcio viveu. Ninguém compreenderá totalmente a magia de uma religião apenas pelo seu enfoque teórico e intelectual, mas, sim, pela comunicação direta com o Divino e, isso, é a verdadeira Iniciação.

A Iniciação é uma experiência mágica que afeta o ser humano de uma forma profunda e que não pode ser expressa meramente por palavras, mas precisa e deve ser sentida. Sacerdotisas e Sacerdotes podem facilitar o acesso de outros aos Mistérios, ensinando formas e caminhos que já foram percorridos para entender o que está além de qualquer entendimento humano, e somente pode ser sentido mediante as emoções, mas jamais poderão viver os Mistérios de outros ou dizer como eles serão percebidos ou compreendidos por qualquer um.

Cada pessoa sentirá e interpretará o Divino de uma determinada maneira em uma experiência pessoal e intransferível com o Sagrado. Muitas vezes, o próprio Sagrado cria seu caminho e se encarrega de propiciar essa experiência mística por si só, sem que haja a necessidade de intervenção de Sacerdotisa e Sacerdote algum, como Ísis fez com o próprio Lúcio em *Asno de Ouro*. Nesse momento acontece a Iniciação do "Eu". Esse tipo de Iniciação é perfeitamente compreendida na terminologia usada para se referir à autoiniciação, em inglês, que é *self-initiation* que pode ser traduzida facilmente por "Iniciação do Eu", "Iniciação da Alma" (que expressa o verdadeiro significado de tal ritual) ou a tradução mais comum e amplamente usada para as línguas latinas: autoiniciação.

Em termos metafísicos, a autoiniciação não é a Iniciação por si mesmo, sem o auxílio de ninguém, como alguns insistem em afirmar, mas antes de tudo é a Iniciação da alma que acontece no momento que alguém chega ao estágio de individuação e de totalidade do ser ao ser tocado mistericamente pelo Divino. Por isso que a autoiniciação é uma Iniciação válida, como outra qualquer em seu próprio mérito.

A autoiniciação é uma alternativa para aqueles que estão preocupados mais em sua relação com os Deuses do que com ancestralidade, linhagem e *pedigree*. Ela muitas vezes é a escolha daqueles que se preocupam exclusivamente em reverenciar os Deuses de todo o seu coração, dos que não querem fazer parecer que são parte de uma Sociedade Secreta de "escolhidos" para serem mais importantes do que qualquer outra pessoa.

A verdadeira Iniciação é um caminho de busca pela Totalidade e mudança de paradigma do ser. O resultado dessa busca poderia ser resumido da seguinte maneira:

- Compreender que a primeira coisa que a magia muda é o Eu.
- Descobrir Anima/Animus como vitais no processo de Totalidade.
- Ficar diante de nosso maior desafio: abraçar o próprio Anima/Animus enquanto descemos até nossa Sombra.
- Conhecer nossa verdadeira natureza.
- Conhecer e compreender nossos aspectos que são reprimidos pelo Ego e que foram puxados para a "Caverna da Sombra".
- Compreender o que faz com que o Ego controle as experiências espirituais e como neutralizar essa ação para que o contato com o Mistério seja pleno.
- Reconciliar a parte de nosso ser que nos reconecta com nosso Eu mais profundo, divino e verdadeiro.
- Alcançar a Totalidade por meio do resgate do Anima/Animus e do contato com o Eu Divino.
- Encontrar e compreender os três grandes Mistérios: Vida, Morte e Renascimento.
- Confrontar a Morte: ir e voltar do Outromundo com sucesso.

Tudo isso somente é possível mediante muita conexão e trabalho devocional e ritual, além de muito estudo, não apenas por meio de um ritual de autoiniciação descrito no primeiro ou segundo livro de Wicca que se lê ao começar sua caminhada na Arte. Obviamente, qualquer pessoa que ler "meia-dúzia" de livros sobre Wicca não alcançará o perfil intelectual e espiritual para atingir os objetivos da verdadeira Iniciação mencionados. Uma autoiniciação real é o resultado final de anos de trabalho, dedicação e devoção aos antigos Deuses e não produto de um mero ritual feito enquanto se repetem palavras encontradas em um livro qualquer pouco depois de conhecer a Wicca.

Para isso, uma pessoa deve estudar muito e praticar a Arte por anos, de três a cinco anos no mínimo, antes de realizar seu ritual de autoiniciação. A Arte deve ser estudada e vivenciada durante várias Rodas[19] em espírito de reflexão e abertura à autotransformação. Um programa de estudos durante esse meio tempo deve incluir, mas não se limita aos seguintes tópicos:

- A história da Arte através dos tempos.
- A Religião da Deusa na pré-história.
- O culto à Deusa nas diferentes culturas antigas.
- O renascimento da Religião da Deusa na década de 1950.
- O impacto dos movimentos feministas na Religião da Deusa.
- A Wicca hoje.
- Princípios e crenças da Arte.
- A Terra e a natureza como fonte inspiradora para a filosofia da Arte.
- O conceito de imanência.
- O Dogma da Arte.
- A Lei Tríplice.
- Códigos de ética e conduta de um Wiccaniano.
- Os padrões pessoais de um Bruxo.
- A relação com a natureza e com os outros.
- Os princípios da Bruxaria.
- A responsabilidade social e ambiental dos praticantes da Arte.
- A Influência da Inquisição na história do Paganismo.
- Como a Inquisição interferiu na Arte.
- O estudo da Inquisição como movimento político e religioso.
- Métodos de execução e o impacto da Inquisição nas antigas sociedades.
- As táticas utilizadas pela Inquisição para marginalizar o Paganismo e seus Deuses.
- A Deusa como a Criadora de tudo.
- Quem é a Deusa?
- As três faces da Grande Mãe.

---

19. Uma Roda se refere ao período tradicional de um ano e um dia, o antigo ano lunar das culturas matriarcais, composto de treze meses com vinte e oito dias cada um.

- Conexões com as diferentes manifestações da Deusa.
- O aprendizado de diferentes rituais para celebrar as múltiplas faces da Deusa.
- O Deus, Filho e Consorte da Deusa.
- Quem é o Deus?
- O Deus Cornífero e o Senhor do Submundo: as duas faces do Deus.
- Conexões com as diferentes manifestações do Deus.
- O aprendizado de diferentes rituais para celebrar as faces do Deus.
- A natureza da Deidade.
- Instrumentos Mágicos.
- O uso dos Instrumentos Mágicos.
- Formas de consagração dos Instrumentos Mágicos.
- O Círculo Mágico.
- O que é um Círculo Mágico.
- Como lançar um Círculo Mágico.
- As muitas formas alternativas de lançar um Círculo.
- O que são os Sabbats.
- Quando os Sabbats acontecem?
- Costumes e práticas tradicionais de cada Sabbat.
- O aprendizado de diferentes rituais para celebrar os oito Sabbats.
- O que são Esbats e quando acontecem?
- O aprendizado de diferentes rituais para celebração dos Esbats.
- Os elementos da natureza.
- Quantos são os elementos da natureza?
- Onde residem os elementos?
- Como contatar os elementos?
- Quais as correspondências dos elementos?
- Qual a importância dos elementos da natureza na Wicca?
- Rituais, exercícios e práticas de conexão com os elementos.
- A Lua e sua influência.
- A influência da Lua na natureza.
- A relação da Deusa com a Lua.
- As diferentes fases da Lua e suas energias.

- O que é a Lua Negra?
- A energia mágica das ervas.
- Como fazer pós, unguentos e filtros mágicos com ervas.
- Como consagrar as ervas mágicas.
- Como armazenar as ervas.
- A prática mágica.
- A energia dos dias das semanas e sua relação com os sete planetas mágicos.
- As analogias relacionadas aos incensos, cores e horas mágicas.
- O trabalho ritual, as etapas e metas de um ritual.
- Como criar, elevar e direcionar energia.
- A elaboração de rituais, talismãs e feitiços.
- O que são Tradições?
- Quais as diferenças entre as principais Tradições da Arte?
- Como ingressar em uma Tradição.
- Quais as Tradições acessíveis em seu país?
- Exercícios Mágicos de respiração, visualização, psicometria, relaxamento, centramento, aterramento para o desenvolvimento de seus dons psíquicos.
- Aspectos metafísicos da Arte da Invocação.
- Diferenças entre invocação e evocação.
- O aprendizado de diferentes técnicas de invocação.
- *Puxar a Lua/Sol para Baixo* e técnicas de assumição de formas divinas.
- Exercícios e técnicas para *Puxar a Lua/Sol para Baixo*.
- O que são Ritos de Passagem?
- Quais os diferentes Ritos de Passagem na Wicca.
- O aprendizado de diferentes Ritos de Passagem para celebrar nascimento, vida e morte de um Wiccaniano.
- A história da Wicca e seus precursores na década de 1950.

Além disso, qualquer Bruxo deve estudar outros assuntos que estão direta ou indiretamente relacionados com a Arte, como mitologia, astronomia, ciência, geografia, antropologia, medicina, geologia, herbologia, psicologia. Todos esses temas fazem parte do desenvolvimento de qualquer Pagão e não devem ser negligenciados ou menosprezados jamais.

O que deduzimos com tudo isso?

Que a autoiniciação é válida, sim, mas que ela é o resultado final de um longo processo de desenvolvimento humano e pessoal e que apenas será bem-sucedida para aqueles que se propuserem a ir fundo nessa jornada pessoal de autoconhecimento e Totalidade!

Qualquer pessoa inteligente e cuja busca pelo Sagrado for verdadeiramente séria, jamais se autoiniciará com poucos meses de prática e conhecimento da Arte. Autoiniciar-se sem conhecer profundamente a Arte fará com que se permaneça na superficialidade da Wicca. Talvez esse seja o motivo pelo qual muitos são contra a autoiniciação, e com razão!

A autoiniciação deve acontecer ao final de um longo processo de busca pelo Sagrado e depois de muito trabalho de desenvolvimento pessoal. Se não for dessa forma, nem a Iniciação Tradicional nem a autoiniciação surtirão o efeito transformador da alma que promovem o renascimento do Iniciado para uma nova vida.

Essa prática pode não ser considerada por alguns tradicionalistas como uma Iniciação ritual legítima, mas inegavelmente é uma Iniciação espiritual em seu próprio mérito e direito. Uma Iniciação em um Coven ou em uma Tradição "legítima" somente possuirá valor se estimular a mudança espiritual que leva à verdadeira Iniciação: a Iniciação do Eu.

A maior preocupação de qualquer autoiniciado não deve ser se a Iniciação dele é válida para os outros, mas se ela é válida para ele. Se a resposta for sim, seguramente os Deuses aprovarão a tentativa de um autoiniciado e o abençoarão. O tempo se encarregará de mostrar aos outros sua "legitimidade".

A coisa mais corajosa que alguém pode fazer é seguir aquilo em que acredita!

Sacrifícios de Sangue na Arte

É amplamente conhecido e aceito que não existem sacrifícios de sangue na Wicca, uma religião que celebra a vida em todos os seus aspectos.

A própria Deusa diz:

Não exijo qualquer tipo de sacrifício, pois saiba, eu sou a Mãe de todas as coisas e meu amor é derramado sobre a Terra.

Alguns farsantes no Brasil, no entanto, têm afirmado que os sacrifícios rituais de sangue fazem parte dos rituais secretos da Arte, isso leva muitos novatos que estão dando os primeiros passos nesses caminhos a acreditarem que tais afirmações são verdadeiras.

Para percebermos por que o sacrifício de sangue é incompatível com a Wicca e com todas as religiões praticadas no contexto urbano, precisamos refletir profundamente sobre o significado de tais cerimônias.

Os sacrifícios rituais estão ligados a diversos fatores que vão muito além do poder do sangue e que perderam totalmente o sentido para o homem moderno. Exatamente por isso, sacrifícios de sangue são inapropriados não apenas para a Wicca, mas a todas as religiões praticadas nos grandes centros urbanos. Nas sociedades antigas, os sacrifícios de sangue estavam ligados aos ritos propiciatórios para caça, a subsistência de uma tribo com alimentação escassa e aos valores culturais que são inexistentes ou ausentes nas grandes cidades urbanas modernas.

Sacrifícios de animais podem fazer sentido para uma tribo isolada na África ou na Amazônia, onde o homem depende da caça para sobreviver, mas não faz qualquer sentido para o homem urbano praticante de uma religião

Pagã, que vive longe da natureza intocada e não caça diariamente aquilo que come. Existem diversas outras formas de agradecimento pela abundância proporcionada pelos Deuses, muito mais apropriadas para a realidade de vida do homem moderno do que os sacrifícios de sangue, que não simbolizam nada para nós que compramos nosso alimento todos os dias embalado no supermercado. Existem muitas maneiras de sacrifício ritual muito mais simbólicas para o homem moderno do que o sacrifício animal.

Sacrificar animais simplesmente para tentar reproduzir um fundamento e modo de vida espiritual antigo é um erro e, a meu ver, algo completamente irracional e sem sentido na atualidade. Os sacrifícios existiam nas religiões Pagãs da Antiguidade não somente devido ao poder do sangue como fonte de energia mágica – isso era apenas um detalhe entre vários, pois ervas, pedras e os elementos da natureza também carregam em si poder e energia –, mas estavam diretamente ligados aos fatores que estão ausentes no modo de vida do homem contemporâneo. Os sacrifícios estavam ligados aos ritos de caça, agradecimento ao espírito do animal, bênçãos dos caçadores que tinham arriscado sua própria vida para nutrir toda uma tribo, quando a vida era completamente selvagem e o ato de caçar representava a vida ou a morte.

Animais morriam com honra, eram caçados com respeito e livremente nas florestas selvagens. Essa realidade sequer pode ser reproduzida pelo homem moderno que desejar reviver e reconstruir as religiões em sua forma purista, que seguramente comprará seus animais nascidos em cativeiro, sem qualquer dignidade para serem sacrificados ritualmente.

Mesmo que animais sejam caçados na natureza para o sacrifício ritual, possuímos armas muito mais poderosas do que a dos povos primitivos, o que torna a caça uma presa indefesa e, além disso, estaremos correndo o risco de contribuir ainda mais para a extinção de inúmeras espécies. Assim, não faremos nosso papel como verdadeiros Pagãos preservadores da natureza.

O homem antigo sacrificava animais aos seus Deuses, mas também comia sua carne, usava sua pele para se proteger do frio, seus dentes para fazer adornos, sua banha para produzir óleo, honrava o espírito do animal que doava sua vida para nutrir outras vidas, respeitava profundamente a vida como um todo, vivia em um meio ambiente equilibrado, algo completamente distinto do contexto atual em que vivemos. Animal e homem lutavam de igual para igual e não covardemente. Aquele que perdia morria. Qual homem fará isso hoje em dia para sacrificar animais aos seus Deuses?

Assim sendo, o sacrifício animal em qualquer religião antiga reproduzida dentro das grandes cidades metropolitanas é completamente infundado sem sentido, um ato completamente mecânico, sádico e cruel, que apenas provoca alterações psicológicas no homem e torna os rituais aparentemente mais poderosos por causa do temor que a modernidade nutre pela morte, pelo sangue, por ter se afastado dos ciclos naturais da vida, por ser fruto de valores trazidos por uma religião (a cristã) que preza mais a morte que a vida.

Se o sangue traz poder aos rituais, por que não usar consciente e cuidadosamente seu próprio sangue ritualmente, que depende única e exclusivamente de seu próprio consentimento para ser derramado, e não o de um animal que nasce para morrer sem qualquer dignidade, sem o direito de lutar pela sua vida como os antigos animais faziam nas caças primitivas em luta justa, digna, sagrada?

Patrícia Crowther, considerada por muitos a maior personalidade viva da Wicca Gardneriana, e que foi iniciada pelo próprio Gardner, em um bate-papo super instrutivo aos Pagãos do Brasil falou a respeito de muitos aspectos da Wicca. A seguinte pergunta foi feita a ela durante uma entrevista:

> Nós sabemos que Gardner era veementemente contra o sacrifício de animais na Wicca. Não apenas isso, sabemos também que você ama os animais. Infelizmente, temos conhecimento de pessoas em várias partes do mundo e no Brasil que alegam ser Wiccanianas e ainda assim fazem sacrifícios de animais em seus rituais. Como você vê essa postura e como você acha que Gardner veria isso?

Patrícia Crowther respondeu à pergunta transtornada e indignada:

> Eu creio que Gerald ficaria estarrecido, assim como eu. Não consigo entender por quais razões alguém faz isso. Porque nós sabemos, a Deusa é a Senhora de todos os animais. Com certeza, Ela deve ter algo a dizer sobre isso e deve haver uma quantidade terrível de carma ruim para essas pessoas. É horroroso!
>
> Isso jamais foi ensinado na Arte, nunca, pelo que eu sei!
>
> É claro que um dia existiram sacrifícios em algumas formas de Paganismo, mas não na Wicca contemporânea!
>
> Eu acho isso repugnante. Essas pessoas certamente não são membros genuínos da Arte e deveriam ser expulsos!
>
> E se eles estão sacrificando animais devem ser denunciados à polícia e à mídia IMEDIATAMENTE!

Fica bem claro que sacrificar animais ritualmente não faz parte das práticas da Wicca moderna. Se alguém realiza tal coisa, isso se deve a uma postura e a um pensamento pessoal, e não algo que faz parte das leis internas da Arte, de rituais secretos ou de uma prática que deve ser seguida por todos.

Cada um é livre para fazer o que quiser, já que responde por si, mágica e individualmente. O problema com tais alegações não é pelo fato das pessoas fazerem sacrifícios em seus rituais, o que por si só já seria um absurdo. O grande problema são as pessoas fazerem alegações que são frutos de uma visão pessoal e distorcida, afirmando que isso faz parte da Arte como um todo e que ninguém sabe, porque é um segredo iniciático, ao passo que incentivam inadvertidamente outros a embarcarem nessa "viagem" abominável.

Aqueles que realizam sacrifícios de sangue em seus rituais mágicos na Wicca seguramente têm visão deturpada do Sagrado e da Deusa como Mãe de toda a vida. Há informações suficientes disponíveis para esclarecer dúvidas sobre tais questões, mas sempre aparece um ou outro que ressuscita assuntos como esse no meio Pagão quando achávamos que eles tinham morrido de vez.

Portanto, esteja atento e ajude a combater essas falsas afirmações que abundam no cenário Wiccaniano existente por aí!

A Senhora das Feras agradece, e a coerência também.

Athame: Ar ou Fogo?

Em 1910, Edward Waite publicou o livro *The Pictorial Key to the Tarot* que vem acompanhado de um baralho que leva seu nome. Waite era um Cabalista, e membro da *Golden Dawn*. Nesse livro, ele estabeleceu muitos dos simbolismos que se tornaram padrão na interpretação do Tarô e seu entendimento simbólico. Essa obra se tornou uma referência e influenciou praticantes de diversos sistemas mágicos que passaram a adotar a simbologia estabelecida e demonstrada por Waite.

Alguns estudiosos afirmam que, como Waite tinha um voto de segredo junto à *Golden Dawn,* ele inverteu as correspondências Fogo/Ar dos naipes para preservar seu juramento. Os que afirmam isso dizem que ele não podia inverter o significado óbvio de copas e sua ligação com o elemento Água, e que da mesma forma seria impossível substituir o naipe de ouros, visto que sua ligação com o dinheiro e Terra também é demasiadamente direta. Dessa forma, a *Golden Dawn* associava o Ar com bastões e Fogo com espadas, e Waite inverteu esses naipes associando bastões com o Fogo e Ar com espadas. Assim, afirma-se que ele decidiu usar espadas e bastões para despistar aqueles não iniciados, pois além de sua natureza abstrata esses naipes não estavam tão em voga no século passado. Muitos dizem, então, que foi assim que surgiu a correspondência Athame/Ar e Bastão/Fogo e que por esse razão ela está errada e que é hora de desfazer esse equívoco e relacionar o athame com o Fogo e o bastão com o Ar nos rituais de Bruxaria.

Para a maioria dos praticantes de magia é difícil desassociar o simbolismo Ar/Espadas, Fogo/Bastões em função do uso comum entre os muitos sistemas mágicos e praticantes. Eu mesmo fui ensinado a usar o athame para o Ar e o bastão para o Fogo e assim procedo até os dias de hoje.

Será que Waite realmente inverteu os naipes como afirmam alguns? Ou será que essa afirmação é fruto de especulações e visões particulares sobre a correspondência existente entre os elementos e os Instrumentos Mágicos, e uma desculpa, sem fundamento, para dar aos Instrumentos novas correspondências?

Se olharmos em alguns mitos perceberemos que a espada e o quadrante Leste (Ar) e o bastão e o quadrante Sul (Fogo) já estavam associados um ao outro há milhares de anos antes da própria publicação do livro de Waite. Um exemplo claro disso é o Mito das quatro joias dos celtas.

O mito diz claramente que entre os celtas existiam quatro cidades onde se aprendiam a ciência, o conhecimento e as artes sagradas. O mito prossegue dizendo que em um determinado ponto os Deuses decidem trazer essas quatro joias do Outromundo para este.

Mirdyn traz, então, a Pedra do Destino, de Falias, a cidade ao Norte dos Tuatha.

Ogma traz a Espada da Luz de Findias, a gloriosa cidade das nuvens que ficava ao Leste.

Nuada traz a Lança da Vitória de Gorias, a cidade do Fogo brilhante ao Sul.

Dagda traz o Caldeirão da Fartura de Murias, a cidade construída na quietude das águas profundas a Oeste.

Assim, podemos perceber claramente que essas quatro joias nos remetem simbolicamente aos quatro Instrumentos Mágicos:

- Pedra do Destino (Lia Fail) = Pentáculo
- Espada da Luz = Athame/Espada
- Lança da Vitória = Bastão
- Caldeirão da Fartura = Cálice/Caldeirão

Dessa forma, não vejo motivo algum para mudar a Tradicional correspondência Ar/Athame e Bastão/Fogo usada há tanto tempo. Se for verdade que as correspondências dos elementos encontradas no *Pictorial Key to the Tarot* estão invertidas ou se trata apenas de especulação de alguns ocultistas, jamais saberemos, pois o próprio Waite não deixou nada escrito acerca dessa provável inversão feita por ele. Alguns alegam que isso foi feito para preservar seus juramentos de segredo e manter os Mistérios longe dos olhos dos não Iniciados. Entre especulações e suposições das pessoas e referências encontradas em mitos, particularmente prefiro o simbolismo mitológico.

Obviamente tanto o simbolismo tradicional (Ar/Espada e Fogo/Bastão) quanto o especulativo (Ar/Bastão e Fogo/Espadas) tem sua lógica.

No simbolismo tradicional, além de toda a parte mitológica já exposta, podemos observar que uma espada quando balançada no ar reproduz o som dos ventos, e que o bastão é uma versão moderna das varinhas usadas na Antiguidade para criar "milagrosamente" o fogo mediante a fricção, além da madeira ser o combustível natural para esse elemento.

No simbolismo especulativo, vemos que uma espada para ser feita precisa ser temperada no fogo e que o bastão é feito dos ramos de árvores, que ficam suspensas no ar e são balançadas pelos ventos.

Ambos os simbolismos estão corretos. O que vai determinar o certo é aquele que fizer mais sentido para você.

Correspondência para Quadrantes

Norte/Terra, Leste/Ar, Sul/Fogo, Oeste/Água é uma correspondência elemental que foi estabelecida por meio da observação da natureza no Hemisfério Norte. Lá, quanto mais para o Norte se vai, mais frio e escuro é (Terra); quanto mais para o Sul se vai, mais quente é (Fogo); a maioria das fontes de água, rios e lagos estão a Oeste (Água); do Leste sopram os ventos que trazem as frentes frias e as alterações climáticas, é onde nasce o Sol (Ar).

O mesmo acontece no que se refere ao sentido horário para traçar o Círculo Mágico. Lá, o Sol anda aparentemente no sentido horário indo de Leste para Sul e depois Oeste.

Mas como ficam aqueles que vivem no Hemisfério Sul ou mesmo os que vivem no Hemisfério Norte, mas em regiões onde o clima é completamente diferente daquilo que é considerado convencional? Como fica o sentido de lançamento do Círculo para aqueles que vivem no Hemisfério Sul, onde o movimento do Sol se dá de forma oposta ao do Hemisfério Norte, andando no sentido anti-horário, indo de Leste para o Norte e se pondo no Oeste?

Quando a Bruxaria chegou ao Hemisfério Sul, houve uma verdadeira confusão sobre qual convenção deveria ser adotada: aquela corrente no Hemisfério Norte sustentada pela egrégora, ou a uma adaptada ao clima e a fenômenos naturais, sustentada pela natureza?

Isso acabou por gerar uma prática variada entre os muitos grupos de Bruxos e praticantes solitários. Assim, existem os que adotam a convenção tradicional usada no Hemisfério Norte e os que fizeram a inversão para adaptá-la ao Hemisfério Sul.

No Brasil, por exemplo, existem várias possibilidades para determinar qual elemento está ligado a um quadrante dentro do Círculo.

Vamos analisar algumas delas:

1ª Opção

- Norte/Fogo: quanto mais para o Norte se vai, mais calor é.
- Leste/Água: o mar fica a Leste.
- Sul/Terra: quanto mais para o Sul se vai, mais frio é.
- Oeste/Ar: grandes espaços abertos que fazem com que o ar circule livremente.

2ª Opção

- Norte/Fogo: quanto mais para o Norte se vai, mais calor é.
- Leste/Água: o mar fica a Leste.
- Sul/Ar: de onde vêm as grandes concentrações de Ar.
- Oeste/Terra: existem as grandes concentrações de Terra.

3ª Opção

- Norte/Terra: existe uma grande concentração de terra quanto mais para o Norte se vai.
- Leste/Fogo: o Sol nasce no Leste e traz calor; ele nada mais é que uma grande bola de fogo..
- Sul/Água: existe mar também ao Sul do país.
- Oeste/Ar: grandes espaços abertos que fazem com que o Ar circule livremente.

Assim sendo, percebemos que praticamente todos os elementos podem estar associados a um diferente quadrante de acordo com as correspondências adotadas individualmente. O que determina se um quadrante está ligado a um ou a outro elemento é a correspondência que decidimos usar e que fizer sentido para nós: grandes espaços de terra ou relação de frio para a Terra? De onde vem o calor ou em qual direção nasce a fonte de calor que aquece toda a humanidade? E assim sucessivamente.

A conclusão a que chegamos com tudo isso é que independentemente de onde estejamos, e quais recursos naturais tenhamos ao nosso dispor em maior ou menor escala, em um ou em outro quadrante, e de acordo com o hemisfério onde estamos, encontraremos todos os elementos em qualquer ponto cardeal.

Dessa forma, eu adoto a correspondência convencional e tradicional para invocar os elementos Norte/Terra, Leste/Ar, Sul/Fogo, Oeste/Água, pois creio que se voltar para os quadrantes e invocar os elementos para dentro do Círculo é apenas uma convenção para chamar os Espíritos da Terra, Ar, Fogo e Água para nossa prática, e essas forças de vida estão em todos os lugares. Para onde quer que você vá, haverá Terra, Ar, Fogo e Água. Todo ritual é uma representação simbólica da Criação e, por isso, é importante invocar os elementos para os nossos ritos, já que eles são a base de toda Criação e fonte de sobrevivência. Assim, a invocação aos quadrantes é apenas uma maneira simbólica de reverenciar essas forças de vida, reconhecer sua importância em nossos rituais e chamá-las para compartilhar conosco. Os elementos são a base e a fonte da existência e seus espíritos não existirão apenas nos locais onde não houver vida.

Existe uma quarta opção de correspondência para os elementos que poucos Bruxos abordam e que também é efetiva. Essa opção é a de mudar a correspondência dos quadrantes a cada ritual, situando os elementos em um ou em outro ponto cardeal, de acordo com as fontes naturais mais próximas disponíveis no local onde são realizados. Assim, se estou em um local para fazer meu ritual e existe um lago no Norte é lá que situarei a Água. Se existe um campo de plantação a Oeste é lá que representarei a Terra e, assim, sucessivamente.

Dessa forma, representar os elementos nesse ou naquele quadrante quando se vive fora do Hemisfério Norte é apenas uma questão de opção; nenhuma escolha é melhor que a outra; todas são válidas. O ideal é tentar as muitas opções até encontrar uma que funciona para você, individualmente. Essa é a melhor forma de definir em qual quadrante representará cada elemento.

Outra dúvida corrente relaciona-se à posição do Altar. Existem alguns grupos de Wicca que posicionam o seu Altar para o Norte, outros para o Leste. Qual seria a forma correta?

A maioria dos grupos inicia o lançamento do Círculo começando pelo Norte. Isso acontece exatamente porque este ponto cardeal é o eixo magnético da Terra, onde quer que estejamos. É o ponto de maior concentração de energia. O Norte está ligado à Terra e é sobre ela que todos os outros elementos se sustentam. Daí a grande importância dessa direção para a prática da Wicca.

Para os povos da antiga Europa, os Deuses moravam em uma grande colina que ficava ao Norte. Lá, os ventos frios do inverno, que determinavam a vida ou a morte, vinham do Norte. Talvez esse tenha sido o fator preponderante que tenha ligado esse quadrante com a moradia dos antigos Deuses. Sendo a Wicca uma religião matrifocal, fica claro que a deferência feita ao Norte se dá pelo fato de ele estar ligado à Terra, ao ventre da Deusa.

O Leste está ligado ao Ar, um elemento masculino. É no Leste que nasce o Sol, que é considerado Deus para muitas das Tradições Wiccanianas. Posicionar o Altar no Leste parece não ser muito apropriado e é um dos resquícios da Magia Cerimonial que ainda persiste na Wicca.

A correspondência Norte/Terra = Deusa é obviamente muito mais ampla e rica para a Wicca. Nessa posição o Altar também passa a representar a gestação dos processos mágicos que estão sendo realizados sobre ele. Assim, do mesmo modo que a Terra nutre e gesta a semente, o Altar fará a mesma coisa com o nosso desejo.

Mulher, Deusa, Início da Vida e o Respeito à Diversidade

A Wicca é uma religião matrifocal.

Matrifocal significa "Foco na Mãe". Esse termo foi cunhado pelas pessoas que iniciaram a exploração das religiões centradas no Sagrado Feminino para se referir às práticas e as Tradições centradas na figura da mulher e da Deusa. Praticamente todas as Tradições de Wicca são matrifocais. Mesmo as Tradições mais rígidas, aquelas que observam altamente o conceito das polaridades, como a Gardneriana e a Alexandrina, por exemplo, podem ser consideradas ao menos matriduoteístas.

Nessas Tradições o Deus é visto como filho e consorte da Deusa. Ele não é o Criador, mas, sim, o cocriador e mantenedor de toda existência gerada a partir da Grande Mãe. O conceito da Deusa como criadora de toda vida, se expressa inclusive nas formas rituais dessas Tradições, em que a mulher (representante humana da Deusa) lança o Círculo Mágico para os rituais. Isso possui um simbolismo profundo, o Micro representando o Macro. A Mulher/Sacerdotisa (a Deusa) cria o Círculo (Mundo) onde seus filhos (Coveners)[20] realizarão seus feitos (Magia). O Homem/Sacerdote (o Deus) a auxilia nesse processo (cocria o Mundo), enquanto a Sacerdotisa lança o Círculo ao redor. Assim, a criação, o lançamento do Círculo, é uma representação alegórica da própria criação do Universo e do Mundo.

---

20. Coveners é a denominação que se dá aos integrantes de um Coven.

Poderíamos dizer que, na verdade, a maioria das Tradições Wiccanianas são matriduoteístas, ou seja, celebra o feminino e o masculino, mas percebe o Sagrado Feminino como a fonte criadora de toda a vida.

A grande verdade é que você pode fazer Wicca somente com a Deusa; com a Deusa e com o Deus; mas somente com o Deus, seria impossível.

A explicação é simples: "Toda a vida vem da mulher." O homem é participador da vida, mas não o gerador dela. A força da vida é infinitamente mais feminina do que masculina.

Até na ciência podemos ver atualmente estudos e mais estudos acerca da fecundação sem a presença de espermatozoides (vamos traduzir religiosamente: sem a presença do Deus/Homem) como algo altamente possível. O mesmo já não pode se dizer sobre a fecundação sem o óvulo (vamos traduzir religiosamente: sem a presença da Deusa/Mulher). Há estudos que indicam isso como algo possível e que levam muitos cientistas a pensarem que o masculino surge em algum momento da História como uma transformação natural a partir do feminino.

Um experimento foi feito com camundongos pela equipe da cientista Orly Lacham-Kaplan, da Universidade de Monash em Melbourne (Austrália). Os pesquisadores pegaram uma célula somática – qualquer uma do corpo à exceção das reprodutivas (espermatozoide e óvulo) – e a quebraram no meio usando substâncias químicas. Com isso, metade do número de cromossomos foi expulso. A etapa seguinte foi a fecundação dos óvulos por outras células, também não reprodutivas e divididas ao meio, que fizeram o mesmo papel do espermatozoide em fertilização tradicional.

Sendo assim, poderíamos dizer que o feminino é o princípio da vida, a causa primeira de toda existência. Isso por si só seria motivo suficiente para que os Pagãos não se sentissem ofendidos com o fato de alguns escolherem celebrar apenas o Sagrado Feminino, da maneira que Diânicos, como eu, fazem.

Se você não concorda com essa visão, tudo bem. Os Diânicos respeitarão a sua opção de escolha por uma forma de prática mais "polarizada", em que a Deusa e o Deus estejam em pé de igualdade ou quase. A forma Diânica de Bruxaria pode não ser uma prática compreensível e válida para todas as pessoas, mas é para alguns, e por isso deve ser respeitada.

O único problema dos Diânicos com os Bruxos que enfatizam a observação estrita das polaridades não é o fato de eles darem ao Deus e ao Sagrado Masculino a mesma importância que ao Feminino, mas, sim, de quererem forçar todos a aceitarem tanto o Sagrado Masculino quanto a sua visão como a "única" verdade, quando muitos sentem que cultuar o Deus não é algo totalmente necessário. Diferenças são saudáveis e, desde que elas não firam os princípios básicos da Arte e não sejam incompatíveis, devem ser celebradas como algo positivo.

Muitas são as pessoas que acreditam que a manifestação primeira da vida física foi feminina. Isso é facilmente explicado não apenas pela visão simbólica, como a ilustrada anteriormente acerca do fato de somente a Sacerdotisa poder lançar o Círculo nas Tradições Gardneriana e Alexandrina, mas também em função dos fatos cientificamente comprovados.

Transcrevo uma pequena parte do livro *O Corpo da Deusa*, de Rachel Pollack, para exemplificar melhor esse conceito:

> Os achados da biologia e da evolução reforçam a primazia do feminino. Os biólogos descrevem os primeiros organismos como femininos. [...]
>
> No decorrer da longa evolução, a introdução do masculino ocorre bem mais tarde, e pode ser chamada de uma mutação do feminino. Várias décadas atrás, os biólogos descobriram que todos os fetos humanos começam como femininos e nos dois primeiros meses seguem em um padrão de desenvolvimento que resultaria em um bebê do sexo feminino. Na quinta semana desenvolve-se uma gônada indiferenciada que, eventualmente, vai se transformar nos órgãos sexuais femininos ou masculinos. Um sexo com cromossomos XX vai então desenvolver ovários na sexta semana. Entretanto, se o feto contém cromossomos XY, o cromossomo Y vai fazer com que as gônadas secretem um "organizador testicular". Essa química promove a "diferenciação", ou seja, envia gônadas para uma nova linha de desenvolvimento, formando os testículos.
>
> Um artigo publicado em 4 de agosto de 1992, no *The New York Times*, descreve como o processo se inicia com a proteína conhecida como "fator de determinação dos testículos" subjugando o DNA para que os diferentes genes entrem em comunicação. Segundo Monica Sjoo e Barbara Mor [...], no início os fetos protam possibilidades reprodutoras tanto femininas como masculinas. À medida que um conjunto se desenvolve, o outro degenera. [...]
>
> Uma abordagem chauvinista feminina pode descrever os homens como uma espécie de reflexão tardia no esquema da existência. [...]

Tudo isso – os fatos biológicos e também as imagens sagradas – sugerem uma saída para a dualidade na maneira de pensar sobre os sexos, a tendência a discutir sobre a igualdade entre os sexos e a superioridade de um sobre o outro. Essas duas posições aceitam a suposição do feminino e masculino como fundamentalmente diferentes, embora no útero, todos os fetos comecem iguais. Em vez de uma separação e um conflito essencial entre os homens e as mulheres que podem cooperar, mas permanecer separados, podemos vê-los como unidos dentro do corpo divino – não metaforicamente, ou mesmo apenas na parceria, mas nos níveis físicos mais fundamentais.

Assim sendo, todos nós, independentemente de hoje sermos homens ou mulheres, começamos no ventre de nossas mães como seres femininos. É inegável que a teoria do homem ser uma mutação da mulher deva ser levada em consideração. Podemos ver reflexos disso até mesmo em nossos corpos. As mulheres possuem mamilos para alimentar a sua cria e perpetuar a vida, enquanto nos homens a presença do mamilo não tem função alguma e permanece até hoje sem uma explicação biológica plausível. Se todas as partes de nosso organismo possuem uma função e não fazem parte do corpo por um mero acaso, como a própria ciência afirma, qual seria a explicação para a existência do mamilo em homens, então?

Esse é somente um dos muitos exemplos dentre vários das teorias possíveis. Diânicos, por exemplo, se baseiam em teorias como essas para explicar a origem primeira da vida como feminina e se sustentam nisso para o desenvolvimento de sua Tealogia[21] e pensamentos sobre o Sagrado sendo primordialmente feminino. Algumas linhas Diânicas focam apenas no Feminino, outras linhas celebram o masculino e o feminino com ênfase maior na Deusa. Porém, não existe nenhum ramo do Dianismo que não reconheça a existência do Sagrado Masculino. Nem mesmo a linhagem feminista focada exclusivamente na figura da Deusa de Zsuzsanna Budapest alegaria tal coisa.

Cultuar mais o Sagrado Feminino que o Masculino, com ênfase maior na Deusa por essa ser a fonte criadora de toda a vida, é uma opção oferecida pelo Dianismo. Comparo isso como os filhos que são mais ligados à figura da mãe, mais ligados ao seu pai ou ligados a ambos indistintamente. Qual ligação é a mais correta ou digna? Qual delas deve ser coibida?

---

21. Estudo do Sagrado Feminino e das Religiões da Deusa nas muitas culturas da Terra.

Ninguém se atreveria a dizer que um filho que possui mais identificação com sua mãe do que com seu pai está errado. Isso é uma questão de sentimento, conexão, identidade. Ainda que a relação na mesma proporção com a figura materna e paterna seja o ideal a ser alcançado por todos, a proximidade e intimidade maior com uma ou outra é algo que surge naturalmente, sente-se ou não. Uma das figuras, inclusive, pode facilitar a melhor relação com a outra parte a qual nos sentimos menos ligados, nos ensinando a amá-la e compreendê-la. O mesmo acontece quando falamos a respeito do Divino. Muitas vezes uma conexão mais profunda com os aspectos masculinos ou femininos do Sagrado pode curar a nossa relação com a parte com a qual não nos sentimos identificados. A proximidade e maior relação com a Deusa pode nos ensinar a amar o Deus sem limitações, e vice-versa.

Não sei por que ainda se insiste tanto em afirmar em alguns meios Wiccanianos que os que se sentem mais identificados com a Deusa estão errados quando, na própria vida, em termos microcósmicos, isso se expressa de forma natural no sentido humano, quando nos sentimos mais ligados à nossa mãe ou ao nosso pai. Tentar coibir e forçar as pessoas dizendo que elas devem cultuar Deusa e Deus em pé de igualdade é antinatural.

Tornar a Wicca e a nossa compreensão do Sagrado algo antinatural expressa a manifestação do lado dominador que somos, constantemente, programados a manifestar: "a minha visão está acima da sua, é melhor e mais correta". A escolha de celebrar a quem nos sentimos mais identificados deve ser tão natural quanto a ligação de um filho ser mais proeminente com a sua mãe, com seu pai ou com ambos em pé de igualdade.

Alguns procuram compreender o Sagrado por meio do masculino e do feminino como igualitários, outros por meio da ênfase no feminino, porque acreditam que essa seja a causa primeira da vida e de toda existência.

Isso não significa que a visão matrifocal não busque o equilíbrio. Porém, existem muitas maneiras desse equilíbrio acontecer. Exemplificando: pegue uma barra de ferro que fica por anos envergada e simplesmente desentorte-a, criando "aparente" equilíbrio, colocando-a na posição reta. A tendência natural é ela voltar para a mesma posição de envergamento que permaneceu durante anos, certo? Agora, desenvergue a barra totalmente para o seu lado oposto, formando um arco contrário, e depois a coloque na posição reta. O que isso fará? Criará um equilíbrio permanente.

Esse é o princípio que muitos que enaltecem preponderantemente o Sagrado Feminino em suas práticas estão fazendo, envergando totalmente a barra da vida, para que ela finalmente possa voltar à sua posição de equilíbrio e, assim, permanecer para todo o sempre.

Após milênios de supervalorização da sociedade androcrástica e seus valores religiosos e sociais, certamente não é possível alcançar uma posição de equilíbrio, milagrosamente, do dia para noite, decidindo que masculino e feminino sejam iguais e se equilibram a partir de agora e ponto final. Isso é fruto de um processo contínuo de desprogramação. Se não houver a supervalorização do outro lado, que possa ser demonstrado claramente o que ele tem a dizer e como poderá contribuir com o mundo, tende-se, naturalmente, a passar por cima do que é dito e demonstrado, continuando-se, assim, com os hábitos e pensamentos com os quais já estamos programados e habituados. Todos nós sabemos o quanto é difícil desprogramar os valores judaico-cristãos a que todos estamos sujeitos e que, vez ou outra, mesmo sendo Pagãos, nós reincidimos.

A Wicca visa a promover no indivíduo uma experiência epifânica, para que ele encontre a sua Totalidade. Para os Tradicionalistas como os Gardnerianos e Alexandrinos, a fórmula usada é o foco no equilíbrio das polaridades. Isso inegavelmente tem funcionado para eles, mas não funciona para alguns. Por isso, outras fórmulas foram e serão desenvolvidas. No final, todas elas levam, por caminhos diferentes, ao mesmo denominador comum: o Sagrado.

Não é frequente ver Bruxos Tradicionalistas autênticos impondo suas verdades, mas alguns mais inseguros sobre sua própria visão acerca do Divino podem tentar fazer isso, sucessivamente, de maneira enfadonha. Se encontrar alguém assim, ignore, vire suas costas e siga seu caminho. É perfeitamente possível viver em harmonia, honrando as mesmas coisas de maneiras diferentes, celebrando a diversidade. Ser radical é algo apenas importante para os menos certos de suas próprias convicções.

Visões diferentes respondem a anseios e buscas diferentes. Todas elas são sagradas e corretas e expressam facetas diferentes de uma grande e bela joia: o Divino.

A Wicca é uma religião diversa e deve se manter assim.

Exatamente por esse motivo existem diferentes Tradições. Cada pessoa irá se ligar àquela que fala mais ao seu coração, à sua alma e à sua maneira de ver e compreender o mundo e os Deuses. O fato de sermos deste ou daquele caminho não nos faz melhores ou piores que ninguém, apenas nos torna diferentes em um mundo plural e diversificado. O respeito à diversidade é a base do Paganismo. É a falta de respeito, a necessidade de convencer o outro de que o que cremos e fazemos é melhor e correto, que causa todos os problemas que constantemente vivenciamos na comunidade Pagã. Essa atitude castradora e limitante deve ser combatida.

Vale ressaltar que existem muitas formas de Paganismo que não são Wicca: Kemetismo, Helenismo, Asatru, Druidismo e por aí vai...

Os que se sentem mais conectados com os aspectos masculinos da Deidade e anseiam por uma visão religiosa Pagã, às vezes, poderão encontrar sua casa em outras formas de Paganismo. Nem sempre o que gostamos ou aceitamos como correto está na Wicca, que pode ser apenas uma porta de entrada para outro caminho.

Os muitos caminhos Pagãos possuem incontáveis semelhanças entre si, e isso muitas vezes nos confunde, fazendo-nos pensar e acreditar que o que procuramos está em um lugar, quando na verdade está em outro. Por isso, algumas vezes, permanecemos a vida inteira em um caminho discordando de fatos e coisas com as quais não nos sentimos confortáveis. Quando isso acontece devemos ampliar os nossos horizontes e alçar voo, conhecendo outras formas de Paganismo que falam mais ao nosso coração e que não são necessariamente Wicca.

Todos os caminhos Pagãos são irmãos entre si, ramos de uma mesma árvore, cujas raízes estão centradas na Terra, que é nossa Mãe.

Existe um cântico muito lindo no Paganismo que acredito expressar exatamente este sentido de respeito e celebração à diversidade:

Construindo pontes entre o que nos separa

Eu honro o que há em ti, e você honra o que há em mim

Com as nossas vozes

E os nossos sonhos

O mundo poderemos mudar enfim.

Tradição Diânica X Wicca

Hoje o Dianismo talvez seja um dos caminhos Pagãos mais visíveis. Uma Tradição Diânica pode ou não ser classificada como Wiccaniana, dependendo do enfoque que assume.

Essa confusão ocorre em função da grande falta de compreensão e de informação por parte de muitos Pagãos sobre o que verdadeiramente significa Dianismo. Muitos fazem questão de criar confusões, afirmando que Dianismo é qualquer coisa ligada ao feminismo ou à exclusividade de mulheres no culto à Deusa, quando de fato isso é real para apenas um dos muitos segmentos do Dianismo.

Historicamente falando, na década de 1970, nos Estados Unidos, principalmente na Califórnia, o Movimento Feminista e a Bruxaria Neopagã começaram a se mesclar, e dessa mistura nasceu a Wicca Diânica, que é uma das formas da Arte que dá mais ênfase à Deusa do que ao Deus. No entanto, o Deus nesse caminho é visto como uma Divindade em seu próprio mérito, além de Consorte da Grande Mãe. Por isso, essa forma de Dianismo pode ser considerada uma Tradição Wiccaniana devido à observação do par divino Deusa/Deus, que é o coração da filosofia e da crença espiritual da Wicca.

No entanto, existem alguns segmentos do Paganismo que se classificam como Diânicos por serem orientados à Deusa e darem a Ela supremacia em seu culto e práticas, mas que não se consideram Wiccanianos. Mesmo não se classificando como parte da Wicca, tais formas de Dianismo se baseiam na "infraestrutura" da Arte. Por esse motivo, esses dois segmentos se confundem um com o outro em suas bases, frequentemente. O que ambos os caminhos têm em comum e o que os une é a preponderância da Deusa em seu culto e em sua filosofia.

Assim sendo, o termo "Diânico" se refere a qualquer ramo da Bruxaria que enfatiza o feminino na natureza, vida e espiritualidade acima do masculino, e isso inclui muitas, se não a maioria, das Tradições de Wicca existentes na atualidade.

As Tradições Diânicas existentes atualmente têm sido classificadas e divididas em duas categorias distintas, desde o surgimento dessa forma da Arte nos Estados Unidos a partir da década de 1970:

1. Os que dão supremacia à Deusa, mas reconhecem o Deus em seu culto. Nesse ramo do Dianismo a Deusa exerce papel fundamental e central, sendo o Deus reconhecido muitas vezes como uma extensão Dela própria e mencionado secundariamente em alguns mitos e rituais dentro da Tradição. Esse ramo inclui homens e mulheres em sua estrutura. Diversos desses grupos surgiram dos esforços de Morgan McFarland e Mark Roberts em meados de 1971. Mesmo que atualmente muitos que pratiquem o Dianismo não pertençam à Tradição McFarland, podemos citá-la como o formato Diânico igualitário mais antigo e como a raiz, inspiração ou influência para a formação das ideias e Tealogia de diversos grupos e Tradições Diânicas subsequentes.

2. As Diânicas feministas, fortemente influenciadas por Zsuzsanna Budapest e com foco total na mulher, sem a participação de homens e com o reconhecimento e culto do Deus e das demais divindades masculinas em sua estrutura religiosa.

A Tradição de Zsuzsanna Budapest é chamada de Tradição Diânica Feminista (*Feminist Dianic Tradition*) e não reconhece o par divino Deusa/Deus em seus rituais e cosmogonia. Essa Tradição é formada somente por mulheres e o Deus Cornífero jamais é invocado nos rituais, embora por elas seja considerado filho da Deusa. Z. Budapest afirma que as raízes de suas práticas estão em suas ancestrais da Hungria, e os rituais e liturgia usados por ela, bebem de tradições espirituais distintas do Planeta, sendo fortemente ecléticos.

O nome Wicca foi conferido à Tradição de Zsuzsanna Budapest no início da década de 1970, quando não se fazia distinção entre Wicca, Bruxaria e Paganismo de forma geral. Basicamente, quase todas as formas de Paganismo naquela época eram chamadas de Wicca e essa diferenciação terminológica que muitos fazem atualmente somente surge em um momento posterior na História da Arte. Qualquer pessoa que tenha se dado ao trabalho de ler livros considerados referências sobre a evolução da História da Wicca e do Paganismo, como *Drawing Down the Moon,* da autora Margot Adler, ou *Triumph of the Moon,* do historiador Ronald Hutton, pode perceber isso facilmente.

Até mesmo Starhawk, que escreveu o livro a *Dança Cósmica das Feiticeiras,* em meados de 1979, chamava aquilo que ela fazia e praticava de Wicca nas primeiras edições de sua obra. Mudanças para separar a palavra Wicca e Bruxaria, bem como retificações para dizer que a Tradição Feri (ou Tradição das Fadas) não é uma Tradição de Wicca, somente foram feitas posteriormente, em edições comemorativas ao aniversário da obra, anos depois do livro ser lançado, o que demonstra claramente que as palavras Wicca, Bruxaria e Paganismo eram geralmente usadas intercaladamente como sinônimas para nomear o sistema de crenças e práticas da Religião da Deusa, inspirada nas religiões da Europa antiga. Naquela época, acreditava-se, inclusive, que essa religião tinha origem na antiga Europa na Idade das Pedras. Hoje, temos plena consciência de que a Arte é um reavivamento e uma criação moderna, e expressa a reconstrução dessas antigas práticas, sem qualquer probabilidade histórica de ter se originado no tempo das cavernas e mantido por milênios uma linhagem secreta e ininterrupta de iniciados desde o Tempo das Fogueiras. Assim, podemos ver e perceber a transformação de pensamentos e a alteração de nomenclaturas empregadas em nosso movimento religioso da década de 1970 para cá.

A *Old Dianic,* como era chamada a atual Tradição McFarland Dianic, sempre caminhou no sentido oposto ao Dianismo proposto por Zsuzsanna Budapest, reconhecendo o Deus Cornífero em seus rituais e incluindo a participação de homens e Sacerdócio masculino em sua estrutura. Essa Tradição sempre se considerou Wiccaniana.

A autodenominação da *Old Dianic* como uma Tradição Wiccaniana sempre existiu, desde o surgimento dela, em 1974, e isso pode ser facilmente verificado no site da própria Tradição na seção *Ethics of Members*:

Lá no inciso 1 se lê:

Ethics of Members

1. All initiates of the Tradition shall conduct themselves in a manner in keeping with the Wiccan Rede: "An it harm none, do as ye will, lest in thy self defense it be, ever mind the rule of three" and in accordance with the traditional structure that Wiccans should deal with one another in a spirit of "perfect love and perfect trust".

Traduzindo seria:

Ética dos Membros

1. Todos os iniciados da Tradição devem se conduzir de maneira a observar a Rede Wiccaniana: "Sem a ninguém prejudicar, faça como desejar, que em sua própria defesa isso seja – sempre lembre a Lei Tríplice" e em acordo com a tradicional estrutura que Wiccanianos devem lidar uns com os outros em um espírito de "perfeito amor e perfeita confiança".

De acordo com a visão contemporânea do que é e não é Wicca, fica mais do que claro que o Dianismo de Budapest, orientado para a Deusa, não seria considerado atualmente por muitos como Wicca, e que a McFarland Dianic Tradition, sim, é uma Tradição legitimamente Wiccaniana devido à observação do par Divino Deusa/ Deus, que é o pilar central da espiritualidade da Wicca.

As Tradições Diânicas, e a maioria das Tradições da Wicca, são matrifocais ou matriduoteistas. Quando uma pessoa escolhe ser Diânica, ela escolhe focar primeiro na figura central da Deusa. O Deus, quando, e se reconhecido, participa limitadamente da liturgia e dos ritos. Muitas vezes ele é considerado apenas uma das muitas faces da Deusa.

Esse tipo de visão faz com que muitos Wiccanianos Ortodoxos, fortemente baseados na polaridade heteronormativa Deusa/Deus, não considerem as vertentes Diânicas como Tradições legítimas da Wicca. Aliás, tais Wiccanianos geralmente consideram que somente o que eles fazem é Wicca de verdade, e que somente o que eles dizem ser Wicca pode ser considerado correto para ser levado em consideração.

Por mais que algumas pessoas insistam em dizer que a palavra Wicca deva ser empregada somente para se referir às Tradições Gardneriana e Alexandrina, ou aquelas que delas descendam diretamente, isso tem sido tema de muito debate entre os próprios tradicionalistas há décadas. Nem mesmo Gardner dizia que Wicca era somente o que ele ou o Coven no qual foi iniciado faziam. Ao contrário, ele inclusive chamava de Wicca possíveis práticas familiares de Bruxaria que, na teoria, não descendiam diretamente da linhagem dele ou de seu Coven. Assim, considerar que Wicca é somente aquilo que a Tradição Gardneriana ou Alexandrina faz é uma interpretação arbitrária e errônea feita por muitos Pagãos modernos que, além de ser altamente questionável, se dá puramente por motivos políticos internos.

A autora Judy Harrow, que que foi uma Sacerdotisa Gardneriana da velha guarda e fundadora do *Proteus Coven*, afirmava que todos os grupos de Paganismo e indivíduos que têm usado as versões publicadas dos rituais Gardnerianos poderiam nomear a si mesmo não apenas de Wiccanianos, mas de Gardnerianos, mesmo não tendo recebido uma Iniciação cuja ancestralidade remeta a Gardner. Ela classificava isso de Neogardnerianismo e dizia que de um ponto de vista mais eclético, qualquer ritual de iniciação baseado na estrutura Gardneriana e com seus elementos poderia ser considerado uma Iniciação Gardneriana válida. Ela afirmava que o que liga uma pessoa à corrente Gardneriana não é a linhagem de um Sacerdote ou de uma Sacerdotisa, mas, sim, a corrente de energia acessada por meio do uso e da repetição de rituais e invocações que formam uma identidade central e compartilhada.

Se considerarmos as ponderações de Judy Harrow, por exemplo, a maioria das Tradições Pagãs poderia ser considerada não somente Wiccaniana, mas Neogardneriana!

Creio que tal visão seja um exagero, e acredito que a identidade e a linhagem de uma Tradição devem ser mantidas e preservadas por meio da linha sucessória de Iniciação!

Porém, creio que qualquer Tradição ou prática – pessoal ou solitária –, cuja cosmogonia reconheça a Deusa Mãe e o Deus Cornífero como princípios criadores da vida, observe a Lei Tríplice e a Rede Wiccaniana, centre sua espiritualidade na Terra, reconheça os quatro elementos como sagrados e divinos, e cujo calendário litúrgico se baseie na mudança dos ciclos sazonais e das fases lunares, é Wicca!

Wicca e Polaridade

Muito se discute acerca da presença de homossexuais na Wicca em função das alegações de Gardner, que dizia que a homossexualidade não tinha lugar na Arte.

Para chegarmos a uma conclusão pessoal sobre essas afirmações, temos de levar em consideração que ele era fruto de sua época. Na década de 1940/1950, a homossexualidade era considerada uma doença mental e crime passível de prisão. A ligação de uma religião tão mal vista como a Wicca com a homossexualidade, seguramente não seria bem aceita pela opinião pública. Logo, é natural que ele afirmasse que a homossexualidade não tinha lugar na Wicca não apenas porque era crime, mas porque a própria Arte estava em seu processo de construção e busca de identidade.

O conceito das polaridades tem sido tema central para os muitos caminhos da Wicca desde aquela época, e ele tem sido usado como explicação para tentar manter os gays fora da trajetória da Wicca. As afirmações mais vistas e lidas em livros sobre a Wicca geralmente salientam:

> Deusa e Deus, feminino e masculino, cuja interação cria o mundo, as estações e toda realidade manifesta.

Onde os gays, e eu me incluo nesse grupo, se encaixam nisso tudo? Há uma conspiração em curso na Wicca para negar às minorias sexuais uma religião ou uma Tradição Mistérica própria? É hora de reavaliarmos as afirmações acerca da polaridade tão comuns nos livros de Wicca, pois isso tem limitado em muitos pontos a nossa experiência espiritual e a nossa relação com os Deuses.

A primeira coisa que precisamos compreender é que, apesar de se expressarem por meio de nós, a Deusa e o Deus não são seres humanos. Eles existem no reino do Espírito e são personificações das forças abstratas do Universo. Classificá-los apenas como masculino e feminino é limitá-los à nossa experiência humana e humanizá-los ao extremo. Deusa e Deus não são humanos, nem forças opostas. São elementos complementares de uma mesma coisa, extremos de uma mesma escala!

Por que devemos nos limitar apenas a duas forças para explicar ou tentar entender a criação de energia e de vida em nossa religião?

A teoria das polaridades fala basicamente da união dos opostos para criar energia, seja ela mágica ou não. Esse pensamento simplista, utilizado por muitos magistas para fundamentar suas teorias, poderia ser verdadeiro no século passado, mas atualmente é considerado ultrapassado de muitas maneiras.

O conceito de energia baseado na polaridade masculino/feminina ou em pares de opostos é demasiadamente limitante e antigo. Nem mesmo a Ciência classifica as coisas mais dessa maneira.

Atualmente são consideradas cinco tipos de forças: a carga, a frequência, a voltagem, a fase e a força composta.

A carga é a atração de contrários no sentido do norte magnético ao sul magnético e a repulsão de energias semelhantes. A carga é o tipo de força mais usualmente possível de ser entendido em nossa cultura, em que o intercâmbio da energia se apoia sobre diferenças da valência e da síntese.

A frequência depende de a atração ser do mesmo gênero ou do gênero oposto, como a relação entre a mesma nota musical em diversas oitavas ou como as notas que são partes do mesmo acorde. Nesse tipo de força, o intercâmbio da energia se apoia sobre o intervalo e sobre as semelhanças da proporção e da ressonância, alto e baixo, harmonia e dissonância.

A voltagem surge das forças centrípetas e centrífugas em equilíbrio com a atração gravitacional. Aqui, o intercâmbio da energia se apoia sobre congruências do movimento para forçar o movimento à direita, à esquerda e a inércia.

Na fase, o intercâmbio da energia se apoia sobre o reforço e a interferência. Ela traz as formas de onda conjuntas de modo que alcance picos para aumentar a amplitude ou de que os picos se emparelhem para alcançar o equilíbrio zero no caso da atração oposta.

A quinta força é uma síntese ou um composto dos quatro tipos mencionados, a Força Composta que consiste na combinação da carga e da voltagem.

Todas essas formas de força podem ser geradas pela sinergia, que é a junção harmônica de forças iguais que, quando unidas, se tornam mais fortes do que qualquer uma dessas forças sozinhas, e em conjunto aumentam seu potencial de ação para gerar energia.

Gays quando trabalham magia podem não usar a estrutura das polaridades para gerar energia, mas indiscutivelmente podem se valer da sinergia para isso. Assim, sua forma de fazer magia é tão efetiva quanto qualquer outra que use os pares de opostos. Dizer que gays não podem praticar a Arte porque não podem criar energia para ser canalizada para um objetivo específico, porque não se relacionam sexualmente com pessoas do sexo oposto, é um ato de ignorância extrema. Temos de pensar além do gênero para ampliar nossa visão sobre o tema.

Masculino e feminino é apenas uma entre as muitas formas de polaridades que incluem, mas não se limitam a:

- Quente/Frio
- Positivo/Negativo
- Claro/Escuro
- Dia/Noite
- Bem/Mal
- Envio/Recepção
- Guerra/Paz
- Sol/Lua

Cada um desses pares de opostos está além de ser masculino ou feminino e vive e atua tanto em homens quanto em mulheres.

Dessa forma, masculino ou feminino não está diretamente ligado a um padrão ou outro de energia. Encontramos Deuses lunares e Deusas solares, Deusas da guerra e Deuses da paz. A oposição energética não está no gênero, mas no padrão e/ou comportamento que cada indivíduo assume ao lidar com uma energia ou outra.

Gardner algumas vezes afirmou que gays consistiam em uma abominação, um aborto da natureza, e que não poderiam praticar Wicca porque a união de duas pessoas do mesmo sexo não gera vida.

O quanto essa afirmação se encaixa no mundo atual?

Alguns insistem em um equilíbrio entre Masculino/Feminino para gerar energia e dar vida aos rituais, enquanto a maioria das pessoas usa preservativos, anticoncepcionais e diafragmas em suas práticas mágicas. Que vida está sendo gerada com essa atitude?

Isso nos leva a uma importante observação: ignora-se totalmente que algumas pessoas são inférteis por razões fisiológicas! Assim, a união do masculino e do feminino nem sempre gera necessariamente a vida! Pessoas inférteis, por mais que sejam heterossexuais, não podem gerar vida por meio de suas relações sexuais.

Temos aqui dois questionamentos cruciais:

1. Se gays são excluídos de alguns grupos por não gerarem vida por meio de suas relações sexuais, assim também deveriam ser os heterossexuais que são incapazes de gerar vida por problemas fisiológicos?
2. Um gay fértil, que não se une sexualmente com o sexo oposto, deve ser aceito em grupo porque não é infértil, enquanto o heterossexual com problemas fisiológicos deve ser excluído por sua infertilidade?

Fecundidade é o que a maioria das visões pagãs deseja enfatizar, mas EXISTEM outras realidades. É tempo de examinarmos um novo paradigma para nossa religião.

Há fecundidade na inspiração. Há também fecundidade para achar soluções. A fecundidade fisiológica existe da mesma forma, mas ela não é a única; ela não conhece limites. Há fecundidade em todos os seres e ela se chama criatividade!

Será por isso que os gays estiveram em sua maioria sempre criando arte de uma ou outra maneira? Seria isso a capacidade de transformar a fecundidade, uma vez fisiológica, em criativa?

Vale a pena levar tudo isso em consideração quando se considera o que Gardner disse como o *Canon* da Wicca. Por mais importante que ele seja para a Wicca devemos levar em conta que ele era um homem falho como todos nós, limitado aos pensamentos, comportamentos, valores e conhecimentos científicos disponíveis em sua época. Muitas das visões de seu tempo são ultrapassadas e não se aplicam mais ao mundo atual. Uma religião deve estar em constante evolução, adaptando-se e sendo renovada a cada descoberta e ao avanço da sociedade.

Homotheosis e a Arte

Hoje, inúmeras pessoas nos Estados Unidos, Europa e Austrália acabaram por formar seus próprios grupos baseados em Mistérios Pagãos com ênfase na homossexualidade, reportando-se aos antigos cultos de Dionísio, Príapo, Pan, Eros, Ganimedes, Antinous, entre outras divindades do êxtase e da liberdade sexual.

Muitos são os Pagãos gays que se sentem excluídos com a visão heterossexista de algumas Tradições Pagãs, que muitas vezes transformam o Paganismo em uma religião heteronormativa e separatista. Por isso, formas de cultos alternativos baseadas em perspectivas mais pessoais, tornou-se uma boa solução para os homens que não se sentem à vontade em ter de encarar o Deus como princípio máximo heterossexual da masculinidade e do masculino, já que muitos Pagãos também são homens e não são heterossexuais.

O crescimento de movimentos Pagãos feministas ajudou a incentivar a formação de muitos outros grupos focados no estudo e na prática, além de uma espiritualidade centrada na religiosidade e na sexualidade não patriarcal. Essas buscas resultaram na formação de grupos que reuniram diversas pessoas previamente marginalizadas socialmente. Os gays, lésbicas e transgêneros se incluem nessa tão massacrada categoria da sociedade.

Isso representou um passo importante na tentativa e no processo de reverter uma situação de preconceitos, marginalização e misoginia que perdurou por séculos e que ainda é alimentada pela sociedade patriarcal machista.

O movimento ao redor da formação de grupos que buscam uma espiritualidade gay distinta teve início há muitos anos, com os pioneiros da espiritualidade *Queer* (vide explicação nas próximas páginas) se juntando em sociedades alternativas com o intuito de explorar suas conexões com o Divino. Os primeiros registros desses grupos datam da década de 1970.

Eu mesmo, durante muito tempo de minha vida, tive problemas em me relacionar com a figura do Deus Astado, já que eu era homem como ele, mas não era heterossexual como está expresso na maioria de suas iconografias e mitologias.

Ao ter contato com o Paganismo *Queer* eu pude perceber que existiam outras formas de encarar a figura do Deus, que ele representa o masculino em sua totalidade e tudo o que está contido nesse arquétipo, e que ele era, inclusive, a expressão da homossexualidade tão renegada pelos segmentos tradicionalistas da Arte. Isso me possibilitou nova percepção de espiritualidade e cura com o Sagrado Masculino que, até então, não tinha ocorrido comigo ao usar as referências mais comuns disponíveis de relação com a figura do Deus. Como Diânico, relacionar-me com o Deus de Chifres sempre foi muito difícil, uma vez que minha Tradição é extremamente orientada para a Deusa. A forma do Deus apresentada pelo Paganismo *Queer* tornou essa relação muito mais fluida e fácil para mim.

O que eu percebi ao longo de todo esse tempo é que, como eu, muitos praticantes gays do Paganismo moderno percebem as figuras heteronormativas da Deusa e do Deus demasiadamente limitadoras. Por isso, muitas crenças e práticas pagãs entre os *Queers* foram autoconstruídas e/ou ampliadas pelos membros desse movimento. Uma das mais surpreendentes é a celebração de um Deus patrono dos gays, o Deus *Queer*. Esse Deus possui outras denominações: Deus Púrpura, Deus Azul, Aquele que Dança, Rei Flor, Deus Risonho. Em cada um dos seus muitos aspectos, o Deus *Queer* assume um atributo diferenciado e acredita-se que sua energia seja somente acessada quando ele é invocado pelos gays.

Muitos praticantes tradicionalistas da Arte acham absurda a ideia da criação de novos Deuses, mas essa prática é fundamento de todas as mitologias do mundo. Os homens criaram seus Deuses ao longo da História de acordo com suas necessidades espirituais, emocionais e materiais, assim também criamos um ideal social ou político elaborado ou simples.

Um Deus somente para os *Queers* pode ser considerado uma criação mitológica moderna simbólica para expressar reafirmação espiritual e identidade. Levando em consideração o tratamento que os gays recebem diariamente por parte da sociedade, o Deus *Queer* se transformou em protetor, companheiro e confidente para muitos que se sentem excluídos da religião, e da sociedade, em função de sua opção sexual. Ao contrário do que muitos pensam, essa figura do Deus não promove o separatismo, mas a inclusão. Ele é o Deus que conduz o ser ao reconhecimento do Sagrado dentro de cada um de nós e a aceitação de que o que é "diferente" é bom, pois promove diversidade, pluralidade e multiplicidade e, por isso, deve ser celebrado e honrado.

Para os Pagãos gays, o Deus *Queer* é considerado o primeiro reflexo visto pela Deusa quando ela se mirava no espelho curvo e negro do Universo, fazendo amor consigo mesma para criar toda a vida. Ele é a própria imagem da Deusa refletida na luz do êxtase, no momento infinito da Criação. Tornou-se o seu primeiro amante e é a expressão do amor puro, a alegria ilimitada e a sexualidade em suas amplas manifestações. Ele representa não a heterossexualidade ou a homossexualidade em si, mas a sexualidade como o abraço apaixonado do Divino, em cada um de nós e no Universo.

Assim, quando nos ligamos a outra pessoa no êxtase do amor, seja em uma relação homossexual ou heterossexual, abraçamos o Divino em nós mesmos, no outro e no Universo, e nos ligamos ao momento infinito da Criação. Essa é a chave para começar a conexão com o Deus *Queer*. Sendo assim, Pagãos homossexuais ou bissexuais o consideram seu patrono, já que ele pode ser considerado masculino e feminino, amando e se relacionando com ambos.

O Deus *Queer* é reconhecido em muitas Tradições de Bruxaria e em todas elas ele está relacionado ao Self Profundo, que é a corporificação do nosso Eu Divino, por onde emitimos e recebemos energia para trabalhar magia. Daí a grande importância da reafirmação de nossa sexualidade para a realização de atos mágicos. Então, para os gays, ele se torna uma figura poderosa não somente para a reafirmação de nossa espiritualidade, mas para o despertar de nosso verdadeiro propósito mágico, de nossa verdadeira magia.

Iconograficamente, o Deus *Queer* é retratado muitas vezes como um ser andrógino jovem, com seios de mulher e pênis ereto. Em volta de seu pescoço se encontra uma serpente e em seu cabelo uma pena de Pavão.

O Pavão é o animal mais sagrado ao Deus *Queer*, para entendermos isso podemos recorrer a uma história da Tradição Sufi, o ramo esotérico do islamismo que é muito diferente de sua facção ortodoxa, que conservou muito de suas crenças e filosofia primitiva centrada na Terra e em antigas crenças pagãs dos povos do deserto:

> Quando a Luz se manifestou e se viu refletida na vastidão do Universo pela primeira vez, como um espelho, percebeu o seu Self como um pavão com a cauda aberta.

Sendo assim, os olhos da cauda do pavão são os brilhantes centros de concentração da Luz, simbolizando as virtudes espirituais irradiadas por Ela. O desdobramento da cauda do Pavão simboliza o desdobramento cósmico da Luz, seus muitos olhos, sua onipresença. Muitos dizem que a forma encontrada na cauda do Pavão não seria os olhos da divindade primordial, mas a própria imagem do Big Bang no momento da Criação ou o retrato do próprio Universo.

Podemos perceber assim a similaridade entre a história Sufi e o mito da Criação da Tradição Feri de Bruxaria, em que o Deus *Queer*, chamado nesta Tradição pelo nome de Deus Azul, é o primeiro reflexo da própria Deusa:

> [...] Naquele grande movimento, Myria foi levada embora e, enquanto Ela saía da Deusa, tornava-se mais masculina. Primeiro, Ela tornou-se o Deus Azul, o bondoso e risonho Deus do Amor.

Eu vejo em tudo isso algo muito mais profundo do que a visão simplista do separatismo etiquetar um movimento ou o mundo com títulos e estereótipos, argumentos muitas vezes usados para acusar aqueles que lançam novas ideias e interpretações de um contexto ou de um conceito que precisa ser revisto pela sociedade. Para mim, o Paganismo *Queer* dá um novo sentido à espiritualidade humana, ao passo que a homossexualidade, que foi tão renegada pela humanidade por séculos, assume sentido espiritual, avança e passa a fazer parte da vida de todas as pessoas em seu dia a dia como uma expressão sexual perfeitamente normal e sagrada, quando antes era vista como uma doença que deveria ser banida da sociedade. Para mim, isso é a expressão clara da ressacralização do que verdadeiramente somos.

A religião precisa compreender e responder às necessidades, tanto dos indivíduos quanto das comunidades a quem ela serve no mundo moderno. Quando uma religião não consegue adaptar sua estrutura aos avanços naturais do tempo, perde sua autoridade e se estagna. Isso faz com que seus símbolos deixem de inspirar e de fortalecer seus seguidores, negligenciando suas experiências e marginalizando sua identidade e seus valores. Uma religião quando não dialoga com sua comunidade se torna nula e vazia.

O que os Pagãos *Queer* fazem é dar uma resposta a essa perda de significado espiritual, recriando novas formas de contatar o Divino que falem às experiências atuais daqueles que sentem e percebem o Sagrado de forma diferenciada. Isso cria uma tradição espiritual de poder, ligada àquilo que um dia existiu, mas com raízes no presente, com uma visão abrangente e abertura para as gerações do futuro.

Os Pagãos *Queer* reconhecem que ser diferente não é motivo algum para vergonha, mas uma dádiva a ser celebrada, uma aceitação dos desafios e das jornadas individuais de celebração ao Sagrado Masculino, que existe no interior de homens que amam outros homens.

O homem gay também deve restaurar os poderes do Deus que reside dentro de si. Há muito temos sofrido com preconceitos e represálias de uma sociedade que nos provocou verdadeiros traumas e problemas de autoaceitação e baixa autoestima.

O Paganismo precisa rever muitos de seus conceitos, devolvendo aos gays os ritos que celebram os seus Mistérios Sagrados, o que inclui transformar os rituais em cerimônias menos heterossexistas e mais abrangentes, para que todos possam contemplar a beleza em uma religião que celebra e respeita a diversidade.

O Paganismo *Queer* não fala em limitar a espiritualidade pelo gênero ou pela preferência sexual. Fala em ampliar os horizontes, dando aos Pagãos opções para enriquecer sua espiritualidade. Não estamos falando aqui em um tipo de Paganismo em que seja suprimida a presença da Deusa. Pelo contrário, estamos falando da apresentação de um Paganismo que apresente o Deus de uma maneira diferenciada, como Ele nunca foi apresentado em outros segmentos da Arte, e que considere os arquétipos divinos homossexuais do Deus como sagrados também.

No Paganismo *Queer*, o Deus é considerado um aspecto da Deusa. Seu poder vem por meio Dela; somente é possível conhecê-lo por intermédio Dela.

Eu gosto muito do termo *Queer* para nomear essa nova forma de espiritualidade. Os precursores desse movimento deram o nome do *Queer Paganism* (Paganismo *Queer*) a este tipo de manifestação Pagã exatamente pelo sentido amplo da palavra:

"QUEER" – 1. Ser fora do padrão, singular, diferente, o oposto de comum.
2. O contrário de hétero.

A palavra *Queer* dá margem para várias interpretações, mas ela jamais é usada de forma depreciativa, uma vez que significa simplesmente o oposto do comum.

O Paganismo *Queer* pode ser transformador aos Pagãos gays, pois os auxilia a resgatar o verdadeiro significado de sua sexualidade e identidade.

A cultura patriarcal apoiada no poder do *Phallus* talvez seja a maior responsável pelos traumas tão frequentes em nossa sociedade, que assolam homens e mulheres, pois foi por meio da ênfase no poder masculino sobre o feminino, difundida há séculos, que nossa cultura desenvolveu seus preconceitos.

Como reflexo disso, qualquer inabilidade para usar o *Phallus* é vista até hoje pela sociedade e pelo próprio indivíduo como algo que coloca a masculinidade de um homem em questão.

Como o poder do *Phallus* é apoiado na descendência, que confere uma forma de imortalidade e honra, as culturas começaram a desenvolver seus tabus sociais como, por exemplo, o repúdio à homossexualidade. O uso do *Phallus* não somente para a reprodução passou a ser percebido como debilidade e falta de caráter, já que poderia pôr em risco a continuidade da descendência e sua riqueza.

Esse medo foi acentuado pelos sacerdotes das religiões patriarcais devido a masculinização da divindade criadora, tornando o *Phallus*, o sexo e todas as fontes de prazer na origem do pecado e maldição. Assim, passaram a usar esse artifício para ganhar poder sobre os homens e controlá-los, pois se o que dá prazer se torna um desejo incontrolável, porém é vergonhoso, transforma-se em uma ferramenta de controle social ao passo que precisa ser reprimido e proscrito. Cada paixão ou desejo espontâneo se tornou pecaminoso. Tudo o que era livre precisava ser destruído, incluindo os desejos sexuais homossexuais.

É hora de explorarmos a ressacralização da homossexualidade por meio do entendimento do seu mais sagrado Mistério: a Homotheosis. Esse Mistério ensina que nossos medos e sombras de sermos quem verdadeiramente somos devem morrer, para que nosso espírito se torne sagrado e seja verdadeiramente livre e alcance a Totalidade.

O propósito de celebrar os Mistérios Masculinos da homossexualidade novamente é despertar o poder interior do homem gay, pondo-o em contato direto com o que ele teme ou se envergonha para que ele possa vencer suas limitações e resgatar seu orgulho, força e dignidade. Dessa forma, os gays não se sentirão mais sozinhos ou aterrorizados na jornada de seu autoconhecimento sobre o que verdadeiramente é ser homem. Descobrirão que se tornar um homem de verdade não está ligado à sua preferência sexual, virilidade ou fragilidade, mas, sim, à sua maturidade emocional e espiritual. Tornar-se homem inclui vencer os limites, as barreiras e os tabus que o impedem de se expressar como ele verdadeiramente é, sem máscaras.

O Paganismo *Queer* vai muito além de uma briga de sexos ou identidade sexual, como alguns podem alegar. Seu verdadeiro significado está em penetrar nos Mistérios do Deus, que também tem sua face gay, que ama e aceita TODOS os seus filhos como eles são e que reconhece que a autêntica masculinidade não está centrada em seu *Phallus*, mas em seu coração.

Se vamos conhecer isso por meio da Deusa ou do Deus *Queer*, não importa. O importante é obter essa transformação. Quando isso acontecer, seremos verdadeiramente livres!

Wicca Cristã não Existe

Muitos pesquisadores buscaram chegar a uma conclusão sobre a origem do cristianismo e sobre a existência real do próprio Cristo, por meio de provas históricas e materiais fidedignos para comprovar a veracidade de sua religião, e isso jamais foi conseguido.

Autores renomados como: Fílon de Alexandria, Plínio, Marcial, Sêneca e muitos outros que viveram no século 1 e estavam fortemente engajados nas questões religiosas de sua época jamais citaram Jesus. Ele não é citado no Sinédrio de Jerusalém, nos anais do Imperador Tibério ou de Pilatos. Documentos de pessoas que teriam vivido na mesma época que Jesus são guardados em museus e bibliotecas, mas nenhum deles menciona sua existência e seus prováveis discípulos não escreveram sequer uma linha sobre Jesus.

Por meio de testes modernos como o comparativo de Hegel, o uso de isótopos radioativos e radiocarbônicos, todos os escritos apresentados que buscavam comprovar a existência de Jesus pela Igreja revelaram-se falsificados.

Filon de Alexandria, um dos mais célebres judeus de sua época, relata muitos fatos de seu tempo acerca de sua própria religião e de muitas outras crenças, e não citou Jesus em nenhum de seus relatos. Ele próprio escreveu sobre Pilatos, mas não disse nada sobre o Julgamento de Jesus que Pilatos teria oficiado. Apóstolos, Maria, José, nenhum deles é mencionado por Filon.

Justo de Tiberíades escreveu acerca da história dos judeus, de Moisés no ano 50, mas não escreveu nenhuma linha a respeito de Jesus.

Flávio Josefo, que nasceu no ano 37, escreveu ativamente até o ano 93 sobre inúmeras manifestações religiosas e os messias da época, mas nada menciona acerca de Jesus Cristo.

Nos documentos existentes de gregos, hindus e romanos dos séculos 1 e 2, constata-se que eles jamais ouviram falar de algum Jesus. Ninguém, entre escritores e historiadores, que teriam vivido na mesma pretensa época que Jesus, falou algo sobre ele ou sobre qualquer aparição pública ou tumulto religioso encabeçado por alguém chamado Jesus.

O mesmo acontece com os documentos que descrevem a atuação de Pôncio Pilatos, que nada falam sobre alguém de nome Jesus Cristo, ou sobre um Messias da época que teria sido preso ou crucificado por ter realizado feitos sobrenaturais. A existência de Pilatos é real e histórica e, se ele, que supostamente teria estado no centro dos acontecimentos, já que era o governador da Judeia, não soube ou relatou um fato tão importante quanto a existência e o julgamento de Jesus, é porque ele realmente não existiu.

Na Escola de Tubíngen, na Alemanha, Filósofos e Teólogos comprovaram que a Bíblia não possui nenhum valor histórico e que os Evangelhos seriam arranjos e ficções sustentadas pela Igreja, assim, também o próprio Jesus.

Um padre chamado Aífred Loisy, decidindo pesquisar a respeito do cristianismo depois de inúmeras críticas e descréditos que essa religião vinha sofrendo na França, chegou à conclusão de que as críticas estavam baseadas em fatos fundamentados e incontestáveis. Publicando logo em seguida sua pesquisa, foi excomungado em 1908.

Muitos historiadores afirmam que Jesus teria sido um ser idealizado e artificialmente criado, com a função de dar continuidade ao judaísmo, que estava se dividindo e morrendo na época, por meio de um novo prisma. Criando Jesus Cristo, o judaísmo dava surgimento a uma nova religião.

Quando os Judeus chegaram a Roma e Alexandria e se deparam com uma religião passada de geração em geração por meio da tradição oral e várias crendices populares e superstições locais, decidiram introduzir ali a nova religião que traziam. Em pouco tempo o cristianismo, com sua filosofia simplista e sedutora, conseguiu conquistar as pessoas mais comuns, servos, serviçais, escravos e posteriormente os senhores, os reis, rainhas e imperadores.

Crestus, que era o título dos messias dos essênios, foi o nome pelo qual os judeus optaram por chamar o "salvador" de seu povo, e foi assim que surgiu o nome Cristo. Baseado também nas crenças e no modo de vida dos essênios, em que bens materiais eram divididos e os problemas pessoais pertenciam a toda a comunidade, a nova religião que chegava conquistou os escravos e as pessoas mais humildes. Além disso, Crestus era um nome extremamente comum na Judeia e na Galileia e, por isso, muitas referências encontradas nos textos e nos documentos da época não se aplicam ao Cristo do cristianismo. Assim, Jesus foi inventado para atender à tendência religiosa e mística de uma época.

Quando o cristianismo começou a elaborar sua doutrina teve grandes dificuldades em conciliar fé e razão, por isso fez várias adaptações com lendas Pagãs e Deuses solares. O cristianismo passou a ser, assim, um sincretismo das incontáveis seitas judaicas misturado às crenças de Deuses solares, dando apenas novos nomes e roupagens a Deuses que morriam e ressuscitavam nos mitos, e que predominavam há séculos com rituais solares, fundamentados em um Deus que se sacrificava.

O Jesus dos Evangelhos não é um ser real, que existiu, mas, sim, um personagem criado em cima da visão religiosa sobre Brahma, Buda, Krishina, Mitra, Hórus, Júpiter, Serapis, Apolo e muitos outros Deuses.

Se tomarmos o Mito de Hórus, que surgiu milênios antes do suposto nascimento de Cristo vemos que:

1. Hórus foi o Deus solar e o redentor dos egípcios.
2. Hórus nasceu de uma virgem.
3. O nascimento de Hórus era festejado em 25 de dezembro.
4. Hórus também era considerado a luz e o bom pastor.
5. Hórus realizava feitos milagrosos.
6. Hórus teria 12 discípulos (uma alusão aos 12 signos do zodíaco governados pelo Sol).
7. Hórus ressuscitou um homem de nome Elazarus (Cristo ressuscitou Lázaro).
8. Um dos títulos de Hórus é "Krst" (seria Cristo?).

Se analisarmos mais apuradamente, perceberemos que o mito da virgem grávida, que foge de Herodes em direção ao Egito para salvar o filho (Jesus) que carrega em seu ventre, não é nada mais nada menos que uma reinterpretação da lenda de Ísis e Hórus fugindo da perseguição de Seth.

Se analisarmos outros mitos como os de Mitra, Adônis, Krishina, Átis, dentre outros, vamos encontrar as fontes sob as quais o cristianismo foi inventado.

Em 3500 AEC, temos Krishina que também nasceu de uma Virgem, chamada Devanaguy, que foi avisada com antecedência sobre a concepção de seu filho-Deus a quem daria o nome de Krishina (Cristo?).

Uma profecia dizia que Krishina destronaria seu tio, o Rajá. Por causa disso, a mãe de Krishina foi presa em uma torre para não ser concebida por ninguém. Dizem as lendas que o espírito de Vishnu atravessou o muro e se uniu a ela, mostrando-se como uma luz que foi absorvida por Devanaguy. Quando Krishina nasceu, um vendaval demoliu a torre onde Devanaguy estava aprisionada e ela fugiu com o filho para Nanda. O Rajá mandou matar todas as crianças que tinham acabado de nascer, mas Krishina conseguiu escapar. Pastores foram avisados da chegada de Krishina mediante um aviso nos céus e lhe levaram presentes.

Com 16 anos, Krishina começou a viajar pela Índia para pregar sua doutrina, abandonando sua família e passando a ser chamado de Redentor pelo seu povo. Krishina fez muitos discípulos e recebeu o nome de Jazeu (Jesus?), que significa "Aquele que nasceu através da fé".

O nascimento de Buda também teria sido avisado à sua mãe. Quando nasceu, uma luz intensa iluminou o mundo fazendo os mudos falarem, cegos verem e uma brilhante estrela no céu anunciou seu nascimento. Buda fez os mais sábios de seu tempo se admirar com o seu vasto conhecimento e muito cedo começou a pregar e a converter pessoas. O seu discurso mais famoso também leva o nome de "O Sermão da Montanha" e depois que morreu ele apareceu aos seus seguidores.

Mitra também teve uma mãe virgem. Nasceu em uma gruta em 25 de dezembro. Uma estrela surgiu no Leste quando ele nasceu, indicando o caminho para magos que trouxeram incenso, mirra e ouro. Ele era considerado o intermediário entre Ormuzd e os homens. Após sua morte teria também ressuscitado.

Baco teria realizado muitos feitos, como transformar água em vinho e multiplicar peixes.

Podemos perceber que o cristianismo foi inventado em cima de lendas não apenas de judeus, mas também de mitos e religiões pré-judaicas. Os rituais cristãos também são adaptações de ritos pagãos muito mais antigos.

O mitraísmo era praticado em grutas e em locais subterrâneos e o cristianismo primitivo também. Nos ritos mitraícos, havia ritos com pão e vinho.

A cruz solar, as refeições comunais, a destinação (dia do sol) para descansar também faziam parte de ritos do mitraísmo que foram sincretizados pelos cristãos. As vestimentas dos sacerdotes católicos são cópias das roupas ritualísticas dos sacerdotes de Mitra, que já existiam muito tempo antes do cristianismo e até mesmo do suposto nascimento de Cristo.

Ritos envolvendo pão e vinho também eram utilizados pelos hindus, representando o corpo e o sangue de Agni. Como os padres católicos, os monges budistas também lavam as mãos antes da libação.

A crença na vida depois da morte, na ressurreição, no inferno e no princípio do bem e do mal absolutos eram crenças igualmente inerentes ao mitraísmo e ao judaísmo.

Do Egito, adotaram a autoflagelação, herdadas dos Sacerdotes de Ísis que se açoitavam para expiar suas culpas e erros humanos. No Egito também existiam "mosteiros" para os sacerdotes que desejavam fazer voto de castidade. Dos gregos se apropriaram da água lustral. Dos indostânicos adotaram o celibato, o jejum e a esmolação. Dos etruscos copiaram o ato de juntar as mãos ao rezar.

Tudo isso já existia milênios antes do suposto nascimento e existência de Cristo. Textos de pagãos, essênios e gnósticos foram bases utilizadas no Concílio de Niceia para compor o Novo Testamento.

Deduzimos, então, que o cristianismo não tem nada de original e nem que o Cristo histórico realmente tenha existido. Fica claro que os rituais, as raízes e bases do cristianismo provêm de uma enorme variedade de diferentes religiões e mitos sobre as diferentes divindades solares existentes e muito cultuadas na época em que os judeus decidiram dar sequência a uma religiosidade que morria e desaparecia.

O que tudo isso nos ensina?

Isso tudo nos mostra que conceitos cristãos, como são entendidos hoje e sustentados durante séculos por uma religiosidade dominante que mantém seus seguidores na completa ignorância de sua verdadeira origem, nada têm a fornecer ou acrescentar à prática Wiccaniana.

Se ao contrário disso caminharmos na contramão, buscando fazer não uma Wicca Cristã, mas, sim, uma Wicca que busca pelas origens dos cultos solares, que são anteriores e deram origem ao próprio cristianismo, teremos muito mais a aprender e a acrescentar em nossa prática religiosa.

Wicca Cristã é um conceito incompatível e incoerente devido a todo o dogmatismo não somente do catolicismo, mas do cristianismo de uma forma geral.

Wiccanianos buscam celebrar uma religião que visa a se libertar de vários grilhões, principalmente dos grilhões da ignorância que dominaram nossa sociedade durante praticamente dois mil anos, por meio do monoteísmo e dos valores judaico-cristãos. Para que retroagir ou persistir no mesmo erro quando podemos mudar?

Uma leitura atenta de uma estrofe da carta redigida pelo Papa Gregório ao Abade Mellitus em 601 EC, que pode ser lida na íntegra no capítulo 30 do livro *História Eclesiástica*, demonstra como o Paganismo foi cruelmente perseguido pelos primeiros cristãos:

> Quando, com a ajuda de Deus, chegar à presença de nosso ilustre reverendo irmão Bispo Augustino, eu quero que você diga a ele o quanto tenho ponderado sobre a questão dos ingleses: eu cheguei à conclusão de que os templos dos ídolos na Inglaterra não devam de forma alguma ser destruídos. Augustino deve esmagar os ídolos, mas os templos devem ser borrifados com a água benta e altares devem ser instalados nesses lugares, relíquias devem ser confiscadas. Pois devemos aproveitar os templos bem construídos e, purificando-os da adoração, dedicá-los ao serviço do Deus verdadeiro. Desse modo, eu espero que as pessoas, vendo que seus templos não foram destruídos, deixem sua idolatria e continuem a frequentar os lugares como antigamente, e adorarão, naquele mesmo lugar com o qual estão acostumados, assim mais facilmente irão se familiarizar com a verdadeira fé.

Essas foram instruções das autoridades católicas para facilitar a conversão dos ingleses, uma estratégia alienadora que privou os Pagãos do passado de cultuarem seus antigos Deuses. O que fazem todos os que desejam uma fusão entre Wicca e cristianismo é perpetuar este genocídio cultural e religioso cristão, que simplesmente esmagou o Paganismo para se imporem como a religião oficial, única e verdadeira até os dias atuais.

Concordo plenamente que todas as religiões possuem algo de valor para compartilhar com as pessoas. Isso, no entanto, não significa que as religiões devam ser misturadas em um grande "balaio" para que se pareça que tudo é a mesma coisa.

A Wicca é um caminho Pagão. Isso significa, de um modo geral, que ela possui conceitos que são completamente antagônicos ao cristianismo ou a qualquer outra religião monoteísta e conversista. Paganismo é um sistema religioso panteísta, animista, totêmico, de bases xamanísticas e, na maioria das vezes, politeísta. Qualquer religião centrada na Terra e que não compreenda o Sagrado de forma transcendental é Pagão. O Paganismo de uma forma geral é sexual, ctônico, telúrico, politeísta, panteísta e, algumas vezes, inclusive, henoteísta ou panenteísta. Toda forma de Paganismo se baseia na Terra e no culto aos antigos Deuses. Isso coloca qualquer vertente Pagã em uma posição completamente oposta ao cristianismo e outras religiões totalmente transcendentes, baseadas em pecados e que desejam a salvação da alma do homem.

Inserir elementos cristãos no Paganismo é algo incoerente e somente prestará um desserviço aos ideais de amor, reverência e respeito à Terra que todos nós nutrimos. Basta dar uma breve passada de olhos no primeiro livro sagrado dos cristãos (Gênesis), cujas citações do capítulo 1 (versículos 26 e 28) são transcritas a seguir, para se chegar a essa conclusão:

> E disse Deus: "Façamos o homem à nossa imagem, conforme a nossa semelhança; e DOMINE sobre os peixes do mar, e sobre as aves dos céus, e sobre o gado, e SOBRE TODA A TERRA, e sobre todo o réptil que se move sobre a terra."

> E Deus os abençoou, e Deus lhes disse: "Frutificai e multiplicai-vos, e enchei a Terra, e SUJEITAI-A; e DOMINAIS sobre os peixes do mar e sobre as aves dos céus, e sobre TODO animal que se move sobre a Terra."

Se pararmos para pensar que a origem de muitas formas de preconceitos e guerras está na interpretação literal de versículos como esses em livros "sagrados", teremos um motivo maior ainda para não desejarmos essa fusão entre Wicca e cristianismo. A única coisa que o cristianismo pode acrescentar à Wicca e ao Paganismo é a perpetuação de seus "valores" distorcidos, que contribuíram somente para a exploração da Terra e a intolerância, sem direito ao diálogo com a diversidade e com outras religiões.

Misturar Wicca e cristianismo é um genocídio. As consequências desse genocídio interessam a todos nós porque sofremos seus efeitos direta ou indiretamente dia após dia. Matar alguém deliberadamente por motivos raciais é um genocídio étnico, inserir elementos cristãos na Wicca é um genocídio religioso. O primeiro priva um ser humano de sua vida e de sua singularidade cultural, o segundo elimina as bases originais e únicas de uma religião.

Não há radicalismo algum em querer manter as crenças e as práticas Wiccanianas em um parâmetro coerente. Cristianismo e Wicca são religiões completamente incompatíveis, porque a primeira considera-se uma religião patriarcal, monoteísta, conversista e dominante, enquanto a Wicca é matrifocal, politeísta, panteísta, antiproselitista e minoritária e não deseja se tornar dominante.

Usando um exemplo simples que pode servir de ilustração comparativa, não acho radical dizer que devemos lutar contra interesses políticos e industriais para manter intocadas as reservas florestais ou o resto de natureza selvagem que ainda resta. As reservas são frágeis e, exatamente por isso, precisam ser protegidas com toda força e rigor, caso contrário podem ser facilmente devastadas do dia para a noite pelos interesses da classe dominante e exploradora.

Da mesma forma, não acho radical dizer que devemos lutar contra a incorporação de elementos cristãos na Wicca, uma vez que o cristianismo é a religião dominante. Paralelamente falando, trazer o cristianismo para a Wicca é tão devastador e agressivo quanto levar uma escavadeira para a natureza intocada onde crescem árvores que lutaram cem anos ou mais para se manterem firmes e enraizadas na terra, presenteando todos com sua beleza. Uma árvore, que gastou tanto tempo para crescer e se fortificar pode ser detonada por uma escavadeira em questão de segundos, e uma floresta inteira, em questão de meses.

A única coisa com a qual o cristianismo pode contribuir para Wicca é com a total canibalização da Arte pelo sincretismo religioso, de forma que ela perca sua total identidade, sua força e com o tempo desapareça.

O cristianismo, particularmente o catolicismo, pode até ter incorporado diversos elementos do Paganismo em sua estrutura. Mas, na atual situação, querer fazer uma aproximação espiritual entre Wicca e cristianismo é completamente impossível. Os interesses e propósitos das religiões monoteístas são completamente diferentes dos nossos. O sincretismo religioso cristão é desnecessário, completamente inconsistente e empobrecedor. Nem a Wicca nem o cristianismo precisam disso.

Uma coisa é você celebrar divindades Pagãs, valendo-se de seus arquétipos, e invocá-las em um ritual puramente Pagão. Outra é chamar duas energias completamente incompatíveis (Deuses Pagãos e os seres espirituais da Mitologia Cristã) para tomar o "chá das cinco" juntas.

Se alguém gosta de praticar magia "a la" catolicismo, permaneça fiel a esta religião fazendo suas novenas, rezando os seus terços e cumprindo suas promessas. Isso também é magia. No entanto, esse tipo de magia não se enquadra na Wicca, nem o tipo de magia que utilizamos se enquadra no cristianismo.

Todas as religiões possuem pontos em comum, o que não significa de forma alguma que elas sejam a mesma coisa. Os anjos existem para os cristãos. Buda existe para os budistas. Allah existe para os muçulmanos. Os antigos Deuses existem para os Wiccanianos. Uma coisa exclui a outra? De forma alguma, só não fazem parte da mesma religião. Isso significa que ao passo que uma coisa não exclui a outra, eu, na condição de Wiccaniano posso acreditar em todas elas e inseri-las na minha prática?

Não, eu não posso fazer essa mistura!

Estamos falando aqui de frequências espirituais distintas, que não são acessadas quando usamos símbolos ou invocamos seres espirituais diferentes daqueles que estão conectados com a corrente energética de nossa religião. Tomemos um exemplo simples:

Enquanto eu vejo televisão em minha casa, estou conectado em um determinado canal de TV. Meu vizinho ao lado pode estar conectado a outro. Uma amiga que mora lá em Manaus poderá estar conectada, ainda, em um terceiro canal de televisão distinto. Todos nós estamos vendo coisas diferentes e, por isso, estamos tendo realidades diferentes ao mesmo tempo, no mesmo plano. Eu não consigo ver o que o meu vizinho está assistindo nem ele consegue ver o que eu assisto, porque, por meio de nossas televisões estamos acessando frequências diferentes de canais.

Se eu quiser ver o que ele vê, o que devo fazer? Mudar o canal para a mesma frequência que a dele! Isso significa que eu deixarei de ver as coisas que estavam passando no canal anterior para ter experiências reais por meio de um novo canal, que opera em outra frequência, em outra sintonia.

Eu sei que todos os canais existem; e que várias pessoas estão vendo coisas diferentes em canais diferentes ao mesmo tempo que eu, vivendo no mesmo planeta. Mas isso significa que eu posso ver e ouvir todos os canais ao mesmo tempo? Obviamente que não!

Quando tentamos sintonizar dois canais ao mesmo tempo a tela fica distorcida, o som chega cruzado e nós não vemos e ouvimos direito nem uma coisa nem outra!

Poderíamos dizer que tal exemplo é compatível com as correntes energéticas que nos fazem sintonizar com o Sagrado. Cada religião opera em uma sintonia diferente e distinta e, por isso, Buda e Krishina não estão para o islamismo, assim como Cristo e os anjos não estão para a Wicca.

A Deusa e o Deus da Bruxaria são sexuais, ctônicos e telúricos, o que os torna completamente diferentes da figura do Deus monoteísta e da Virgem Maria assexuados.

Wiccanianos não acreditam no Deus cristão, em anjos, santos, no céu, inferno ou seguem a Bíblia. Wiccanianos não acreditam no pecado original ou na danação eterna. Um Wiccaniano é qualquer pessoa que não seja cristão, alguém que cultue a Deusa, os antigos Deuses, celebre a Roda do Ano e as lunações e chame ou defina a si mesmo como Bruxa ou Bruxo.

Pessoas que praticam a chamada "Wicca Cristã", ou aqueles que querem encontrar desculpas para incluir elementos cristãos no Paganismo são cristãos mal-resolvidos. Tais pessoas são indivíduos com forte dificuldade em se desligarem de sua criação e valores cristãos, querendo criar um novo subgrupo dentro de uma religião que pratica e prega algo completamente oposto ao cristianismo. Não concordar com a mistura dessas duas religiões não é de forma alguma radicalismo ou intolerância ao cristianismo, mas, sim, um clamor pela coerência.

Vejamos as diferenças entre a Wicca e o cristianismo:

1. Para a Wicca, a mulher é a fonte sagrada de toda a vida. Para o cristianismo ela é a fonte de todos os males (vide Eva e o episódio do fruto do pecado original no Jardim do Éden).
2. Para a Wicca, a fonte primordial de toda a vida é feminina (por alguns considerada feminina e masculina). Para o cristianismo, ela é predominantemente masculina.
3. A Wicca encara o sexo e a sexualidade como uma dádiva dos Deuses, algo bom, que deve ser vivido e celebrado intensamente, pois é sagrado. Para o cristianismo, o sexo e todas as expressões da sexualidade são pecaminosas, devem ser evitadas e reprimidas.
4. Para a Wicca, a Divindade é panteísta e imanente. Para o cristianismo, o sagrado se apresenta de forma transcendental.
5. A Wicca incentiva a responsabilidade nas atitudes humanas. Não há um ser maligno para ser culpado por nossas faltas, a não ser nós mesmos. O cristianismo coloca sempre tal responsabilidade no diabo. O ser humano nunca é realmente responsável por seus próprios atos negativos, é sempre instigado a realizá-los por intermédio das "forças das trevas".
6. A Wicca encara a natureza como sagrada, devendo ser preservada; o homem é parte integrante e filho dela como todos os outros seres. O cristianismo vê a natureza como algo que foi criado para servir ao homem e por ele ser explorada e subjugada.

7. Para a Wicca, tudo que dá prazer e satisfação ao homem é bom. Para o cristianismo, todas as fontes de prazer (sexuais ou não) devem ser evitadas.
8. Para a Wicca, todo ser humano nasceu livre de pecados e carmas, estamos aqui para viver intensamente e sermos felizes.
9. Para o cristianismo, o ser humano é fruto do pecado original e já nasceu na posição de pecador. Para a Wicca, o ser humano é uma dádiva dos Deuses e nasceu livre, inclusive de qualquer forma de pecado.
10. A Wicca deseja dialogar com outras religiões, pois a intolerância é base da alienação. O cristianismo não apenas evita tal diálogo, mas, inclusive, não tolera em hipótese alguma a mistura de sua espiritualidade com outras.

Algumas pessoas insistem não somente em fazer essa fusão entre as duas religiões, mas até mesmo em afirmar que a Virgem Maria é uma das faces da Deusa.

A questão é: o Sagrado Feminino não se manifesta somente no Paganismo. Cada religião possui o Sagrado Feminino em suas bases de uma forma ou outra. Porém, a qual Sagrado Feminino nós estamos nos referindo quando fazemos tal afirmação? Ao Pagão ou ao cristão? Um é diferente do outro.

Muitos também insistem que aquelas que usam ervas, rezadeiras e parteiras são Bruxas. Porém, o cristianismo que sobreviveu com as rezadeiras, no culto ao Feminino dos Goliardos medievais e em outras ordens religiosas de mulheres cristãs, por exemplo, não pode ser considerado Paganismo. Ele é simplesmente outra das muitas formas do cristianismo misturado ao folclore e sabedoria popular. Fazendo um paralelo, os monges da Idade Média transcreviam o que tinha sobrevivido das lendas divinas e contos folclóricos dos antigos povos da Europa e nem por isso eram Pagãos.

Pode ser que o Paganismo tenha vestido alguns elementos cristãos no passado para sobreviver, assim como o cristianismo precisou se valer de vários elementos do Paganismo na construção de sua identidade para sobreviver, crescer e angariar novos adeptos. Mas hoje, isso não é mais necessário, e deve ser evitado.

Talvez, primar por uma exclusão dos elementos cristãos no Paganismo e evitar que mais cristianismo possa ser incluído na Arte seja uma das poucas formas que temos de honrar os Pagãos do passado que se mantiveram fiéis aos antigos Deuses e que não puderam ter essa postura em seu próprio tempo, em função do preconceito e da intolerância de sua época.

Muitas pessoas usam falsas justificativas para continuar atreladas ao simbolismo cristão, dando desculpas incoerentes por pura falta de coragem em se libertar dos grilhões que os aprisionam há tempos.

Mesmo que os cultos à Deusa tenham sido praticados nos locais da aparição de santos, mesmo que muitos Deuses tenham se transformado em santos para facilitar o processo de expansão do cristianismo, como Pagãos, nós devemos nos voltar às verdadeiras faces dessas divindades e invocar os seus verdadeiros nomes. Eliminar todo o ranço cristão dos santos de hoje que foram Deuses ontem é dever de cada Pagão.

Em vez de cultuar Santa Brígida, por que não chamar pela Deusa celta Brigit? Ao invés de recorrer a São Tirso, vamos invocar Dionísio. No lugar de nos voltarmos à Maria, é hora de reverenciarmos novamente a semítica Deusa Mari em todo seu esplendor e pureza. Por que rezar para Nossa Senhora dos Navegantes, se podemos chamar por Ísis Pelagia, a face da Deusa do Nilo que deu origem aos rituais de navegação que foram assimilados posteriormente pelo catolicismo com a clara intenção de exterminar totalmente o antigo Paganismo e expandir a nova fé?

O dever de todo Pagão é resgatar os nomes e a dignidade dos Deuses antigos e não cultuar os santos e as figuras cristãs com a desculpa de que eles são a sobrevivência de antigos Deuses.

Muitos santos de hoje podem até realmente ser uma sobrevivência de antigas Divindades Pagãs, mas eles são sua sobrevivência vegetativa, cujos atributos originais foram marginalizados e completamente tolhidos. A única maneira de exercitar o Paganismo com dignidade é retirar os Deuses de sua existência inerte, na figura das santas e dos santos católicos, e resgatar novamente suas verdadeiras faces Divinas, nomes e atributos originais. Os Deuses agradecem esse ato de consciência, e a Wicca também!

Wicca e Bruxaria: Palavras Sinônimas?

Quando a cristianização aconteceu na Europa, a palavra Bruxaria (do inglês *Witchcraft*), que era anteriormente aplicada somente às práticas religiosas pagãs-europeias de culto à Deusa, foi largamente utilizada para descrever qualquer prática religiosa nativa de uma localidade existente antes do cristianismo.

Com isso, todas as vezes que os inquisidores cristãos se deparavam com novas práticas religiosas, que não sabiam como denominar, davam a ela o nome de Bruxaria. Muitas e muitas pessoas de outros subgrupos, tais quais judeus, ciganos, curandeiros, cientistas foram condenados à fogueira pelo crime de Bruxaria. Isso trouxe confusão sobre quando a terminologia "Bruxaria" deveria ou não ser utilizada; uma confusão que perdura até os tempos atuais.

O grande problema nos países de língua latina em relação ao correto entendimento dos dois termos é a semântica. A palavra em inglês para Bruxaria é *Witchcraft*, que tem as mesmas raízes (*Wicce*, *Wit*, *Wird*, *Wych* e muitas outras) que a palavra Wicca. Logo, para americanos e europeus tais palavras estão intimamente relacionadas entre si, são consideradas sinônimas para representar a mesma coisa.

Quando essa terminologia é traduzida para o Português, muitas são as palavras aceitas para traduzi-la, o que faz com que alguns levantem hipóteses sobre determinadas e possíveis diferenças, de maneira que a Wicca não pareça ser a mesma coisa que *Witchcraft* (Bruxaria, em português).

Atualmente há uma confusão de termos, e muitos afirmam que Wicca e Bruxaria seriam coisas distintas. Quem nunca ouviu o famoso ditado: "Todos os Wiccanianos são Bruxos, mas nem todos os Bruxos são Wiccanianos?"

Para compreendermos o porquê dessa confusão de uso de termos, precisamos pensar um pouco no cenário Pagão da década de 1950 e sua evolução ao longo da história de nossa religião.

Lá em meados da década de 1950, falar a respeito de Bruxaria era considerado heresia e crime. Isso é compreensível em uma sociedade que era ainda influenciada por fortes preconceitos e conotações negativas atribuídas ao longo de processos de perseguições àquilo que se acreditava ser Bruxaria.

Hoje sabemos que, na realidade, muito disso era pura fantasia e invenção, e que, provavelmente, a maioria das pessoas que morreram durante a Inquisição eram bons cristãos que incomodavam o pensamento da Igreja Católica (a religião dominante e a lei da época) por algum motivo. E, por isso, precisavam ser banidas da sociedade. Por essa razão elas eram nomeadas de hereges e, consequentemente, de Bruxas, e eram condenadas à execução. Isso gerou uma verdadeira programação social e, assim, surgiu o uso comum da palavra Bruxa para denominar os praticantes de todos os tipos de práticas espirituais, religiosas ou mágicas diferentes e estranhas às convencionais e aceitas: as cristãs.

Quando a última das leis contra a Bruxaria foi banida na Inglaterra, em 1951, Gerald Gardner apareceu em cena afirmando que as Bruxas pré-medievais e medievais perseguidas eram, na realidade, praticantes da Antiga Religião da Europa. Segundo ele, essa religião teria sobrevivido clandestinamente por meio dessas pessoas que se encontravam nas florestas para celebrar seus antigos Deuses Pagãos, e que as muitas retratações e relatos atribuídos aos encontros de Bruxas, feitos na época da Inquisição, ligando-as a um culto demoníaco era, na verdade, uma deturpação promovida por motivos religiosos e políticos para denegrir a imagem da Bruxaria, a verdadeira religião dos antigos europeus. Afirmou, ainda, que essa prática teria sobrevivido com um novo nome, cuja raiz chegaria até a palavra Bruxaria (em inglês *Witchcraft*) e que o nome moderno para essa antiga Religião era Wicca.

Deixando as controvérsias sobre a veracidade das alegações de Gardner de lado, mas nos focando na história da evolução do uso comum das palavras Wicca e Bruxaria, pois é isso que nos interessa, devemos observar que, no início, essas duas palavras eram vistas como sinônimas e usadas intercaladamente, representando um sistema mágico-religioso promovido por Gardner e muitos dos Bruxos que se tornaram populares na época.

Janet Farrar, iniciada de Alex Sanders, disse em uma entrevista concedida exclusivamente à 3ª Conferência de Wicca & Espiritualidade da Deusa, realizada em 2007, que o que Alex Sanders fazia estava longe de ser o que hoje consideraríamos Wicca. Alex Sanders estudou Magia Cerimonial muito tempo antes de conhecer a Wicca e nela ser iniciado, e encontramos várias incongruências em suas práticas. Quem já não viu suas famosas fotos dentro de um círculo de magia cerimonial com inscrições de nomes como Adonai, El Shaday e muitos outros enquanto realizava um ritual "Wiccaniano"?!

Além de dizer que isso é uma pura contradição, Janet afirma ainda que ele, como muitos outros no alvorecer da Wicca, estavam praticando um mix entre folclore Pagão europeu e Magia cerimonial cabalística fortemente influenciada por ordens tal qual a *Golden Dawn*, que era ainda muito influente na época. Isso está distante dos caminhos da Wicca propostos por Gardner e daqueles caminhos que a Arte acabou por percorrer mundialmente, afastando-se cada vez mais de elementos judaico-cristãos para beber em fontes mais apropriadas ao espírito da Wicca: o Paganismo europeu autêntico, de bases puramente xamanísticas.

Janet Farrar, que foi uma das primeiras iniciadas de Alex Sanders, disse ainda as seguintes palavras sobre a discussão de Wicca e Bruxaria serem a mesma coisa:

> Um santeiro, um sacerdote do Vodu ou um Xamã são Bruxos? Pela visão cristã, sim. Qualquer cristão chamaria um santeiro, um praticante de Vodu ou um Xamã pelo termo Bruxo em função do uso comum da palavra. Mas eles não são Wiccanianos e um Wiccaniano seguramente não os chamaria de Bruxos. A palavra Bruxaria aparentemente é um termo específico para o sistema de magia popular da Europa Antiga dentro da comunidade Neopagã atual.

No livro *Progressive Witchcraft*, escrito também por Janet Farrar e seu atual marido, Gavin Bone, a autora diz:

> Nós, pessoalmente, não acreditamos atualmente que há qualquer diferença entre a palavra Bruxo e Wiccaniano. O significado das palavras, como demonstramos, vem da mesma raiz. A diferenciação entre Bruxo e Wiccaniano se originou na década de 1960, quando Sanders se deparou com a rejeição por parte dos Gardnerianos e criou seu próprio caminho. Isso surgiu como resultado da não aceitação dos que não eram

vistos como "corretamente" iniciados ou tendo uma linhagem. As duas Tradições principais recusam-se a aceitar todos os de fora de sua Tradição como Wiccanianos e até mesmo como "Bruxos reais". Por muitos anos isso dividiu a Bruxaria em dois campos e tem confundido o significado da palavra Bruxo e Wiccaniano puramente por motivos políticos. Essa divisão tem sido perpetuada pelo ditado "Todos os Wiccanianos são Bruxos, mas nem todos os Bruxos são Wiccanianos". Alguns de nós que estiveram no centro dos acontecimentos achamos isso descabido, pois lembramos que o ditado era "Todos os Bruxos são Pagãos, mas nem todos os Pagãos são Bruxos". Nós, como muitos outros, vimos a natureza divisiva dessa situação desde o seu princípio e sempre nos recusamos a aceitar essa divisão artificialmente criada.

Assim, vemos que essa confusão acerca do emprego do termo Wicca/Bruxaria não é recente. No entanto, a diferença é que, na década de 1950, a maioria das pessoas queria dizer que estava praticando Wicca/Bruxaria, e isso trouxe uma superexposição à Wicca tão grande, com práticas completamente esquisitas e esdrúxulas, que muitos começaram a criar uma separação artificial para os dois termos quando, na realidade, o que deveria ter sido combatido eram as práticas estranhas denominadas de Wicca/Bruxaria da época e que estavam distantes da verdadeira Arte.

Ao longo desse processo, muitas formas diferentes de Wicca surgiram, o que fez com que muitos não considerassem esses caminhos como parte da Wicca, pois eles eram levemente diferenciados do que era considerado por muitos como o "original": o Gardneriano. O que precisa ficar claro é que Gardner jamais disse que somente o que ele fazia era Wicca. Ele afirmou repetidamente em seus livros que existiam outras pessoas que praticavam em grupo ou solitariamente essa forma de religião e pontuou diversas vezes que as tradições de fé dessas pessoas poderiam ser diferentes da sua, pois a Wicca/Bruxaria ao longo de sua história teria se tornado uma religião fragmentada, com cada pessoa ou grupo tendo acesso a uma parte ou partes dela.

O que torna a compreensão do temo Wicca e Bruxaria ainda mais difícil é o fato de haver diferentes "escolas" e sistemas. Não existe uma Wicca/Bruxaria única. Existe, sim, um corpo de conhecimento composto de tradições que, comparativamente, são tão variadas e diferentes quanto seriam os climas dos diferentes estados ou regiões de um país que compartilham traços em comum para que sejam considerados pertencentes à mesma nação.

Na Wicca/Bruxaria esses traços são simples de ser determinados: qualquer Tradição ou prática pessoal e solitária, cuja cosmogonia reconheça a Deusa Mãe e o Deus Cornífero como princípios criadores da vida, que observe tanto a Rede Wiccaniana quanto a Lei Tríplice, que centre sua espiritualidade na Terra tendo como base os quatro elementos e possua um calendário litúrgico que se baseie na mudança dos ciclos sazonais e das fases lunares, é Wicca/Bruxaria. Dentro disso, muitos elementos podem variar substancialmente, fazendo com que uma Tradição se diferencie enormemente de outras.

O que precisa ficar claro aqui é a distinção entre uma Tradição ou prática pessoal específica dentro de uma religião, com seus traços elementares, e o que determina que indivíduos possam chamar-se ou considerar a si próprios membros e praticantes daquela religião. Assim, Wicca é a religião que engloba a Tradição Gardneriana, Alexandrina ou até mesmo uma prática pessoal e solitária específica, e não o contrário. Poderíamos dizer, por exemplo, que o Gardnerianismo é subgrupo dessa religião, assim como o Dianismo, o Alexandrinismo ou o Georgianismo, e nenhuma dessas Tradições expressam a única e incontestavelmente verdadeira identidade da Wicca, pois essa identidade é fragmentada.

Os elementos que fazem uma religião incluem um conjunto de crenças relacionadas à forma e à natureza da divindade, dias sagrados, símbolos, uma história compartilhada e um conjunto de diretrizes aceitas. Esse critério pode ser descrito como tribal, o laço que liga as pessoas e cria uma comunidade que compartilha valores em comum, tradições, rituais e costumes através dos tempos.

Hoje, as muitas Tradições da Arte, apesar de suas diferenças em relação aos nomes das Divindades e variações em cosmologia, compartilham esses critérios. Qualquer cristão que estiver viajando próximo à data da Páscoa pode esperar encontrar uma igreja em qualquer cidade, onde outros cristãos estarão celebrando a Páscoa.

Da mesma forma, um Wiccaniano/Bruxo que esteja viajando para a Europa, Austrália, Espanha ou Brasil, próximo à data de um Solstício, Equinócio ou dos Grandes Sabbats pode, em teoria, buscar por um Coven local e/ou por uma celebração pública onde ele poderá participar da cerimônia e se juntar a outros que acreditam no mesmo que ele.

Dentro do ritual será possível perceber que o tema e a estrutura da celebração serão, no geral, mas não especificamente, familiar, incluindo o lançamento de um Círculo Mágico, invocação aos quadrantes e Deuses, cânticos, elevação e canalização de energia e confraternização. Apesar das diferenças operacionais poderem ser diferentes das suas próprias, ou daquelas praticadas em seu grupo, Coven, Grove ou Círculo, a estrutura geral da cerimônia será a mesma. É precisa e exatamente porque a Wicca/Bruxaria é uma religião em que esses temas comuns podem ser reconhecidos e são familiares a qualquer praticante.

Uma Tradição, por sua vez, é um corpo de conhecimentos e de práticas que são passados para outros dentro da estrutura da religião. Mesmo que haja similaridade entre todas as demais Tradições, cada uma delas possui elementos de prática peculiares inerentes somente àquele caminho, com específica linhagem de iniciadores, instrumentos, práticas, cosmologia, conjunto de diretrizes e uma liturgia consistente que distingue aquela Tradição de todas as outras.

Então, qual a real diferença entre Wicca e Bruxaria (*Witchcraft*)?

Basicamente nenhuma! Porém, encontramos muitas pessoas que preferem dizer que praticam *Witchcraft* (Bruxaria) em vez de Wicca. Isso se dá pelo fato de elas afirmarem que as práticas da *Witchcraft* compõem a Bruxaria Tradicional e são mais antigas que a Wicca. Outros, no entanto, preferem dizer que são Wiccanianos porque não querem ver seus nomes associados à Bruxaria, devido às inúmeras conotações estigmatizadas e negativas a ela atribuídas ao longo dos tempos.

Quando alguns desejam fazer diferença entre Wicca e Bruxaria eles estão, na realidade, apontando as diferenças existentes entre Paganismo e Wicca/Bruxaria.

Ao contrário de Wicca/Bruxaria, Paganismo sim é um termo amplo que inclui muitas tradições de fé baseadas na Terra ou na natureza. Assim, o termo Wicca, Bruxaria e Paganismo estão inter-relacionados. Isso demonstra que Bruxaria e Wicca são consideradas palavras sinônimas por muitos, mas que nem toda forma de Paganismo é Wicca.

Os traços que muitos apontam para classificar sua prática pessoal simplesmente de Bruxaria e não de Wicca, como, por exemplo, celebrar a natureza livremente, sem uma estruturada forma ritualística ou não ter nenhuma relação devocional com a Deusa é o que eu chamaria de Paganismo.

O Paganismo estaria muito mais de acordo com a visão de uma espiritualidade intuitiva de relação com a natureza e seus ciclos. Como já vimos, etimologicamente, se pegarmos a palavra Paganismo veremos que ela vem de *paganus*, aquele que mora nos *pagus*, resumidamente significando "povo ou morador do campo". É compreensível que um morador do campo que viva em conexão com a natureza livre também pratique uma forma de espiritualidade mais solta, menos rígida, dogmática e sacerdotal, buscando na natureza a inspiração para seu modo de vida e religiosidade, sem que para isso haja uma relação devocional com a Deusa ou com Deuses específicos.

A palavra Bruxaria, por outro lado, tem etimologia diferente. Se tomarmos a mesma palavra em inglês, que é *Witchcraft*, veremos que sua etimologia se estende ao radical que forma a palavra Wicca (que vem de *Wicce*) e encontramos outras palavras com o mesmo radical: *wit, wise, wizard*, todas elas significando sábio ou sabedoria. Assim, a Bruxaria é a Arte dos Sábios, ou seja, uma forma de espiritualidade com um conhecimento restrito e mantido por um grupo específico de pessoas ou de casta: os "sábios".

Assim, a Wicca/Bruxaria é uma forma de Paganismo por manter todos estes traços já visto (conexão com a natureza, busca da inspiração na forma de espiritualidade do povo do campo, etc.), mas muitas formas de Paganismo não são Bruxaria. Aliás, existem muitas formas de Paganismo que assimilaram traços da religião cristã e é o que hoje se chama de "cristopaganismo". As rezadeiras e benzedeiras, que muitos insistem em dizer que praticam Bruxaria, por compreenderem equivocadamente o significado dessa palavra, estariam na realidade praticando uma forma de cristopaganismo e não Bruxaria em si.

O que muitas pessoas hoje afirmam ser Bruxaria (*Witchcraft*) parece ter começado a tomar forma somente a partir da década de 1970 ou 1980, em uma tentativa de separar determinadas formas de práticas da Wicca massacrada e superexposta da época. O mesmo fenômeno está acontecendo atualmente entre os Wiccanianos Tradicionais que estão começando a usar o termo *Wica*, com apenas um C, para distinguir suas práticas daquelas expostas pelas muitas Tradições contemporâneas de Wicca.

O uso da palavra Bruxaria (*Witchcraft*) foi adotado por muitas Tradições e pessoas que não queriam ser confundidas com as Wiccanianas ou não queriam ser acusadas de praticar Wicca sem ter recebido uma Iniciação formal em uma Tradição "válida".

Muitos, em meados da década de 1970 e 1980, começaram a se dizer praticantes de *Witchcraft*, pois não se encaixavam nos padrões esperados a um Wiccaniano. Dessa forma, começaram a praticar uma espiritualidade intuitiva, mesclando isso com muitas formas de espiritualidade e sistemas de magia nada europeus. Parece que o termo Bruxaria passou a ser empregado para denominar qualquer sistema individual ou de um grupo que seja muito mais flexível e eclético no conjunto de práticas, cujo único ponto de ligação entre ele e a Wicca seja a prática da magia, a observação dos fluxos da natureza e a reverência a esses ciclos.

Os Wiccanianos e os Bruxos Tradicionais Britânicos nunca aceitaram que o que essas pessoas praticam é Bruxaria, e até hoje há uma briga política interna para encontrar uma verdadeira classificação para as práticas individuais dessas pessoas. Talvez esse seja o maior obstáculo a ser transposto em nossa religião na atualidade!

Na verdade, tantos os Wiccanianos quanto os Bruxos Tradicionais Britânicos estão certos quando afirmam que essas práticas pessoais não são Bruxaria, assim como os que praticam uma forma de espiritualidade intuitiva, sem qualquer ligação com a Wicca, estão certos quando dizem que o que eles fazem é Bruxaria. A Bruxaria a que cada um deles se refere são dois sistemas diferentes entre si.

Poderíamos dizer que a Bruxaria que muitos praticam e dizem ser diferente de Wicca ganhou notoriedade depois da década de 1970/1980 e trata-se de um conjunto de práticas individuais, cujo pilar central indiscutivelmente se baseia na grande influência da Wicca, acrescidos alguns adornos pessoais para arrematar o sistema. É nisso que reside seu grande fascínio. Enquanto muitas Tradições de Wicca são fechadas, engessadas e inacessíveis, essa forma de prática é acessível, universal e abrange todos os sistemas.

Talvez Feitiçaria (do inglês *Sorcery*) fosse um termo melhor para descrever essas práticas individuais e intuitivas. A palavra feiticeiro(a), do inglês *warlock*, vem do anglo-saxão *waerlog* que significa "aquele que rompe o juramento".

Muitos do que afirmam que praticam "Bruxaria" e não Wicca estão, na realidade, apontando que suas práticas não se vinculam mais ao conjunto ético e estrutural inerentes à Wicca (por onde muitos entraram no Paganismo). Logo, estão rompendo com ela e muitas vezes com seus juramentos, se um dia tiverem passado por uma Iniciação. Dessa forma, etimologicamente, feiticeiro(a) é um termo muito mais apropriado para nomear tais pessoas do que Bruxo(a), que indica um sacerdócio e vínculos a uma estrutura religiosa específica.

Isso torna o que cada um faz melhor ou pior?

Não!!!

São apenas formas diferentes de Paganismo.

Há um movimento em curso que deseja nomear de Bruxaria toda e qualquer coisa ligada à magia, e isso é uma incoerência terminológica e histórica sem tamanho. O que os haitianos praticam, por exemplo, tem um nome, Vodu, e não pode e nem deve ser considerado Bruxaria. Uma benzedeira pratica um misto de cristianismo e magia popular folclórica e ela não é Bruxa por isso. O mesmo exemplo pode ser aplicado às muitas outras formas de espiritualidade Pagãs que não são Wicca/Bruxaria. O que um reconstrucionista egípcio pratica é Kemetismo; o que um reconstrucionista grego pratica é Helenismo; o que um Druida pratica é Druidismo. Tudo o que acabamos de ver é Bruxaria? Um cristão diria que sim, em função do uso comum da palavra, mas na essência sabemos que cada um desses caminhos pratica coisas completamente distintas. Estamos unidos porque somos todos Pagãos, mas o que praticamos é completamente diferente, a ponto de não ser a mesma religião e, seguramente, nenhum dos caminhos supracitados é Bruxaria.

Eu creio que o primeiro passo a ser dado para que as brigas ideológicas internas deixem de acontecer dentro do Paganismo é empregar termos corretos para distinguir práticas específicas.

A Wicca é ainda muito jovem se comparada às outras formas de religião, e precisa ainda de muito para crescer. Estamos apenas no alvorecer de nossa religião, aprendendo a forma como nos denominamose buscando aquilo que verdadeiramente praticamos.

Pagar ou Não Pagar, Eis a Questão!

Muito se tem discutido acerca do pagamento de honorários por Treinamentos mágicos e cursos de Wicca. Alguns praticantes de Wicca são contra tal pagamento, outros são a favor. Os que são a favor do pagamento pelo ensino da Arte dizem que é chegado o momento de nos libertarmos do pensamento provinciano, feudalista e cristão de que o dinheiro seja mal e sujo. Muitos Bruxos acreditam erroneamente que, por nossas Tradições se originarem de áreas rurais pobres, os Bruxos devem continuar a viver um estilo de vida que reflita a pobreza de nossos ancestrais.

Outros ainda acreditam que dinheiro e espiritualidade não devam se misturar. Há até as religiões que valorizam a pobreza como ideal a ser alcançado. Este não é absolutamente o caso da Bruxaria, que vê o dinheiro como uma energia sempre em movimento, necessário para que sejamos saudáveis, plenos e felizes e até mesmo para que possamos equilibrar as necessidades espirituais e materiais.

Os que são contra dizem que o fazem dessa maneira porque no Livro das Sombras está escrito que não se deve cobrar pelo ensino da Arte.

Mas será que isso realmente está escrito no Livro das Sombras Gardneriano e Alexandrino? Ou as pessoas que fazem tais afirmações estão realizando interpretações arbitrárias das famosas 140 Leis da Bruxaria? Ou ainda, será que essas pessoas realmente já leram essas passagens do Livro das Sombras?

Para que não haja mais dúvidas, transcrevo a seguir as Leis do Livro das Sombras que se relacionam exatamente ao pagamento e uso do dinheiro na Arte, para que possamos fazer uma interpretação acurada destas passagens:

XC: E se algum dos irmãos de círculo realizar de fato alguma tarefa, é justo que se lhe dê seu galardão; porque não se trata aqui, de receber paga por obra da Arte, mas, sim, recompensa pelo trabalho honrado.

XCI: Isso a Lei permite, com retidão, e mesmo os que se dizem cristãos falam assim: "O trabalhador é digno de seu salário", e tais palavras estão em suas Escrituras. Entretanto, se algum dos irmãos quiser trabalhar, pelo bem da Arte, e por amor que lhe tem, sem receber qualquer recompensa ou galardão, isto será a maior honra. A Lei o permite, pois assim foi ordenado e que assim seja.

Mais adiante encontramos mais estas passagens das Leis da Bruxaria:

CIXX: Que todos os membros dos nossos círculos se mantenham no respeito da Lei, venerável e antiga.

CXX: E que nenhum dos nossos aceite, nunca, pagamento por serviços da Arte, pois o dinheiro é como nódoa que mancha aquele que o toma. Em verdade, sabemos que somente os maléficos – que praticam a Arte Negra e conjuram os mortos e os sacerdotes da Igreja – aceitam dinheiro pelas suas artes e nada fazem sem que haja bom pagamento. E vendem, ainda, o perdão das almas, para que os maus se furtem à punição dos pecados.

CXXI: Que nossos irmãos não sejam como tais. Se um dos adeptos aceitar dinheiro, ficará passível de tentações, usando da Arte para a causa do mal. Mas, se não o fizer, assim não será, certamente.

CXXII: Todos, contudo, podem utilizar a Arte em seu proveito e bem próprio, ou para a glória e bem da Arte, desde que haja certeza plena de que ninguém, com isso, será prejudicado.

Vamos analisar então as Leis...

Nas leis 90 e 91 vemos a afirmação de que se algum irmão da Arte realizar alguma tarefa é justo que ele seja pago por isso. É dito também que isso não deve ser visto como um pagamento pela Arte, mas recompensa do trabalho honrado.

Fica claro que essas leis se referem ao tempo disponibilizado para muitas coisas dentro de um grupo, inclusive ensinar. O ato de ensinar outros, por exemplo, demanda esforço, dedicação, compartilhamento da sabedoria adquirida e gasto de energias pessoais, e cada pessoa é livre para decidir como deseja que o uso dessa energia seja recompensado.

Das leis 119 até 121 é estabelecido que não se deve receber pagamento por serviços da Arte, incluindo, na sequência, referências àqueles que realizam feitiços e encantamentos para terceiros em troca de pagamento.

Fica claro aqui que essas leis se referem à venda de feitiços, ao uso da magia nas artes da cura, banimento e etc. Essas artes sempre devem ser realizadas sem nenhum pagamento em troca, pois estamos utilizando uma energia que não nos pertence para realizá-las, a energia da natureza e dos Deuses. Somos apenas um canal da energia natural ou divina para que uma cura se promova, por exemplo.

Fora do Brasil, onde a Wicca já é praticada há muitos anos, esse tipo de assunto não é mais visto com maus olhos pela maioria. Sacerdotes das diferenciadas linhas da Wicca, Bruxaria e Paganismo vêm recebendo honorários para ensinar e treinar outros na Arte há muito tempo. São incontáveis os sites de Sacerdotes renomados de diversas Tradições que deixam bem claro que se uma pessoa deseja treinar com eles deverá colaborar com honorários. Poderia fazer uma relação imensa de sites desses Sacerdotes, alguns muito renomados e aclamados, que chegam a cobrar valores consideráveis mensais para treinar pessoas em suas Tradições. Mas por motivos éticos não os citarei e deixarei para que você mesmo faça essa pesquisa e constate a veracidade de minhas afirmações.

Se podemos pagar e aprender por meio de livros, por que não pagar pelos cursos, sejam eles a distância ou presenciais, ou ainda por Treinamentos?! Será que vai chegar o tempo em que pediremos a todas as editoras e autores do mundo todo que escrevem sobre Wicca que também publiquem seus livros e os distribuam nas livrarias gratuitamente aos leitores?!

Cursos on-line ou presenciais, assim como os livros, não têm a característica de interação iniciador/iniciado, mestre/discípulo. São apenas veículos de transmissão de informação e experiências pessoais que podem auxiliar a outros em seu processo de instrução. É algo completamente diferente de entrar para uma Tradição e ter uma relação mágica com o seu Dedicador/Iniciador.

Ninguém se inicia por meio de cursos, aconteçam eles pela Internet ou não. Se alguém oferecer esse tipo de coisa, saia correndo, pois é picaretagem das grandes. É inegável que cursos, quando ministrados com responsabilidade e por pessoas competentes e fidedignas, auxiliam e muito àqueles que estão iniciando na Arte agora a filtrar o tanto de bobagem que existe disponível por aí. Treinamentos em um Coven ou Tradição exigem que a pessoa disponibilize horas livres para ensinar. Nesse caso, a instrução se dá presencialmente e alguns grupos realizam Dedicações e Iniciações ao término do Treinamento. Como tempo e energia são disponibilizados é justo que se pague.

É necessário que se entenda que ao contribuir com honorários para fazer um curso ou Treinamento as pessoas não estão pagando para serem iniciadas. Simplesmente estão dando uma retribuição justa pelo tempo e a energia que serão dispensados a elas por outros. Esse tipo de contribuição não é pagamento por Iniciações. Iniciações são impagáveis, seu preço é incalculável. Não existe dinheiro no mundo capaz de pagar uma Iniciação.

Honorários representam, certamente, uma troca justa pelo tempo dedicado aos Treinamentos ou cursos, pelas horas utilizadas elaborando-se materiais de referências, pela digitação de textos ou impressão de módulos de apostilas para serem disponibilizados. Esse tempo dispensado seria remunerado à pessoa em questão caso fosse destinado a qualquer atividade profissional entendida como "oficial". Assim sendo, nada mais justo do que remunerar àqueles que disponibilizam seu tempo e energia para a instrução de outros, seja qual for a área em questão.

Qualquer pessoa que estudar a biografia de ocultistas e de magos de renome perceberá que é largamente sabido que eles cobravam por suas consultas e ensinamentos. John Dee era sustentado pela Rainha Elizabeth e juntou muito dinheiro com suas consultas e previsões à realeza inglesa. Crowley cobrava altas somas de dinheiro para instruir seus discípulos e cobrou uma pequena fortuna para nomear Gerald Gardner membro da OTO (Ordem do Templo do Oriente); Papus cobrava por suas sessões de hipnose, e por aí vai...

Desde tempos imemoráveis, Sacerdotes são suportados pelas comunidades às quais servem. Da curandeira de um vilarejo que recebe galinhas em retribuição às suas curas, aos magos da realeza medieval, pagamento por serviços "espirituais" prestados sempre existiu e sempre existirá!

É nas formas do totemismo e animismo que vemos as raízes daquilo que podemos chamar de xamanismo, e um de seus desenvolvimentos se tornou naquilo que atualmente chamamos de Bruxaria.

Conforme a humanidade se desenvolveu e se estabeleceu em um modo de vida baseado na agricultura, o trabalho mágico da tribo evoluiu. Em uma vila, famílias específicas eram responsáveis por atividades hereditárias, como a arte da forja, trabalho com metais, confecção de tochas, carpinagem, etc. Essa é a origem dos sobrenomes como Ferreira, por exemplo.

Os que trabalhavam com magia se tornaram os Sacerdotes e Sacerdotisas da Vila. Suas funções incluíam traçar os ciclos das estações e realizar os rituais sazonais. Isso envolvia fazer oferendas aos Deuses locais e espíritos para boas colheitas e caçadas. Esses rituais eram importantes em uma sociedade baseada na agricultura e, para performá-los, os sacerdotes precisavam compreender os ciclos da natureza das estações e precisavam ser os guardiões dos mistérios do nascimento, morte e renascimento.

Eles cuidavam dos doentes com o conhecimento popular sobre as ervas que eles tinham acumulado de geração em geração e eram os responsáveis pelo banimento dos espíritos malignos, que causavam a morte. Por esses serviços prestados, os Sacerdotes recebiam "pagamentos" como galinhas, frutas, grãos, sal para que eles pudessem se manter e continuar servindo espiritualmente a tribo e assegurar seu bem-estar.

Não podemos esquecer que a origem da palavra Bruxaria, em inglês *Witchcraft*, envolve a palavra *Craft* que quer dizer literalmente arte, ofício, trabalho.

Durante muito tempo permaneci na dúvida se deveria cobrar ou não por Treinamentos dados. Durante mais de 10 anos de militância pública e ensino da Arte, percebi que as pessoas na maioria das vezes não valorizam aquilo que não têm um valor.

Quantas e quantas vezes pessoas vieram até o meu grupo, foram dedicadas, iniciadas, absorveram o conhecimento que levei muito tempo para adquirir e aperfeiçoar por meio da leitura de diversas obras em inglês caríssimas e foram embora sem se quer agradecer pela minha presteza em compartilhar o que sabia com elas. Sem contar os livros e livros que perdi, emprestando para um ou outro, porque tais pessoas alegavam que não tinham como comprá-los. No entanto, estas mesmas pessoas não deixavam de comprar o tênis da moda, a roupa de marca ou o último modelo do celular. Isso me fez parar para pensar. Se as pessoas podiam despender o seu dinheiro para comprar coisas tão fúteis, por que não podiam fazer o mesmo quando o assunto se tratava do seu aprendizado mágico, que ficava sempre em segundo plano?

Foi quando, então, recorri a outros Bruxos mais experientes para obter uma segunda opinião sobre o tema. Todos eles foram unânimes em dizer que já tinham passado por problemas semelhantes e que chegaram à conclusão de que aquilo que é ensinado sem valor é desvalorizado.

Paulatinamente, fui revendo os meus conceitos e mudando minha visão sobre o recebimento de honorários por Treinamentos. Até que passei a efetivamente cobrá-los de quem pudesse pagar. É necessário salientar que esses honorários não representam o pagamento por Iniciações, mas, sim, uma retribuição pelo tempo disponibilizado para treinar outras pessoas, para que elas tenham condições intelectuais de um dia receber uma Iniciação. É evidente que existem casos e casos, se uma pessoa sem condições chega até mim e eu percebo sua real vontade de estudar, aprender e celebrar os Antigos de todo coração, não negarei isso a ela porque não pode pagar por um Treinamento.

"Pagar" por algo tem uma função que vai além do sentido material em si: tudo o que é fornecido sem um valor deixa de ser valorizado. Qualquer pessoa para aprender algo precisa pagar de alguma forma, mesmo que isso se dê em nível simbólico.

Você pode até argumentar: "Esse pensamento está errado, pois existem muitos livros em PDF na Web que podem ser baixados sem ser pagos."

Poderíamos dizer que, inicialmente, para fazer isso, você já está pagando para acessar a Internet. Mesmo que faça o download do local onde trabalha, você ainda estará pagando, pois precisa "mostrar serviço", caso contrário, seu chefe irá demiti-lo. Mesmo que seu acesso à Internet seja gratuito, você paga pela luz que utiliza para acessá-la; se não paga pela luz, provavelmente pagou para obter o computador; se não pagou pelo computador, mesmo assim, pagará para ler o PDF, pois os processos biológicos de seu organismo são feitos à base de troca, que não deixam de ser uma forma de pagamento. Enfim, de qualquer maneira, você paga para fazer as coisas...

Podemos perceber, então, que os problemas morais que envolvem o conceito de "pagamento" se aplica somente ao ato de pagar o indivíduo por aquilo que ele está realizando. Isso é o que se chama de desvalorização. O pensamento lógico nos leva à seguinte conclusão: qualquer pessoa que seja desvalorizada não tem a mínima obrigação de compartilhar aquilo que possui com os demais.

Todas as vezes que assuntos como pagamentos por ensinamentos na Arte são levantados e as pessoas se inflamam em indignação, sinto-me no meio de um bando de cristãos que valorizam a pobreza e acham o dinheiro sujo e pecaminoso, em vez de naturalmente desejarem valorizar aqueles que disponibilizam seu tempo e energia para a instrução de outros.

Existe uma reflexão muito interessante de Gurdjieff, que foi complementada por seu discípulo Ouspensky no livro *Psicologia da Evolução Possível ao Homem:*

O pagamento é um princípio. O pagamento é necessário, não para a escola, mas para as próprias pessoas, pois sem pagar não obterão nada. A ideia do pagamento é muito importante e deve ser compreendido que é absolutamente necessário pagar. Podemos pagar de uma forma ou de outra, mas todos têm que descobrir isso por si mesmos. Ninguém pode possuir nada sem pagar por isso. As coisas não podem ser dadas, só podem ser compradas. Isso não é uma coisa simples, é magia. Se temos conhecimento, podemos dá-lo a outra pessoa, mas a outra pessoa só poderá tê-lo se pagar por ele. Isto é uma lei cósmica.

Nem é necessário mencionar o quanto é justo a contribuição por parte dos membros de um grupo para cobrir gastos relativos ao pagamento do aluguel de uma sala, contas de água, luz, telefone, compra de velas, incensos, óleos, ervas e material impresso de estudos que um círculo de estudos, Coven ou Grove ativo possui. Rateie isso igualmente e mensalmente para cada um, em um grupo de 13 pessoas, e chegaremos a uma soma mensal razoável. O pagamento por honorários de Treinamento servem para cobrir esses gastos, por exemplo.

Existem grupos em que as pessoas estão felizes e satisfeitas em fazer as reuniões um dia na casa de um membro e outro dia na casa de outro. Mas existem aqueles grupos em que as pessoas sentem que precisam de um espaço exclusivamente reservado para suas práticas e aí é impossível não haver contribuição alguma. O grande problema com o qual nos defrontamos no tipo de debate que estamos tendo é que as pessoas julgam as outras baseadas em suas próprias experiências e decisões. Não é porque um grupo decidiu que se reunirão alternadamente na casa dos membros do círculo e/ou uma pessoa decidiu disponibilizar o seu tempo, o seu espaço e o seu conhecimento sem requerer nenhum honorário por isso, que outros sentirão o mesmo e serão obrigados a agir da mesma forma. A experiência de um nem sempre funciona para outros.

Se a palavra pagar o ofende, utilize o conceito mais antigo: o de trocar uma coisa por outra. Afinal, nenhuma pessoa tem o dever de disponibilizar horas e horas para redigir material de estudos e ainda por cima imprimir, pagar a postagem, enviá-lo pelo correio de graça, sem uma ajuda justa por todo este trabalho. Isso seria dar caridosamente algo que, em outras palavras, é o mesmo que esmolar; e a esmola faz parte de outra religião, não da Wicca!

Ninguém é obrigado a disponibilizar seu tempo, disposição, energia, conhecimento e dispensar horas e horas para redigir material de estudos, gratuitamente. Existem aqueles que não sentem a necessidade de cobrar por isso, como um professor ou médico que faz serviços voluntários em suas horas vagas, e outros que acreditam, veementemente, que os anos gastos em sua instrução e aperfeiçoamento devam ser retribuídos.

Cada pessoa é livre para decidir como essa retribuição se dará.

Leis da Bruxaria

As Leis da Bruxaria foram criadas por Gardner e circulam pela Internet com o título equivocado de Leis Celtas ou Leis da Tradição Celta.

Muitos as utilizam para reger seus Covens, alegando que datam de um tempo antiquíssimo e que eram usadas pelas Bruxas na época da Inquisição para manter a segurança de suas comunidades.

Apesar da história ser muito bonita, transportando-nos a um passado lúdico que mexe com a fantasia de todos nós, ela está longe de ser verdadeira. Essas Leis da Bruxaria foram criadas por Gardner e não são tão antigas quanto ele afirmava e fê-las parecer, e/ou quanto alguns ainda acreditam que elas sejam. Na realidade, elas foram criadas para justificar a saída de Doreen Valiente do Coven de Gardner em um momento de conflito interno. Gardner queria que Doreen cedesse seu lugar para uma Sacerdotisa mais nova e, para justificar essa decisão, criou as famosas Leis da Bruxaria. Assim, tais Leis somente estão presentes nos Livros das Sombras Gardnerianos, que foram redigidos após a saída de Doreen do grupo.

Frederic Lamond, iniciado no Coven do próprio Gardner, em 1957, faz relatos e revelações interessantes e surpreendentes sobre o surgimento das Leis da Bruxaria no seu mais novo livro chamado *Fifty Years of Wicca*. Transcrevi aqui partes do texto do livro em que ele faz essas revelações:

UMA IMAGINAÇÃO DESENFREADA

A invocação de Gardner das "Antigas Leis da Arte" em sua carta para Doreen, sugerindo que ela declinasse de sua posição de Alta Sacerdotisa, é somente um dos muitos exemplos de uma atitude criativa desviada para a verdade efetiva.

[...] o Coven de Doreen solicitou autorização para continuarem a se encontrar na Cabana das Bruxas no Clube Nudista até que eles pudessem encontrar sua própria base. Gerald poderia ter respondido "O Clube Nudista e a Cabana são de minha propriedade. Se vocês não estão dispostos mais a se reunir comigo, não podem se reunir em minha propriedade!" Ao invés disso ele respondeu "Há uma antiga lei que data da Época das Fogueiras" (a favorita expressão dele) "que afirma que, por razões de segurança, nenhum Coven de Bruxos pode se reunir a menos de 25 milhas de distância do local de encontro de outro Coven"[...]

Recentemente me ocorreu que estas mentiras factuais podem, no entanto, conter verdades míticas. Quase certamente não há uma linha ininterrupta de iniciações das Bruxas Medievais – vamos deixar a Idade das Pedras em paz – indo até o nosso Coven, mas há uma ligação entre elas e nós ao menos no nível do inconsciente coletivo[...]. Gerald Gardner foi um homem do seu tempo e todos os movimentos esotéricos do final do século 19 e início do 20 eram ainda influenciados pela crença cristã de que toda verdade é herdada do passado. A Franco-maçonaria, na qual Gerald foi iniciado, em 1909, clamava traçar seu conhecimento arcano a Hiram, o arquiteto do Templo de Salomão.

Quando a Franco-maçonaria especulativa surgiu no século 16, na Escócia, René Guénon, o esotérico francês, intitulou a si mesmo como um "Sacerdote da Ordem de Melquisedek", e os fundadores da *Ordem da Golden Dawn* clamavam ter recebido uma carta de um Iniciado Rosacruz alemão – Fräulen Sprengel. Não é de se admirar que Gerald ou o Coven de New Forest tenham sentido que deveriam retratar o movimento do renascimento da Bruxaria através de uma longa linhagem iniciática.

O que concluímos com tudo isso?

Primeiro que as Leis da Bruxaria foram inventadas e não servem como parâmetro para guiar todos os Covens. Segundo que os próprios Gardnerianos estão olhando para a sua história e desfazendo os erros e equívocos do passado. Isso é uma atitude admirável e corajosa!

Há quem diga que não apenas as Leis da Bruxaria, mas também o Livro das Sombras e provavelmente a própria Wicca tenham saído da cabeça criativa e inventiva de Gardner. Essas pessoas afirmam que, ao longo de todos esses anos, não se encontrou comprovações sérias da ligação de Gerald com qualquer Coven cujas origens possam ser rastreadas até a "Época das Fogueiras", muito menos foi possível contato real com qualquer pessoa que pertencesse originalmente ao grupo que ele afirmava que o teria iniciado. Tais pessoas afirmam também que todas as possíveis provas foram forjadas ou partiram de pessoas suspeitas em virtude das fortes ligações e da relação de amizade com Gardner.

Levando em conta que o modelo escolar de alfabetização nasceu há pouco mais de dois séculos, precisamente em 1789, nenhum escrito datando da época da Inquisição poderia ter sido encontrado. As pessoas simplesmente não sabiam ler, nem escrever. Logo, um Livro das Sombras ou qualquer outro tipo de texto com os conhecimentos relacionados à Bruxaria Medieval seria obra de pura Magia, já que virtualmente 99% da população era analfabeta.

A classe alfabetizada era a da Monarquia e dos clérigos cristãos, que estavam mais interessados em evangelizar e/ou praticar os sofisticados sistemas de Magia cabalísticos e judaico-cristãos, que não eram nada campesinos ou Pagãos. Muitos Grimórios de Magia são, inclusive, anteriores ao século 18. Talvez seja por isso que, para aparentar certa antiguidade, Gardner ou quem quer que tenha sido sua fonte tenha usado fragmentos inteiros das *Clavículas de Salomão* para rascunhar as primeiras versões do que se tornaria o *Livro das Sombras Gardneriano*.

É certo que Gardner se tornou membro de um dos ramos da OTO de Crowley, ainda que sua filiação à ordem fosse somente nominal. Gardner foi apresentado a Crowley por Arnold Crowther, em 1946.

A própria Doreen Valiente afirmou em vários de seus livros, que a influência de Crowley no material de Gardner era bastante aparente nos rituais. E ainda, que Gardner justificava que os rituais que ele teria recebido de seu antigo Coven eram fragmentados, e que teve de completá-los com material adicional. Foi a própria Doreen que adicionou sua poesia à liturgia Gardneriana, e se hoje percebemos poucos traços da influência de Crowley na Wicca, devemos isso a ela.

É chegada a hora de darmos um basta nas histórias das avós iniciadoras, linhagens iniciáticas ininterruptas antiquíssimas, Livros das Sombras Medievais e todo esse "blá, blá, blá" hereditário. Nada disso é real, e quem afirma tal coisa está enganando, sendo enganado ou agindo de má fé.

A Wicca e a Bruxaria Moderna como um todo, são fenômenos modernos. Nada sobreviveu às perseguições do cristianismo!

Pensemos juntos, se religiões muito mais poderosas como a egípcia, grega ou romana não sobreviveram ao genocídio espiritual e cultural do patriarcado e do catolicismo, por que a Bruxaria (uma religião bem mais tímida e minoritária) sobreviveria?

Isso é comprovadamente improvável do ponto de vista histórico! Fazendo um trocadilho, "isso é história pra inglês ver!"

Tudo isso torna a Wicca uma religião menos válida?

De forma alguma!

Toda religião foi criada por alguém um dia, e se a Wicca foi criada por Gardner, isso não a torna uma religião menos válida que qualquer outra. A validade de qualquer religião não está em seu passado histórico, mas nas respostas que ela é capaz de fornecer aos anseios e indagações da alma humana. Nisso a Wicca tem sido altamente eficaz, tanto que é considerada pelos estudiosos a religião que mais cresce no Ocidente na atualidade.

Uma religião não deve ser definida por aquilo que um dia foi, mas por aquilo que ela é e pelo que os seus praticantes fazem hoje.

Gardner deu impulso a um movimento espiritual que não parou de crescer. Esse movimento evoluiu, cresceu e se transformou na Wicca que hoje conhecemos. Assim como tudo o que cresce, a criatura saiu da mão do seu criador e ganhou vida própria.

É hora de lançarmos luz em nosso passado para criarmos um novo futuro. Se não honrarmos o nosso passado, jamais saberemos caminhar no futuro. Honrar o passado significa, entre outras coisas, reconhecer os erros e equívocos de nossos ancestrais para não os repetir. Aceitar isso é importante para conquistarmos a dignidade espiritual que merecemos.

Gardner talvez não tenha conseguido dar à Wicca um passado espiritual Neolítico e antiquíssimo como um dia ele projetou. Mas nós, os atuais praticantes da Arte, podemos fazer isso. Como?! Dando à atual Wicca um passado espiritual conceitual e enfatizando a ligação espiritual arquetípica, como Fred Lamond sugeriu no trecho reproduzido anteriormente.

Nós concedemos à Wicca sua ancestralidade espiritual quando eliminamos, diariamente, os resquícios de magia judaico-cristã que ainda permanecem na Arte, quando buscamos nos rituais xamanísticos dos antigos povos inspiração para recriar rituais modernos para celebrar os Deuses e quando entendemos que a Wicca é, na realidade, a "Antiga Religião" do futuro.

Não conseguiremos dar à Wicca o seu passado espiritual reivindicando linhagens medievais inexistentes; não conseguiremos isso clamando uma hereditariedade Pagã falsa para respaldar o que acreditamos ou fazemos; não conseguiremos isso perpetuando os mitos e inverdades do passado.

O novo amanhecer da Arte se dará ao passo que reconhecermos nossas vulnerabilidades como religião, desfazendo os equívocos perpetuados até o presente momento.

O alvorecer da Arte acontecerá somente quando nos conscientizarmos que, mesmo sem esse passado lúdico que todos um dia sonhamos e quisemos, estamos aqui hoje e fomos trazidos para este caminho e, de alguma forma, fomos transformados nessa busca. É somente isso o que importa. Algo muito maior nos une e nos impulsiona em seguir adiante e continuar caminhando nesse "velho-novo" caminho que chamamos de *Wicca*.

De onde veio essa inspiração que motivou Gardner a dar surgimento à Arte como a conhecemos e que continua impulsionando tantos a recriá-la diariamente? Da *Anima Mundi* (Alma do Mundo)? Talvez!!!

A Alma do Mundo carrega conhecimentos muito antigos e talvez esteja nos inspirando diariamente na construção da Wicca, afinal, a capacidade e a inspiração para conceber novas ideias religiosas não acabou com as culturas do passado. Somos seus herdeiros diretos e temos tanto ou mais capacidade e maiores conhecimentos, científicos e/ou tecnológicos, para dar vida às novas formas de religião que respondam aos anseios, expectativas e visão de mundo do homem contemporâneo.

Que esta Alma continue a nos inspirar constantemente, sussurrando em nossos ouvidos aquilo que foi esquecido e precisa ser relembrado.

Ela é a origem do que fazemos, a nossa verdadeira anciã e ancestral.

É até ela que podemos traçar nossa linhagem e ancestralidade espiritual, e a ninguém mais!

Conheça as Leis da Bruxaria

Teoricamente, as Leis da Bruxaria foram passadas a Gardner pelo Coven que o introduziu na Wicca. A questão é que não se pode afirmar com exatidão se o Coven de New Forest realmente existiu.

Como o próprio Fred Lamond demonstrou, as antigas Leis da Bruxaria é um trabalho do próprio Gardner e elas não existiam até 1957, quando ocorreu o episódio já relatado envolvendo a saída de Doreen Valiente do grupo de Gerald. Podemos facilmente perceber que o texto foi forjado de alguma maneira, pois ele traz mesclas entre o inglês arcaico e o moderno. Assim, ou o texto foi redigido deliberadamente por Gardner ou agregou fragmentos de antigas Leis, que poderiam até ter existido, com outras criadas a partir de suas próprias ideias.

Outra curiosidade é que o texto traz um erro histórico crasso, já que aponta para o castigo de queimar Bruxas na Inglaterra, onde elas eram, na realidade, enforcadas e não queimadas. Fogueiras foram usadas como forma de condenação em outros países, incluindo na Escócia, mas não na Inglaterra.

As Leis da Bruxaria encontradas a seguir são baseadas nas 140 Leis redigidas à mão pelo próprio Gardner e que foram posteriormente ampliadas e complementadas por Alex Sanders com 22 Leis adicionais. Muitas outras versões com uso de ortografias e palavras variadas existem e foram redigidas em livros de Wicca e Bruxaria ou estão disponíveis para consulta em diversos sites na Internet.

A maioria das Tradições e Covens da atualidade veem essas leis de modo demasiadamente ultrapassadas e atualmente desnecessárias, além de serem sexistas e paranoicamente saturadas com a ideia do Tempo das Fogueiras:

I. Esta é a Lei, antiga e aceita, tal qual se prescreveu.

II. Ela foi feita para os adeptos, por guia, ajuda e conselho em todas as suas aflições.

III. Cumpre aos adeptos reverenciar os Deuses e as Deusas, obedecendo-lhes a tudo que for dito, na conformidade de seus mandamentos; eis que foram propostos para esses mesmos adeptos, e isso se fez por seu bem; assim também a reverência aos Deuses e Deusas bem é de sua conveniência. Na verdade, os Deuses, assim como as Deusas, amam os que se confraternizam e chamam-se irmãos nos Círculos dos Iniciados.

IV. Tal qual um homem ama a sua mulher, não devem os adeptos ocupar o domínio dos Deuses e Deusas, mas, sim, promover amá-los por meio de atos e manifestações desse sentimento.

V. É necessário que o círculo dos adeptos, no qual o templo é dos Deuses e das Deusas, seja levantado e purificado, pois assim lugar merecido será, onde estarão Deuses e Deusas em presença.

VI. E os adeptos se prepararão, e estarão purificados, a fim de que possam ir à presença dos Deuses e diante das Deusas.

VII. E os adeptos elevarão forças com poder dos seus corpos, para que, repletos, tornem o poder aos Deuses e Deusas, tanto com amor quanto com reverência no íntimo de seus corações.

VIII. Tal como a doutrina foi estabelecida, do passado; pois tão somente assim é possível haver comunhão entre homens e Deuses e entre Deusas e homens; visto que nem podem os Deuses, assim como as próprias Deusas, estender seu auxílio aos homens, sem a mesma ajuda desses.

IX. E haverá uma Alta Sacerdotisa, a qual regerá o círculo dos adeptos como elo dos Deuses, assim como também das Deusas.

X. E haverá um Alto Sacerdote que a sustentará nos seus feitos, como representante dos Deuses e assim também das Deusas.

XI. E a Alta Sacerdotisa escolherá a quem bem queira, desde que baste em hierarquia, para que lhe dê assistência na condição de Alto Sacerdote.

XII. Atentando-se a que, tal como o próprio Deus lhe beijou os pés, a Aradia (Deusa Suprema), por cinco vezes a saudou, depondo seus poderes aos pés da Deusa em submissão, pois que era ela juvenil e dotada de toda beleza, e em si havia tanto gentileza como doçura; sabedoria e justiça; humildade e generosidade.

XIII. Assim mesmo a ela confiaram todos os poderes divinos que eram de sua própria característica.

XIV. Eis que, porém, a Alta Sacerdotisa deve ter em espírito que todos os seus poderes emanam dos Deuses.

XV. E os poderes lhe são cedidos tão somente por uns tempos, para que deles use com sabedoria e bom senso.

XVI. E, portanto, sempre que esta Sacerdotisa vier a ser julgada pelo Conselho dos que são adeptos, a ela caberá aceitar a renunciar o poder – de boa vontade – em favor de uma mulher que seja mais jovem.

XVII. Porque a Alta Sacerdotisa, quando legítima, há de reconhecer que uma de suas virtudes mais sublimes é ceder à honra de sua posição, em gesto de boa vontade, para aquela outra mulher que deva sucedê-la.

XVIII. E por compensação de seu ato, ela voltará a essa posição de Alta Sacerdotisa em uma vida futura, com poder e suprema beleza sempre aumentados, pois assim é a prescrição da Lei.

XIX. Ora, nos tempos antigos, quando a Lei entre os adeptos se estendia aos longes, vivíamos em gozo de liberdade; e nossos cultos e ritos tinham por local os mais nobres dos tempos.

XX. Mas correm agora dias infelizes, em que precisamos celebrar em secreto os nossos sagrados e santos mistérios.

XXI. E hoje que esta seja a Lei: que ninguém que não seja adepto possa estar presente a estes nossos mistérios; porque muitos são aqueles que não nos têm afeto; e a língua do homem na tortura se desata.

XXII. E hoje que esta seja a Lei: que nenhum Coven saiba onde o outro se reúne.

XXIII. E nem saibam quem são nossos membros, com exceção apenas do Alto Sacerdote e da Alta Sacerdotisa, bem como aquele que conduza as mensagens nas anunciações.

XXIV. E não se estabelecerá relação entre um e outro círculo de adeptos; salvo por mediação daquele que faz a anunciação dos Deuses, ou leva a palavra das convocações dos círculos.

XXV. E quando tudo esteja muito a salvo, é dito aos círculos dos adeptos que se encontrem em lugar determinado, em segurança, para celebração das grandes festas.

XXVI. E enquanto ali se acharem, nenhum dos presentes dirá de onde veio, nem seus nomes reais se farão conhecidos.

XXVII. E isto é para que, se algum deles for torturado ou interrogado, não possa, em sua agonia, dizer o que lhe mandam, pois não o sabe.

XXVIII. E fique este mandamento: que nenhum irmão ou irmã diga a um estranho à Lei quem são os adeptos; que não declare nomes; nem contará onde se reúnem; nem por qualquer forma ou maneira trairá algum de nós aos que nos perseguem para a morte.

XXIX. Nem se dirá onde fica o lugar do Grande Conselho dos Adeptos.

XXX. Nem tampouco a sua própria sede, onde se encontram os seus companheiros de círculo, em particular.

XXXI. Nem onde serão os encontros do círculo que faz parte.

XXXII. E se alguém infringir as Leis, ainda que na sua agonia dos suplícios, sobre sua cabeça desabará a maldição da Grande Deusa, de tal modo que nem venha a renascer nestes elementos conhecidos por nós, e que sua permanência eterna seja no inferno dos que se dizem cristãos.

XXXIII. E que cada uma dentre as Altas Sacerdotisas presida sobre seu próprio círculo, distribuindo amor e justiça com ajuda e conselho do Alto Sacerdote e dos mais antigos, dando ouvido em constantes ocasiões, ao que traz a mensagem dos Deuses nas anunciações que ocorrerem.

XXXIV. E ela dará ainda mais ouvido às observações dos que se dizem irmãos; e todas as disputas e diferenças que haja entre eles sejam de sua responsabilidade.

XXXV. Entretanto, força é reconhecer que haverá em todos os tempos adeptos discutindo com rivalidade para forçar suas decisões e vontade a outros.

XXXVI. Não que isso em si seja mau.

XXXVII. Porque muitas vezes se expressam boas ideias; e as que sejam boas devem ser discutidas em Conselho.

XXXVIII. Mas havendo divergência ou incoerência quanto às ideias, no confronto dos irmãos e irmãs.

XXXIX. Ou se for dito: "Não aceitarei as ordens da Alta Sacerdotisa", eles serão levados diante do Conselho.

XL. É bom que se saiba: a Lei antiga sempre foi da conveniência dos adeptos unidos, e assim se evitarão disputas.

XLI. E quem discordar terá o direito de estabelecer um novo círculo de adeptos; e isso também é necessário quando um de seus membros precisa se afastar, indo morar em local distante das Sedes, ou quando as vinculações ficarem perdidas entre o círculo e esse adepto em particular.

XLII. E qualquer um que tenha sua moradia perto das Sedes dos círculos dos adeptos, mas se mostre desejoso de estabelecer novo círculo, assim o dirá aos mais antigos, declarando-lhes sua intenção. E isso dito, poderá afastar-se na mesma hora e buscar outro lugar distante.

XLIII. Ainda assim, os que sejam membros de um círculo antigo poderão se mudar para o novo. Mas se o fizerem, é necessário removerem-se para sempre do local do círculo antigo do qual faziam parte.

XLIV. Os mais antigos, do novo e do velho círculo, porém, decidirão em entendimento mútuo e com amor fraterno sobre os novos rumos em que devem se firmar na separação dos dois círculos de adeptos da Lei.

XLV. E os praticantes da Arte que tenham suas moradias em local distante de ambas as Sedes, fora de seus limites, poderão pertencer a um ou outro desses grupos, e não aos dois ao mesmo tempo.

XLVI. Entretanto, todos poderão, sob permissão dos mais antigos, comparecer aos festivais solenes, desde que haja paz e fraternal afeto entre os presentes.

XLVII. Mas quem leva a desavença ao seio dos círculos dos adeptos é réu de punição severa, e para tanto se fizeram as velhas leis: assim, que a maldição da Suprema Deusa lhe desabe sobre a cabeça a toda Lei que desconsiderar. E tal é o mandamento.

XLVIII. E se tu tiveres contigo um Livro Das Sombras, que esse seja escrito por tua letra e de teu punho. Mas se qualquer dos irmãos ou das irmãs for desejoso de ter uma cópia, assim será por certo; mas não deixes nunca que tal livro te saia das mãos; e nem tragas contigo, nem tenhas sob tua guarda aquilo que outra pessoa escreveu e que seja de letra e punho dela.

XLIX. Eis que se tal livro for encontrado com outra pessoa, e seja de tua letra, esta pessoa poderá ser levada a julgamento.

L. E que cada um tenha consigo o que seja de sua mesma escrita e próprio punho, destruindo o que deva ser destruído, toda vez que estiver sob ameaça e risco maior.

LI. E que o que aprenderes seja perfeitamente sabido; mas, passado o perigo e afastados os riscos, escreverás em teu Livro, quando houver segurança; e o que antes tiveres escrito e destruído, nessas ocasiões o reescreverás.

LII. E se for sabido que algum dos adeptos morreu, será dever a destruição deste seu Livro das Sombras, e de semelhantes, para que não caia em mãos erradas, entre profanos.

LIII. Prova constituirá, certamente, contra aquele profano que tiver o Livro de um dos irmãos da Arte, pois não é filho da Lei.

LIV. E contra também aos profanos que nos oprimem e dizem: "Ninguém é Bruxo e está sozinho."

LV. Portanto, todos os teus parentes e amigos podem se encontrar sob risco de torturas e investigações.

LVI. E isto é a razão porque tudo o que se escreveu deve ser destruído.

LVII. Mas se teu Livro das Sombras for achado contigo, isso se demonstrará contra ti e somente tu serás citado às cortes profanas.

LVIII. Guarda em teu coração aquilo que se sabe da Arte.

LIX. E se o suplício for tamanho que não possas suportar, então dirás: "Confessarei, porque não sou capaz de resistir a estes tratos."

LX. Mas que pretendes dizer?

LXI. E se tentarem fazer com que fales sobre teus companheiros, não o faças.

LXII. Mas se tentarem fazer com que fales de coisas impossíveis, das que não são usuais entre Bruxos, tal qual voar com cabos de vassouras; ter pactos com demônios, desses em que creem os cristãos; sacrifícios de crianças;

LXIII. Sacrifício de Virgens e inocentes; ou insinuações de canibalismo; poluição e profanação de hóstias; missas negras que se rezam nos ventres das mulheres devassas; poços de urina onde se profanam as coisas santas; unguentos de invisibilidade; secar o leite das vacas; fazer cair granizo; moverem-se objetos pesados; danças em Sabbats presididos por satanás, que recebe no ânus o beijo dito infame; se, por fim, indagarem destas coisas;

LXIV. Dirás para que tenhas alívio dos padecimentos que te inflijam: "Sim! Acho que tive pesadelos; ou meu espírito foi arrancado; ou me parece que tive um momento de insanidade e loucura."

LXV. Na verdade, algumas autoridades têm compaixão; e se houver pretexto, poderão até agir com misericórdia. Cautela com frades e fanáticos.

LXVI. Se disseres algo, porém, que te comprometa, ou a outros companheiros, não te esqueças de negá-lo depois, desmentindo tudo, para afirmar – durante os maus-tratos – que nem sabias do que falavas.

LXVII. E se te condenarem, não tenhas cuidado.

LXVIII. É que teus irmãos dos círculos dos adeptos são gente de poder e te ajudarão a fugir, desde que não percas a firmeza nem desates a língua. Se, contudo, te traíres, ou aos demais, já não te restará esperança de salvação, nem nesta vida nem na futura.

LXIX. Não te inquietes: se em tua firmeza te conduzirem à fogueira do suplício – para o desfrute dos cristãos e de seus demônios – teus irmãos te ministrarão drogas suavizantes, e te haverá conforto, e nem sofrerás dores. Para a morte partirás tranquilo e para o consolo do além, que é o êxtase nos braços da Deusa Suprema.

LXX. E teu gozo não será o da carne, mas, sim, do espírito, que é na sua purificação e elevação, que os adeptos se dedicam às suas obras.

LXXI. Mas para evitar que sejas descoberto, teus instrumentos de Arte serão bem simples, como os que são encontrados nas casas comuns dos profanos; e entre eles não se dirá nada.

LXXII. É bom que os Pentáculos sejam feitos de cera, de modo que logo se rompam e mais rápido sejam derretidos, como qualquer obra artesanal.

LXXIII. Em tua casa não terás armas, nem espada, a menos que as permita tua hierarquia no círculo.

LXXIV. Em tua casa não gravarás símbolos, nem sinais, nem nomes que soem estranhamente. Nem em nada os escreverás.

LXXV. Quando for necessário seu uso, então escreverás com tinta o que tiveres de traçar e escrever no momento das consagrações; e passadas essas, com a obra terminada, tu apagarás tudo tão logo não seja necessário continuar escrito.

LXXVI. Nos punhos das armas quando te forem permitidas mostrarás quem és entre os adeptos, mas não o saberão os profanos, nem os que te perseguem.

LXXVII. Nelas não farás gravuras, nem inscrições, para que pelos símbolos não conheçam tua condição, que assim serias traído.

LXXVIII. Não te esqueças nunca de que és um dos filhos secretos da Deusa Suprema; assim não desgraçarás a ti, nem a teus irmãos, nem a entidade divina.

LXXIX. Seja modesto; não uses de ameaças; não digas jamais que desejarias a perda alheia ou que te seria possível causar dano a alguém.

LXXX. E se por acaso alguém que não seja do círculo dos adeptos se referir à Arte, lhe dirás: "Não me fales dessas coisas, que elas me apavoram."

LXXXI. E o motivo para que assim procedas é que os que se declaram cristãos costumam pôr espiões por toda parte. Eles se gostam da perda e danos alheios, e pretextam e protestam afeto. E muitos são fingidos por sentir afinidade com a Arte e desejar reverenciar os Deuses antigos.

LXXXII. Muitas vezes os propósitos cristãos são maus. Aos tais se negue sempre o conhecimento das verdades ocultas.

LXXXIII. A outros interessados na Arte, porém, se dirá: "Falem aos homens que Feiticeiras e Bruxos que voam pelos ares cavalgando vassouras é pura estupidez. E para que isso fosse possível, haveriam de ter pelo menos a leveza dos flocos que a brisa sobe das árvores. E se diz que Bruxas e Bruxos são feios e vesgos; sempre velhos e feios. Que prazer terá alguém em estar nas suas assembleias ou Sabbats, segundo o personagem criado que esses profanos dizem existir?"

LXXXIV. E acrescente: "Os homens de bom senso sabem que tais criaturas não existem de verdade."

LXXXV. Procura sempre ter como passageiras essas tais coisas; que algum dia hão de acabar as perseguições e a intolerância, quando voltaremos em segurança a reverenciar os Deuses do passado.

LXXXVI. Oremos para que venham dias mais felizes.

LXXXVII. Que as bênçãos da Suprema Deusa e dos Deuses sejam com todos aqueles que respeitam estas Leis e obedecem aos mandamentos.

LXXXVIII. E se por acaso há alguma propriedade característica da Arte, que seja ela mantida, cooperando todos a preservá-la em sua simplicidade e pureza, para bem de cada um dos adeptos.

LXXXIX. E se algum dinheiro ou valor do bem comum for confiado a qualquer um dos adeptos, que ele cuide de agir honestamente.

XC. E se algum dos irmãos do círculo realizar de fato alguma tarefa é justo que se lhe dê uma recompensa; porque não se trata aqui de receber pagamentos por obra da Arte, mas, sim, por recompensa de trabalho honrado.

XCI. Isso o permite a Lei, com boa-fé. E mesmo os que se dizem cristãos falam assim: "O trabalhador é digno de seu salário", e tais palavras estão em suas Escrituras. Entretanto, se algum dos irmãos quiser trabalhar, em algum serviço para o bem da Arte, e por amor que lhe tem, sem receber qualquer recompensa, a ele e a todos do círculo lhes recairão grande honra. A Lei o permite, e o mais que se ordenou.

XCII. E havendo alguma disputa ou discussão entre os adeptos, rapidamente a Alta Sacerdotisa reunirá os mais antigos, ouvindo-se todos os fatos e partes, cada um por sua vez e ao final em conjunto.

XCIII. A seu tempo se decidirá com justiça, sem que o sem razão seja favorecido.

XCIV. Sempre se reconheceu existirem aqueles que não concordam em trabalhar sob ordens dos outros.

XCV. Mas ao mesmo tempo foi reconhecido que existem os que são incapazes de julgar com justiça ou dirigir com boa-fé.

XCVI. E quanto aos que são incapazes de obedecer, mas só cismam de mandar e dirigir, eis o que se lhes dirá:

XCVII. "Não fiquem neste círculo, ou estejam em outro, ou ainda saiam a organizar seu próprio círculo, ou nele mandem, levando consigo os que os acompanhem."

XCVIII. E os que forem inconciliáveis, esses que se retirem.

XCIX. Eis que ninguém pode estar em um mesmo círculo em que se apresentem aqueles com os quais não estejam em harmonia.

C. Os que discordem de seus irmãos não podem conviver com eles na prática da Arte, mas essa há de permanecer com a ausência do mesmo, que tal é o nosso mandamento.

CI. Nos tempos antigos, quando éramos poderosos, nada impedia que usássemos da Arte contra todos que atentassem contra nossos irmãos e irmãs. Nesses dias, porém, quando impera o mal, não devemos agir desta sorte. Eis que nossos desafetos inventaram um abismo onde arde o fogo eterno, no qual, a seu dizer, seu próprio Deus lança todos aqueles que o adoram, salvo uns muitos poucos eleitos, que são salvos por mediação de sacerdotes, por meio de práticas, ritos, missas e sacramentos. E nisto tem muito peso o dinheiro, quando dado em abundância; e os favores dessa lei se pagam alto e caro, em ricas doações, porque a sua igreja é sempre sedenta e faminta de bens palpáveis.

CII. Nossos Deuses, porém, nada exigem, nada pedem, requerendo, ao invés, nosso auxílio para que sejam abundantes as colheitas e para que entre os homens e as mulheres haja fertilidade, e que nada lhes falte; visto que manipulam o poder que levantamos na grande obra dos círculos dos adeptos; e como os ajudamos, na mesma medida somos ajudados.

CIII. A igreja, contudo, dos que se dizem cristãos, carece da ajuda dos seus; para que a utilize não para algum bem, mas para nosso mal; para descobrir-nos, perseguir-nos, destruir-nos. E sua ação não tem fim. E seus sacerdotes ousam afirmar-lhes que os que buscam nosso auxílio serão prejudicados eternamente no fogo do inferno. E isto de causar temor é que induz à loucura.

CIV. Tais sacerdotes acenam-lhes com uma oportunidade de salvação, fazendo-os crer que, alimentando-nos, escaparão eles a seu próprio inferno, como o chamam. Eis por que vivem todos os que se dizem dessa lei a espionar-nos, pensando em seu coração: "Basta-me apanhar um só desses Bruxos, ou uma só dessas Feiticeiras, para que me furte ao abismo do fogo eterno."

CV. Assim, pois, temos de nos refugiar em abrigos ocultos; e os que nos buscam, e não nos acham, usam dizer: "Já não os há; ou se algum existe, seu lugar não é aqui, ou bem remoto."

CVI. Porém, quando vem a perecer algum dos que nos oprimem, seja por qualquer meio de morte, seja por doenças, seja por quem adoece, logo dizem: "Ora, trata-se de malícia dos tais Bruxos". Com isso tornam à caçada. E ainda quando matem dez ou mais dos legítimos por um só verdadeiro dos nossos, isso não os preocupa. É que seu número se conta em muitos milhares.

CVII. Mas nós sabemos o quão poucos somos, e nossa Lei é que nos rege.

CVIII. Por isso mesmo nenhum dos nossos recorrerá à Arte por vingança, nem para causar dano a ninguém.

CIX. E por mais que nos maltratem, injuriem e ameacem, a nenhum se causará MAL. E nos dias que correm inúmeros são os que descreem em nossa existência. E isso é bom.

CX. Assim, portanto, estaremos sempre ajudados desta Lei, em nossas dificuldades; mas ninguém dos nossos – por maiores injustiças que possa vir a receber, usará os poderes em punição dos culpados, nem causará qualquer dano. Os adeptos poderão, após consulta entre seus irmãos da Arte, recorrer a esta, conforme for determinado, para resguardo contra perseguições movidas pela igreja que nos injuria, não, porém, para levar castigo aos que mereçam.

CXI. Em tal fito, o injuriado assim dirá: "Eis que surge um perseguidor combatente e investiga nossas ações, indo em perseguição de pobres anciãs, das que estão à vontade na Arte, ou disso suspeita; ninguém, entretanto lhe fez mal por esta causa, e isso mostra realmente que elas não poderiam em nada ser feiticeiras, por não praticarem malícias; ou então, na verdade não existem, ou já não existem Bruxos ou Bruxas.

CXII. É fato notório que muitos têm sido mortos, porque alguém lhes tinha algum ressentimento; ou então foram perseguidos por se saber que possuíam dinheiro, ou outra forma de bens passíveis de sequestro, e nem se contavam entre os adeptos; ou, ainda, não dispunham de meios para subornar os agentes da perseguição. E muitas ainda foram mortas por serem velhas rabugentas ou resmungonas. Na verdade, se diz entre os que nos perseguem que somente as velhas costumam ser Bruxas.

CXIII. E isso coopera para nossa vantagem e proveito, desviando-se de nós a suspeita do que somos.

CXIV. Graças ao sigilo, muito tempo é passado na Escócia, como em Gales e na Inglaterra, sem que se tenha punido de morte algum adepto. Entretanto, qualquer abuso de nossos poderes tornaria a causar as perseguições obsessivas.

CXV. Dizemos aos nossos irmãos que não infrinjam a Lei, por maior que lhes seja a tentação de fazê-lo; e jamais permitam que haja infrações dessas, a mínima que seja.

CXVI. E se alguns dos nossos vier a saber que se infringiu a Lei, breve será a sua reação contra esse risco.

CXVII. E qualquer Alta Sacerdotisa ou Alto Sacerdote que possa concordar com essas infrações, é réu de culpa, e a retirada de seu posto será seu castigo; visto que seu consentimento implica risco de que o sangue de nossos irmãos seja derramado, e algum deles seja levado à morte pelos eclesiásticos da igreja que nos persegue.

CXVIII. Mas que se faça o bem, e com determinação e em segurança.

CIX. E que todos os membros dos nossos círculos se mantenham no respeito da Lei, venerável e antiga.

CXX. E que nenhum dos nossos aceite, nunca, algum pagamento por serviços da Arte, pois o dinheiro é como mancha que marca aquele que o recebe. Na verdade é coisa muito sabida que somente os maléficos – que praticam a Arte Negra e conjuram os mortos – e os sacerdotes da igreja aceitam dinheiro pelo que fazem; e nada fazem sem que lhes haja bom pagamento. E vendem, ainda mesmo, o perdão das almas, para que os maus se furtem à punição dos pecados.

CXXI. Que nossos irmãos não sejam desses ou como eles. Se um dos adeptos aceitar dinheiro, ficará exposto às consequências por usar a Arte para a causa do mal. Mas se não o fizer, assim não será certamente.

CXXII. Todos, contudo, podem utilizar a Arte em seu proveito e bem próprio, ou para a glória e bem da Arte, desde que haja certeza de que não causará mal a ninguém.

CXXIII. Que todas essas coisas antes, entretanto, sejam conselhos entre os adeptos, em seu próprio círculo. E as resoluções serão prudentes e meditadas. Somente se usará a força da Arte havendo o acordo mútuo de opiniões de que ninguém sofrerá, ou de que não sobrevirá o mal.

CXXIV. Mas quando não houver maneira possível de se conseguir o pretendido segundo se determinou, será talvez possível que os mesmos fins sejam alcançados de outros modos, sem que haja dano, nem aos nossos, nem aos profanos. E que a maldição da Deusa Suprema seja sobre a cabeça de todo aquele que infringir esta nossa Lei. Este é o mandamento.

CXXV. E entre nós se considera justo e legal que, caso um dos adeptos possa estar precisando de casa ou moradia, ou terras, e ninguém queira vender-lhe, podem os adeptos usar a Arte para inclinar os corações e disposição de quem as possua desde que não haja prejuízo sob qualquer forma, pagando-se sem maiores discussões o preço justo que for exigido.

CXXVI. Que nenhum dos nossos menospreze os valores que pretenda adquirir, nem venha a discutir, comprando algo por persuasão da Arte. Esse é o mandamento.

CXXVII. É velha lei, e a mais importante das nossas, que ninguém dentre os adeptos da Wicca venha a fazer coisa alguma a qual possa implicar perigo a seus irmãos na Arte; ou outro ato que os coloque ao alcance da lei comum da Terra, ou à mercê de quaisquer perseguidores, civis ou eclesiásticos.

CXXVIII. E passada a rivalidade, o que é lamentável, entre os irmãos, nenhum deles pode invocar alguma lei senão aquelas da Arte.

CXXIX. Ou nenhuma jurisdição ou tribunal, salvo o da Sacerdotisa ou do Sacerdote, de seu círculo, e também dos mais antigos entre os adeptos.

CXXX. Não se proíbe aos adeptos dizer, como o fazem os da igreja: "Há feitiços nesta terra", visto que os nossos opressores de longe e há muito tempo nos veem como heréticos, por nos mostrarmos descrentes às suas doutrinas.

CXXXI. E que seja o vosso falar: "Ignoro que haja aqui algum Bruxo; mas é fato que talvez isto seja verdade em lugares mais distantes; mas onde, não sei."

CXXXII. Mas se deve falar deles, os Bruxos e Feiticeiras, como sendo uns velhos rabugentos, que têm pactos com os demônios dos cristãos e se movem pelo ar em vassouras.

CXXXIII. E que se acrescente em todas essas ocasiões: "Entretanto, como lhes será possível mover-se pelo ar, quando não se dão conta da leveza das penugens das plantas?"

CXXXIV. E que a maldição da Suprema Deusa caia sobre todo o que lançar suspeitas sobre qualquer um de nossos irmãos.

CXXXV. E que assim seja, igualmente, com os que se referirem a um dos locais do encontro, e seja isto verdadeiro; ou onde morem os adeptos, e seja isto verdadeiro.

CXXXVI. E devem os Círculos da Arte manter livros com registro das plantas benéficas e todos os meios de cura, de forma que os adeptos possam aprendê-los.

CXXXVII. E que haja outro livro, para informações, inclusive dos auges astrais; e que somente os mais antigos e outras pessoas dignas de muita fé tenham conhecimento dessas informações. Esse é o mandamento.

CXXXVIII. E que as bênçãos dos Deuses e Deusas se cumulem sobre todos quantos guardarem as ditas leis; e que a maldição dos Deuses e Deusas seja sobre a cabeça dos que porventura as venham a infringir.

CXXXIX. E seja lembrado de ser a Arte sigilo dos Deuses e Deusas; sendo, pois, usada em ocasiões graves; nunca por mera mostra de poder e de forma imprudente.

CXL. Os adeptos da magia negra e os que seguem os dizeres da igreja poderão importunar-vos, dizendo: "Eis que não tens poder nenhum; mostra-nos se és capaz de algo. Faça uma magia diante de nós, que acreditaremos." Mas pretendem que um dos nossos venha a trair a Arte perante seus olhos.

CXLI. Não daremos ouvidos a esses, pois a arte é sagrada e aplica-se somente quando necessário. Sobre os infratores dessa Lei recairão as maldições da Suprema Deusa.

CXLII. Sempre foi de costume dos homens, assim como também das mulheres, que buscassem novos amores; e isso não é causa de que sejam reprovados, assim como não é de louvação.

CXLIII. Mas essa prática pode constituir prejuízo à Arte.

CXLIV. E assim, pode ser que a Alta Sacerdotisa ou o Alto Sacerdote, por motivo de amor, siga os passos de quem lhe interessar. Com isso ele ou ela deixará o círculo que é de sua responsabilidade.

CXLV. E se alguma das Altas Sacerdotisas desejar seu posto e estado por esse amor, que o faça anunciando-o perante o Conselho.

CXLVI. Com tal renúncia, sua desistência tem valor entre todos os adeptos.

CXLVII. E se alguém de posição sacerdotal parte sem dizer de suas intenções e sem renunciar, como saber se passado algum tempo não retornará ao círculo?

CXLVIII. Por essas causas se estabeleceu a Lei pela qual, se a Alta Sacerdotisa deixa o círculo de seus adeptos sem renúncia, é opcional a ela o seu retorno, e tudo estará como era antes.

CXLIX. E enquanto estiver ausente, se há alguém que lhe preencha as funções, essa outra assim procederá até que a Sacerdotisa regresse ou enquanto esteja ausente.

CL. Mas se ela não voltar no tempo de um ano e mais um dia, é legítimo ao círculo dos adeptos, compactuados entre si, escolher por eleição uma nova Sacerdotisa.

CLI. Isso não se passa quando há justo e bom motivo para tanto.

CLII. Aquela que lhe fez o ofício colherá benefícios e será recompensada pelo seu trabalho, como assistente e substituta da Alta Sacerdotisa.

CLIII. Tem sido verificado que a prática da Arte estabelece vínculos de afeto entre os aspirantes e mestres; e quanto maior o afeto, tanto melhor será.

CLIV. Se, entretanto, por alguma causa isso for inconveniente, ou indesejável, isso se evitará facilmente, decidindo quem aprende e quem ensina, desde o princípio, mantendo-se nas relações que vinculam irmãos e irmãs, ou pais e filhos, sem qualquer relação carnal.

CLV. O aspirante a adepto do Círculo da Arte só pode ser instruído por uma mulher; e a postulante somente por um homem; e eis que duas mulheres, ou mais não devem praticar entre si, visto que a força vem de um sexo para outro; e igualmente dois homens ou mais não devem praticar a Arte entre si – o que se opõe à Lei – e nisso vai abominação; e já dissemos a causa.

CLVI. É necessário que haja ordem e que a disciplina seja constante.

CLVII. À Alta Sacerdotisa ou ao Alto Sacerdote é que cabe dar castigo aos que caem em falta; e isso é seu direito.

CLVIII. Portanto, todos os do círculo dos adeptos devem receber de boa-fé o castigo que mereçam; quando o mereçam.

CLIX. E assim, tomadas todas as providências cabíveis, deve o culpado postar-se de joelhos, confessando a falta para ouvir a sentença.

CLX. Mas ao amargo deve suceder o doce; e ao desagradável o ameno; após o castigo convém que haja alegria.

CLXI. O réu confesso reconhecerá que se fez justiça, como convinha, aceitando o castigo, e beijará a mão da Alta Sacerdotisa ao passar-lhe a sentença condenatória. E, além de tanto, agradecerá ainda que tenha sido castigado, pois isso sucede por seu bem e edificação. Essa é a Lei e seu mandamento.

CLXII. Por nossa prescrição final: que todos os adeptos guardem a Lei, segundo aqui foi escrita, e os mandamentos e ordenações da Arte essencial, venerável e antiga. Em suas mentes e corações guardem a Lei. Mas, em risco de morte, seu livro deve ser destruído, para que nada se prove e nem haja risco maior a seus irmãos; nem venha ninguém se condenar por seu compromisso. Com isso se preservará em todas as condições e sob quaisquer circunstâncias, a tradição e o ensinamento da Deusa Suprema, conforme o Legado Antigo.

E se Gardner ainda estivesse vivo?

Datando do surgimento da Wicca e da morte de Gardner, vemos diversas versões do Livro das Sombras com alterações de conceitos éticos, espirituais, cosmogônicos e ritualísticos que resultaram de suas experimentações, assim como as dos membros do seu Coven. Isso nos leva a crer que se ele ainda estivesse vivo, muito do que se manteve na Wicca Gardneriana teria sido completamente alterado e transformado, a ponto de hipoteticamente não conseguirmos reconhecer a Wicca na atualidade.

Muitos tradicionalistas criticam os praticantes da Wicca contemporânea dizendo que a superexposição da Arte trouxe apenas prejuízos ao trabalho de Gardner, e que ele jamais teve a intenção de tornar a Bruxaria Moderna acessível a tantas pessoas.

Isso não pode ser levado em consideração. Todos nós sabemos que Gardner era eclético em suas práticas e crenças espirituais e que ele mesmo afirmou mais de uma vez que foi expulso do grupo ao qual pertencia por querer expor ao público jovem o que verdadeiramente era a Arte, para que a juventude se interessasse em dar continuidade à Bruxaria, pois caso contrário ela morreria na mão de um "bando de velhos moribundos" (usando aqui as próprias palavras dele).

É engraçado notar o paradoxo existente entre a publicação da Arte por meio de Gardner, as razões pelas quais a Tradição Gardneriana foi criada e o atual exclusivismo e elitização que algumas pessoas insistem em criar, a ponto de ser considerada por muitos a única forma válida de Wicca.

Enquanto o fundador da Tradição Gardneriana queria mostrar a Wicca para o mundo, alguns continuadores dela desejam escondê-la, ocultá-la e guardá-la para um número seleto de "escolhidos". Engraçado também é ver o discurso acerca da necessidade de manter o purismo da Wicca quando o próprio Gardner afirmou mais de uma vez que usou elementos da Maçonaria para "complementar" os rituais de iniciação de 1°, 2° e 3° graus, porque os teria recebido incompletos. Quando Doreen Valiente o questionou, perguntando por que seus textos estavam cheios de fragmentos de obras do Crowley se eles eram tão antigos quanto ele dizia, Gardner respondeu que tinha usado tais textos para preencher as lacunas que achava incompletas. À mesma justificativa ele recorreu para explicar a utilização de símbolos e invocações encontradas nas *Clavículas de Salomão* e para muitas outras emendas feitas para arrematar seu sistema.

A Wicca não é uma religião que data dos tempos das cavernas, e muito menos sobreviveu clandestinamente na época da Inquisição, como Gardner acreditava ser verdade e como todos nós acreditávamos no início de nossa jornada nos caminhos da Arte. Nem as Iniciações de Gardner, nem o Coven de New Forest e nenhuma das alegações de antiguidade do Livro das Sombras e dos textos nele contidos são considerados fatos inquestionáveis.

O próprio Livro das Sombras passou por várias versões e revisões e foi redigido livremente por Gardner com diversos textos e conceitos inspirados em diversas fontes. Os ensinamentos lá contidos não são originais do Coven no qual Gardner teria sido iniciado, muito menos as Leis da Bruxaria datam da época das fogueiras como ele alegava. Pesquisadores e linguistas já afirmaram mais de uma vez que a forma "pseudo" arcaica com a qual esses textos foram escritos é resultado de uma mescla da ortografia corrente e coloquial da Inglaterra na década de 1950, com conhecimentos parcos e limitados da língua arcaica e culta inglesa, para tentar dar um toque de antiguidade a uma obra não legítima e impressionar os menos avisados.

Como já repeti inúmeras vezes aqui e em outros lugares, isso não tira em nada os méritos de Gardner, e a Wicca não deixa de possuir sua validade espiritual por ter sido idealizada por ele e ser uma religião genuinamente contemporânea. A validade de uma religião não está em sua antiguidade, mas na capacidade que ela tem de fornecer respostas úteis aos homens em seu processo de encontro com o Sagrado no presente.

Toda essa história de elitismo tradicionalista é algo completamente sem sentido para uma religião declaradamente influenciada por fontes tão diversas e com tantas "provas" de antiguidades forjadas, que foram mentidas e desmentidas. Querem antiguidade, legitimidade e uma Tradição de milênios?

Procurem outra religião, pois isso ninguém encontrará na Wicca, que é uma religião com pouco mais de 50 anos.

Querem ajudar a construir a história de uma religião transformadora, talvez o maior fenômeno religioso do século 20? Permaneçam e ajudem a fortalecer as estruturas e bases daquilo que se iniciou com Gardner e que tem sido construído com a contribuição de tantas pessoas ao redor do mundo.

Esse é o grande encanto da Arte: estarmos construindo e ganhando uma verdadeira Tradição de Mistérios que será legada à posteridade por meio de nossas histórias e ações.

Como diz a Sacerdotisa Judy Harrow, "Gardner foi o arquiteto e nós somos os decoradores da Wicca."

Para todos os que desejam ampliar sua visão sobre a Arte e tirar os véus da ilusão de seus olhos, aconselho a leitura dos livros:

- *The Triumph of the Moon* – Ronald Hutton
- *História da Bruxaria* – Jeffrey Burton Russell
- *Fifty years of Wicca* – Frederic Lamond
- *Drawing Down the Moon* – Margot Adler

Todos esses livros são fontes valiosas para conhecermos a história da Wicca baseada em fatos e documentos, não em achismos ou informações consideradas fidedignas, mas que a nós são transmitidas pelos olhos tendenciosos do religioso. A obra *The Triumph of the Moon*, do professor Ronald Hutton, é indispensável para tirar o véu das ilusões e romantismo que criamos sobre a Wicca ao longo de nossa busca por uma religião tão antiga quanto a Idade da Pedra. É uma obra histórica e necessária para todos nós!

Evolução da Religião

O que várias pessoas fazem no mundo hoje e chamam de Wicca é muito diferente do que a Wicca era no início de seu surgimento, e isso não desmerece a Arte de forma alguma. Somente retrata o processo natural de evolução de uma religião!

Toda religião que estaciona no tempo se torna ultrapassada e inadequada para a realidade da vida. Temos diversas formas de religiões que insistem em colocar a mulher em posição inferior em todos os sentidos, chegando ao ponto de ela ser tratada como um mero objeto ou não possuir alma. Ainda temos aquelas com leis radicais do tipo "olho por olho dente por dente". Isso é um reflexo claro de uma religião que ainda quer agir como se estivéssemos vivendo há milhares de anos.

Se a Wicca é uma religião que busca inspiração para sua espiritualidade na natureza, seria contraditório desejar que ela continuasse a ser praticada da mesma forma que era há mais de cinco décadas. Olhe a natureza e veja a evolução. Ela não pede nossa opinião e autorização para evoluir. Nela a evolução simplesmente acontece. O mesmo ocorre com uma religião que é o resultado daquilo que outros um dia fizeram e pensaram e que, seguramente, teria mudado muito por meio das mesmas pessoas que a idealizaram se elas ainda estivessem aqui entre nós. Não precisa ir longe, é só ver quantas versões diferentes do Livro das Sombras existem, aqueles que foram escritos e reescritos pelo próprio Gardner, entre a década de 1950 e 1960, com e sem os adendos de Doreen Valiente.

Discutir se o que um autor escreve e fala é Wicca ou não é a mesma coisa que ficar debatendo no balcão da padaria se o que estamos comprando é chicletes ou goma de mascar!

Como dizia Doreen Valiente, o que nos une é muito maior do que o que nos separa!

Tenho acompanhado discussões desse tipo seguidamente entre a comunidade Wiccaniana ao longo de todos esses anos que tenho de prática e, para mim, essa discussão sem sentido parece briga de criança mimada do tipo: "meu carrinho é mais bonito que o seu... Foi meu pai quem meu deu, tá?!"

Quanta bobagem!

Qualquer coisa que evolui está em constante transformação; o tempo não para. A Wicca está em processo de evolução contínuo.

Há uma insistência constante em afirmar que as Tradições surgidas da década de 1970 para cá, ou aquelas que dão supremacia à Deusa em seu culto, não são Wicca. Esse tabu já foi superado em muitos países, até mesmo na Europa. Mas naqueles em que a Wicca está dando os seus primeiros passos agora como, por exemplo, no Brasil e em muitos outros territórios da América Latina, tal premissa continua a ser afirmada e reafirmada.

Esse processo é até compreensível, pois a Wicca nessas partes do globo ainda está formando a sua identidade, passando pelos mesmos processos que a Arte já passou nos países em que possuem mais de 50 anos de cultura Wiccaniana. Porém, não se pode permitir que esse embate seja aceito como verdade pronta, que priva os outros do seu direito à liberdade de interpretação e prática de sua fé.

Parece que existe uma classe de pessoas que insiste em formar um "exército" de combatentes para se colocar contra aqueles que afirmam que praticam Wicca, mas que não são Tradicionalistas. Isso se assemelha a um processo de programação feito por interesses maiores, para que apenas uma visão prevaleça como correta.

Claro que existe muita coisa que é feita por aí que não é Wicca, e eu sempre tenho me manifestado contra elas, tentando elucidar as pessoas acerca dos equívocos cometidos por alguns que podem até ter boa intenção, mas possuem péssimo grau de informação. A Wicca Cristã é uma dessas tantas bobagens sem sentido.

Eu tenho discursado há muito sobre a necessidade de a Arte se libertar do ranço de magia cerimonial medieval e hermetismo incoerentes e incompatíveis com uma prática tão natural e intuitiva quanto a da Wicca. A religião que praticamos é uma religião da natureza, campesina, de sebe, nada hermética!

Tratados herméticos, Grimórios e afins estão longe de abordar a Tealogia presente na Wicca, tão rica e vasta. Somente quem recorre a tais tratados são aqueles que possuem conhecimentos elementares sobre a Arte e querem parecer grandes sábios destilando sua verborragia para explicar aquilo que não conhecem. Geralmente, eles precisam encher os olhos e ouvidos dos outros com teorias e explicações mirabolantes retiradas de Eliphas Levi, Francis Barret, Papus, Franz Bardon e até mesmo Crowley e muitos outros, porque desconhecem a essência dos caminhos Wiccanianos e precisam buscar explicações para aquilo que ignoram.

Tratados e conceitos ocultistas são ótimos para magos cerimoniais e demais herméticos, mas não para os praticantes da Wicca, cuja religião tem suas próprias bases.

Busque a sabedoria na Wicca no interior dos Círculos, Covens e Groves. Mas busque essa sabedoria, sobretudo, junto à natureza que guarda todos os mistérios da vida.

Gardner, Wicca e OTO

Existem muitas controvérsias acerca da ligação da OTO (Ordem do Templo do Oriente) com a Wicca.

Muito se fala sobre influências de outros sistemas mágicos na Wicca que abordam não apenas a influência de Crowley e da OTO sobre Gardner, mas também dos escritos de Dion Fortune.

Podemos até perceber tais influências em algumas Tradições – no caso da Alexandrina e Gardneriana –, já que, historicamente, a forma de Wicca praticada nessas Tradições é uma reconvergência de basicamente duas tradições distintas: os cultos da fertilidade de tribos e vilas da Antiga Europa, e o sofisticado ocultismo dos templos Egípcios, a cabala e os grimórios mágicos medievais com influências da *Golden Dawn*, OTO e de todas as lojas ocultas da Europa tão em evidência entre os séculos 19 e 20.

A Wicca contemporânea, que se distanciou muito da Wicca projetada por Gardner, tornou-se uma religião que procura cada vez mais se afastar dos fragmentos mágicos medievais, da magia cerimonial, cabala e teurgia e suas muitas subdivisões. Assim sendo, os praticantes da Wicca atual procuram cada vez mais aproximar a Wicca das bases xamanísticas e extáticas das religiões primitivas, cujas origens não estão em Crowley ou até mesmo no próprio Gardner, mas nos cultos pré-cristãos à Deusa.

Hoje há um consenso entre Bruxos de todo mundo de que é cada vez mais importante buscar pela essência e pelas raízes da Religião da Deusa, que seguramente não estão na Magia da Idade Média, mas, sim, nos cultos pré-cristãos à Grande Mãe da era Neolítica e Paleolítica.

Se por um lado a Wicca pode ser considerada uma Religião moderna, nova, não se pode afirmar a mesma coisa das Tradições da Deusa, que são muito mais antigas. É pelo resgate dessas Tradições que nós, Wiccanianos modernos, buscamos, procurando assim lançar uma nova luz sobre nossa Religião. É insano e hipócrita continuar usando elementos da Magia Medieval e das famosas escolas mágicas dentro da Wicca, quando hoje sabemos que as Tradições da Deusa um dia possuíram suas próprias bases, seus próprios rituais e sua própria forma que podem ser resgatadas e aplicadas à Arte para que ela se torne cada vez mais coerente com sua proposta espiritual de resgate do culto aos antigos Deuses esquecidos.

Acredito veementemente que a OTO, ou qualquer outra escola iniciática ocidental fortemente influenciada pelas formas de magia judaico-cristã, não tem nada de valor para acrescentar à Wicca contemporânea.

Pode até ser que o Crowley tenha sido pago por Gardner para redigir o Livro das Sombras.

Também pode ser que Crowley tenha sido pago por Gardner para criar a Linha Wicca dentro da OTO.

Pode ser, ainda, que Crowley tenha pertencido realmente a um dos Covens originados por Pickingil.

No meio de tantos "pode ser", uma coisa é certa, uma religião é definida pelo que a maioria faz no presente. A Wicca atual ganhou vida própria e se distancia a cada dia, mais e mais, de toda e qualquer influência Crowleyana ou da Magia judaico-cristã dos antigos Grimórios herméticos, para, assim, resgatar as antigas Tradições da Deusa.

A Falsa Origem da Bruxaria na Idade da Pedra

Gardner cita virtualmente em todos os seus livros que a Bruxaria é a mesma religião dos povos das cavernas. Encontramos tais citações nos livros *Bruxaria Hoje*, *O Significado da Bruxaria* e em sua novela intitulada *Com o Auxílio da Alta Magia* (do inglês *High Magic's Aid*).

Lendo com cuidado seus livros é possível extrair as partes mais marcantes em que Gardner faz essas afirmações. Visto que as obras que mais nos interessam para ilustrar esse ponto são *Bruxaria Hoje* e o *Significado da Bruxaria*, deixaremos de lado as citações feitas em *High Magic's Aid*, já que essa obra é um romance e não tem valor histórico para as discussões que serão estabelecidas a seguir.

EXTRATOS DO LIVRO: Bruxaria Hoje

Na Idade da Pedra, o que o homem queria principalmente eram boas colheitas, boa caça, boa pesca [...]. Tornou-se tarefa das Bruxas realizar ritos para obter essas coisas.

Gardner prossegue com suas considerações:

Pode parecer impossível a alguns que um culto tenha preservado sua identidade e ensinamentos por tanto tempo [...]. Com o advento do cristianismo, a Bruxaria teve de ser ocultada.

Mais adiante ele afirma:

As Bruxas não conhecem a origem de seu culto. Minha própria teoria é, como já disse, que é um culto da Idade da Pedra, dos tempos matriarcais quando a mulher era líder.

Posteriormente, ele avança com suas teorias, fazendo outros paralelos:

Houve uma época em que eu acreditei que todo o culto descendia diretamente da cultura do Norte da Europa na Idade da Pedra, sem quaisquer outras influências; mas agora penso que foi influenciado pelos Mistérios gregos e romanos que devem ter vindo do Egito.

Gardner continua para arrematar sua linha de raciocínio exposta anteriormente:

Sempre acreditei que as Bruxas pertencessem à Idade da Pedra independentemente, cujos ritos eram uma mistura de superstição e realidade, sem ter conexão com qualquer outro sistema.

EXTRATOS DO LIVRO: *O Significado da Bruxaria*

Meus correspondentes mais sérios querem saber a origem da Bruxaria [...] esta é uma questão que ultimamente tem exercido a ingenuidade de vários escritores. Estes podem ser basicamente divididos em três escolas. [...] A Bruxaria é simplesmente o que restou da antiga religião pagã da Europa Ocidental, datando da Idade da Pedra. Eu pertenço a essa terceira escola, porque suas descobertas estão de acordo com minha própria experiência e porque é a única teoria que me parece fazer sentido à luz dos fatos históricos.

Ele prossegue relatando um evento ocorrido em sua Iniciação que chamou sua atenção para o fato de Wicca e Bruxaria serem a mesma coisa:

[...] eu estava meio-iniciado quando a palavra *Wica* que elas usavam atingiu-me como um raio, e então eu sabia onde estava, e que a Antiga Religião ainda existia [...] deste modo fiz a descoberta de que a Bruxaria, que as pessoas pensavam ter sido perseguida até a extinção, ainda existia.

Não bastassem todos os extratos já transcritos aqui, existe um capítulo inteiro no livro *O Significado da Bruxaria* intitulado de "As Origens da Bruxaria na Idade da Pedra", em que podemos ler:

> [...] embora eu acredite que a Bruxaria tenha sua origem na magia da caça primitiva dos povos da antiga Idade da Pedra, é necessário analisar os povos que exercem influência sobre ela através dos tempos.

Nesse livro ele faz uma citação sobre o fato de ser antropólogo, o que não é verdade! Gardner jamais alcançou uma formação acadêmica e apenas foi condecorado com um título de *Doutor Honoris Causa* por suas contribuições e descobertas. Lois Bourne, amiga de Gardner e uma de suas iniciadas mais antigas, relata em seus livros que ele se ressentia muito por não possuir um título acadêmico e que frequentemente mentia e inventava histórias dizendo que possuía formação em Antropologia. Talvez ele tenha feito essa afirmação algumas vezes para validar suas teorias:

> Como antropólogo, interesso-me pelo que as pessoas acreditam e como agem em razão dessas crenças. Quando comecei a escrever sobre Bruxaria, percebi que esta parecia ser um culto da Idade da Pedra que começou pela prática da magia da caça. [...] entendi que a prática da magia havia se tornado um culto, que depois se transformou em uma religião.

> [...] os povos da Idade da Pedra faziam pequenas estatuetas de mulheres muito gordas e nuas [...] representando uma Deusa da fertilidade [...]. Enquanto o homem saía para caçar ou pastar o gado, a mulher, a Bruxa, permanecia no acampamento fazendo remédios e encantamentos.

Nessas poucas citações podemos perceber as enormes incoerências históricas existentes nos livros de Gardner. Essas duas obras, apesar de seu valor para a história da Wicca, estão, ironicamente, repletas de equívocos históricos acerca das origens da Bruxaria. Infelizmente elas ainda são consideradas os cânones da Arte para muitos que desejam se iludir com uma hereditariedade espiritual inexistente.

Sabemos que a Bruxaria, tal qual a conhecemos na atualidade, não tem qualquer ligação direta com as religiões antigas e não guarda nenhuma herança linear ininterrupta até a Idade da Pedra. Nossa herança ancestral com os antigos povos do Neolítico e Paleolítico é apenas espiritual e inspiracional.

O que fazemos hoje e chamamos de Wicca ou Bruxaria é uma releitura, invenção ou reinvenção de uma religião que jamais existiu na Antiguidade nos moldes que é praticada na atualidade.

Muitos historiadores já chamaram nossa atenção para o fato de a Bruxaria Moderna poder ser uma invenção do próprio Gardner. E quando digo moderna, não estou aqui procurando ligar a Bruxaria Antiga com a Bruxaria Moderna. Tal ligação não existe e é apenas fruto de uma herança lúdica e sonhadora que pode ser inspiradora, mas não é real.

Provavelmente, toda a Bruxaria Moderna tenha sido construída, alicerçada, ajustada a partir das próprias ideias e experiências de Gardner, baseadas na alegação de um passado histórico e provável Iniciação em um Coven herdeiro de uma religião da Idade das Pedras que pode nunca ter existido. Essas afirmações obviamente podem ter sido forjadas para transparecer validade. Como já visto, existem muitos bons livros que falam da História da Bruxaria e que devem ser lidos por todos os Pagãos sérios em sua busca espiritual. Um deles se chama *História da Bruxaria*, de Jeffrey Russell, e o outro é *The Triumph of The Moon*, do professor Ronald Hutton, infelizmente disponível apenas em inglês.

Jeffrey Russell faz algumas observações interessantes em seu livro *A História da Bruxaria*, que transcrevo a seguir *ipsis literis* para que seja possível entender como a Bruxaria/Wicca foi reinventada e quais suas influências:

> A Bruxaria Neopagã tem raízes na tradição histórica de Michelet, que argumentou ser a Bruxaria Europeia a sobrevivência de uma Antiga Religião. Essa ideia influenciou Sir James Frazer e alguns outros antropólogos e autores do final do século 19 e começo do 20. A publicação de *Aradia*, de Charles Leland, em 1899, foi um importante passo na evolução da nova religião da Bruxaria.
>
> Charles Leland era um escritor e folclorista norte-americano muito viajado e com um vasto público leitor; em 1866, quando estava na Itália, tomou conhecimento da existência de um manuscrito que continha os segredos da Bruxaria italiana. Leland vinha sendo ajudado por uma Bruxa italiana, chamada Maddalena, na busca dos materiais folclóricos em que estava interessado. A certa altura, para incontido júbilo de Leland, Maddalena apresentou-lhe um manuscrito intitulado *Aradia*, ou o *Evangelho das Bruxas*; ou algo parecido com isso. Na verdade, Leland

admitiu nunca ter visto *Aradia* num manuscrito "antigo" mas ouvira-o oralmente pela boca de Maddalena e vira fragmentos dele transcritos pelo próprio punho da sua amiga Bruxa. A crítica de *Aradia* feita por Elliot Rose em *Razor for a Goat* (1962) é convincente e não preciso repetir aqui seus argumentos. As doutrinas e práticas das Bruxas, conforme a descrição de Leland são uma mistura de feitiçaria, heresia medieval, conceitos inspirados na Caça às Bruxas e radicalismo político. Leland confessa ingenuamente ser isso o que esperava, de fato, por quanto se ajustava ao que tinha lido em Michelet. (Algumas das doutrinas surpreenderam-no, possivelmente um tributo ao entendimento imperfeito, por parte de Maddalena, das necessidades de seu freguês.).

Jeffrey Russell prossegue afirmando que a própria obra *Aradia* pode ter sido forjada por Leland para validar suas teorias e ilustrações:

> Enfim, *Aradia* pode simplesmente ter sido forjado por Leland, embora o seu próprio apêndice explicativo pareça ser demasiado sincero para isso. Ou Maddalena pode ter sido uma fraude, embora seja difícil afirmá-lo, uma vez que não existe documentação daquilo que ela lhe contou. Leland nunca apresentou Maddalena ou suas notas manuscritas à comunidade de estudiosos da matéria. Talvez a mais provável interpretação seja que Leland, já versado em folclore e fascinado por Michelet, tenha lido nas palavras de Maddalena o que ele já sabia – ou pensava saber – acerca de Bruxaria. É evidente que ele justapôs ideias respingadas de Michelet às descrições de Maddalena.

Ele continua ilustrando como os estudiosos estão familiarizados com esse tipo de embuste e explicando porque *Aradia* não é um livro idôneo:

> Os antropólogos estão muito familiarizados com o habitante local que solicitamente lhes fornece justamente o que eles querem; e o mais frequente é tratar-se do produto de um empreendedor e atrevido artesão local. Leland, um radical em política, encantado com a errônea concepção de Michelet de que as Bruxas são rebeldes contra o feudalismo e socialmente reprimidas, descobriu em *Aradia*, para seu grande deleite, passagens que refletiam pontos de vista radicais compatíveis com os de Michelet e dele próprio, mas incongruentes com qualquer Tradição de Bruxaria. São concebíveis numerosas explicações. Mas *Aradia* não é o

que se esperaria de um culto sobrevivente de Bruxaria; é, sim, o que se poderia esperar de um *scholar* do final do século 19 tentando (seja por que motivo for) descobrir tal culto. Para se dizer melhor do livro, *Aradia* não é idôneo.

Entretanto, suas ideias tiveram grande influência. *Aradia* fala da Antiga Religião, a *vecchia religione* cuja deidade principal é Diana, a que foi criada antes de todos os seres e contém todas as coisas em si mesma.

Algumas páginas adiante o autor demonstra como a obra de Charles Leland ganhou grande influência graças à colaboração de Margaret Murray e suas teorias:

> É provável que a obra de Leland nunca tivesse tido a vasta influência que teve se não fosse a corroboração que supostamente lhe foi dada por Margaret Murray [...] a tese de Murray de que a Bruxaria europeia era remanescente de uma antiga religião da fertilidade baseada no culto de Dianus, o Deus Cornífero. Essa antiga religião teria persistido ao longo do Império Romano, de toda a Idade Média e chegado ao início do período moderno. Somente no final da Idade Média foi o cristianismo suficientemente poderoso para desencadear um ataque eficaz e varrer, enfim, a antiga religião durante as implacáveis perseguições da Caça às Bruxas.
>
> Como em *Aradia*, esse enredo não é sustentado pelas provas que Murray usou mal em violação das mais simples regras de crítica. Todos os historiadores são unânimes em concordar sobre esse ponto. Mas historiadores mais recentes adotaram a injustificada posição de que não existe nem um grão de verdade na obra de Murray, ou na de Leland. Uma investigação compreensiva revela facilmente que algumas – na verdade, muitas – crenças e práticas pagãs sobreviveram através da Idade Média até ao presente. A questão não é se existiram sobrevivências, mas quantas e de que espécie.

Segundo Jeffrey Russell, Murray e suas teorias estiveram no topo intelectual no final do século passado, delineando a nova-antiga religião que surgiria:

> As ideias de Murray gozaram de grande voga intelectual por muito tempo, mas não geraram de imediato o ressurgimento da Bruxa. A religião das Bruxas nasceu nos anos que se seguiram imediatamente à Segunda Guerra Mundial. Em 1948, Robert Graves publicou *The*

White Goddess, um brilhante, provocativo e não crítico volume em que sustentou a existência de um muito difundido e belo culto antigo, um culto não ao Deus Cornífero, mas à Deusa da Terra e à Lua. Graves encontrou esse culto disseminado por toda a Europa antiga, sobretudo na cultura crítica. Ao mesmo tempo, E. O. James estava mantendo vivo o interesse pelas sobrevivências antigas com uma série de livros sobre antigos ritos e festividades religiosas.

Nessa conjuntura, a Bruxaria estava se convertendo em realidade no espírito de Gerald Gardner. Gardner nasceu em 1884. Seus adeptos contam a história de que ele foi iniciado em Bruxaria em 1939, por Old Dorothy Clutterbuck, uma Bruxa de New Forest que, mais tarde, juram eles, levou todas as assembleias de Bruxas da Inglaterra para o litoral, onde impediram que Hitler invadisse a ilha despachando na direção dele o Cone de Poder, com a instrução: "Você não pode vir".

Quando a Arte foi destruída no "Tempo das Fogueiras", argumentaram, alguns mantiveram-na viva em segredo, e Old Dorothy foi a herdeira dessa antiga tradição. De fato, não há provas de que Old Dorothy tenha alguma vez existido, e a antiga tradição é muito duvidosa.

Russell prossegue demonstrando como Gardner pode ter iniciado o processo de reinvenção da Arte:

> Aidan Kelly, um *scholar* de Berkeley, examinou os trabalhos de Gardner e, após uma longa investigação crítica, preparou-se para demonstrar que as ideias de Gardner podem originar-se em outras e mais modernas fontes.
>
> A reconstituição por Kelly da "reforma" da Bruxaria empreendida por Gardner é mais ou menos a seguinte: Gardner usou uma variedade de fontes literárias e mágicas para inventar ou reinventar uma religião. Ele tinha pertencido a numerosas organizações espiritualistas e de magia, incluindo The Fellowship of Crotona, de que Annie Besant era também membro, e a *Hermetic Order of the Golden Dawn*. Ele era amigo de Aleister Crowley e declarou ter um alvará de Crowley para fundar um capítulo da Ordem do Templo do Oriente (OTO). A influência de Crowley sobre Gardner foi considerável e, apoiando-se substancialmente no material da *Golden Dawn*, Gardner começou a escrever um *grimoire* pelo seu próprio punho. Pouco a pouco, novas ideias – ideias que mais tarde se converteriam em ensinamentos, leis e rituais da Arte – foram

sendo enxertadas no material. Esse *grimoire*, ainda existente na coleção dos Ripley em Toronto, foi iniciado durante a Segunda Guerra Mundial. Fica claro por esse manuscrito que, se Gardner tinha sido iniciado numa assembleia de Bruxos (Coven) em 1939, esses não lhe tinham fornecido praticamente informação alguma. Suas ideias da Arte ainda eram muito incipientes. O material foi mudando gradualmente quando as próprias concepções de Gardner mudaram da magia cerimonial elitista da *Golden Dawn* para uma magia mais populista, transformando os rituais intelectuais semissérios da Ordem em rituais mais simples que podiam ser executados por pessoas comuns. Também foi gradual a redução ou eliminação do sabor judaico-cristão-gnóstico dos materiais da *Golden Dawn*, aos quais adicionou agora ideias derivadas de Murray e Leland. Ainda mais tarde, ele absorveu ideias de Graves, James e outros autores. (Alguns *scholars* descortinam a influência de Crowley até mesmo nas concepções revistas de Gardner e afirmam que Crowley, mais do que Gardner, é o verdadeiro pai da Bruxaria Moderna.).

Jefrey Russell afirma que Gardner foi altamente influenciado pelas ideias de Margareth Murray, inicialmente enfatizando a figura do Deus Cornífero e posteriormente dando proeminência à figura da Deusa no processo de criação da filosofia e tealogia da Wicca:

> No começo, a revisão de Gardner seguiu Murray de perto e enfatizou a importância do Deus Cornífero. Mas, gradualmente, a Deusa tornou-se cada vez mais importante, até sobressair como a principal deidade. Quando o poder da Deusa cresceu, o mesmo ocorreu com o atribuído à Alta Sacerdotisa, que substituiu o Alto Sacerdote como líder da assembleia de Bruxos e Bruxas. "Puxando a Lua para Baixo", uma Suprema Sacerdotisa pode receber o poder da Deusa em si mesma e, por algum tempo, se torna efetivamente a Deusa. A combinação de Gardner de magia cerimonial e simples feitiçaria produziu um novo modo de trabalho mágico apropriado para grupos menores e mais simples. Um bom exemplo do desenvolvimento do pensamento de Gardner são as 161 Leis da Arte (que foram publicadas pela primeira vez no apêndice da biografia laudatória de Alex Sanders por Junes Johns; sobre Sanders, ver adiante). Essas leis pretendem ter sido extraídas de um Livro das Sombras que data do século 16. De fato, Kelly provou que a primeira

versão foi rascunhada por um dos colaboradores de Gardner e depois reescrita em linguagem pseudo-arcaica por ele mesmo, suplementada com outro material e publicada em 1958-59. A linguagem é apurada, mas a prova irrefutável de sua modernidade é que, nos manuscritos de Gardner, as versões em linguagem moderna da maioria das passagens nessas "leis" foram compostas antes da versão arcaica.

Marcello Truzzi, professor de Sociologia na Eastern Michigan University, foi outro acadêmico a dar contribuições importantes para entendermos melhor a história da Wicca. O livro *Witches and Witchcraft*, da Time-Life Books, em que o Doutor Truzzi foi o principal colaborador, é uma ótima fonte de referência. Nessa obra, o Dr. Truzzi aponta vários pontos falhos nas reivindicações de Gardner:

> Gerald Gardner enfureceu os círculos acadêmicos quando anunciou que as teorias de Margaret Murray eram verdadeiras. A Bruxaria, declarou, havia sido uma religião e continuava a ser. Ele dizia saber isso simplesmente porque ele próprio era um Bruxo. Seu surpreendente depoimento veio à luz em 1954, com o lançamento de *Bruxaria Hoje*, o livro mais importante para o renascimento da Bruxaria. [...]
>
> Se a prática não havia desaparecido, como o livro *Bruxaria Hoje* tentava provar, o próprio Gardner admitiu ao menos que a Bruxaria estava morrendo quando ele a encontrou pela primeira vez, em 1939. Gardner gerou muita polêmica ao afirmar que, após a catastrófica perseguição medieval, a Bruxaria tinha sobrevivido através dos séculos, secretamente, à medida que seu saber canônico e seus rituais eram transmitidos de uma geração para outra de Bruxos.
>
> Segundo Gardner, sua atração pelo ocultismo havia feito com que se encontrasse com uma herdeira da antiga tradição, "a Velha Dorothy Clutterbuck", que supostamente seria Alta Sacerdotisa de um secto sobrevivente. Logo após esse encontro, Gardner foi iniciado na prática, embora mais tarde tenha afirmado, no trecho mais improvável de uma história inconsistente, que desconhecia as intenções da Velha Dorothy até chegar ao meio da cerimônia iniciática, ouvir a palavra *Wicca* e perceber "que a Bruxa que eu pensei que morrera queimada há centenas de anos ainda vivia".

Considerando-se devidamente preparado para tal função, Gardner gradualmente assumiu o papel de porta-voz informal da prática. Assim, lançou uma nova luz nas atividades até então secretas da Bruxaria.

Truzzi prossegue ilustrando:

Assim também Gardner se valeu de várias fontes para dar nascimento à Wicca: quando não reescrevia a história, Gerald Gardner assumia a tarefa de fazer uma revisão da Bruxaria. Partindo de suas próprias extensas pesquisas sobre magia ritual, ele criou uma "sopa" literária sobre Bruxaria, feita com ingredientes que incluíam fragmentos de antigos rituais supostamente preservados por seus companheiros, adeptos da prática, além de elementos de ritos maçônicos e citações de seu colega Aleister Crowley. [...] Gardner decidiu então acrescentar uma pitada de *Aradia* e de *A Deusa Branca* e, para ficar no ponto, temperou seu trabalho incorporando-lhe um pouquinho de Ovídio e de Rudyard Kipling. O resultado final, escrito numa imitação de inglês elisabetano, engrossado ainda com pretensas 162 Leis da Bruxaria, foi uma espécie de catecismo da Wicca, ressuscitado por Gardner.

Assim que completou o trabalho, seu compilador tentou fazê-lo passar por um manual de uma Bruxa do século 16, ou um Livro das Sombras. Apesar dessa origem duvidosa, o volume transformou-se em evangelho e liturgia da Tradição Gardneriana da Wicca, como veio a ser chamada essa última encarnação da Bruxaria. Era uma "pacífica e feliz religião da natureza", nas palavras de Margot Adler, no livro *Drawing Down the Moon*.

O Professor Marcelo Truzzi mostra a forma como Gardner começou a receber críticas relativas a seu trabalho e a sua mais nova invenção por meio dos meios acadêmicos e ocultistas:

Sendo um nudista e ocultista vitalício, Gardner estava habituado aos olhares reprovadores da sociedade e, em seu livro *Bruxaria Hoje*, parecia antever as críticas que posteriormente receberia. [...]

Pior ainda, alguns de seus críticos pensaram ter sentido um cheiro de fraude após o exame minucioso de seus trabalhos, começando então a questionar a validade do supostamente antiquíssimo Livro das Sombras, bem como de sua crença numa tradição ininterrupta de prática da Bruxaria. Entre seus críticos mais ferrenhos, encontrava-se o historiador

Elliot Rose que, em 1962, desacreditou a Bruxaria de Gardner, afirmando que era um sincretismo e aconselhando, ironicamente, àqueles que buscassem alguma profundidade mística na prática da Bruxaria, que escolhessem uns dez "amigos alucinados" e formassem sua própria assembleia de Bruxos. "Será um grupo tão tradicional, bem-instruído e autêntico quanto qualquer outro desses últimos milênios", observava Rose acidamente. Os críticos mais contumazes mantiveram fogo cerrado até mesmo após 1964, quando Gerald Gardner foi confinado em segurança dentro de seu túmulo. Francis King, um destacado cronista britânico do ocultismo, acusou Gardner de fundar "um culto às Bruxas elaborado e escrito em estilo romântico, um culto redigido de seu próprio punho", um pouco para escapar do tédio. King chegou até a declarar que Gardner contratara seu amigo, o mágico Aleister Crowley, para que esse lhe redigisse uma nova liturgia.

O Professor Truzzi finaliza seus estudos demonstrando como as ideias de Gardner foram influentes para aqueles que estavam buscando novas alternativas religiosas:

> Dúvidas e polêmicas sobre suas fontes à parte, a influência de Gerald Gardner no moderno processo de renascimento da Wicca é indiscutível, assim como seu papel de pai espiritual dessa tradição específica de Bruxaria que hoje carrega seu nome. Embora os métodos de Gardner revelassem certo toque de charlatania e seus motivos talvez parecessem um tanto confusos, sua mensagem era apropriada para sua época e foi recebida com entusiasmo dos dois lados do Atlântico. Quer ele tenha ou não redescoberto e resgatado um antigo caminho de sabedoria, aparentemente seus seguidores foram capazes de captar em seu trabalho uma fonte para uma prática espiritual que lhes traz satisfação. Além do mais, na condição de Alto Sacerdote de seu grupo, Gerald Gardner foi pessoalmente responsável pela iniciação de dúzias de novos Bruxos e pela criação de muitas novas assembleias de Bruxos. Essas, por sua vez, geraram outros grupos, num processo que [...] resultou numa espécie de sucessão apostólica, cujas origens remontam ao grupo original criado por Gardner. Outras assembleias Gardnerianas nasceram a partir de Bruxas autodidatas, que formaram seus próprios grupos após ler as obras de Gardner, adotando sua filosofia.

Com tudo isso, portanto, podemos perceber que qualquer afirmação que Gardner tenha feito é demasiadamente confusa e incerta para ser levada em consideração literalmente. As reivindicações dele vêm sendo refutadas há muito tempo, tanto nos meios acadêmicos quanto no próprio universo da Bruxaria. É certo que a Bruxaria como religião é uma invenção moderna, ela se inspira na religião dos povos da Idade da Pedra, mas não é a MESMA religião.

Outro erro histórico propagado por Gardner é a afirmação de que Bruxas e Bruxaria foram perseguidas na Inquisição. Em duas passagens do livro *O Significado da Bruxaria* podemos ler:

> Quem são eles então? Eles são as pessoas que chamam a si mesmos de *Wica*, as "pessoas sábias", que praticam os ritos da idade antiga [...] Eles são o tipo das pessoas que foram queimadas vivas por possuir este conhecimento. [...]
>
> Os Sacerdotes e Sacerdotisas que dirigiam [...] festivais eram chamados *os Wica* [...] Eram essas pessoas e seus seguidores que vieram a ser chamados de *Bruxos*. A igreja declarou sua influência, uma rival perigosa. [...] O resultado foi ocultar a Wica onde o Culto sobreviveu como uma "religião de mistérios" secreta. De uma forma fragmentada ela sobreviveu até este dia, e eu fui iniciado em um Coven britânico de Bruxos.

Ele afirmava claramente, com todas as palavras, que a Wicca e os Wiccanianos eram as mesmas pessoas e religião perseguidas na Inquisição. Isso é historicamente inconsistente!

Não há qualquer evidência de que a Bruxaria fosse uma religião na época da Inquisição e muito menos que ela tenha sobrevivido como uma sociedade secreta até o tempo de Gardner. Aquilo que se chama de Bruxaria na época da Inquisição é, na melhor das hipóteses, uma invenção e impostura para sustentar o crescimento e enriquecimento da religião Católica e o estabelecimento da classe médica, que dava seus primeiros passos no mesmo período.

O historiador Jeffrey Russell explica isso muito bem em seu livro *História da Bruxaria*:

> São correntes pelo menos quatro interpretações importantes da Bruxaria europeia. A primeira consiste no velho ponto de vista liberal de que a Bruxaria, na realidade, nunca existiu, mas foi uma invenção monstruosa

das autoridades eclesiásticas a fim de consolidar seus poderes e aumentar seus fartos ganhos. Para essa escola, a *História da Bruxaria* é um capítulo na história da repressão e da desumanidade.

A segunda tradição é a folclórica ou tradição murrayista. Margaret Murray publicou seu livro *Witch-Cult in Western Europe,* em 1921, numa época em que *O Ramo Dourado,* de Sir James Frazer, e suas ideias sobre fertilidade estavam dominando toda uma geração de escritores. Influenciada por Frazer e por sua própria formação como egiptologista, Murray argumentou que a Bruxaria europeia era uma antiga religião da fertilidade baseada no culto de Dianus, o deus chifrudo. "Essa antiga religião", asseverou Murray, "sobrevivera à Idade Média e chegara pelo menos ao começo do Período Moderno". Murray seria acolhida na literatura de ficção como Rose Lorimer em *Anglo-Saxon Altitudes,* de Angus Wilson; a *Enciclopédia Britânica* usou um artigo dela sobre "Bruxaria" durante décadas; e não foram poucos os historiadores e folcloristas que seguiram sua orientação. Na Alemanha, Anton Meyer argumentou uma variante que iria se tornar muito popular entre as Bruxas modernas: a opinião de Meyer era que essa antiga religião da fertilidade tinha dado maior ênfase à Deusa Terra do que ao Deus Chifrudo.

Jeffrey Russell explica como o argumento da sobrevivência da Bruxaria enquanto religião que tenha sido perseguida na Inquisição é incoerente e historicamente improvável:

> O moderno saber histórico rejeita a tese de Murray com todas as variantes. Os estudiosos foram longe demais em sua rejeição de Murray, porquanto muitos fragmentos da religião pagã aparecem indubitavelmente na Bruxaria Medieval. Mas subsiste o fato de que a tese de Murray, em seu todo, é insustentável. O argumento a favor da sobrevivência de qualquer culto coerente da fertilidade desde a Antiguidade, passando pela Idade Média, até ao presente está eivado de falácias:
>
> 1) A religião original donde Murray afirmou que derivava a Bruxaria era a religião de Dianus. Essa religião nunca existiu; é uma combinação artificialmente criada por Murray com base em características de distintas e divergentes religiões desde a Ásia Menor até o País de Gales. O argumento de Murray tende a aceitar a polêmica doutrina cristã de que todas as religiões pagãs são análogas.

2) Mesmo que essa religião heterogênea da fertilidade tivesse existido, as provas de sua sobrevivência são totalmente inadequadas. É certo que o Paganismo não se extinguiu ao soar a primeira trombeta do cristianismo, e sobreviveu por mais tempo em algumas regiões – como a Escandinávia e a Rússia – do que em outras. Mas no século 12, virtualmente toda a Europa estava convertida. Fragmentos e resíduos de crenças e práticas pagãs sobreviveram à conversão em todo o continente e persistiram através da Idade Média. Como observou Elliot Rose, "É evidente que muitas festividades populares... eram sobrevivências do Paganismo; mas isso não é o mesmo que dizer que o Paganismo sobreviveu". E para todas aquelas (explicações) que Miss Murray apresentou, não há uma única para a qual não exista alternativa e uma melhor explicação dos fatos.

3) Só por volta de 1300, mil anos após a conversão de Constantino, apareceu uma substancial coleção de provas acerca da Bruxaria, e essas provas evidenciam que a Bruxaria não era uma religião da fertilidade, mas uma heresia cristã baseada no satanismo. Quer essa Bruxaria diabólica realmente existisse ou não, quer tivesse sido ou não inventada pelos cristãos, a tese murrayista não se sustenta. Se existiam Bruxas no período de 1300-1700, todas as provas as mostram como diabolistas heréticas e não como pagãs. Se, por outro lado, os liberais estão certos e a Bruxaria era uma invenção, então não existia de forma nenhuma. Em qualquer dos casos a sobrevivência de uma "antiga religião" está fora de cogitação.

4) Existem dois imensos hiatos de tempo nas provas. O primeiro é o que vai da conversão até ao início da Caça às Bruxas; o segundo estende-se do final da Caça às Bruxas até a publicação de *Aradia*, de Leland, fim do século 19. Entre as últimas décadas do século 18 e as primeiras do século 19 não havia prova alguma sobre a existência de Bruxaria. Algumas práticas pagãs isoladas, sim. Feitiçaria, sim. Mas nada de Bruxaria como satanismo nem de Bruxaria como "a Antiga Religião". Que essa "antiga religião" persistisse secretamente, sem deixar qualquer evidência, era uma possibilidade, sem dúvida, tal como é possível que abaixo da superfície da Lua existam extensas jazidas de queijo Roquefort. Tudo é possível. Mas é rematada tolice afirmar a existência de alguma coisa para a qual não existem provas evidentes. Os murrayistas pedem-nos para engolir um sanduíche deveras peculiar: um grande pedaço de evidência

errada entre duas fatias de evidência nenhuma. Uma terceira escola, atualmente a que exerce maior influência, enfatiza a história social da Bruxaria, sobretudo o padrão social de acusações de Bruxaria. Esses historiadores admitem, de um modo geral, que a Bruxaria (em contraste com a Feitiçaria) nunca existiu realmente, residindo a sua diferença em relação aos liberais obsoletos no fato de atribuírem a crença na Bruxaria não às imposturas de uma Igreja perversa, mas a uma superstição geral muito difundida. Um quarto grupo de historiadores enfatiza a história de ideias e argumenta que a Bruxaria é uma combinação de conceitos gradualmente reunidos ao longo dos séculos. Desses, a heresia e a teologia cristãs são mais importantes do que o Paganismo. Ambos os grupos ignoraram ou rechaçaram a Bruxaria Moderna. A Bruxaria Histórica e a Bruxaria Moderna tratam de fenômenos separados, sem qualquer conexão histórica entre si.

Assim, se a interpretação dos textos de Gardner que dizem que a Bruxaria surgiu na Idade da Pedra pode ter uma segunda ou terceira interpretação alternativa, isso não importa tanto, já que outras afirmações que ele fez, de que a Bruxaria seria a religião sobrevivente das vítimas da Inquisição, é completamente insubstancial e absurda do ponto de vista histórico!

Algumas pessoas dizem que determinadas evidências apontadas pelos historiadores são pura falácia, pois Doreen Valiente conseguiu provar que Dorothy Clutterbuck realmente existiu, por exemplo.

Doreen Valiente realmente apoiou a pretensa iniciação de Gardner e publicou os resultados de sua busca por Old Dorothy no livro *A Bíblia das Bruxas*, de Janet e Stewart Farrar. Mesmo sendo uma investigação interessante e que deve ser lida por todos os Wiccanianos sérios, provar que uma Dorothy Clutterbuck existiu não sustenta as reivindicações da Iniciação de Gardner.

Historiadores tal qual Ronald Hutton, em seu maravilhoso trabalho *The Triumph of the Moon*, foram além nas investigações de Doreen e descobriram que havia "duas" Dorothy Clutterbuck. Uma delas foi uma ótima cristã, engajada nos serviços sociais de sua igreja local. Isso a coloca em uma posição um tanto quanto estranha para assumir o papel da "segunda" Dorothy, a Bruxa mais poderosa de sua época e Alta Sacerdotisa de um culto Pagão ancestral, que Gardner dizia ter sobrevivido como uma sociedade secreta com uma linhagem ininterrupta de Sacerdotisas datando desde a época da Inquisição.

O autor Jeffrey Russell em seu trabalho *História da Bruxaria* explica como os Bruxos atuais têm trabalhado para manter viva a criação de Gardner apesar de sua historicidade suspeita, dando validade à Wicca não por meio de evidências históricas, mas por sua criatividade poética, espiritual e psicológica:

> Que Gardner (ou Crowley) inventasse a religião não a invalida. Toda a religião tem um fundador, e muito do que cerca as origens de cada religião é historicamente suspeito. A falta de historicidade não priva necessariamente uma religião de seu insight. Mas nenhuma religião baseada em evidências que são demonstradamente falsas tem probabilidade de sobreviver por muito tempo. É por isso que Bruxas sofisticadas têm cada vez mais abandonado o argumento de que a Arte é uma antiga religião baseada numa tradição sobrevivente e preferem defender sua validade em termos de sua criatividade poética, espiritual e psicológica.

Os livros de Gardner, especialmente *Witchcraft Today*, constituem o alicerce da Bruxaria Moderna e os Gardnerianos continuam vicejando. Existem dois tipos de Gardnerianismo: (1) aqueles grupos que se afirmam sucessores apostólicos diretos da assembleia original de Gardner, e (2) aqueles que professam diferentes origens, mas cujas ideias são claramente derivativas de Gardner. O principal exemplo deste segundo grupo é Alex Sanders e seus seguidores, os Alexandrinos. De acordo com os seus adeptos, Alex, que nasceu em 1926, foi iniciado em Bruxaria por sua avó, quando ainda era um garoto. Tendo grandes poderes de precognição, Sanders viu a Batalha da Grã-Bretanha numa bola de cristal cinco anos antes de sua ocorrência. Ganância e luxúria desencaminharam-no e, empolgado por seus próprios poderes, Sanders voltou-se para a magia negra, invocando demônios e cultuando o diabo. Num momento de crise pessoal, quando sua irmã estava doente e às vésperas da morte, Sanders arrependeu-se e passou a dedicar sua magia a bons propósitos. Entre outras boas ações, salvou uma criança das mãos de um padre católico que estava prestes a imolá-la num sacrifício ritual. Podemos ser perdoados se não tomarmos tudo isso muito a sério: por exemplo, histórias de iniciações por avós são uma anedota comum na Arte. As doutrinas e práticas de Sanders são, em sua maioria, derivadas das de Gardner.

Uma desconcertante variedade de grupos Neopagãos floresce na Grã-Bretanha e nos Estados Unidos. Não tendo um corpo comum de doutrina ou uma fonte ou modelo comum de autoridade, as Bruxas têm poucas organizações que transcendam as assembleias locais. Algumas chegaram a ser estabelecidas, mas foram poucas as que duraram mais de um ano ou dois. Algumas das organizações recentes são The Pagan Front, The Pagan Movement, a Witchcraft Research Association, o Covenant of the Goddess, o Midwest Pagan Council e a Association of Cymmry Wicca. Essas organizações são, de um modo geral, tolerantes, flexíveis e não dogmáticas. A atraente ênfase sobre criatividade e liberdade pessoais apresenta um problema sociológico. A Bruxaria não tem sido, até agora, eficaz em fazer o público aceitar seus pontos de vista: ainda tem que conquistar credibilidade teológica ou política. Enquanto as Bruxas permanecerem desorganizadas, continuarão sendo ineficazes nesse capítulo. Entretanto, se se organizarem e estabelecerem doutrina e autoridade – se "transformarem sacramento em corporação" – sua liberdade e criatividade atraentes serão comprometidas.

Para mim, pouco importa se a Wicca é a mesma religião dos povos da Idade da Pedra, se é uma religião que sobreviveu desde a época da Inquisição ou se foi inventada há pouco mais de 50 anos por Gardner. O importante é que a Wicca fornece respostas favoráveis aos meus anseios espirituais, seja ela uma mera invenção ou parte dos ensinamentos daquilo que pode ter sido ensinado a Gardner pelo grupo que o iniciou e que ele sinceramente pode ter desejado divulgar de bom coração ao mundo.

Seja a Wicca ideia de quem for, e venha de onde quer que ela tenha vindo, essa religião antiga do futuro é seguramente a maior invenção religiosa da atualidade, e Gardner, mesmo com todos os seus erros e tendências mitômanas, em meu ponto de vista, é a maior figura religiosa do século passado.

Em meio a tantos preconceitos, pudores e limitações de uma época, ele foi o único que saiu das brumas para tentar propor uma religião completamente estranha e avançada para os padrões do seu tempo, quando todas as outras tinham estacionado e ofereciam apenas propostas limitantes e castradoras. Por tudo isso ele merece nosso respeito e reverência!

Biografia dos Principais Nomes da Wicca

Gardner foi fundamental para o processo de construção e renascimento da Bruxaria Moderna. Ele passou mais de 30 anos no Extremo Oriente plantando chá no Ceilão e borracha na Malásia, onde, de 1921 a 1936, foi agente alfandegário para o Governo Colonial Britânico. Tendo viajado o mundo desde muito cedo, conheceu diferentes culturas e expressões religiosas. O Ocultismo sempre o fascinou.

Depois de se mudar para o Extremo Oriente, Gardner ficou muito interessado em Misticismo e até escreveu um manuscrito sobre as Keris e publicou os aspectos tradicionais de onde esses itens vieram. Uma das coisas tradicionais na Ásia é o Xamã arremessar uma faca.

Foi em uma de suas buscas por contrabandistas, enquanto trabalhava como oficial britânico, que ele tomou conhecimento da tribo Dayak e presenciou alguns de seus rituais xamânicos. Isso fez com que Gardner começasse a se indagar se rituais parecidos poderiam ser encontrados em sua Terra Natal, a Inglaterra.

Em 1940, com o advento da Segunda Guerra Mundial, Gerald Gardner voltou para a Inglaterra e se mudou para uma área considerada sagrada, chamada New Forest.

Gardner era um naturista. O naturismo era a maior moda na Inglaterra em meados da década de 1920 e 1940. Campos naturistas apareciam em todos os lugares e um deles floresceu em New Forest que era um bom lugar para a prática.

Gerald Gardner começou a frequentar esse acampamento naturista regularmente e foi assim que ele provavelmente encontrou alguns dos primeiros ocultistas de New Forest.

Eles eram Rosacruzes, pois no condado de Christchurch e ao redor dessa área havia o primeiro Teatro Rosacruz da Inglaterra, como foi nomeado. Assim, Gardner se envolveu com o Teatro Rosacruz, em Greenwood, e provavelmente foi lá que ele conheceu os membros do que nomeou de Coven de New Forest. As pessoas que ele conheceu eram membros de uma organização oculta chamada Sociedade de Crotona, que era Franco-Maçônica e Cristã Gnóstica.

Muitas das práticas disponíveis às pessoas naquela época eram sobre Magia Cerimonial e Alta Magia. Gardner era um leitor ávido e havia muitos livros aparecendo, um deles era o *Deus dos Bruxos*, e outro *O Culto das Bruxas na Europa Ocidental*, ambos de Margaret Murray.

Atualmente, alguns subestimam o trabalho dessa autora dizendo que não há evidência de sobrevivência do culto das Bruxas. Mas, na época, tais teorias eram comumente aceitas e Margareth Murray gozava de fama e prestígio. Provavelmente, Gardner, e também muitos outros, aceitou as teorias do Culto das Bruxas na Europa Ocidental, sustentadas por Margareth Murray, e acreditava profundamente que esses cultos existiam!

Quando se envolveu com a Sociedade de Crotona, Gardner realmente acreditou que eles praticavam Bruxaria, e que esse era um grupo sobrevivente dessa antiga Religião, os herdeiros e depositários desse antigo culto.

Gardner encontrou vários problemas, pois, certamente, voltando na década de 1940, o termo "Bruxo" ou "Bruxa" não soava muito bem, portanto, ele provavelmente tenha sido expulso da Sociedade de Crotona, pois os chamava abertamente de Bruxos e afirmava que o grupo era um dos poucos Covens sobreviventes da antiga Bruxaria.

Quando ele publicou seu primeiro livro, *High Magic's Aid*, possivelmente já não fazia mais parte da Sociedade de Crotona e, por isso, afirmava que tinha sido impedido de divulgar os rituais das Bruxas pelo Coven onde tinha sido iniciado. Posteriormente, alegou que sua expulsão do grupo se deu pelo fato de revelar mais do que deveria sobre seus rituais.

Mas ele acreditava que havia Bruxaria em algum lugar e, então, começou a criá-la por si próprio, e passou a redigir os primeiros rituais daquilo que se tornaria o Canon Wiccaniano, a primeira versão de o Livro das Sombras.

Gardner estava tão desesperado pelo reconhecimento do que tinha começado a criar que foi até Aleister Crowley pedir para redigir alguns rituais para ele. Muitos ignoram que a *Carga da Deusa*, que é usada por muitas pessoas na Wicca hoje, tem origem não somente em Doreen Valiente (uma das primeiras Sacerdotisas de Gardner), mas também em Aleister Crowley, ao menos os versos deixados.

Foi então que Gardner começou a criar o que ele estava buscando.

Na década de 1960, as pessoas começaram a rejeitar muitos dos valores existentes na Grã-Bretanha e passaram a se interessar pelo Ocultismo novamente. É nesse processo que um grande número de pessoas se junta ao Coven de Gardner, e uma delas foi Doreen Valiente, que era extremamente culta e conhecedora dos diversos autores ocultistas correntes na época.

Doreen, analisando o material que Gardner tinha – pois ele possuía textos de diversos autores que havia pagado – percebeu a influência dessas autorias nos escritos, incluindo Crowley. Ela, então, disse a Gerald Gardner que nada daquilo fazia qualquer sentido e, de acordo com a "lenda", Gerald teria afirmado a Doreen que ele tinha recebido os rituais fragmentados de seu antigo Coven e que teria usado as ideias e textos dos autores para preencher as lacunas. Ele solicitou, então, a ajuda de Doreen que passou a colocar todos os textos em ordem e a adicionar sua própria poesia aos rituais. Se pudermos chamar Gardner de pai da Bruxaria Moderna, certamente Doreen Valiente é a mãe. Ela é uma figura tão importante quanto Gardner!

Posteriormente, Doreen se separou dele para fazer as coisas à sua própria maneira, como muitas de suas Altas Sacerdotisas, mas sua figura foi vital para conferir à Wicca grande parte dos seus textos e rituais que incluem não somente a *Carga da Deusa*, mas também o Grande Rito Simbólico e a versão do *Livro das Sombras Gardneriano* atualmente em circulação.

No entanto, o mais importante em Gardner é que ele começou a fazer as coisas se moverem. Antes de Gardner, para estar envolvido com o Ocultismo na Inglaterra era necessário pertencer à alta classe, ser influente e ter muito dinheiro. O que ele fez foi trazer o Ocultismo da alta classe para a classe média.

Gardner nunca chegaria a ver o impacto que suas ideias causariam no mundo. Retornando de suas férias a bordo de um navio, sofreu um ataque fulminante do coração, em 12 de fevereiro de 1964. Foi enterrado um dia depois no porto seguinte, na costa da Tunísia, em Tunis, em um funeral em que esteve presente somente o Capitão do navio no qual viajava.

Quando Gardner saiu de cena, a Bruxaria, que mal acabava de ter renascido, talvez tivesse morrido não fosse o aparecimento de uma figura não menos controvertida que ele: Alex Sanders.

Quando Alex Sanders apareceu, ele deu outro passo na história da Wicca, levou o Ocultismo da classe média para a classe baixa, a operária.

Alex Sanders viveu grande parte de sua vida em Manchester, na Inglaterra, e ficou muito interessado na Arte. Ele procurou uma Sacerdotisa Gardneriana, Patricia Crowther, que é uma das Grandes Sacerdotisas originais de Gardner, para iniciá-lo.

Patricia na mesma hora "não foi com sua cara" e o repudiou desde o início, recusando-se a iniciá-lo. Há cartas que comprovam isso e que demonstram que Sanders tentou entrar no Coven dela em uma época em que ele ainda não era Bruxo.

Em sua busca, ele encontrou uma das Sacerdotisas renegadas de Patricia Crowther, chamada Patricia Kopanski, que o recebeu na Arte e o iniciou. No entanto, o que Alex Sanders reivindicava, e que não é um fato, era que sua avó, chamada Bibby, o tinha iniciado quando ele era criança.

Segundo sua história lendária, um dia, chegando à sua casa, ele encontrou a avó nua na cozinha realizando encantamentos ao redor de um caldeirão. Ela o chamou e, então, totalmente nu no meio do Círculo, picou seu escroto com o athame e o iniciou na Arte.

A história obviamente foi fabricada, pois até Maxine, sua esposa, confirmou isso em certa ocasião em entrevistas a Bruxos proeminentes iniciados por eles.

Alex Sanders aparecia com lendas e mitos a seu próprio respeito sem base alguma na realidade, o que alguns lamentam, já que ele era um homem genial, talentoso e de conhecimento.

Porém, todo seu conhecimento foi adquirido pelos livros e trabalhos de outras pessoas a quem ele jamais deu crédito. Sanders usava o trabalho das pessoas para ilustrar seus resumos, e essa foi a causa de sua tragédia. Os ensinamentos que ele fornecia eram, em sua maioria, trabalhos de outras pessoas e trechos retirados de livros.

De muitas formas, o presente que ele nos deixou e que se tornou seu legado, foi ter aberto a Arte para tantas pessoas e introduzir o aprendizado no processo de Treinamento. No tempo de Gerald Gardner não havia aprendizado dentro dos Covens. O Treinamento consistia unicamente em observar, memorizar e reproduzir o que era feito sem qualquer embasamento teórico ou filosófico.

O Estudo da Arte nos Treinamentos Mágicos dentro dos Covens foi puramente fomentado por Sanders. Este foi seu legado: ensinar a Arte para outros. Mas o que ele ensinou muitas vezes está distante de ser Bruxaria!

Ele, e também muitas outras pessoas que apareceram na Arte naquela época, não estava praticando Bruxaria ou Paganismo, mas, sim, um misto de Magia Cerimonial, com uma pitada de folclore Pagão e um apanhado de hermetismo, Cabala e outros sistemas para arrematar.

Isso tem tanta relação com a Bruxaria, quanto o cristianismo teria: nenhuma!

Porém, a Bruxaria estava apenas no início de sua redescoberta.

Opiniões sobre Alex Sanders variam consideravelmente. Ele foi chamado de Grande Mago, charlatão e Rei dos Bruxos. Seus iniciados, de toda forma, afirmam categoricamente que ele acreditava nos Deuses e especificamente na Deusa de todo o seu coração. A Deusa representava muito para Alex Sanders. Mas apesar de todas as suas habilidades e fé ele nunca conseguiu fugir do fato de ser um *showman* durante toda a sua vida, desde o dia em que se tornou um Bruxo até o dia de sua morte. No entanto, sua influência e legado acerca da Bruxaria são inegáveis.

Gerald Gardner e Alex Sanders representaram muito para a Bruxaria. Sem eles a Wicca, do modo que a conhecemos hoje, jamais existiria. E por isso eles devem ser bem lembrados por nós, por essa abertura que foram responsáveis.

É fundamental para qualquer praticante da Wicca conhecer a sua história. Muitos são aqueles que hoje se dizem praticantes da Arte e que sequer são capazes de reconhecer os nomes ou as importantes biografias daqueles que foram os artífices de nossa religião. É chegada a hora de reparar esse equívoco, pois se não conhecermos nosso passado jamais saberemos como caminhar no futuro. Conhecer as origens da Wicca é vital para o processo de solidificação de identidade, é mais do que nossa obrigação.

Pessoas como Gerald Gardner, Doreen Valiente e Alex Sanders, dentre outras que surgiram nas décadas de 1940, 1950 e 1960, nos presentearam com o renascimento da Bruxaria, em franco desenvolvimento desde então. Com os esforços dessas pessoas e de muitas outras, incluindo você, estamos ganhando e construindo uma nova religião para um novo tempo. Esta é a verdadeira chave para a Magia e para os Mistérios!

GERALD GARDNER (1884-1964)
© GEORGE KNOWLES

Gerald Gardner é possivelmente uma das figuras mais conhecidas e da que mais se falou dentro da Bruxaria Moderna. Um Bruxo hereditário inglês, fundador da Bruxaria contemporânea em sua prática religiosa, considerado por alguns um homem dotado de grande visão criativa, que teve a coragem de tentar coisas "vergonhosas" em tempos difíceis. Outros o consideram um homem estelionatário, enganoso e manipulador. Gardner escreveu os famosos livros *Bruxaria Hoje* e *O Significado da Bruxaria*, ambos nos anos 1950. Esses dois livros clássicos inspiraram o crescimento e o desenvolvimento de muitas Tradições de Bruxaria Moderna em todas as partes do Reino Unido, Europa e Estados Unidos.

Gerald Gardner nasceu em 13 de junho de 1884, em uma pequena cidade do norte, chamada Blundellsands, perto de Liverpool, Inglaterra. Nasceu em uma família de ancestrais escoceses, sendo seu pai comerciante e juiz de paz. Seu avô tinha fama de haver se casado com uma Bruxa e ele também afirmava que outros membros longínquos de sua família tinham dons psíquicos. Gardner pensava ser um descendente de "Grissell Gairdner", queimada como Bruxa em Newburgh, em 1610. A respeito de seus antepassados, vários se converteram em prefeitos de Liverpool, e um certo "Alan Gardner" foi comandante naval, sendo distinguido como comandante-chefe da Frota de Canal por ter ajudado a deter a invasão de Napoleão em 1807.

Gardner era o filho do meio de três filhos, embora tenha permanecido afastado de seus dois irmãos porque sofria ataques de asma. Seus pais contrataram uma babá, Josephine "Com" McCombie, para criá-lo separado. "Com" convenceu seus pais para poder levar o menino durante as viagens que realizava nos meses do verão, e assim poder aliviar os seus ataques.

Durantes as viagens pela Europa, Gardner permanecia frequentemente só, em companhia somente de suas coisas, mas se contentava lendo e estudando matérias acadêmicas como História e Arqueologia. Quando se converteu em um homem jovem, sua babá se casou e foi viver no Ceilão com o marido. Gardner foi com eles e começou a trabalhar em uma plantação de chá. Depois se mudou para o Borneo e finalmente se estabeleceu na Malásia.

Nesse lugar, e com seu notável interesse pela história e arqueologia, Gardner ficou fascinado ante a cultura local e suas crenças religiosas e mágicas. Também desenvolveu interesse por temas ocultistas, especialmente pelas facas e adagas rituais, destacando seu estudo sobre a "Keris" malaia (adaga com a lâmina ondulada).

Nos círculos acadêmicos fez seu nome por sua pioneira investigação sobre a primordial civilização malaia. Também alcançou respeito como escritor e alguns de seus escritos foram publicados no jornal da seção malaia para a Sociedade Real Asiática. Depois de 20 anos de estudo escreveu seu primeiro livro de história e folclore malaio chamado *Keris e outras Armas malaias*, na Singapura de 1936. Assim se converteu em uma autoridade mundial em estudo a respeito dos indígenas malaios e suas armas.

Desde 1923, até seu retiro em 1936, Gardner trabalhou como funcionário para o governo britânico, inicialmente exercendo a função de inspetor de plantações de borracha, depois como um funcionário de alfândegas e inspetor de plantações de ópio. Gardner obteve uma considerável quantidade de dinheiro mediante suas transações com a borracha, o que lhe permitiu dedicar-se a seu passatempo favorito, a arqueologia. Afirmava que em uma expedição tinha descoberto o lugar onde estava a antiga cidade de Singapura. Em 1927, casou-se com uma mulher inglesa chamada Donna.

Depois de sua aposentadoria na Malásia, no ano de 1936, Gardner e sua esposa retornaram à Inglaterra, estabelecendo-se na área de New Forest, em Hampshire. Gardner continuou com seus interesses arqueológicos e passava a maior parte de seu tempo viajando pela Europa e Oriente Médio. Em Chipre, encontrou lugares com os que afirmava ter sonhado previamente e estava convencido de ter vivido ali em vidas anteriores. Em 1939, escreveu e publicou seu segundo livro, *A Goddess Arrives*. Ambientado em Chipre, tratava sobre a adoração a uma Deusa chamada Afrodite durante o ano 1450 AEC.

A Segunda Guerra Mundial estava perto, e Gardner, ansioso por fazer sua parte ao serviço da coroa e ao país, enfocou todos seus pensamentos ao tema da defesa civil. Escreveu uma carta publicada no periódico *Daily Telegraph* que assegurava:

> Como está decretado na Carta Magna, cada inglês livre tem o direito de levar armas em defesa de si mesmo e de sua casa.

Sugeria, assim, que a população civil deveria estar armada e também treinada em caso de invasão. A imprensa alemã recolheu o artigo e os titulares apareceram no periódico *Frankfurter Zeitung*, provocando a irritação e a fúria dos leitores contra o homem que tinha feito tais sugestões "medievais". Logo após apareceram os famosos *Home Guard*, conhecidos inicialmente como "Voluntários de defesa local". Nunca saberemos se essa carta deu o ímpeto para que realmente se formassem.

Uma vez estabelecido na área de New Forest de Hampshire, zona com um dos bosques mais antigos da Inglaterra, Gardner começou a investigar sua história. Logo encontrou que o folclore local falava de Bruxaria, o que despertou a curiosidade para investigar mais.

Por meio dos vizinhos, soube da existência de um grupo local de ocultistas franco-maçons, fraternidade que se autodenominava "Irmandade da Crotona". O grupo tinha sido fundado pela Senhorita Besant-Scott, filha da teosofista Annie Besant, fundadora do movimento franco-maçom feminino na Inglaterra (a ordem estava filiada à Grande Oriente da França, mas não era reconhecida pela Grande Loja Maçônica da Inglaterra). A fraternidade havia construído um pequeno teatro comunitário chamado "Primeiro Teatro Rosacruz da Inglaterra", e ali costumavam se reunir. Gardner se uniu a eles e ajudou com peças de teatro amadoras que tratavam de temáticas ocultistas e espirituais.

Dentro da irmandade operava outro grupo secreto. Um de seus membros certa vez falou com Gardner afirmando que o conhecia de uma vida anterior. Posteriormente lhe descreveu os lugares que Gardner tinha encontrado em Chipre. Pouco depois, Gardner ganhou a confiança do grupo e lhe explicaram que se tratava de um grupo de Bruxas hereditárias que praticavam uma Arte transmitida durante séculos. O grupo se reunia em New Forest e ali ele foi apresentado à Senhora Dorothy Clutterbuck, carinhosamente conhecida por "A Velha Dorothy". Dorothy Clutterbuck aceitou Gardner para a Iniciação e, em setembro de 1939, em sua própria casa (uma grande casa da vizinhança) ele foi iniciado na Antiga Religião.

Acreditava-se que o Coven da Velha Dorothy era o último reduto de um Coven descendente direto de um dos famosos "Nove Covens" que o Velho George Pickingill havia fundado quarenta anos antes. Durante os seguintes anos de 1940, enquanto trabalhava com o Coven, Gardner afirmou que tomara parte do famoso rito contra os altos mandos nazistas, em um intento de repelir a invasão das tropas de Hitler. Agora sabemos que isso não aconteceu dessa forma. O ritual contra Hitler foi organizado por Cecil Williamson, fundador do Centro de Investigação de Bruxaria, e realizado pelo famoso ocultista Aleister Crowley. É possível que o Coven realizasse outro ritual com propósitos parecidos, mas não o mesmo.

Quase antes do estalo da guerra, Gardner conheceu Arnold Crowther, um mago e ventríloquo profissional. Eles travaram uma amizade que durou por muitos anos. Após a guerra, em 1946, Gardner conheceu Cecil Williamson. Encontraram-se na famosa livraria Atlantis de Londres, onde Gardner dava uma palestra informal. Depois da palestra se reuniram em várias ocasiões, embora sua relação fosse frequentemente tensa e finalizasse em maus termos. Williamson descrevia Gardner como "um homem vaidoso, egocêntrico, avarento com seu dinheiro e mais interessado em dar publicidade a suas atividades nudistas e voyeurs do que em aprender algo sobre a autêntica Bruxaria".

Em 1947, seu amigo Arnold Crowther o apresentou a Aleister Crowley. Essa breve associação criou controvérsia a respeito da autenticidade do Livro das Sombras original de Gardner. Crowley afirmava ter sido membro de um dos Nove Covens originais do Velho Pickingill em New Forest, e Gardner estava especialmente interessado nos rituais que utilizavam nesse grupo, para ampliar os ritos fragmentados que ele possuía. Gardner pediu a Crowley que escrevesse aquilo que pudesse recordar e complementasse com outro material mágico. Crowley, nessa época, estava com a saúde debilitada, logo, restavam poucos meses para seu falecimento. Entretanto, ele aceitou a solicitação de Gardner. Além disso, tornou Gerald membro honorário da Ordo Templi Orientis (OTO), ordem mágica liderada por Crowley, e expediu um certificado que garantia a capacidade de Gardner para estabelecer sua própria loja maçônica da OTO. Crowley também era um conhecido do citado Cecil Williamson.

Enquanto isso, Gardner tinha se mudado de New Forest para o Bosque Bricketts, nos subúrbios de St. Albans. Ali comprou uma casa de campo, em terreno que pertencia a um clube de nudista. Na casa de campo estabeleceu sua própria loja. Sem carro nem dinheiro, Gardner pedia a Williamson que o levasse até onde vivia Crowley, para as consultas. Williamson mais tarde afirmou que tinha participado (como observador) em algumas das atividades da nova loja maçônica de Gardner. Conforme dizia, o Altar estava feito com partes de um velho "Anderson" e se utilizava para realizar o Grande Rito (um ritual que implica intercurso sexual). A loja tinha muito mais homens que mulheres, em uma proporção de 80-20%, porque muitas das mulheres que se uniram à loja não estavam de acordo com os ritos sexuais. Segundo Williamson, uma vez Gardner teve de recorrer aos serviços de uma prostituta londrina para assumir o papel de Alta Sacerdotisa e consentir o ato sexual.

Com o tempo, Gardner angariou amplo conhecimento sobre folclore, Bruxaria e Magia, junto a uma coleção de artefatos e materiais de magia cerimoniosa. Ele queria escrever de forma extensa para transmitir esse conhecimento, mas lhe impediam de ser muito público. A Bruxaria era ainda ilegal na Inglaterra e a Velha Dorothy o advertiu que a mantivesse secreta e não escrevesse sobre o assunto. Ela, a contragosto, acabou aceitando que ele escrevesse, desde que fosse em forma de ficção. O resultado foi a novela ocultista intitulada *High Magic's Aid* (*Com o auxílio da Alta Magia*), que foi publicada em 1949, pelo editor Michael Houghton, também conhecido como "Michael Juste", proprietário da mencionada livraria Atlantis de Londres. O livro continha ideias básicas do que posteriormente se converteu na Wicca Gardneriana.

Em 1951, ressurgiu o interesse pela Antiga Religião, motivado em parte pela revogação das últimas e antiquadas leis antibruxaria da Inglaterra, Gardner, naquela oportunidade, estava livre para se tornar público e saiu do Coven de New Forest, estabelecendo o seu próprio.

A mudança legal também tornou possível a Cecil Williamson abrir seu famoso "Museu de Magia e Bruxaria" (chamado anteriormente Centro Folclórico) em Castletown, Ilha de Man. Nesse mesmo ano, Gardner teve uma disputa com seu fundo fiduciário que o levou até a soleira de problemas financeiros, por isso Williamson o contratou na função de diretor do museu. Gardner logo se fez conhecido como o "Bruxo Residente" daquele local.

Por sua associação com o museu, Gardner chegou a ser conhecido por todos os que pertenciam aos círculos ocultistas da época, estendendo sua reputação como uma autoridade líder na Bruxaria.

Um ano depois, em 1952, com seus problemas financeiros resolvidos, Gardner comprou de Williamson o edifício do museu e suas vitrines. A coleção de artefatos e materiais de Gardner não era tão extensa como a de Williamson, e ele se deu conta de que não tinha objetos sufcientes para encher todas as vitrines. Assim, pediu a Williamson que lhe emprestasse alguns de seus talismãs e amuletos. Mais do que cansado, se não abertamente aborrecido com Gardner, Williamson aceitou a contragosto, mas tomou a precaução de fazer moldes e impressões de cada artigo. Gardner reabriu o museu e o dirigiu.

Em 1953, Gardner conheceu Doreen Valiente e a iniciou em seu Coven. Doreen demonstrou ser uma grande assistente, de fato foi ela quem ajudou a rescrever e a expandir seu Livro das Sombras. Colaborando juntamente, embelezaram os numerosos textos e rituais que tinha recolhido e que Gardner assegurava que tinham sido passados pelo Coven de New Forest. Doreen também eliminou grande parte do material de Aleister Crowley e pôs mais ênfase no tema da veneração à Deusa. Assim, Doreen e Gardner estabeleceram uma nova forma de prática, que evoluiu até o que é atualmente a Tradição líder no movimento Wiccaniano, a Wicca Gardneriana.

Em 1954, Gardner escreveu e publicou seu primeiro livro de não ficção sobre o tema Bruxaria, *Witchcraft Today* (*Bruxaria Hoje*). Nele, o autor defende as teorias da antropóloga Margaret A. Murray, que propõe que a Bruxaria Moderna seja o remanescente de uma religião Pagã organizada existente antes da Caça às Bruxas. Murray também escreveu a introdução ao volume de Gardner. O texto foi um êxito imediato e novos Covens apareceram por toda a Inglaterra. A Tradição Gardneriana tinha nascido.

Gardner se converteu em celebridade dos meios de comunicação, ocupando todo seu interesse. Adorava ser o foco de atenção e fez numerosas aparições públicas, sendo chamado pela imprensa de "Bruxo britânico principal". Entretanto, nem toda a publicidade era benéfica. Gardner era um naturista convicto e sua inclinação pela nudez ritual se incorporou à nova Tradição. Isso ocasionou conflitos com outras Bruxas hereditárias que asseguravam trabalhar sempre com túnicas. Muitos também acreditavam que Gardner se equivocava ao fazer públicos tantos detalhes que sempre se mantiveram em segredo. Pensavam que tanta publicidade danificaria a Arte cedo ou tarde.

Tornou-se difícil trabalhar com Gardner. Seu egocentrismo e a busca de publicidade puseram à prova a paciência dos membros de seu Coven, incluindo Valiente, a Alta Sacerdotisa naquele momento. As quebras no Coven se desenvolveram ante a busca implacável de publicidade. Gardner também insistiu em utilizar o que dizia serem as "antigas" Leis da Arte que davam supremacia ao Deus sobre a Deusa. A rebelião final veio quando Gardner declarou que a Alta Sacerdotisa devia retirar-se quando fosse considerada velha. Em 1957, Doreen Valiente e outros membros abandonaram Gardner e tomaram caminhos separados. Intrépido, Gardner seguiu publicando seu último livro, *O Significado da Bruxaria*, em 1959.

Em maio do ano seguinte (1960), Gardner foi convidado a uma festa no Palácio de Buckingham em reconhecimento por seu distinto serviço civil trabalhado no Oriente. Poucas semanas depois, em 06 de junho, iniciou em seu Coven Patricia Dawson, e ela, por sua vez, iniciou seu velho amigo Arnold Crowther. Em 8 de novembro, Patricia e Arnold se casaram em um ritual de bodas privada oficiado por Gardner e, no dia seguinte, em uma cerimônia civil. Nesse mesmo ano faleceu Donna, a fiel esposa de Gardner. Embora nunca tivesse participado da Arte, nem das atividades de seu marido dentro dela, Donna foi uma leal companheira durante 33 anos. Gardner ficou destroçado e começou a sofrer ataques de asma do mesmo modo que em sua infância.

Em 1962, Gardner começou a se corresponder com um inglês residente na América, Raymond Buckland, que foi mais tarde o responsável pela introdução nos Estados Unidos da Tradição Gardneriana. Eles se conheceram em 1963, em Perth, Escócia, na casa da Alta Sacerdotisa de Gardner, que nesse momento era Monique Wilson (Lady Olwen). Monique iniciou Buckland na Arte pouco antes de Gardner partir em férias de inverno ao Líbano. Gardner nunca chegaria a ver o impacto de sua Tradição na América. Retornando em navio de suas férias, sofreu um ataque fulminante de coração. Em 12 de fevereiro de 1964, morreu sobre a mesa do café da manhã, no navio. No dia seguinte foi enterrado na costa da Tunísia, em um funeral em que somente o Capitão do navio em que viajava esteve presente.

Em seu testamento, Gardner legou o Museu de Castletown à sua Alta Sacerdotisa, Monique Wilson, com todos os artefatos, ferramentas rituais pessoais, cadernos e direitos de autor de seus livros. Monique e seu marido continuaram à frente do museu e seguiram com as reuniões semanais do Coven na velha casa de campo de Gardner; mas por pouco tempo. Quando puderam, fecharam o museu e venderam seu conteúdo à organização americana *Ripley's, Believe It Or Not* (Acredite se Quiser). Eles, paulatinamente, distribuíram a maioria de artefatos entre seus distintos museus e outros artefatos venderam para coleções privadas.

Muitos partidários de Gardner ficaram consternados e furiosos por esses acontecimentos e Monique caiu em desgraça como Alta Sacerdotisa. Outros beneficiários do testamento de Gardner foram Patricia e Arnold Crowther (seus velhos amigos) e Jack L. Bracelin, autor de sua biografia escrita, em 1960, intitulada *Gerald Gardner: Witch*.

DOREEN VALIENTE (1922-1999)
© GEORGE KNOWLES

Uma das Bruxas inglesas mais respeitadas de todos os tempos, Doreen Valiente influenciou o movimento atual da Bruxaria. Ela foi uma das primeiras iniciadas e Altas Sacerdotisas de Gerald Gardner, e contribuiu muito escrevendo com ele os rituais básicos e diversos materiais que ajudaram a mudar e dar forma à Bruxaria como é percebida hoje.

Doreen (Doreen Edith Dominy) nasceu em 4 de janeiro de 1922, em Mitcham, sul de Londres, filha de Harry e Edith. Sabe-se pouco de sua família, exceto que era cristã e muito religiosa. Durante seus primeiros anos, Doreen viveu perto de Horley, em Surrey, e ali teve suas primeiras experiências psíquicas. Quando tinha sete anos se sentiu fascinada pelos movimentos da Lua, dedicando-se a olhá-la e estudá-la do jardim. Em uma dessas ocasiões experimentou seu primeiro contato espiritual:

> Vi aquilo que o mundo da realidade cotidiana chamaria de irreal, e por trás deste, havia algo muito poderoso. Vi o mundo da força atrás do mundo da forma.

Longe de ser uma experiência perturbadora, isso aumentou sua curiosidade pela verdadeira natureza da existência vital:

> Por um momento experimentei o que estava por de trás do físico. Foi precioso, maravilhoso, absolutamente terrível. Isto, acredito, mudou muito minha vida.

Aos treze anos, Doreen começou a experimentar magia simples. Uma vez se inteirou que sua mãe, que trabalhava na função de caseira, estava sendo constantemente inferiorizada e atormentada por uma companheira de trabalho. Doreen foi capaz de conseguir alguns fios de cabelos da mulher e preparou um feitiço para deter sua perseguição. O feitiço ao que parece funcionou, mas sua fervorosa família cristã, possivelmente por medo, estava longe de se sentir feliz e enviaram Doreen para longe, mandando-a a um internato. Doreen escapou quando tinha quinze anos e se negou a retornar.

Com o passar do tempo, Doreen ficou mais consciente de suas próprias habilidades psíquicas. Ela iniciou suas leituras e estudos de todo o material ocultista que caía em suas mãos, incluindo os trabalhos de Charles Godfrey Leland, Aleister Crowley e Margaret Alice Murray, a quem particularmente admirava.

Em 31 de janeiro de 1941, com dezenove anos, Doreen trabalhava na função de secretária em Barry, Gales do Sul. Ali conheceu seu primeiro marido, Joanis Vlachopoulos.

Não se sabe tampouco muito sobre Joanis, exceto que era um "marinheiro de primeira" a serviço da Marinha Mercante, fora do Cardiff. Naquele tempo, essa era uma ocupação perigosa, com a Segunda Guerra Mundial estendendo-se por toda a Europa e a marinha britânica servindo para o reabastecimento das tropas e forças militares. Diariamente desapareciam muitos navios e marinheiros cruzando as traiçoeiras águas do Atlântico. Apenas seis meses após seu casamento, Doreen foi informada de que Joanis estava perdido no mar e supostamente morto. Apesar de sua perda, ela seguiu trabalhando como secretária em Gales, de onde se mudou para Londres.

Em 29 de maio de 1944, exatamente uma semana antes dos desembarques da Normandia, Doreen se casou com seu segundo marido, Casimiro Valiente. Casimiro era um refugiado da Guerra Civil Espanhola, enquanto lutava com as forças francesas livres contra a ocupação alemã, ele se ferira e fora novamente enviado à Inglaterra na condição de inválido. Conheceu Doreen durante sua convalescença, em Londres, e se casaram no cartório de registro de St. Pancras. Eles permaneceram juntos durante 28 anos, até a morte de Casimiro, em abril de 1972.

Logo depois do final da guerra, Doreen e Casimiro se mudaram de Londres, estabelecendo sua residência em Bournemouth, não longe da área de New Forest, onde Gerald Gardner tinha sido iniciado na Bruxaria. Quando os bombardeios pararam, dando passo a uma Londres em ruínas, a paz e a tranquilidade lentamente voltaram ao ambiente, o que despertou de novo o interesse de Doreen pela história e folclore local, a Bruxaria, o ocultismo e os fenômenos psíquicos.

Em 1952, logo após a abolição das antigas leis contra a Bruxaria, Doreen leu um artigo sobre Cecil Williamson e a abertura do Centro Folclórico de Superstição e Bruxaria, situado na Ilha de Man. O artigo mencionava um Coven que ainda operava na área de New Forest, algo que intrigou muito Doreen, que escreveu a Williamson pedindo mais informação. Williamson a seu devido tempo passou a carta para Gerald Gardner.

Depois de se corresponderem por um tempo, Doreen manifestou seu interesse por se unir a um Coven. Gardner a convidou a tomar chá na casa de uma amiga, perto de New Forest. Foi no verão de 1952, em um povoado chamado Christchurch (em Hampshire) onde vivia uma senhora chamada "Dafo", a mesma dama que havia introduzido Gardner ao Coven de New Forest durante o outono de 1939. A dama sabiamente usava o pseudônimo de "Dafo", pois somente há aproximadamente um ano a antiquada lei "Ata de Bruxaria de 1735" tinha sido revogada. Para muitos, "tecnicamente", a Bruxaria ainda era considerada ofensa criminal, e declarar a si próprio como Bruxo podia trazer toda classe de complicações sociais.

Em sua primeira reunião na casa de Dafo, Gardner não convidou Doreen a se unir ao seu Coven, embora tenha lhe apresentado uma cópia do livro *High Magic's Aid*. Ele fazia isso a todos os potenciais Iniciados, com o objetivo de medir suas reações ante a nudez e os açoites rituais.

Depois de seguir mantendo sua correspondência, no ano seguinte, em 1953, Doreen recebeu sua Iniciação de Primeiro Grau no Ofício. Segundo a Tradição, um membro do sexo oposto deve levar a cabo a Iniciação, assim Gardner decidiu conduzi-la ele mesmo. Na véspera do Solstício de Verão, Gerald tinha de assistir a um encontro para o "Solstício Druídico" em Stonehenge, onde ele ia emprestar sua espada ritual para a ordem druídica. Em sua viagem de caminho, desde seu museu de Bruxaria, na Ilha de Man, fez uma parada na casa de Dafo para iniciar Doreen. Nessa tarde, Doreen renasceu como "Ameth", seu pseudônimo mágico ou nome da Arte, pelo qual seria conhecida.

Durante a Iniciação, Gardner utilizou seu próprio Livro das Sombras que, conforme assegurava, continha informação e reminiscências de ritos tirados da Antiga Religião passados ao longo dos séculos até o antigo Coven de New Forest.

Do livro, Gardner leu uma passagem que Doreen reconheceu imediatamente. Não provinha da Antiga Religião, mas, sim, de uma fonte mais moderna, a "Missa Gnóstica" escrita por Aleister Crowley.

Gardner, então, lhe deu livre acesso para que visse seu Livro das Sombras e outros materiais que tinha recolhido. Ele seguia afirmando que a maior parte do material lhe tinha sido transmitida por seu antigo Coven, mas a maior parte estava fragmentada. Doreen imediatamente reconheceu outras partes do trabalho de Crowley entre o material, embora tenha aceitado a afirmação de Gardner acerca da inserção daquele conteúdo ao seu Livro das Sombras.

Em colaboração com Gardner, ela começou a reescrever seu Livro das Sombras utilizando seus consideráveis dons poéticos. Doreen eliminou grande parte da influência de Crowley, devido à má reputação que ele tinha, e substituiu o conteúdo excluído por trabalhos de Charles G. Leland, como se faz evidente em sua peça mais famosa, A Carga da Deusa. Essa revisão da versão de o Livro das Sombras serviu de base para o que seria conhecido como a Tradição da "Wicca Gardneriana", a qual ainda hoje é uma das dominantes na Bruxaria contemporânea.

Desde esses tempos iniciais, podemos ver como a influência de Doreen Valiente ajudou a formar e moldar o futuro da Bruxaria Moderna, assim como sua evolução em muitas outras Tradições. A ela também se atribui o crédito de ter enfatizado a adoração à Deusa, o que transformou a Arte em uma religião completamente articulada.

Entretanto, por volta de 1957, começaram as divergências entre Gardner, Doreen (agora sua Alta Sacerdotisa) e o restante do Coven. A causa principal foi a implacável busca de Gardner pela publicidade que levaria Doreen (e outros) a deixar o Coven. Em sua autobiografia *O Renascimento da Bruxaria* ela explica: "Como Alta Sacerdotisa do Coven, senti que ao falar com a imprensa, Gardner estava comprometendo a segurança do grupo e a sinceridade de seus próprios ensinos."

Porém, Gardner, ao persistir na autopromoção, forçou a separação. Doreen partiu e estabeleceu seu próprio Coven junto a um homem chamado Ned Grove. Posteriormente, e antes da morte de Gardner, Doreen e Gardner reconsideraram o respeito mútuo e a amizade, mas não mais com o mesmo entusiasmo inicial.

Em 1964 dois acontecimentos mudaria dramaticamente a vida de Doreen – o falecimento de sua mãe, Edith, e o de Gerald Gardner. Também nesse ano, possivelmente pelo aumento de tensões internas dentro do Gardnerianismo, Doreen seguiria adiante na busca por outra Tradição, e então, ela foi iniciada no "Clã de Tubal-Caín", um Coven dirigido por Robert Cochrane.

Cochrane afirmava ser um Bruxo hereditário e foi o fundador da Tradição agora conhecida como "1734", Tradição supostamente herdada por sua família. Doreen, entretanto, desiludiu-se logo com Cochrane e se deu conta de que ele era mais ficção do que realidade. Robert era abertamente depreciativo com os Bruxos Gardnerianos, algo que a incomodou muito. Até que ela se inteirou de sua obsessão pelas "poções de Bruxas" (drogas) e o deixou. Cochrane morreu em 1966, aparentemente em um suicídio ritual, ingerindo folhas de beladona.

A década de 1960 foi um tempo de mudanças para muita gente, de muitas formas, e também foi uma época que significou o despertar da percepção pública. A liberdade estava no ar; iniciou-se uma revolução sexual. O rock & roll tinha chegado para ficar e os movimentos pacifistas proliferavam tomando as ruas em protesto contra a guerra, o racismo e os abusos ambientais. A agitação social fez eclodir novamente as velhas ideias acerca de controle e supressão de informação por parte do Governo. E foi assim que a sociedade, aos poucos, foi tomando consciência e, por fim, o público encontrou uma voz.

Dessa liberdade social emergiram muitas Tradições da "Nova Era" alternativas, em que as pessoas redefiniram os moldes contra a repressão das religiões ortodoxas.

Algumas Bruxas tomaram vantagem desta recém-encontrada liberdade e autores, tais quais Sybil Leek ou Alex e Maxine Sanders, converteram-se em personagens mediáticos procurando ativamente publicidade. Muitos Anciões da Arte rechaçavam sair publicamente, evitando, de maneira estóica, todo contato com aqueles fora da Arte. Doreen foi uma das poucas que encontrou um ponto médio onde permanecer; nunca renegou o Paganismo nem teve medo de falar publicamente em sua defesa.

Depois da morte de seu marido, Casimiro, em abril de 1972, Doreen dedicou muito mais tempo a escrever. Seu primeiro livro foi *An ABC of Witchcraft* (1973), que logo se converteu em um dos mais solicitados da época. Em seguida *Natural Magic* (1975) e *Witchcraft for Tomorrow* (1978). Esses livros estabeleceram Doreen como autoridade em Bruxaria e Magia. Grande parte dos autores atuais, investigadores e Pagãos contataram Doreen, que lhes ajudou compartilhando seu conhecimento, anedotas e lembranças pessoais de figuras que lideraram a Arte. Por todas essas razões, ela também tornou disponível ao público sua grande biblioteca privada e ajudou nas pesquisas, corrigiu e editou muitos dos trabalhos desses autores. Dessa maneira, Doreen contribuiu com muitos dos títulos Wiccanianos atuais mais famosos.

Foi também nos anos 1970 que Doreen desafiou o Parlamento Britânico, quando, possivelmente devido à ignorância, tentava estabelecer nova legislação contra a Bruxaria. Entretanto, o Parlamento não esperava enfrentar a persistência de alguém como Doreen Valiente. Ela triunfou conseguindo o apoio dos "membros do Parlamento" e ao final as novas leis jamais foram discutidas.

Em 1980, Doreen iniciou sua busca pela Velha Dorothy Clutterbuck, a Alta Sacerdotisa que supostamente teria iniciado Gardner na Bruxaria, em 1939. Sabia-se tão pouco sobre a Velha Dorothy que muitos céticos acreditavam que ela não tivesse existido, que se tratava somente de fruto da imaginação de Gardner.

Doreen se entregou à tarefa de demonstrar o contrário e, depois de uma exaustiva busca, teve êxito em provar que a Velha Dorothy havia sido uma pessoa real, por meio das certidões de nascimento e de morte. O resumo da busca que durou aproximadamente dois anos foi publicado como "Apêndice A" no livro de Janet e Stewart Farrar intituilado *A Witches' Bible* (*A Bíblia das Bruxas*, publicado pela Editora Alfabeto no Brasil em 2017). Doreen também publicou essa confirmação em sua autobiografia – *Rebirth of Witchcraf*, em 1989.

Nas últimas três décadas de sua vida, Doreen dedicou livremente muito de seu tempo e energia contribuindo com suas investigações, conhecimento e experiências não apenas pelos seus escritos e sua poesia, mas também por meio de suas aparições públicas e assistência a eventos e convenções organizadas pela "Federação Pagã", fundada em 1971.

Em seus esforços para prover informação genuína acerca do Paganismo, combatendo os múltiplos conceitos equivocados sobre a religião, Doreen aceitou, no ano de 1995, converter-se em encarregada do "Centro de Estudos Pagãos", fundado por John Belham-Payne, seu último Alto Sacerdote e colega de trabalho mágico. Foi nesse centro de estudos que Doreen fez seu último discurso em público.

Doreen viveu seus últimos anos em Brighton (Sussex) onde, depois de uma larga batalha contra o câncer, a enfermidade terminou por consumi-la. Em seus últimos dias ela se mudou para uma residência para ter atenção e cuidados adicionais, assim, muitos de seus amigos podiam visitá-la e acompanhá-la. Até suas horas finais, John Belham-Payne e sua esposa Julie estiveram ao lado de sua cama. Às 6h55min a.m., em 1º de setembro de 1999, Doreen cruzou a soleira para o Outromundo.

Uma pessoa forte, firme em suas crenças, enquanto a enfermidade a consumia fisicamente, Doreen manteve toda sua força mental até o final. Somente duas semanas antes de partir ela registrou suas últimas vontades em testamento, legando ao seu amigo, John Belham-Payne, sua ampla coleção de artefatos de Bruxaria, sua biblioteca pessoal e os direitos legais de todos seus escritos, material de investigação e seus poemas para a posteridade. Entre os artefatos se incluíam muitos artigos feitos por Gerald Gardner e, junto, alguns de seus artigos rituais, o Livro das Sombras original e seu próprio Livro das

Sombras, que para muitos Bruxos contemporâneos constituem os documentos mais importantes. Também pediu a John que celebrasse um singelo serviço Pagão para seu funeral e convidasse todos seus amigos.

Um dos últimos desejos de Doreen foi solicitar a John que publicasse toda a sua poesia produzida ao longo de sua vida. Para conseguir esse último desejo, John e sua esposa, Julie, se mudaram para a Espanha no ano 2000. Isso lhes permitiu ter tempo e liberdade para restaurar todos os arquivos da agora famosa coleção de Doreen e, ainda mais importante, publicar postumamente seu último presente para a comunidade, um novo livro de poesia intitulado *Charge of the Goddess* (publicado no ano 2000 pelo Hexagon Hoopix, o braço editorial do Hexagon Arquive). O livro está atualmente disponível para compra online.

As contribuições de Doreen à Bruxaria Moderna são imensas e ainda assim ela foi uma pioneira em evitar a publicidade. Doreen acreditava que uma parte de secreto devia ser mantida pelos Covens, e que o futuro do Paganismo na Era de Aquário descansava sobre o feminismo e as questões associadas com o meio ambiente. Em seu último discurso na Conferência Nacional da Federação Pagã, levada a cabo em Fairfield Hall, Croydon (Londres), em 22 de novembro de 1997, ela declarou:

> Aos iniciados nos antigos Mistérios Pagãos era ensinado dizer "Eu sou filho da terra e do céu estrelado e não existe parte de mim que não seja dos Deuses". Se hoje em dia acreditamos nisso, então veremos que isso é não só verdade para nós, mas também para outras pessoas. Devemos, por exemplo, cessar as tolas discussões entre Covens porque fazem coisas de maneira diferente do modo como nós o fazemos. Essa é a razão pela qual me separei de Robert Cochrane, porque ele queria declarar uma espécie de Guerra Santa contra os seguidores de Gerald Gardner em nome da Bruxaria Tradicional. Isso não teve sentido para mim, porque me pareceu, e ainda me parece, que, como Bruxos, Pagãos ou independentemente de como decidamos nos chamar, as coisas que nos unem são mais importantes do que as coisas que nos separam.
>
> Eu já dizia isso nos anos 1960, durante os dias da antiga Associação de Estudo de Bruxaria, e o repito hoje. Entretanto, desde aquilo, temos feito um grande progresso, em minha opinião. Espalhamo-nos literalmente por todo mundo. Somos um movimento criativo e fértil. Inspiramos a

arte, a literatura, a televisão, a música e a investigação histórica. Vivemos sob a calúnia e o abuso e sobrevivemos à traição. Assim me parece que os "Poderes Que São" devem ter um objetivo para nós na Era de Aquário que entra. Que Assim Seja.

O tempo dirá se seu novo livro de versos será reconhecido por seus valores espirituais e literários. Desenhado para o emprego prático na Bruxaria, com o tempo, o livro poderá ser usado como inspiração e inclusive converter-se em uma base para uma geração nova de Wiccanianos, os que finalmente chegarem à nova Era de Aquário, uma nova era em um novo milênio.

ALEX SANDERS (1926-1988)
© GEORGE KNOWLES

O "Rei dos Bruxos" como foi conhecido, foi o responsável pela fundação da Tradição Alexandrina de Wicca, hoje uma das principais Tradições do movimento da Wicca/Bruxaria. Mas seu "reinado" esteve carregado de críticas e controvérsia.

Alex Sanders nasceu como Orrel Alexander Carter, em 06 de junho de 1926, em uma casa de Moon St. Birkenhead. Era o mais velho dos seis filhos de Hannah e Harold Carter. Seu pai, Harold Carter, era um ator de *music hall* que sofreu com o alcoolismo. Pouco depois do nascimento de Alex a família mudou para Grampeie St., em Manchester. Ali trocou extraoficialmente o nome da família para Sanders. Alex desconhecia seu sobrenome oficial até que solicitou um passaporte, e nesse momento mudou seu nome para Sanders de maneira oficial.

Quando pequeno, Sanders sofreu de tuberculose e, periodicamente, visitava sua avó em Gales, onde podia beneficiar-se do clima e do ar fresco do local. Conta-se que, quando tinha sete anos, descobriu a sua avó, Mary Biddy, realizando algum tipo de ritual Pagão. Surpresa, ela fez o jovem Sanders jurar segredo e o iniciou afirmando que "agora você é um dos nossos". Assim Alex se converteu em estudante da Arte e começou seu caminho na Antiga Religião.

Sanders era um psíquico natural que aprendeu o que pôde de sua avó. Ele afirmava que a avó tinha lhe dado seu Livro das Sombras, para que o copiasse, e tinha lhe ensinado todos os rituais e magia das Bruxas, incluindo a clarividência, utilizando a visão de água manchada de tinta. Sanders também afirmava que depois da campanha, durante a Segunda Guerra Mundial, e alguns meses antes de sua morte, aos 74 anos, sua avó lhe conferiu as Iniciações de Segundo e Terceiro Graus, que implicavam sexo ritual. Após a morte de sua avó, Sanders estabeleceu contato com outros Bruxos, não conseguindo resultados, continuou com seus estudos enquanto trabalhou durante um tempo na função de curador de uma Igreja Espiritualista, sob o pseudônimo de Paul Dallas.

Após o término da guerra, Sanders começou a trabalhar como analista químico em um laboratório de Manchester, onde conheceu uma jovem chamada Doreen e se casaram. Ele tinha 21 anos nesse momento e ela 19. O matrimônio gerou dois filhos, Paul e Janice. Sanders queria mais filhos, mas Doreen não, além do que ela desaprovava sua prática da Bruxaria. Cinco anos depois o casamento se deteriorou e Doreen partiu, levando os dois filhos. Segundo narra sua segunda esposa, Maxine, Sanders ficou tão desconsolado com a situação que amaldiçoou Doreen com um feitiço de fertilidade; quando ela voltou a se casar mais tarde, teve três casais de gêmeos.

Muito deprimido, Sanders passou a beber; passava de um trabalho mal pago a outro e se consolava com sexo tanto com homens quanto com mulheres. Alex se aventurou no Caminho da Mão Esquerda, venerando o demônio, e estudou a magia de "Abramelin", com a esperança de utilizá-la para obter riqueza e fama. Com regularidade exagerava sobre suas façanhas em magia, inclusive fez algumas afirmações assombrosas. Uma delas conta o que o mago Aleister Crowley fez antes dele: Sanders afirmava ter criado um "filho mágico". Tinha-o feito durante um rito de masturbação ritual com a ajuda de um assistente masculino. Ele disse: "o filho desapareceu um pouco depois de sua criação e cresceu como um espírito chamado Michael".

"Michael" era o espírito que Sanders utilizava durante seu trabalho de transe, e foi Michael (segundo o próprio Sanders) o responsável a lhe forçar a atuar mal em festas selvagens, insultar as pessoas e atuar de maneira abominável. "Finalmente o espírito do Michael se acomodou e fui capaz de controlá-lo", dizia. Ao realizar trabalhos de canalização, Sanders usou uma entidade familiar chamada "Nick Demdike", que reivindicava ter sido uma Bruxa de Lancaster perseguida durante a caça do século 17.

No princípio dos anos 1960, Sanders, conforme se conta, procurou entrar em algum dos Covens Gardnerianos (ver Gerald Gardner) incluindo o dirigido por Patricia e Arnold Crowther, que se negou a aceitá-lo. Sanders não se cansou tão facilmente e, de alguma forma, conseguiu uma cópia do *Livro Gardneriano das Sombras*. Copiou-o (mal, conforme se diz) e o adornou com alguns remendos de sua autoria. Então utilizou o dito texto como as bases para fundar seu próprio Coven, afirmando ser o texto uma cópia do Livro das Sombras de sua avó.

Sanders era um *showman* nato que procurava publicidade com avidez. Em setembro de 1962, convenceu o Manchester Evening News a publicar um artigo de capa sobre a Wicca. Como resultado, logo atraiu grande número de pessoas.

Durante esse período, Sanders e seu Coven operavam em sua casa na Egerton Road North, 24, Chorlton-cum-Hardy, Manchester. Uma de suas iniciadas foi Maxine Morris, católica romana, vinte anos mais jovem. Após sua iniciação, casaram-se em uma cerimônia de *Handfasting* e ela se converteu em sua Alta Sacerdotisa. Casaram-se pelo civil em 1968, e se mudaram para um porão perto do Nottinghill Gate, em Londres. Mais adiante, naquele mesmo ano, Maxine teve uma filha a quem chamaram "Maia".

A partir do seu novo lar, os Sanders dirigiram seu Coven londrino e repartiam lições de treinamento. Sanders afirmava ter iniciado mais de 1.623 Bruxos, trabalhando em 100 Covens ao redor do país, todos praticando o que passou a ser a Tradição Alexandrina. Em certo encontro, uma reunião de 16 membros de seu Coven, foi concedido a Sanders o título de "Rei dos Bruxos". Sanders aparecia com frequência em fotos rituais com túnica ou vestindo apenas uma tanga, enquanto que os Bruxos que o rodeavam estavam nus. Sua explicação para isso é que as velhas "Leis de Bruxaria" requeriam que o Líder de um Coven fosse facilmente identificável pelos outros membros.

Em 1968-69, Sanders e Maxine apareceram e deram conselho técnico para um filme intitulado "Lenda dos Bruxos". Durante a roda de imprensa prévia do filme, o casal conheceu Stewart Farrar, naquela época, um jornalista do Reveille. Stewart mais tarde seria iniciado por Maxine e evoluiu até converter-se ele mesmo em um famoso Bruxo e escritor.

Em 1972, Maxine teve outro filho, um menino chamado Victor. Um ano depois, em 1973, os Sanders se separaram. Alex Sanders se mudou para Sussex, onde residiu discretamente até sua morte, em 30 de abril de 1988, depois de uma dura batalha contra um câncer de pulmão. Seu funeral foi um evento mediático, com a presença de Bruxos e Pagãos de todas as partes do país para apresentar seus respeitos. Durante o transcurso do funeral foi colocada uma fita gravada em que Alex Sanders nomeava seu filho Victor como o sucessor do "Rei dos Bruxos".

Victor Sanders não desejava assumir o título e partiu para os Estados Unidos. Maxine permaneceu em Londres e continuou dirigindo um Coven e ensinando a Arte, com seu meio irmão David Goddard como Supremo Sacerdote. Pouco tempo depois do funeral, constituiu-se um Concílio de Anciões da Tradição Alexandrina. Decidiram que não haveria nenhum sucessor como "Rei dos Bruxos" e o título então perdeu autenticidade.

Sem dúvida, Alex Sanders foi um homem polêmico e ostentoso, que sem escrúpulos plagiou o trabalho de outros para adorná-lo à sua maneira. Fica aqui a pergunta, será que o fez por malícia? Pessoalmente, penso que não. Fez por indiferença inconsciente e, principalmente, em benefício de seus estudantes, ainda que isso causasse críticas dentro da Arte. Sem dúvida também foi um Bruxo muito perito e um Mago poderoso, cuja contribuição ao movimento que se estava desenvolvendo trouxe a Bruxaria à arena pública e mudou o rosto da Wicca. Ajudou com sua influência a muitos recém-chegados à Arte, e a Wicca Alexandrina continua sendo hoje uma das maiores Tradições da Arte.

CECIL HUGH WILLIAMSON (1909-1999)
© GEORGE KNOWLES

Uma figura menos conhecida, cujo trabalho e conhecimento em matérias ocultas foram básicos na formação e no desenvolvimento do movimento da Wicca/Bruxaria atual foi Cecil Hugh Williamson, fundador do Centro de Investigação de Bruxaria durante a Guerra e do Museu de Bruxaria em Castletown (Ilha de Man).

Williamson nasceu em 18 de setembro de 1909, em Paignton, Devon Sul, dentro de uma família muito abastada. Seu pai era um influente oficial no Braço Aéreo da Marinha Real. O interesse de Williamson pela Bruxaria e o oculto foi despertado por um acidente ocorrido em 1916, que ele descrevia tal qual "um processo público contra a Bruxaria". Em dezembro desse ano, Williamson foi testemunha de um caso de uma mulher anciã (com fama de ser Bruxa) que foi despojada de suas roupas e golpeada. Ele era um menino de seis anos e correu para defender a anciã, embora em seus esforços acabasse por receber golpes também. Posteriormente, a anciã travou amizade com o jovem Williamson e lhe ensinou tudo o que sabia a respeito das Bruxas.

Alguns anos depois, aproximadamente em 1921, Williamson relatou para outra anciã que estava sendo perturbado na escola. A mulher lhe ensinou como lançar um feitiço contra o "valentão". Um pouco mais tarde, o perseguidor teve um acidente de esqui que o deixou aleijado e incapaz de voltar à escola. Os fatos tiveram impacto dramático em Williamson, que começou sua busca por conhecimentos de Bruxaria e Ocultismo, que duraria toda sua vida.

Cecil foi educado no Malvern College de Worcester, passando as férias de verão em Dinard (França) com sua avó e uma amiga médium chamada Mona Mackenzie. De Mona, aprendeu sobre clarividência e adivinhação. Depois de graduar-se no colégio, o pai o enviou a Rhodesia para aprender sobre as plantações de tabaco. Enquanto vivia ali, teve um trabalhador interno em sua casa, chamado Zandonda, um Bruxo vodu aposentado, que lhe ensinou coisas sobre magia africana.

Retornando a Londres em 1930, começou sua carreira com um trabalho na indústria de cinema, na função de assistente de produção para vários estudos. Em 1933 se casou com Gwen Wilcox, sobrinha do produtor e diretor cinematográfico Herbert Wilcox. Gwen trabalhava na função de maquiadora para a Max Fator de Hollywood.

Williamson continuou com suas ideias acerca do Ocultismo e da Bruxaria. Ampliou significativamente os seus conhecimentos a respeito do assunto e reuniu uma coleção substancial de artefatos sobre folclore, as Bruxas e sua Arte. Por seu interesse, cultivou uma rede impressionante de contatos, dentre os quais estava o egiptólogo E. A. Wallis Budge, o historiador Montague Summers, a antropóloga Margareth Alice Murray e o ocultista e mago Aleister Crowley.

Possivelmente, pela elevada posição de seu pai no Exército, Williamson chamou a atenção do MI6, a agência de inteligência governamental, antes do início da Segunda Guerra Mundial. Em 1938 foi convidado a dirigir um departamento especial do MI6 relacionado com o Escritório de Exteriores. Seu objetivo era solicitar informação a respeito dos interesses ocultistas nazistas. Para isso, Williamson criou o Centro de Investigação de Bruxaria. Uma parte de sua estratégia era determinar dentro dos altos mandos nazistas quem estava influenciado pela astrologia, superstições ou profecias (especialmente as de Nostradamus). O estudo se fazia por meio da grafologia e outros métodos.

Williamson foi elemento-chave para capturar Rudolf Hess, oficial de Hitler. Ele colocou falsas previsões de Nostradamus em um velho livro, na França, e fez com que chegasse às mãos de Hess. O objetivo era atraí-lo para fora da Alemanha. A estratégia teve êxito e Hess foi detido posteriormente, na Escócia.

Outro sucesso com o qual Williamson esteve comprometido foi o agora famoso "Ritual das Bruxas", feito contra Hitler e os altos mandos nazistas para evitar a invasão da Inglaterra. Visto agora, parece mais uma elaborada brincadeira para enganar e preocupar Hitler, que acreditava na Bruxaria e nos poderes do oculto. O ritual teve lugar no Bosque Ashdown, no Crowbourgh, Sussex, e empregou os serviços de Aleister Crowley e seu filho, Amado.

Gerald Gardner assegurava que ele e seu Coven estiveram implicados no desenvolvimento do ritual e que esse foi feito em New Forest, Hampshire. Possivelmente, seu Coven realizou um ritual similar, mas não sob os auspícios de Williamson nem com o apoio do governo.

Após o ritual do final da Guerra, Williamson passou a se sentir perdido. Embora tivesse economizado um pouco de dinheiro, não tinha trabalho. Passava a maior parte de seu tempo viajando por todo o país, com suas investigações e mantendo seus contatos pessoais. Em 1946, Williamson foi à famosa livraria ocultista "Atlantis", de Londres, onde o apresentaram a Gerald B. Gardner, que iria dar uma palestra informal sobre Bruxaria. Gardner também desejava conhecer Williamson pelos contatos ocultistas que esse possuía. A relação entre ambos foi a princípio amistosa embora, frequentemente, tensa; mais tarde, a relação finalizaria em maus termos.

Williamson foi um prodigioso colecionador de artefatos de Bruxaria e recolheu milhares de objetos mágicos e ferramentas de interesse ocultista. Decidiu que o melhor que podia fazer com eles era criar seu próprio negócio na forma de um "Museu de Bruxaria". Mas não era tão fácil de fazer, já que naquela época a Bruxaria era vista com ceticismo. Em 1947, encontrou um lugar em Stratford-on-Avon, mas foi expulso da cidade devido às dificuldades com os críticos locais. Teve de se mudar da Inglaterra temporariamente, instalando-se em Castletown, Ilha de Man. Ali, suas ideias foram aceitas de forma mais favorável e Williamson pôde abrir o Centro Folclórico de Superstição e Bruxaria, em 1949. Seguindo o conselho de Gwen, sua esposa, o centro incluiu também uma "Cozinha de Bruxa" que se utilizava como restaurante complementando o negócio.

Depois da queda das antigas leis contra a Bruxaria, em 1951, Williamson decidiu retornar à Inglaterra para tentar de novo. Em 1952 vendeu os edifícios do museu de Castletown a Gerald Gardner e mandou sua coleção de artefatos de volta para Inglaterra. Começou um novo museu em Windsor, perto do Castelo de Windsor, que a princípio resultou em êxito e uma atração turística esplêndida. Depois da primeira temporada, entretanto, os residentes da zona se mostraram céticos e críticos, forçando Williamson a se mudar de novo.

Em 1954, o museu foi transferido para a localidade de Bourton-on-the--Water, Gloucestershire. Ali foi tratado com o mesmo tipo de perseguição que em outros lugares, incluindo sigilos pintados nas portas, gatos mortos deixados durante a noite na soleira e até um incêndio criminoso que destruíu uma das alas do museu.

Williamson seguiu se mudando outras vezes devido às críticas locais, e durante o processo começou museus, como o Museu do Smuggling, no Polperro, Cornualha, ou o Museum do Shellcraft, em Buckfast, Devon. Finalmente, ele se estabeleceu em Boscastle (Cornualha) e ali abriu seu Museu de Bruxaria definitivo, em 1960, o qual segue funcionando até os dias de hoje.

Williamson se retirou em 1966 e vendeu o Museu de Bruxaria com a maior parte de seu conteúdo ao Graham King e sua companheira, Elizabet Crow. Depois de seu retiro se mudou para Witheridge, perto de Tiverton, em Devon, levando com ele alguns artefatos dos quais não queria se desprender. Levou também a extensa coleção de artigos ocultistas e objetos associados com o Centro de Investigação de Bruxaria.

Seguindo o conselho que Aleister Crowley lhe deu, nos anos 1940, Williamson não pertenceu a nenhum grupo nem sociedade em particular. Mantinha que o serviço de um Bruxo é um serviço necessário e de grande valor para a sociedade, especialmente para as classes baixas que não podiam usufruir de tratamentos médicos; mas também desdenhava a moderna religião Pagã das Bruxas por ter "resultados não produtivos". Segundo seus próprios registros, entre os anos de 1930-1997, participou como espectador e, às vezes, como parte ativa em aproximadamente 1.120 rituais de Bruxaria, que produziram resultados benéficos. Ele conheceu cerca de 80 mulheres sábias e com elas se reuniu muitas vezes e aprendeu muitas coisas a respeito da Bruxaria.

Por seu conhecimento de Bruxaria e do oculto, e por sua rede de contatos nesses temas, seus Museus têm feito muito para proporcionar significados e um foco central por meio do qual o novo movimento da Wicca e Bruxaria pode desenvolver-se. Cecil Williamson morreu em 9 de dezembro de 1999. Tinha 90 anos.

GEORGE PICKINGILL (1816-1909)
© GEORGE KNOWLES

George Pickingill era uma lenda em seu próprio tempo, um "Cunning Man" (homem sábio) temido pelos vizinhos e um reconhecido Bruxo e Mago nos círculos ocultistas. Nasceu em 26 de maio de 1816, sendo seus pais Charles e Susannah Pickingill (Cudner de solteira). George era o mais velho de nove irmãos. Sua família vivia em um pequeno povoado em Essex chamado Hockley, em East Anglia, de onde se mudaram mais tarde para Canewdon, permanecendo até sua morte, em 1909.

O "Velho George", como tem sido conhecido, era um Bruxo hereditário. Segundo ele, seus ancestrais remontavam o tempo de Julia Pickingill, "a Bruxa de Brandon", que viveu em um povoado ao norte de Thetford, em Norfolk. Julia, segundo a lenda, foi contratada, em 1071, para fazer cânticos mágicos destinados às tropas do Senhor Harewood, the Wake, inspirando-os na batalha contra os Normandos. Durante a luta, Julia foi vista de pé em uma torre de madeira por cima dos dois exércitos, de onde podia ser ouvida ao longo do campo de batalha. Seus cânticos pareceram funcionar, mas os Normandos colocaram fogo nas canas secas ao redor da torre e Julia morreu entre as chamas. Desde esse momento cada geração da família Pickingill serviu como Sacerdotes e Sacerdotisas na Antiga Religião.

O Velho George, como seu pai, era um humilde trabalhador de granja, embora todos os que o conhecessem tivessem medo dele. Muitas pessoas do povoado se assustavam com suas misteriosas habilidades. Contava-se que podia colocar diabretes mágicos para trabalhar na colheita e que esses podiam recolher um campo em meia hora, enquanto George estava sentado sob uma árvore fumando. Em definitivo, ele não era muito querido no povoado e inclusive o temiam, até o ponto de ser rechaçado, pois se contava que aterrorizava os outros lavradores por cerveja e dinheiro, ameaçando-os de arruinar suas colheitas. Apesar de tudo, dispensava curas e o chamavam, às vezes, para mediar nas disputas entre os vizinhos.

Nos círculos ocultistas era muito considerado e extensamente reconhecido como uma autoridade principal em Bruxaria, Satanismo e Magia Negra. Com o tempo, muitos Bruxos, satanistas, rosacruzes, magos cerimoniais e todo tipo de gente interessada em magia vinham de todas as partes da Inglaterra, Europa e Estados Unidos para se consultar com Pickingill. À medida que sua reputação crescia, o Velho George se converteu em um personagem tão "infame" quanto Aleister Crowley conseguiu ser em seu tempo. De George também se conhecia seu impulso pelo satanismo, algo que horrorizou aos *Elders* da Arte porque o consideravam um renegado e uma desgraça para a Wicca.

Ao longo de sua vida, o Velho George estabeleceu um total de nove Covens hereditários, situados em Norfolk, Essex, Hertfordshire, Sussex e Hampshire. Em muitos aspectos era um "fanático", no sentido de que, quando iniciava um novo Coven, insistia aos líderes encarregados para que oferecessem provas demonstrando que procediam de uma linhagem de Bruxaria hereditária.

Cada um dos Covens que formou venerava o "Deus de Chifres" e utilizava um conjunto básico de ritos, embora constantemente o Velho George os trocasse, embelezando e introduzindo novos conceitos à medida que se desenvolviam. Todos os rituais eram conduzidos por mulheres, implicavam nudez ritual e intercursos sexuais.

A linhagem de Pickingill, incluindo o Velho George, era renomada por sua lealdade ao Deus Chifrudo e por adotar muitas práticas antigas da Arte que não foram observadas em outras partes do país.

Os ritos desenvolvidos pela Tradição de Pickingill eram uma mescla única de práticas francesas e escandinavas de Bruxaria. Isso se deveu em parte pela influência de tecelões franceses e flamencos na zona de East Anglia, que introduziram elementos da fé cátara à Antiga Religião, como se observou na França durante a Idade Média.

O Velho George usou um formato básico para cada um de seus Covens, mas ele sempre estava reescrevendo, revisando e introduzindo novos conceitos em seus rituais. Portanto, cada um de seus nove Covens, embora similares, não eram exatamente o mesmo.

Até o tempo do Velho George, muitos Covens existentes se apoiavam na Tradição oral, passando seus conhecimentos e rituais de geração em geração, transmitindo-os a seus membros usando a repetição, a memorização e a prática. Esse sistema, produto do segredo imposto aos Bruxos durante os "tempos ardentes", indevidamente conduziu a que alguns fragmentos de suas Tradições se perdessem com o tempo. De toda forma, vários Covens hereditários guardavam um "livro de regras do Coven" que continha uma lista de todos os membros e um esboço dos ritos básicos do grupo. Por segurança, o livro sempre era guardado pelo encarregado secreto "masculino" do Coven (frequentemente conhecido como o "Homem de Preto") e só estava disponível durante ocasiões especiais, a pedido do Mestre do Coven, para incluir/suprimir nomes ou para transferir a autoridade. Alguns membros, particularmente mulheres, não tiveram jamais permissão para lê-lo. Essa proibição possivelmente fosse em razão de que uma mulher pudesse revelar a localização do livro se seus filhos fossem torturados diante dela, enquanto que um homem provavelmente não o faria.

Quando o medo pela "Caça às Bruxas" começou a diminuir na última metade do século 18, o Velho George (sempre disposto a trocar, adaptar e evoluir) tomou a ideia de um livro de regras do Coven e a desenvolveu, começando assim a tradição de manter um Livro das Sombras para uso exclusivo de todos os membros do Coven.

O Livro das Sombras original recolhido pelo Velho George e modificado durante sua vida foi o que se transmitiu a cada um de seus nove Covens, um legado que continua vivo hoje. Muitos pensam que Aleister Crowley deu detalhes a Gerald Gardner sobre um dos Livros das Sombras do Velho George e Gardner, que, por sua vez, adotou a mesma ideia dentro de sua própria Tradição. O conceito de manter um Livro das Sombras individual escrito pessoalmente à mão se originou com Alex Sanders, fundador da Tradição Alexandrina de Bruxaria.

Conforme se conta, Aleister Crowley foi membro de um dos Covens do Velho George, por volta de 1899. Pensa-se que Crowley alcançou o Segundo Grau antes de ser expulso por sua atitude depreciativa pelas mulheres e seu deplorável comportamento. Outros dois membros foram dois Mestres Maçons conhecidos pelos nomes de Hargrave Jennings e W. J. Hughan. Ambos seriam os membros fundadores da "Societas Rosacruciana", em Anglia, da qual a "Ordem da Aurora Dourada" surgiria depois. Doreen Valente, em seu livro *Witchcraft for Tomorrow* alega que Jennings se consultou com o Velho George e conspirou com ele para preparar o manuscrito cifrado (Cipher MS) que conduziu à fundação da Aurora Dourada. Entretanto, tais argumentações foram posteriormente desacreditadas.

Além de seus famosos "Nove Covens", houve um lado mais sinistro do Velho George pelo qual seria conhecido mais tarde. George tinha intensa aversão pelo cristianismo e pela autoridade local. Ele fez campanha abertamente pela derrocada da religião cristã e pela religião estabelecida em geral. Alguns argumentam que ele também colaborou com satanistas, porque acreditava que promovendo o satanismo, Pickingill estaria assegurando a destruição da Igreja cristã. Isso lhe trouxe conflitos com outros Anciões da Arte, que se opuseram com força a suas atividades.

Para muitos, a imprensa naqueles tempos mostrava artigos desinformativos e sensacionalistas. Contrariamente às crenças populares, as Bruxas não acreditam no "culto ao demônio" nem invocam satã durante seus ritos para levar a cabo atos malignos. Satã e o diabo são subprodutos do cristianismo e não têm nada a ver com a Antiga Religião, que era praticada muito antes da chegada do cristianismo. Com isso em mente, outros *Elders* da Arte tinham boas razões para se oporem ao que o "Velho George" defendia, preferindo o segredo e a discrição ante a atenção não desejada que ele despertava.

Após a morte do Velho George, em 1909, aproximadamente 30 anos depois Gerald B. Gardner foi iniciado em um dos Covens descendentes de Pickingill, em Hampshire. Gardner e outros autores começaram a escrever abertamente sobre a Wicca e Bruxaria.

Gardner se reuniu com Aleister Crowley pouco antes da morte desse último; Crowley "conforme se diz" transmitiu-lhe o que podia recordar dos rituais do Pickingill, e isso "supostamente" foi incorporado no próprio Livro das Sombras de Gardner. Quando as arcaicas leis contra a Bruxaria foram revogadas, no ano de 1951, ressurgiu o interesse pela Antiga Religião. Os *Elders* da Arte tiveram medo que a exposição das atividades satânicas do Velho George distorcesse e danificasse a nova imagem, por fim em evolução, da Wicca e da Bruxaria.

Para se proteger, os Anciões da Tradição Hereditária de East Anglia conspiraram para desacreditar qualquer argumentação feita por Gardner ou por outros, concernente à sobrevivência das Bruxas Hereditárias. Assim se erradicaram muitas pistas do "Velho George" e seus "Nove Covens" tanto quanto foi possível. Hoje, como resultado de tudo isso, a importância real das contribuições do Velho George no renascimento da Bruxaria nunca foi determinada.

DOROTHY CLUTTERBUCK (1880-1951)
© GEORGE KNOWLES

Dorothy Clutterbuck é possivelmente uma das Bruxas mais misteriosas que formam parte do amanhecer da nova era da Bruxaria. É também a mais intrigante. A Velha Dorothy, como é conhecida afetuosamente, foi a Bruxa que iniciou Gerald B. Gardner na Antiga Religião, em setembro de 1939. Ela era então a cabeça de um Coven de Bruxas à moda antiga, o último reduto de um Coven descendente direto de um dos famosos "Nove Covens" fundados pelo Velho George Pickingill.

Sabe-se tão pouco da Velha Dorothy que, durante anos, os céticos e historiadores pensaram que Gardner teria inventado sua figura, como justificativa para sua crença de que existiam ainda Bruxas praticando a Antiga Religião.

Em 1980, Doreen Valiente, amiga de Gardner e uma de suas principais Sacerdotisas, trabalhou para refutar essas afirmações. Depois de dois anos de busca teve êxito, sendo capaz de provar mediante as certidões de nascimento e morte que a Velha Dorothy tinha sido uma pessoa real. Por meio dos registros eclesiásticos da Índia House, em Londres, Doreen pôde encontrar os pais de Dorothy, conseguindo também seu registro de nascimento. Foi na Índia que o Capitão Thomas St. Quintin Clutterbuck, de 38 anos, casou-se com a jovem de 20 anos, Ellen Anne Morgan, concretamente em Lahore, no ano de 1877. Três anos depois tiveram uma filha, Dorothy, que nasceu em Bengala, na Índia, em 19 de janeiro de 1880. Dorothy foi batizada na Igreja de St. Paul (em Umbala) em 21 de fevereiro de 1880.

Seu pai deve ter sido um homem de posses, já que mantinha uma comissão nas Forças Coloniais, como a maior parte dos oficiais da época. No momento do seu nascimento, seu pai, Clutterbuck, era ainda um Capitão, servindo no 14º Regimento do Sikhs (Forças indianas locais). Em 1880, depois do nascimento de Dorothy, ele foi elevado a comandante. Também sabemos pela certidão de morte de Dorothy, que ele alcançou a posição de Tenente Coronel. Dessa situação podemos conjeturar que Dorothy cresceu com todos os privilégios e o prestígio, acompanhados de riqueza e posição social.

Não se sabe nada mais de Dorothy até 1933. Posteriormente, Doreen foi capaz de localizá-la com a ajuda de um bibliotecário na Biblioteca do

Bournemouth County, como residente em "Mill House" (Casa do Moinho), em Lymington Road, Highcliffe, um distrito municipal de Christchurch. Curiosamente, residindo no mesmo endereço estava Rupert Fordham. Utilizando o registro de votantes da Prefeitura de Christchurch, descobriu-se que a Senhorita Clutterbuck passou a ser a Senhora Fordham na lista de 1937/38.

Isso me leva a especular acerca dos anos intermediários entre 1933 e 1937. Quem era Rupert Fordham? Por que estavam residindo no mesmo endereço quatro anos antes de se casarem? Era um hóspede ou viviam "em pecado"? O segundo parece algo improvável pelas estritas normas morais e sociais da época. Nesses tempos, Dorothy era um respeitado membro da comunidade. Tinha 53 anos em 1933 e 57 anos quando se casaram, mas então? Possivelmente nunca saibamos.

Por suas investigações, Doreen pôde corroborar a maioria das explicações de Gardner a respeito de sua Iniciação. Valiente encontrou registros nos quais se comprovava que Gardner e sua esposa, Donna, viveram na mesma área de Highcliffe que Dorothy. Sua biografia oficial (*Gerald Gardner: Witch* de *Jack Bracelin*, The Octagon Press, Londres, 1960) estabelece que a Iniciação tomou lugar na casa da Velha Dorothy, "uma grande casa da vizinhança". A "Casa do Moinho" de Dorothy, também era uma grande casa na vizinhança!

Doreen, além disso, conseguiu recortes de imprensa que provaram a existência de um "Teatro Rosacruz", situado em Somerford, um povoado próximo a Christchurch e que abriu suas portas em junho de 1938. Uma certa senhora, chamada Mabel Besant-Scott, viveu perto e esteve associada ao teatro. Segundo a história de Gerald Gardner, foi essa senhora quem o apresentou a Dorothy.

Em sua biografia, Gardner descreve Dorothy como "uma senhora com uma nota de distinção no distrito/condado, e muito abastada. Sempre luzia um colar de pérolas, valorado em 5.000 libras da época". Doreen conseguiu uma cópia do testamento de Dorothy, o valor total de seu patrimônio contava aproximadamente 60.000 libras, uma pequena fortuna em 1951. Também estabelecia que Dorothy possuísse algumas pérolas de grande valor. Era realmente "abastada"!

O registro de morte de Dorothy estabelecia que: "Dorothy St. Quintin Fordham morreu em Highcliffe, no distrito de Christchurch, na data de 12 de janeiro de 1951, sendo a causa principal de sua morte 'trombose cerebral' um golpe". No certificado também a descrevia como: "Solteira com meios independentes, filha de Thomas St. Quintin Clutterbuck, Tenente Coronel, Exército Indiano (falecido)."

A existência física da Velha Dorothy tinha sido provada graças ao trabalho de Doreen Valiente. Os céticos e historiadores mudaram seu discurso, argumentando, então, que não tinha por que ser uma Bruxa praticante. Depois de sua morte e após examinar seus feitos pessoais, não foi possível encontrar nenhuma evidência que indicasse sua relação com a Bruxaria.

Uma vez mais Doreen Valiente investigou para refutar esses argumentos. Durante suas pesquisas ele encontrou um velho panfleto intitulado *O Museu de Magia e Bruxaria: a história do famoso Moinho das Bruxas*, de Castletown, Ilha de Man, um guia do famoso museu, escrito e publicado por Gerald Gardner durante seu período como diretor do mesmo. Em uma das descrições da exposição, Gardner escreve: "Caso nº 1 – Grande número de objetos pertencentes a uma Bruxa que morreu em 1951, cedidos por seus familiares que desejam permanecer no anonimato". Pertenceram esses objetos alguma vez à Velha Dorothy, que também morreu em 1951? Embora isso não prove de forma positiva, também resulta difícil não o acreditar de primeira.

Podemos conjeturar ao longo do tempo e dos escritos de Gardner, que a Velha Dorothy era uma Bruxa da velha guarda e, para ela, o segredo era supremo. Durante a sua vida a Bruxaria era ainda ilegal, revelar coisas sobre sua prática era difícil e perigoso. De fato, era ela quem impedia Gardner de sair à opinião pública. Até o fim ela não aplacou suas dúvidas, permitindo a Gardner escrever sobre a Arte, mas somente sob forma de ficção (a novela *High Magic's Aid*, publicada em 1949). Em sua morte, parece que seu secretismo continuou prevalecendo, já que todos os rastros de seu passado bruxístico foram eliminados.

Um Manifesto Pagão

1997 © Wren Walker[22]

Existe na sociedade atual um grupo de pessoas que se autodenominam Pagãos, os quais, acreditando ainda existir muitos mal entendidos quanto a suas crenças e práticas, desejam que este documento seja disponibilizado ao público para que se promova um melhor entendimento das bases da crença Pagã (Pagão é um termo geral utilizado para descrever diversas manifestações modernas de práticas religiosas antigas e pré-cristãs).

1. O termo "Pagão" deriva do vocábulo latino "Pagus", que significa "Campo", literalmente "moradores do campo". O Paganismo é uma religião embasada na natureza, que respeita e busca compreender as necessidades do Planeta e sua ecologia como um todo. Religião esta transmitida desde tempos remotos.
2. Os Pagãos têm consciência dos ciclos da natureza e os observam com festivais celebrados ao longo do ano.
3. Eles veem a magia na natureza manifesta na forma de equilíbrio e harmonia, o que tentam introduzir diariamente em suas vidas por meio de cultos a dois aspectos equilibrados da Divindade, ou seja, a Deusa e o Deus em uníssono.
4. Os Pagãos, em sua busca por desenvolvimento moral e espiritual, interessam-se pelo estudo de religiões comparadas e alternativas para promover a tolerância às crenças dos demais. Não existe um "Caminho Único". Muitos Caminhos levam ao mesmo destino – e os Pagãos respeitam as crenças dos outros desde que "não prejudiquem ninguém".

---

22. *Um Manifesto Pagão* é um texto de autoria de Wren Walker. Tradução e distribuição são autorizadas mundialmente, desde que mantido o nome do autor.

5. Os Pagãos defendem e respeitam os direitos individuais e esperam que os demais retribuam a mesma consideração. Eles não são gurus, nem buscam converter os outros à sua fé, mas a explicarão quando questionados.
6. Os verdadeiros Pagãos consideram sagradas todas as formas de vida, e veem os humanos como os guardiões do Planeta, responsáveis pelo seu bem-estar. Eles não causam mal a nenhuma criatura viva, nem incentivam os outros a fazê-lo.
7. Os bons Pagãos levam em conta as consequências de todos os seus atos, na crença de que eles podem efetivar mudanças no campo material que se manifestam no nível espiritual e vice-versa. Muitos Pagãos creem no Efeito-Tríplice, pelo qual tudo que fazemos de bom ou de ruim, receberemos triplicado – para o bem ou para o mal.
8. As crianças dos Pagãos são incentivadas a desenvolver um interesse por religiões alternativas e comparativas. Sem serem forçados a adotar as crenças de seus pais, eles aprendem a respeitar a natureza e a ver a vida como sagrada. Aprendem a respeitar as pessoas, as crenças e propriedades dos outros e a ser bons cidadãos.
9. Os Pagãos veem "satã", no sentido geralmente usado, como um paradoxo cristão. O demônio como anticristo é um conceito totalmente cristão. Os Pagãos nem mesmo creem nessa encarnação do mal. Eles certamente não cultuam satã.
10. A regra e o dogma comum de todos os verdadeiros grupos Pagãos é: "Não cause mal a nada nem a ninguém."

Esses dez pontos são cruciais para as crenças de todos os Pagãos.

Segundo esse ponto de vista, os verdadeiros pagãos opõem-se ao abuso de qualquer indivíduo – sejam crianças ou adultos – e opõem-se mais ainda ao abuso da natureza, incluindo-se animais, insetos, aves, criaturas aquáticas, árvores, plantas, a humanidade e o próprio Planeta. Por abuso entende-se abuso físico, violência e crueldade mental, manipulação psicológica e abuso de poder, abuso sexual, qualquer abuso por meio de terceiros visando a lucro comercial, abuso financeiro mediante qualquer atividade desonesta ou ilegal, intolerância religiosa ou política e o abuso de qualquer criatura viva na Terra ou que danifique o meio ambiente.

Iniciando na Arte da Sabedoria

Desde seu início, o *Witches' Vox* tem sido inundado com e-mails levantando uma simples questão: "Como eu me torno uma Bruxa?" Entretanto, nunca foi a missão do *Witches' Vox* realmente ensinar Bruxaria, e nos sentimos constantemente chocados com as terríveis respostas que Bruxas adolescentes ou interessados recebem de muitos que chamam a si mesmos de mestres da Arte. Por isso pedimos desculpas. Sem dúvida que há muitos caminhos e muitas formas, mas é nossa meta dar a vocês ferramentas para iniciar e o que procurar.

Quero estar em um Coven, como eu acho um?

Muitos novatos na Arte começam lendo a respeito de Bruxaria/Wicca em alguns livros. Não demoram muito a descobrir que cada autor tem um ponto de vista diferente sobre o assunto. Informação, mesmo acerca dos mais básicos elementos como histórias, formação do Círculo ou sortilégios, pode, às vezes, não somente ser diferente, mas conflitante. Neste ponto, o iniciante pode erguer as mãos em desespero e decidir achar alguém para ajudá-lo a entender bem mais isso tudo. E a quem ele poderá chamar?

Quando iniciantes perguntam: "Onde posso achar um Coven?", frequentemente se surpreendem com as respostas (ou com a falta de respostas) que podem receber de suas perguntas. Eles ouvem que devem ler mais livros, checar vários sites na Internet e praticar sozinhos em casa. Isso parece a eles um "cai fora", e às vezes é, e eles podem sair mais frustrados que antes. Então, como pode o iniciante achar alguma ajuda e, quem sabe, encontrar outros pagãos?

Começando... Então você quer ser uma Bruxa ou Bruxo?

Existem algumas coisas que devem ser discutidas exatamente no começo dessa seção. A primeira delas que o iniciante deve saber é que muito do conhecimento que possuímos hoje sobre Bruxaria e suas origens é resultado de uma combinação de informação arqueológica, mitos e lendas que foram transmitidas ao longo do tempo e alguns documentos históricos que foram traduzidos. O resto é conjectura, hipótese e "boas tentativas" de estudiosos que estão trabalhando para trazer tudo à tona. Em outras palavras, ninguém pode dizer com certeza o que os Antigos faziam e por quê.

Isso não significa que não tenhamos conhecimentos – certamente temos! No entanto, não temos "O" conhecimento histórico sobre as origens da Bruxaria Moderna. Interpretações diferentes continuam surgindo tanto nos materiais escritos quanto nos ensinamentos que você pode encontrar. Não existe apenas um caminho de prática de Bruxaria. Tente. Ninguém tem "uma única resposta"... E qualquer professor competente lhe dirá isso.

O que acabamos de ver é uma primeira introdução do que está envolvido no caminho da Bruxaria. Espera-se que faça MUITO trabalho de pesquisa por si mesmo. Isso é realmente saudável para começar no estudo inicial de qualquer caminho que esteja considerando. Leia muito e muitos livros sobre o assunto – tanto os mais direcionados quanto aqueles que você considera na categoria de supérfluos. Por quê? Porque esta é sua primeira incursão em território desconhecido. Você deverá aproximar-se dele com mente aberta, pronto para perguntar, provar e ponderar. Eu não poderia superestimar o quão útil esse primeiro passo pode ser. Pode ajudá-lo a formular suas próprias ideias sobre o que este Caminho poderá significar para você.

No começo, tente não colocar tudo o que leu em um único "buraco". Olhe qualquer material que esteja lendo como "teoria" ou "hipótese" da Bruxaria. Algumas coisas parecerão certas, outras, absurdas ou muito fantásticas para serem usadas. Não aceite ou rejeite nada nesse estágio, somente vá juntando informação. Lembre-se de que está fazendo uma pesquisa, quanto mais ler, mais próximo estará de certos aspectos que começarão a se formar dentro de você, e então, terá uma base a partir da qual poderá dar o próximo passo.

Parte um: a Fase do Interesse

Você viu um filme, leu alguns livros, pesquisou sites, conversou com alguém que disse ser Bruxo, e agora quer saber mais? Você tem um interesse na Arte.

Muitos iniciantes, neste ponto, correm ao grupo mais próximo e gritam: "Ensinem-me tudo o que vocês sabem!" A reação dos outros a esse pedido pode ir de uma pequena tentativa de ajuda com "Faça mais pesquisa" ao muito rude "Estes *Wanna-bes*!" (Palavra inglesa que quer dizer aqueles que querem ser, mas não são).

Tanto uma resposta quanto outra provavelmente lhe deixarão insatisfeito, senão magoado e desencorajado. "Por que não consigo receber ajuda no que estou procurando?" Bem, talvez você não tenha pedido de um jeito que pudesse explicitar o tipo de ajuda que esteja procurando.

Bruxaria é um caminho profundo. Não pode ser sumarizado em "vinte e cinco palavras ou menos". É preciso aprender a perguntar por questões específicas. Aqui é onde a sua pesquisa prévia aparece. Uma pergunta inteligente e pensada sobre um tópico específico vai gerar, em retorno, respostas ou opiniões inteligentes e pensadas. Cite suas fontes: "Este autor escreve que esta é a forma de organizar um Círculo, enquanto este outro autor mostra este jeito. Alguém pode me dar sua opinião ou experiência sobre isto? Faz diferença?"

FASE DE INTERESSE

O que fazer

1. Leia quantos livros sobre o assunto puder – sobre história, mitos, poesia, psicologia e ciência, assim como livros de Magia ou Bruxaria.
2. Monte sua própria biblioteca de pesquisa. Tome notas ou sublinhe passagens que lhe interessam. Se tem uma pergunta sobre o que está escrito, coloque uma interrogação ao lado dessa passagem. Você deve gostar do que lê nesse estágio – gostar do assunto realmente ajuda a reter aquilo que leu melhor do que ficar brigando com livros empoeirados de alquimia (a não ser que você ame alquimia, é isso!).
3. Comece um diário. Pode até chamá-lo de Livro das Sombras se quiser (pode ser um fichário que permita que tenha seções diferentes). Escreva tanto as coisas que descobrir ser de interesse quanto as que gostaria de saber mais a respeito.
4. Olhe a natureza. Bruxaria e outros caminhos pagãos são chamados de religiões baseadas na terra ou na natureza. O que a natureza diz a você? Traga para casa pedras, bastões, folhas ou outras coisas que chamem sua atenção. Agora se pergunte por que você trouxe aquilo para casa. Escreva a resposta.
5. Organize-se. A concentração é uma habilidade importante em magia. Discipline a si mesmo a escrever regularmente em seu diário, pois escrever as coisas irá ajudá-lo a desenvolver sua concentração.

6. Aprenda a fazer perguntas específicas a outras Bruxas e Pagãos quando precisar de ajuda. E se pergunte algumas coisas, também. "O que eu penso que seja a Bruxaria?" "O que acho aqui que tem significado para mim?"
7. Fale a verdade. Será que as Bruxas experientes podem dizer se alguém está cheio de si? Podem, e fazem isso rapidamente também! Seja honesto a respeito do que você sabe e do que não sabe.
8. Gaste algum tempo sozinho pensando cuidadosamente sobre como se sente e o que quer para si mesmo. Algumas pessoas somente pensam que a Bruxaria lhes permitirá mudar outras pessoas e circunstâncias. Mas será você que mudará enquanto explora esse Caminho. Você realmente quer mudar?

O que não fazer

1. Não vá muito rapidamente. Você ainda não assumiu nenhum compromisso. Ainda está fazendo pesquisa em um assunto que lhe interessa em um nível pessoal. Saltar para uma situação de grupo nesse ponto poderá atrapalhar mais do que ajudar. É preciso descobrir para aonde está indo antes de entrar numa qualquer.
2. Não se sinta desencorajado. Às vezes é muito difícil ir sozinho. Mas a Arte é feita de indivíduos que trazem alguma coisa de valor para o Caminho – assim como recebem os benefícios por isso. Muitos têm atitudes de "avôs", você sabe, "Quando eu estava com a sua idade, eu tinha que andar cinco quilômetros para ir à escola todo dia, na neve, sem botas, carregando minha irmã menor, e com um monte de lenha..."
3. Bem, de certa forma isso é verdade. ERA muito difícil ser um Bruxo algumas décadas atrás. Então perdoe se eles não estão prontos a entregar o "ouro" em uma bandeja de prata... Você pode ter que andar um quilômetro ou dois por você mesmo... Na neve... Sem botas...
4. Não pergunte sobre ingressar em um Coven por enquanto. Um Coven é um grupo bastante unido que trabalha junto. É um processo difícil criar uma unidade mágica efetiva. Muitos Covens não procuram ativamente por novos membros, assim também quando uma pessoa nova entra no grupo, demora até a unidade se reajustar. Existem alguns Covens cibernéticos que aceitam prontamente novos membros. Se você olhar isso como "exercício de treino" poderá aprender poucas coisas. Pergunte pela Internet.

5. Não se sinta temeroso por não fazer parte de um grupo. Muitos, mas muitos Bruxos descobrem depois de muitas tentativas e erros que eles realmente preferem trabalhar sozinhos. Tradicionalmente, uma Bruxa era solitária... E muitos ainda são por opção. Frequentemente, Bruxos solitários se reúnem para conversar e trocar informações, e então voltam felizes para suas práticas solitárias. Você pode fazer um pouco disso também.

Ainda interessado? Então você provavelmente desejará ir mais além.

Parte dois – Fase Exploratória

Você leu livros, tomou toneladas de notas e escreveu com fé em seu Livro das Sombras ou diário. Pesquisou na Internet e pode até ter perguntado a alguns pagãos algumas questões que estavam lhe incomodando. E agora?

É aqui que você começa a praticar um pouco de discrição. Assim que começar a separar as coisas que decidiu que não servem para você e abraçar aquilo que sente como correto, certamente tomará decisões acerca do tipo de grupo com o qual pode se sentir confortável. E muitos iniciantes sentem, nesse ponto, que querem encontrar um grupo.

Abrir o Círculo com o athame, incenso e velas tem apelo para você? Ou prefere simplesmente sentar-se em silêncio e deixar seu coração falar?

Você é mais introvertido que extrovertido? Sonha em liderar um grande ritual público, já se sente confortável falando para grandes grupos de pessoas ou prefere a companhia de alguns amigos íntimos e chegados? Prefere considerar com cuidado antes de tomar uma decisão ou é espontâneo e sempre se atira para subir montanhas e patinar?

Perguntar a si mesmo essas e outras questões similares irá ajudá-lo a tomar decisões. Quais são as razões para ser parte de um Coven ou grupo – e que tipo de grupo poderia ser?

É possível também começar com as técnicas de visualização. Comece a se ver em contos de heróis e heroínas místicos. Visualize-se realmente realizando rituais e círculos que leu a respeito. Imagine como seria ser membro de um Coven, rindo enquanto todos vocês pulam a fogueira. Como essas imagens e cenários fazem você se sentir? Seja honesto. Ninguém está tomando conta de nada nesse ponto.

Mais importante, o quão confortável você se sente com o Caminho que está pesquisando? Os resultados se encaixam com a sua forma de pensar? Não com o que gostaria de ser... Nem o que gostaria que os outros pensassem de você... Mas aquilo que é agora. Pense muito a este respeito, isto irá poupar muita desilusão no futuro.

Você pode começar colecionando uma ou outra ferramenta, ou pensando sobre montar um Altar. Comece comprando muitas e muitas velas e incensos. Procure em lojas de ervas e em catálogos por itens mágicos. Poderá até comprar algumas coisas, pois estará tomando algumas decisões sobre o que sente por dentro. Estará explorando novas possibilidades...

Fase Exploratória

O que fazer?

1. Continue a ler, estudar e a tomar notas em seu diário ou Livro das Sombras. Se pergunte por que escolheu este athame; por que preferiu sândalo ao invés de jasmim; se deve esconder seu Altar quando a vovó vier visitá-lo, etc.
2. Comece a pensar qual Caminho tem apelo para você... Céltico? Egípcio? Druida? Não consegue decidir? Talvez você seja um tipo eclético?
3. Entenda que você mudará assim que começar a falar e a interagir com outros Pagãos. É nosso hobby e nos faz pensar acerca daquilo que dissemos acreditar. Essa interação dirá muito sobre seu comprometimento com o Caminho que escolher para si mesmo.
4. Mantenha seu senso de humor. Isso coloca as coisas em perspectiva. Você se verá rindo pelo resto da vida quando olhar para os seus dias de principiante; nós todos fazemos isso. Estamos aprendendo quando começamos e ainda não estamos muito bons em nossas primeiras tentativas (estou rindo agora mesmo pensando na primeira vez em que abri um Círculo!). Mas nós aprendemos e você também aprenderá. E desde que estamos todos aprendendo a cada dia, nunca devemos fugir das coisas das quais se deve rir a respeito.

5. Fale pouco e ouça muito. Observe as salas de chats da Internet em um Círculo Cibernético. Procure no local onde mora por Círculos abertos ao público ou lojas esotéricas. Mantenha seus olhos e ouvidos abertos... Oportunidades para aprender estão em todo lugar.
6. Continue fazendo perguntas específicas. É mais fácil agora que tem algumas informações reais no seu bolso, não é? Ao contrário do "eu não sei de nada sobre isso" pode perguntar: "Bem, e sobre isto?" Ao menos as respostas estão tendo algum sentido!
7. Comece a pensar a respeito de Deuses e estruturas ritualísticas. Qual dos Velhos Deuses chama sua atenção? Que tipo de relacionamento poderia ter com um Deus de sua escolha – ou com aqueles que escolheram você? – Quais são os símbolos associados a esses Deuses? Aprenda sua história.

O que não fazer

1. Não vá além de si mesmo. Todas as lições valorosas levam tempo para integrar-se a seu espírito. A mente normalmente é a última a saber. Isso acontece porque o subconsciente está aprendendo durante os sonhos, com visões e símbolos, enquanto a mente consciente ainda está brigando com as palavras. Continue a gastar tempo sozinho permitindo que todos os seus novos sentimentos e pensamentos tornem-se claros. Dê uma volta e aprecie a vida!
2. Não ponha todos os seus ovos espirituais em uma só cesta. Ainda que você tenha um autor favorito, continue a ler outros pontos de vista. Mesmo que tenha respeito por um Pagão ou Bruxa, continue a ouvir outras vozes. Leia sobre a última *Teoria da Conspiração*. Pode ser ridículo, mas treina a mente a procurar por alternativas. (Entretanto, saiba que se for raptado por aliens, não foi por nós que eles souberam sobre você!).
3. Não diga tudo o que sabe e não finja saber algo que não conhece. Honestidade completa pode ser difícil com outras pessoas, mas é essencial ser honesto com você mesmo. Mentiras gastam energia.
4. Não se sinta frustrado por ainda não ter achado ou entrado em contato com um Coven. Isto vem depois... assim que você souber o que quer.

Faq - Perguntas e Respostas Sobre Wicca

As dúvidas mais frequentes

Aqui se encontram algumas das perguntas e respostas mais frequentes para as diversas dúvidas sobre a Wicca, a Bruxaria Moderna.

Este FAQ foi elaborado para servir de diretriz e apoio a todos os que estão dando seus primeiros passos na Wicca.

O que é Wicca?

Também chamada de Arte, Velha Religião, Antiga Fé, Wicca é o nome alternativo dado às práticas da Bruxaria Moderna de origem europeia.

A palavra Wicca vem do inglês arcaico *Wicce*, que significa "girar, dobrar ou moldar". Essa palavra reflete a essência da religião Wicca, já que girar e moldar a natureza, interagindo com ela, é um dos seus principais objetivos.

Wicca é uma religião que baseia sua filosofia e prática na celebração à natureza e ao culto à Deusa Mãe que personifica a própria Terra e o feminino. A Deusa é a Criadora de tudo e de todos. É a principal Deidade Wiccaniana. Simbolizada pela Lua e pela Terra, a Deusa recebeu diferentes nomes em diferentes culturas onde foi cultuada e celebrada. A Deusa é eterna, imortal e exerce supremacia em nossas práticas e rituais.

Muitas das práticas Wiccanianas se inspiram na Antiga Religião dos celtas, porém, influências gregas, sumerianas, egípcias, entre outras, são encontradas na base fundamental da Wicca atual.

A Wicca busca novamente colocar o homem em contato íntimo com a natureza, resgatando nossa ligação com a terra, tornando-nos mais conscientes da necessidade da preservação da fauna e da flora.

Uma divindade secundária, chamada de Deus Cornífero, considerado o filho e Consorte da Deusa, também é reverenciado. Ele é o representante da fauna, flora e animais, um antigo Deus das primeiras culturas da humanidade responsável pela caça e fartura.

Sendo assim, a Wicca celebra o Sagrado Feminino e Masculino existente dentro de cada um de nós, buscando a complementaridade e o equilíbrio entre homens e mulheres. Mesmo dando preponderância ao Sagrado Feminino e às mulheres, muitos homens se identificam com a Wicca e celebram a Deusa, encontrando nas práticas da Bruxaria Moderna uma forma de reavaliarem e mudarem seus pensamentos, posturas e ações. Isso contribui para transformar homens influenciados por séculos de patriarcado e machismo em seres humanos mais conscientes e desprovidos de preconceitos.

Em que tipo de forças os Bruxos modernos acreditam?

Bruxos modernos, também chamados de Wiccanianos, acreditam nas forças da natureza deificadas e personificadas como Deusa e Deus.

A Deusa e o Deus representam os aspectos femininos e masculinos da Criação.

Para os praticantes da Wicca, a Deusa e o Deus estão presentes em todas as coisas, pois a Divindade é vista como imanente e não como transcendente. Isso significa que cada objeto ou coisa na natureza, animado ou inanimado, carrega uma centelha da Deusa e estão ligados por uma intrincada rede que une tudo e todos, na qual atos isolados não são necessariamente isolados e afetam toda a rede que é a própria humanidade e o mundo natural.

A Deusa e o Deus representam os poderes da vida, assegurando o equilíbrio de todo o Universo.

Quem é a Deusa?

A Deusa é o princípio do Sagrado Feminino, aquela que teria criado tudo e todos. Sabemos que os primeiros povos da Terra não acreditavam em um Deus Criador, mas, sim, em uma Deusa, uma Divindade primordial feminina, e é nesses mitos que a Bruxaria Moderna vai buscar inspiração para sua religiosidade. A Deusa é vista como imanente, ou seja, está presente em todas as coisas existentes. Ela é os quatro elementos, é a Terra, a Lua, sou eu, é você.

Muitos mitos ao redor do mundo retrataram o Sagrado Feminino em uma trindade de Donzela, Mãe e Anciã, e é dessa forma que Ela é vista por nós, Wiccanianos.

Na Lua crescente a Deusa é simbolizada como a Donzela, na cheia é a Mãe e na minguante a Anciã. Um dos símbolos mais importantes da Wicca é a Lua, já que os mistérios lunares sempre estiveram associados aos ciclos menstruais das mulheres que, consequentemente, trazem os poderes da vida e da Deusa.

Quem é o Deus?

A Wicca é uma Religião polarizada, sendo assim, além da Deusa também existe um princípio masculino, o Deus. Ele é considerado o filho e Consorte da Deusa. Muitas vezes ele é chamado de Deus Cornífero, Deus Astado, Galhudo. Sua associação com os chifres nada tem a ver com a figura do diabo. O demônio cristão somente passou a ser representado com chifres a partir da Idade Média, durante a Inquisição, em uma tentativa de denegrir a imagem de Deuses Pagãos. Ele é apenas representado com chifres em sua cabeça por causa de sua associação com os animais e com a caça. O Deus Cornífero é o Senhor dos animais, da fartura e da abundância. Enquanto a Deusa é representada pela Lua, Ele é simbolizado pelo Sol, que faz as sementes crescerem no interior da Terra para nutrir os filhos da Grande Mãe.

Qual a diferenças entre Wicca, Bruxaria ou *Witchcraft*?

Basicamente nenhuma, porém encontramos muitas pessoas que preferem dizer que praticam Bruxaria ou *Witchcraft* em vez de Wicca. Isso se dá pelo fato delas afirmarem que as práticas da *Witchcraft* compõem a Bruxaria Tradicional e são mais antigas que a Wicca, o que lhes confere a possibilidade de se sentirem e se dizerem superiores aos Wiccanianos. Outros, no entanto, preferem dizer que são Wiccanianos porque não querem ver seus nomes associados à Bruxaria, não por não saberem o que ela é na realidade, mas por causa das inúmeras conotações estigmatizadas e toda negatividade a ela atribuída através dos tempos. A terminologia pode mudar, mas a essência permanece a mesma.

Wiccanianos fazem feitiços?

A Wicca é uma religião que engloba um vasto conjunto de técnicas de magia natural como parte integrante de sua estrutura operacional. Sendo assim, encantamentos, sortilégios e feitiços são muitas vezes utilizados por seus praticantes como forma de estabelecer alterações em nossa vida cotidiana. Bruxos sempre realizam feitiços com intuitos positivos, seja para curar, seja para atrair harmonia, jamais para prejudicar os outros.

Bruxos praticam algum tipo de arte divinatória?

Sim, Bruxos praticam muitos tipos de artes divinatórias.

Por acreditarem que são senhores de seu futuro e que o destino não é imutável, Bruxos recorrem a algumas práticas oraculares para terem um panorama das tendências futuras.

Muitos acreditam que seus oráculos são a própria voz da Deusa, por meio do qual Ela pode indicar, alertar ou prevenir; enquanto outros veem a arte divinatória como um portal de acesso à linguagem do inconsciente coletivo e arquétipos, com o qual é possível vislumbrar os acontecimentos vindouros.

Bruxos seguem algum calendário litúrgico?

Sim. Por ser uma religião centrada na natureza, o calendário litúrgico Wiccaniano baseia-se nas mudanças que ocorrem na natureza. O calendário litúrgico consiste de 21 rituais anuais. São realizados basicamente 13 Esbats (Ritos de Lua cheia) e 8 Sabbats (ritos que marcam as mudanças sazonais).

Os Sabbats são rituais que celebram o nascimento, vida e morte do Deus, filho e Consorte da Deusa. Esse ciclo de vida e morte representa nada mais nada menos que o próprio Sol, que aquece intensamente em determinadas estações do ano e aparentemente desaparece em outras. As datas de Sabbats ocorrem de acordo com os ancestrais calendários de plantio e colheita dos povos campesinos da Europa Antiga.

Existem Bruxos bons e maus?

Não. Bruxos são praticantes de uma religião positiva e evolutiva, que centra suas práticas para propósitos benéficos.

Quando uma pessoa se integra à Wicca, a primeira coisa que aprende é que ela deve viver de acordo com o Dogma da Arte: "Faça o que quiser desde que não prejudique nada nem a ninguém."

Isso significa respeitar não apenas a natureza, mas o livre-arbítrio de cada ser, e não prejudicarmos a nós próprios também.

Existem pessoas boas e más, e a Wicca, como qualquer outra religião, possui este problema. É o senso ético de cada pessoa que determina suas atitudes, não uma religião ou outra.

O que é um Coven?

A palavra Coven vem do termo *Coventus*, que significa "reunir-se, estar junto". É o nome dado para um grupo de Bruxos que pratica a Arte de uma maneira coesa.

Existem muitos tipos diferentes de Covens. Alguns deles são iniciáticos, outros visam a apenas praticar a Arte, enquanto alguns seguem uma rígida hierarquia e sistema de graus. Tudo depende da forma de trabalho escolhida pelos membros do Coven ou por sua Sacerdotisa e/ou Sacerdote.

É como uma família com fortes laços sociais e mágicos. Seus membros não apenas se encontram regularmente para celebrar a Lua cheia e Sabbats, mas também para passear, dançar e se divertir.

O Coven é geralmente dirigido por uma Sacerdotisa e um Sacerdote. Alguns Covens, no entanto, principalmente de algumas facções da Tradição Diânica, são governados apenas por Sacerdotisas.

O que é um Bruxo Solitário?

É como chamamos uma pessoa que escolheu praticar a Religião da Bruxaria sozinha, sem pertencer a nenhum Coven ou grupo.

As pessoas escolhem praticar solitariamente por inúmeros motivos. Seja pelos vários problemas e incompatibilidades que surgem em qualquer grupo de pessoas, por falta de horários flexíveis para os encontros ou por sentirem que sua própria maneira de trabalhar magicamente é o melhor caminho de conexão com a Deusa, a prática solitária é um caminho tão válido para a Deusa quanto a prática em um Coven Tradicional.

A maioria dos Bruxos solitários é eclética. Por não terem um treinamento tradicional dentro de um Coven, os Solitários acabam inserindo aspectos de diferentes segmentos da Wicca em sua forma de praticar.

Bruxos Solitários geralmente se autoiniciam, mas existem também aqueles que foram iniciados tradicionalmente e posteriormente optaram pelo trabalho solitário.

Existem diferentes grupos de Bruxos?

Sim. Diferentes grupos de Bruxos são chamados de Tradições. Existem inúmeras Tradições na Bruxaria e a cada dia surgem novas. A Bruxaria é uma religião marcadamente individualista, em que todas as pessoas encontram possibilidade de extravasarem sua religiosidade, noção do Divino e forma de cultuar. Por isso existem vários ramos, capazes de comportarem cultos a panteões diferentes, com diferentes ritos e diferentes estruturas.

O que é a *Wiccan* Rede?

A *Wiccan Rede* também chamada de Rede Wiccaniana e Dogma da Arte é a única diretriz que guia um Bruxo Wiccaniano. Ela expressa que todos podemos fazer o que quisermos em nossa vida, desde que outros, e nem mesmo nós, sejamos prejudicados.

Bruxos possuem algum livro sagrado?

Não. Os conhecimentos da Bruxaria sobreviveram por meio da tradição oral, transmitidos de boca a boca pelos seus praticantes, não há um livro sagrado que os Wiccanianos devam seguir. Apesar de haver inúmeros livros publicados sobre a Arte, nenhum deles é o livro padrão para rituais e práticas. Os interessados na Wicca devem buscar seus conhecimentos em diferentes livros de diferentes autores, na natureza, por meio de Bruxos mais experientes, lembrando sempre que a Wicca é uma religião libertária e não hierárquica. Por isso, não existem autoridades que devam ser acatadas. Entretanto, orientações de Bruxos mais experientes devem ser consideradas sempre. Cada Tradição possui o seu Livro das Sombras, que contêm os mistérios e ritos daquele caminho Pagão específico.

Existem templos sagrados na Wicca?

Sim, a natureza é o templo dos antigos Deuses. Nossos rituais são, quando possível, realizados na natureza. Apesar de muitos Wiccanianos realizarem seus rituais em casa ou locais fechados, por uma questão de privacidade, a natureza é sempre vista como o local ideal para a celebração das práticas ritualísticas.

A Wicca possui algum símbolo sagrado?

A Wicca possui muitos símbolos sagrados como o *Triskle*, o Espiral, a Triluna, o Labirinto, o *Labrys*. Porém, o símbolo mais associado à Wicca é o Pentagrama, uma estrela de cinco pontas, com um dos vértices para cima, dentro de um círculo. O Pentagrama representa o homem de braços abertos dentro do Círculo Mágico e os quatro elementos mais o espírito. Este é o símbolo sagrado mais utilizado e aceito por todas as Tradições da Arte.

Bruxos praticam orgias rituais?

Não, de nenhuma maneira.

A Wicca é uma religião de celebração à vida e a tudo aquilo que faz a vida existir, que busca inspiração para suas práticas nos antigos Ritos da Fertilidade de tempos imemoráveis. Exatamente por esse motivo, muitos dos símbolos por nós utilizados são sexuais.

Por ser uma religião da terra, consideramos o sexo como a vida. Sendo assim, nossa visão acerca de sexualidade é não preconceituosa; é aberta e abrangente, mas isso não justifica condutas prejudiciais e ilegais.

Muito da fantasia a respeito das orgias sexuais em ritos Pagãos vêm da perseguição medieval da Igreja contra a Antiga Religião, quando farsas e calúnias foram inventadas e largamente divulgadas para denegrir a imagem e a religião de Bruxas e Bruxos.

Muitos símbolos sexuais são utilizados e até mesmo a União Sexual Divina é representada por meio do Grande Rito – em que o athame é inserido no cálice, representando a união da Deusa e do Deus. Contudo, o ato sexual real é incomum.

Quando isso acontece, a prática ocorre entre duas pessoas casadas e privativamente, como forma particular delas honrarem a Deusa e o Deus.

Em algumas Tradições da Bruxaria, o ato sexual fez parte durante muito tempo da Iniciação de 3º Grau, mas hoje isso, na maioria das vezes, ocorre por meio do Grande Rito Simbólico.

Bruxos realizam sacrifícios animais ou humanos em seus rituais?

Não. A Wicca é uma religião fundamentada na natureza e de amor incondicional a ela, por isso qualquer ato contra a vida é terminantemente proibido. Abençoado seja tudo, pois tudo foi criado pelas mãos da Deusa.

Bruxos acreditam no diabo?

Bruxos não acreditam no diabo e também não acreditam em Cristo, não profanam igrejas nem cemitérios ou hóstias.

A Bruxaria é uma religião baseada nos cultos pré-cristãos à Deusa, que já existiam muito, muito tempo antes do conceito de um Deus monoteísta e da criação do diabo.

O cristianismo transformou a figura de antigos Deuses Corníferos tais quais: Cernnunos, Herne, Pan, Odin na imagem do diabo, para que, dessa maneira, o Deus das Bruxas fosse estigmatizado e assumisse o papel de malfeitor.

Ainda ecoam estigmas que associam as práticas Pagãs ao mal e, infelizmente, devemos isso à época medieval da Inquisição, quando Bruxos foram associados ao demônio e ao mal por interesses políticos e religiosos da época. Hoje, a Bruxaria encontra nova luz e vem resgatando sua dignidade como religião. Bruxos não praticam o mal e nem são anticristãos, apenas não são cristãos.

Diabo, satã, satanás, demônio – todos fazem parte da religião cristã, não da Pagã.

Bruxos fazem seus rituais nus?

Muitos Bruxos preferem fazer seus rituais nus, enquanto outros optam pelo uso de vestes ritualísticas.

Quando um Bruxo opta pela nudez ritual, diz-se que ele está "vestido de céu" ou com as "vestes da lua".

A maioria dos Wiccanianos, no entanto, trabalha vestido com mantos, túnicas ou robes. Nesse caso podem ser usadas diferentes cores de mantos para diferentes rituais.

Enquanto os Bruxos que trabalham "vestidos de céu" dizem que o poder flui melhor quando se está sem roupa, os que usam roupas cerimoniais argumentam que nada pode ser um obstáculo para que a energia da Deusa flua. As duas formas são aceitas e nenhuma é melhor que outra.

O que os Bruxos fazem pela natureza?

A Deusa Mãe é vista como a própria natureza manifestada. Preservar o Planeta é preservar o corpo da Deusa, a nossa casa, a nossa família que é a humanidade como um todo.

Exatamente por isso, Bruxos estão sempre engajados em movimentos ecológicos e ambientais, lutando pela preservação do meio ambiente de uma maneira ou de outra.

Bruxos fazem da preservação da natureza sua principal meta e lema de vida e acreditam que essa é a única forma de nos ligarmos novamente aos antigos Deuses da natureza, que se afastam cada vez mais de nós devido à poluição, entulhos e toxidade que deixamos se espalhar pela Terra.

Seja por meio do engajamento em organizações ambientais, seja fazendo o seu trabalho de conscientização e preservação solitariamente, os Bruxos seguem cumprindo a missão de limpar o Planeta do lixo que a humanidade lhe trouxe, e se preocupam não somente com o mundo que deixarão para as próximas gerações, mas com as gerações que deixarão para o mundo.

Bruxos são Pagãos?

Sim.

O vocábulo "Pagão" vem do termo *Paganus* que significa "pessoa do campo".

Quando o cristianismo se tornou a religião da moda de reis e rainhas, a Velha Religião manteve-se por meio das pessoas simples do campo, que deram continuidade às antigas celebrações sazonais de plantio e colheita centradas nas Tradições da Deusa.

Atualmente, não mais vivemos no campo, ao contrário, muitos de nós vivem nas selvas de pedras das cidades grandes. Mas utilizar o termo Pagão é uma forma de honrar todos aqueles que mantiveram vivos os antigos ritos, de forma que chegassem até nós hoje.

Em resumo, Paganismo é qualquer caminho espiritual centrado na natureza e em suas manifestações e a Wicca, a Bruxaria Moderna, é um deles.

Eu posso ser Bruxo e cristão ao mesmo tempo?

Não!

Wicca e cristianismo são duas crenças incompatíveis, que caminham em direções diametralmente opostas, podendo ser consideradas até mesmo antagônicas entre si. Pessoas que praticam a chamada "Wicca Cristã" ou aqueles que querem encontrar desculpas para incluir elementos cristãos no Paganismo são cristãos mal resolvidos. Não existe Wicca Cristã. Existem, sim, indivíduos com forte dificuldade em se desligarem de sua criação e valores cristãos, querendo criar um novo subgrupo dentro de uma filosofia espiritual e religiosa que pratica e prega algo completamente diferente do cristianismo.

Wiccanianos não acreditam no Deus cristão, em anjos, santos, no céu, diabo, inferno ou seguem a Bíblia. Wiccanianos não acreditam no pecado original ou na danação eterna.

Por definição, um Wiccaniano é qualquer pessoa que seja Pagão, alguém que culte a Deusa, os antigos Deuses, celebre a Roda do Ano e as lunações, chame ou defina a si próprio de Bruxa ou Bruxo e não seja cristão.

Compêndio Ritual

Posturas de Invocação

Existem muitas posturas de invocação que podem ser realizadas durante um ritual ou chamado de uma Deidade. Resumidamente, essas posturas expressam símbolos invocatórios corporais usados para estabelecer comunicação com o Sagrado.

A seguir, encontram-se listadas e exemplificadas algumas posturas invocatórias que poderão ser usadas quando estiver elevando suas palavras ao Divino com seus respectivos significados:

Postura da Deusa

Para invocar a Deusa nos rituais.

Muito usada durante o Ritual de Puxar a Lua, para agradecer, abençoar ou invocar quaisquer energias. Poderíamos dizer que é a postura básica que pode ser utilizada para praticamente todas as ocasiões. Nas saudações ao Altar, a postura da Deusa é seguida pela postura do Deus, simbolizando a reverência às duas mais importantes divindades da Arte.

Postura do Deus

Para invocar o Deus nos rituais.

Essa postura algumas vezes é chamada de Posição de Osíris, em analogia ao Deus no sarcófago. Por isso também é uma posição que pode ser adotada em momentos solenes ou em ritos de passagem associados à morte, como o Réquiem.

Postura da cruz

Usada para fixar a energia dos quatro elementos no corpo humano. Essa postura geralmente é assumida antes dos rituais, para centramento, ou após algum trabalho mágico. Ela representa o homem em conexão com toda a natureza.

Postura da Terra

Assumida para invocar as energias do elemento Terra durante as cerimônias, meditações e cânticos.

Postura do Ar

Assumida para invocar as energias do elemento Ar durante as cerimônias, meditações e cânticos.

Postura do Fogo

Assumida para invocar as energias do elemento Fogo durante as cerimônias, meditações e cânticos.

Postura da Água

Assumida para invocar as energias do elemento Água durante as cerimônias, meditações e cânticos.

Postura de emissão e recepção de energia

Essa postura é assumida nos momentos em que devemos emitir e receber energia ao mesmo tempo. Também é uma postura que pode ser usada para praticamente todas as funções.

Postura de elevação de energia

Quando é necessário elevar alguma energia no ritual se assumi essa postura. Os braços são elevados conjuntamente, lentamente, formando um arco ascendente imaginário ao redor da parte superior do corpo.

Postura de atração de energia

É assumida nos rituais para atrair alguma energia ou encerrar algum trabalho mágico. As mãos são elevadas e lentamente são abaixadas, formando um arco descendente imaginário ao redor da parte superior do corpo.

Postura de geração de poder

Quando desejamos gerar poder, assumimos essa postura. A energia é visualizada por meio de nossa imaginação e canalizada pelo olho da mente às nossas mãos para formar uma esfera de energia. Em seguida, a energia é projetada ou direcionada apropriadamente.

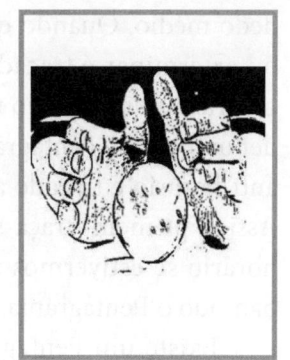

Postura da mano luna

Esse gesto é usado para invocar a energia da Deusa nos rituais. Geralmente é feita com a mão esquerda, que representa as energias femininas; considerado o lado da Deusa. Quando feita respectivamente com a mano cornuto, a energia da Deusa e do Deus são atraídas ao mesmo tempo.

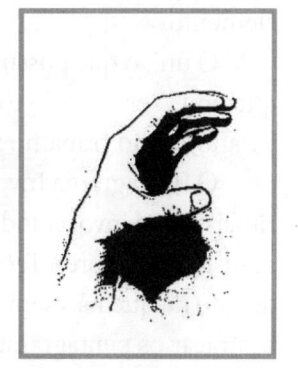

Postura da mano cornuto

Esse gesto é usado para invocar a energia do Deus. É realizado com a mão direita, que representa as energias masculinas; considerado o lado do Deus.

Pentagramas de Invocação e de Banimento

Existem inúmeras formas de invocar e dispersar as forças em um ritual. O Pentagrama tem sido a forma mais utilizada na Wicca para essa finalidade.

As formas de utilizar os Pentagramas de Invocação e de Banimento são bem simples. Quando queremos invocar a energia da Deusa e do Deus, dos elementos ou selar um encantamento com poder, traçamos o Pentagrama de Invocação relacionado ao nosso trabalho no Ar com o athame, bastão ou dedo médio. Quando queremos dispersar uma determinada energia, banir ou exterminar é traçado então um Pentagrama de Banimento, no sentido contrário. Um Círculo no sentido horário é traçado ao redor da estrela logo depois que um Pentagrama de Invocação é traçado, e um Círculo no sentido anti-horário é traçado ao redor da estrela logo após, para o seu Banimento. Assim, primeiro traça-se o Pentagrama e depois ele é circulado no sentido horário se estivermos invocando e no sentido anti-horário se estivermos banindo o Pentagrama.

Existe um Pentagrama de Invocação e um de Banimento para cada elemento.

O único que possui duas formas de ser invocado e banido é o do espírito, que pode ser traçado e destraçado de forma ativa ou passiva, de acordo com a natureza do trabalho ritual em ação.

O Pentagrama Invocante da Terra pode ser usado para todos os trabalhos rituais e para invocar todos os elementos, uma vez que todos os outros elementos se sustentam sobre a Terra. Isso torna muito mais fácil o trabalho ritual, partindo do fato de que não será necessário memorizar as diferentes formas de traçar e destraçar os pentagramas se você estiver no início de seus estudos.

O Pentagrama Invocante de um elemento é traçado em seu ponto cardeal correspondente, quando ele é invocado no início das cerimônias, logo após o Círculo Mágico ser lançado. O Pentagrama de Banimento é traçado no final do ritual, quando o elemento em questão é agradecido, para dispensar as energias invocadas.

Os pentagramas do espírito podem ser usados para invocar os Deuses. O Pentagrama Ativo do espírito serve para invocar os Deuses masculinos e o Passivo para invocar as Deusas.

A seguir é exemplificada a maneira correta de invocar e evanescer cada Pentagrama:

Terra Invocação   **Terra Banimento**

Ar Invocação	Ar Banimento
Fogo Invocação	Fogo Banimento
Água Invocação	Água Banimento
Espírito Passivo Invocação	Espírito Passivo Banimento
Espírito Ativo Invocação	Espírito Ativo Banimento

Cores

As cores das velas, toalhas de Altar e roupas rituais são muito importantes na prática invocatória, pois cada uma delas invoca um determinado tipo de energia e está relacionada a um tema da vida humana. Veja a seguir qual a cor mais apropriada ao tema de sua invocação.

- VERMELHO: energia, vitalidade, força, garra, coragem.
- LARANJA: prosperidade, riqueza, sucesso.
- AMARELO: inteligência, conhecimento.
- VERDE: prosperidade, crescimento, saúde, sorte.
- AZUL: proteção, paz, tranquilidade, prosperidade.
- ROSA: amor, amizade, equilíbrio.
- BRANCO: pureza, proteção, espiritualidade.
- PRETO: banir energias negativas, recuperação, proteção.
- MARROM: prosperidade, estabilizar o lado material.
- DOURADO: representa o Deus.
- PRATEADO: representa a Deusa.

Cores dos Elementos

- AR: amarelo, branco, tons pastéis.
- FOGO: vermelho, laranja, púrpura.
- ÁGUA: azul-claro, prateado, branco, índigo.
- TERRA: marrom, verde, preto.

Ervas

As ervas há muito têm sido usadas como fonte de geração de poder nos rituais. Cada erva desprende um determinado aroma ao ser manuseada, queimada, macerada ou espalhada sobre o Altar, que invoca determinados tipos de poderes e energia:

- BELEZA: ginseng, cardo-bento, rosas.
- DIVINAÇÃO: cânfora, dente-de-leão, hibisco, murta, sangue-de-dragão, salgueiro.
- AMIZADE: lemongrass, passiflora.
- ALEGRIA: espinheiro, lavanda, erva-de-são-joão, jasmim.

- Saúde: louro, cedro, alcaravia, galanga, junípero, manjerona.
- Amor: maçã, basílico, betônica, camomila, damiana, gardênia, jasmim, vetiver.
- Proteção: acácia, açafrão, angélica, anis, freixo, cinco-em-rama, sabugueiro, sorveira.
- Purificação: sálvia, benjoim, íris, cardo, verbena.
- Sucesso: canela, patchouli, camomila, sálvia.

Pedras

As pedras são consideradas os ossos da Terra.

Cada pedra possui vida em seu interior e, para as práticas Wiccanianas, não importa se ela é preciosa, semipreciosa ou um mineral comum, todas são consideradas verdadeiras baterias de poder e energia. Uma pedra pode ser usada de muitas maneiras: como um receptáculo de energia, uma fonte de poder mágico que pode ser usada em forma de talismã, um instrumento de cura, ornamento decorativo para o Altar, etc.

Use a Magia e o Poder dos cristais para curar, abençoar e potencializar suas invocações.

- Beleza: âmbar, olho de gato, jaspe, opala, zircão.
- Coragem: ágata, ametista, água-marinha, jaspe-sanguíneo, cornalina, diamante, olho de tigre.
- Adivinhação: azurita, hematita, pedra da lua, ametista, sodalita, obsidiana.
- Sonhos: ametista, sugilita, fluorita.
- Amizade: turmalina-rosa, crisoprásio, turquesa.
- Saúde: ágata, âmbar, aventurina, calcita, coral, quartzo-branco, jade, malaquita.
- Longevidade: ágata, fósseis, jade, madeira petrificada.
- Amor: alexandrita, âmbar, crisocola, esmeralda, lepidolita, pérola, pedra da lua, quartzo-rosa, rodocrozita, turmalina-rosa.
- Poderes mágicos: jaspe-sanguíneo, malaquita, rubi, fluorita.
- Habilidade mental: aventurina, esmeralda, zircão.
- Prosperidade: aventurina, calcita, esmeralda, jade, peridoto, malaquita, turmalina-verde.
- Paz: água-marinha, lepidolita, rodonita, turmalina-azul.
- Energia física: berilo, selenita, pedra do sol, olho de tigre, zircão-vermelho e citrino.

- PROTEÇÃO: ágata, calcita, lápis-lazúli, mica-obsidiana, topázio, quartzo-branco, turmalina-negra, ônix.
- ENERGIA SEXUAL: cornalina, pedra do sol, citrino, jasper.
- ESPIRITUALIDADE: lepidolita, ametista, sugilita, lápis-lazúli, pedra da lua.
- CONHECIMENTO: sugilita, crisocola, sodalita.

Incensos

Acredita-se que a fumaça criada pelos incensos eleva nossos desejos e nossas palavras ao mundo dos Deuses.

Além de propiciarem agradável aroma no local onde se está trabalhando magicamente, os incensos purificam e harmonizam o ambiente. Diferentes rituais requerem diferentes aromas de incenso.

Os incensos e seus aromas

Cada aroma invoca um tipo de energia para um ritual ou local:
- AMOR: rosas, vetiver, almíscar, patchouli, jasmim.
- SAÚDE: alecrim, fumo, bétula.
- PROSPERIDADE: açafrão, louro, canela.
- PROTEÇÃO: cravos-da-índia, arruda, cedro, carvalho, junípero.

Oferendas

Um ato muito comum nos rituais é a realização de oferendas aos Deuses que estão sendo chamados. Essa forma antiga de relação com o Sagrado tem sido usada desde tempos imemoráveis e está baseada na ideia de ofertar alguma coisa em troca de outra.

Aqui estão algumas ideias do que você pode ofertar aos Deuses durante suas invocações:

Deuses em geral

- COMIDA: pão, frutas, grãos.
- BEBIDA: leite, vinho, cerveja, água.
- INCENSO: incenso, alecrim.
- OUTROS: velas, flores, ervas, poesia, pedras, metais.

Ancestrais

- COMIDA: fubá, pão, grãos, frutas, queijo.
- BEBIDA: cerveja.
- INCENSO: artemísia, alcaravia.
- OUTROS: fumo, seixo de rio.

Guardiões do lar

- COMIDA: pão, sal, óleo, frutas.
- BEBIDA: leite, vinho, cerveja.
- INCENSO: incenso, alecrim.
- OUTROS: velas e flores.

Guardiões das entradas

- COMIDA: ovos, mel, bolo.
- BEBIDA: leite, vinho, cerveja.
- INCENSO: alecrim, junípero, tomilho.
- OUTROS: flores, guirlandas.

Guardiões da lareira

- COMIDA: pão, óleo, manteiga.
- BEBIDA: leite e água.
- INCENSO: pinho, alecrim.
- OUTROS: grãos.

Espíritos do jardim

- COMIDA: pão, frutas, mel, fubá.
- BEBIDA: água, leite.
- INCENSO: louro.
- OUTROS: flores.

O Grande Rito

Todo ritual Wiccaniano possui aquilo que chamamos de Banquete, em que alimentos e bebidas são compartilhados ao final de cada rito para que possamos receber as bênçãos e forças dos Deuses. A comida do banquete ao final dos rituais é sacralizada mediante a realização do Grande Rito. Geralmente a bebida utilizada para o ritual é o vinho, pois ele simboliza o sangue, a própria vida. No entanto, qualquer outro líquido como água, cidra, chá ou suco de uva pode ser utilizado para os mesmos propósitos.

O Grande Rito, também chamado de o Grande Casamento ou Grande Ritual, representa a união da Deusa e do Deus e suas bênçãos àqueles que estiverem presentes em uma cerimônia ou ritual. Esse ato simboliza a união entre os princípios masculinos e femininos da Criação que traz vida a todas as coisas.

Antigamente era realizado entre uma Sacerdotisa e um Sacerdote que se uniam sexualmente para representar a União Sagrada. Hoje representa um ato simbólico realizado com o cálice e o athame nos rituais. Exatamente por isso ele é sempre realizado por um casal, em que a mulher segura o cálice e o homem o athame.

Para realizar o Grande Rito ao final do ritual, o casal se aproxima de onde os alimentos estão dispostos e elevam o athame e o cálice sobre eles. O homem mergulha o athame dentro do cálice, que é segurado pela mulher, enquanto dizem palavras semelhantes a estas:

Que o que foi invocado pelo athame, esteja contido no cálice.
A União da Mãe e do Pai é aqui representada.
Que este vinho traga saúde, sucesso, vida e bênçãos.
Que assim seja e que assim se faça!
Blessed Be!

As palavras podem ser proferidas em conjunto ou o casal pode escolher previamente qual parte será dita por cada um.

Se não houver um casal para realizar o Grande Rito, ele deverá ser feito por uma pessoa sozinha executando ambas as funções. Neste caso, o athame é sustentado pela mão direita e o cálice pela esquerda. A pessoa diz essas palavras que utilizei como exemplo, ou outras semelhantes, e mergulha o athame no cálice representando a união da Deusa e do Deus e o Casamento Sagrado das duas polaridades que vivem através dela para abençoar o líquido e os alimentos que serão ingeridos, para que as bênçãos dos Deuses sejam recebidas.

Cargas da Deusa e do Deus

As Cargas da Deusa e do Deus são textos tradicionalmente inspirados usados nas muitas Tradições da Arte. Diversas versões de Cargas estão disponíveis e todas elas possuem a mesma função, que é compartilhar ensinamentos de sabedoria e instruções aos filhos da Grande Mãe.

De certa forma, as Cargas da Deusa e do Deus são invocações. Elas invocam os filhos da Terra para observarem as leis e desejos divinos. Esses textos não são invocações de humanos para Divindades, mas expressam o processo inverso: são chamados dos Deuses conclamando os homens para fazer a sua parte.

Assim, poderíamos dizer que enquanto os homens invocam os Deuses por meio de suas orações, os Deuses invocam os homens quando as Cargas são recitadas em rituais como "Puxar a Lua para Baixo" ou simplesmente quando são lidas.

Deixe-se invocar pelos Deuses para ajudá-los em seu trabalho de manter a Terra um lugar condigno e apropriado para todos os seres.

Os textos compartilhados a seguir fazem parte do corpo poético da Religião Wicca e poderão ser usados durante suas meditações, rituais e contemplações:

Carga da Deusa 1

Eu sou o estímulo das sementes na estação da primavera, a glória dos campos maduros no verão, e a paz dos bosques quietos como as neves calmas da terra no inverno. Eu sou o cantar alegre das Donzelas pela manhã, a mão paciente da Mãe e o rio fundo dos mistérios ensinados ao luar.

Eu dou para as criaturas da Terra os presentes da canção que sai do coração, a alegria do pôr do sol de outono, o toque fresco das águas renovadoras e a chamada constrangedora do tambor na dança. Para você eu dou a alegria da criação e a companhia da beleza para iluminar seus dias.

Pelos poderes da terra firme e das estrelas do céu, eu o revigoro; pela escuridão da morte e da luz branca do nascimento, eu o revigoro; pela força terrível de seus espíritos humanos, eu o revigoro.

Sempre se esforce para o crescimento de sua alma eterna, nunca diminua intencionalmente sua força, sua compaixão, seus vínculos com a terra ou seu conhecimento.

Desafie sua mente, nunca aceite complacentemente somente aquilo que a razão explica ou aquilo que a maioria julga correto.

Eu o revigoro para que atue sempre em função da melhoria de seus irmãos e irmãs. O fortalecer é forjar a verdadeira comunhão com a humanidade.

Vocês são minhas crianças, meus irmãos e irmãs e meus companheiros. Você é conhecido em grande parte pela companhia que mantém, e é forte, sábio e cheio dos poderes de vida. Isso tudo é seu para usar em meu serviço e eu também sou conhecida pela companhia que mantenho.

Entre em alegria e na luz do meu amor, volte-se para mim sem medo quando a escuridão ameaçar vencer você, e volte-se também a mim para compartilhar seus triunfos e suas realizações. Saiba em seu coração que nós estamos juntos em sangue e espírito até a última estrela escurecer no céu e o inverno vir para o Universo.

Carga da Deusa 2

Ouçam as palavras da Grande Mãe que, em outras eras, era chamada de Ártemis, Astarteia, Dione, Melusina, Afrodite, Cerridwen, Diana, Arianrhod, Brigit e por muitos outros nomes.

Quando necessitarem de alguma coisa, uma vez no mês, e é melhor que seja quando a Lua estiver cheia, reúnam-se em algum local secreto e adorem o meu espírito, eu que sou a Rainha de toda Sabedoria.

Vocês estarão livres da escravidão e, como sinal de sua liberdade, apresentar-se-ão nus em seus ritos.

Cantem, festejem, dancem, façam música e amor, todos em minha presença, pois meu é o êxtase do espírito e minha também é a alegria sobre a Terra.

Pois minha lei é o amor para todos os seres. Meu é o segredo que abre a porta da juventude e minha é a taça do vinho da vida, que é o caldeirão de Cerridwen, que é o graal sagrado da imortalidade.

Eu concedo a sabedoria do espírito eterno e, além da morte, dou a paz, a liberdade e o reencontro com aqueles que se foram antes.

Não exijo qualquer tipo de sacrifício, pois saiba, eu sou a Mãe de todas as coisas, e meu amor é derramado sobre a Terra.

Ouçam as palavras da Deusa Estrela, Ela que na poeira dos pés traz as hostes dos céus e cujo corpo envolve o Universo:

Eu que sou a beleza da terra verde e a Lua branca entre as estrelas e os mistérios da água, invoco seu espírito para que desperte e venha até mim.

Pois eu sou o espírito da natureza que dá vida ao Universo.

De mim todas as coisas procedem e a mim todas devem retornar.

Que a adoração a mim esteja em seu coração que rejubila, pois, saiba, todos os atos de amor e prazer são meus rituais.

Que haja beleza e força, poder e compaixão, honra e humildade, júbilo e reverência dentro de você.

Você que busca conhecer-me, saiba que sua procura e ânsia serão em vão, a menos que você conheça os Mistérios: pois se aquilo que busca não se encontrar dentro de você, nunca o achará fora de si.

Saiba, pois, eu estou com você desde o início dos tempos, e eu sou aquela que é alcançada ao fim do desejo.

Carga da Deusa 3

Recordemos as palavras da Grande Deusa.

Abençoados sejam os que se reúnem para festejar a vida!

Sempre que necessitarem de minha ajuda, reúnam-se em lugar secreto em noites de Lua cheia para me honrar. Minha lei é o Amor a todas as criaturas, a liberdade é o meu escudo. Bendito seja tudo!

Meu nome é o êxtase do espírito e a alegria da Terra. Minhas são também as portas da juventude, o cálice do vinho da vida e da imortalidade.

Dancem, festejem, regozijem-se todos em minha honra. Meu amor transborda sobre todos os seres da Terra. Não me ofereçam sacrifícios sangrentos, nem dolorosos, pois me desagradam. Sou a Mãe de todos os seres viventes.

Todos os meus ritos são de amor e prazer, cheios de paixão, humildade, alegria e respeito às virtudes que todos devem possuir.

Quem me busca fora não me achará. Que pense em seu desejo e olhe para o seu interior, pois moro em sua alma.

Devem saber que estou com vocês desde o princípio e os recolherei em meu seio ao final.

Carga da Deusa 4

Sou a Grande Mãe, adorada por toda a Criação que existiu antes de suas consciências. Sou a força primária feminina, sem limites, eterna.

Sou a casta Deusa da Lua, Senhora da Magia, cujo nome canta o vento e as rochas. Levo a Lua crescente em minha fronte e meus pés descansam nos céus estrelados. Sou os mistérios sem solução, um caminho sem curso, o campo virgem do arado. Regozijem-se em mim e conheçam a plenitude da juventude.

Sou a Mãe Abençoada, a graciosa Senhora da Colheita, vestida com frescos frutos da terra e ouro dos campos cobertos de grãos. Controlo as marés da Terra e através de mim os frutos amadurecem. Sou a Mãe Doadora de vida, maravilhosamente fértil.

Adorem-me como a Anciã, suave no ciclo sem fim da morte e renascimento. Sou a roda, a sombra da Lua. Controlo as marés de homens e mulheres e libero e renovo as almas cansadas. Meu domínio é a escuridão da morte, na alegria do nascimento.

Sou a Deusa da Lua, a Terra e os mares de incontáveis nomes, incontável força. Emano Magia e poder, paz e sabedoria. Sou a eterna Donzela, Mãe de todos e Anciã das Sombras, e lhes envio bênçãos de amor.

Encargos da Senhora das Sombras

Sou a Deusa que através das Sombras manifesta a sabedoria.

Sou Aquela que é grave e severa.

Sou Aquela que é cruel e vingativa.

Sou Aquela que castiga severamente aqueles que arrostam a minha cólera.

Sou a mulher despeitada e furiosa, Deusa dos mortos e das criaturas do Submundo, que me ajudam a manter a ordem no Reino das Sombras.

Sou Aquela que caminha pelo mundo inferior.

Os cumes das altas montanhas tremem e os bosques ressoam com a voz das feras que persigo.

Sou a Senhora audaciosa e do coração indomável,
A mais temível de todas as Deusas,
Aquela cujo olhar faz tremer as abóbadas do mundo.

Mas sou também a esperança pressentida e sussurrada pelos meus filhos secretos,

E em meus mistérios, os conduzirei novamente ao instinto seguro.

Eu sou o corvo negro que se transforma em Fênix de plumagem verde e dourada.

Sou uma fortaleza nas colinas,
Sou o mistério e a linguagem secreta das aves.

Conheço as marés e seus ciclos e a força de todos os ritos.

Sou o coração da Terra e, se desejar, poderá estar comigo.

Pois eu venho ao encanto do seu chamado,
Assim como o ar da meia-noite vem ao encanto da Lua.

Volte-se para mim quando as sombras ameaçarem vencer você,
Pois pela escuridão da morte e pela luz branca do nascimento eu o revigoro.

Nós estamos juntos em sangue e espírito,
Até a última estrela escurecer no céu e o inverno vir para o Universo.

Carga do Deus 1

Escute as palavras do Deus Cornudo, Guardião de todas as coisas selvagens e livres e Guardião dos Portais da Morte, cujo Chamado todos devem responder.

Eu sou o fogo dentro do seu coração...
O desejo de sua Alma.

Eu sou o Caçador do Conhecimento e o Investigador da Indagação Sagrada,
Eu – que estou na escuridão da luz,
Sou Aquele que você chama de Morte.

Eu – o Consorte e Companheiro Dela que nós adoramos,
Chamo-o diante de mim.

Atenda ao meu chamado amado,
Venha até mim e aprenda os segredos da morte e da paz.

Eu sou o milho na colheita e a fruta nas árvores.

Eu sou Aquele que o conduz à casa.

Açoite e chama,
Lâmina e sangue,
São meus e presenteio-o.

Chame por mim na floresta selvagem e nos topos das montanhas e busca-me na escuridão luminosa.

Eu – que tenho sido chamado de Pan, Herne, Osíris, e Hades;
Falo para você e procuro por você.

Venha, dance e cante;
Venha vivo e sorria para observar.

Esta é minha adoração.

Vocês são minhas crianças e eu sou seu Pai.

Em asas de noite rápidas sou eu que o ponho no colo da Mãe
Para renascer e retornar novamente.

Você que pensa me buscar, saiba que eu sou o vento indomado, a fúria da tempestade e a paixão em sua Alma.

Busque-me com orgulho e humildade, mas busca-me melhor com carinho e força, pois este é o meu caminho, e eu não amo o fraco e o temeroso.

Ouça meu chamado em longas noites de inverno
E juntos guardaremos a Terra dela enquanto Ela dorme.

Carga do Deus 2

Sou o radiante Deus dos Céus, que inunda a Terra de valor. Guardo a semente oculta da Criação que irá germinar e manifestar-se. Levanto minha lança brilhante para iluminar a vida de todos os seres e diariamente trago meu ouro à Terra, fazendo retroceder os poderes da escuridão.

Sou o Senhor dos animais selvagens e livres. Corro pelos campos com o cervo e me elevo como o sagrado falcão nos céus resplandecentes. Os antigos bosques e lugares selvagens emanam meus poderes, e os pássaros em voo cantam a minha sacralidade.

Sou a última colheita que oferece frutos e grãos para que todos se alimentem. Porque sem plantio não há colheita, sem inverno não há primavera.

Adorem-me como o Sol da Criação, de mil nomes, o espírito do Cervo Astado, a colheita sem fim. Vejam no ciclo anual dos festivais o meu nascimento, morte e renascimento e saibam que esse é o destino de toda criação.

Sou a Centelha de Vida, o Sol Radiante, o Doador da Paz e Descanso e envio meus raios para abençoá-los, iluminando os corações e fortalecendo as mentes de todos.

Carga do Deus 3

Ouçam as palavras do Grande Pai que pelos antigos foi chamado de Osíris, Adônis, Zeus, Thor, Pan, Cernunnos, Herne, Lugh e por muitos outros nomes.

Minha Lei é a Harmonia de todas as coisas. Meu é o segredo que abre o portão da vida, meu é o prato de sal da Terra, que é o corpo de Cernunnos, que é o eterno ciclo do renascimento.

Eu tenho conhecimentos sobre a vida perpétua e além da morte. Eu sou a promessa da regeneração e da renovação. Eu sou o sacrifício, o Pai de tudo e minha proteção abarca a Terra.

Glossário

Adivinhação: a arte de perscrutar no desconhecido interpretando padrões fortuitos ou símbolos. Incorretamente chamado de "ler a sorte". Exemplos incluem: o Tarô, o I Ching, Runas, vidência em água ou fogo, etc.

Amuleto: um objeto natural como uma pedra, pena, semente, capaz de atrair sorte a seu portador.

Analogia: um conjunto de correspondências.

Antigos, os: termo utilizado para se referir a todos os aspectos da Deusa e do Deus.

Arte, a: Bruxaria, Wicca.

Aterramento: transmitir a energia em excesso para a terra.

Athame: faca ritual, geralmente um punhal, utilizado nos ritos Wiccanianos. Muitas vezes tem fio duplo e cabo preto, mas não sempre. Essa faca raramente é usada para corte físico. Seu uso principal é como direcionador de energia semelhante ao bastão, entretanto com usos comuns diferentes. Associado à maioria das Tradições com o elemento Ar, porém em outras se encontra conectado ao elemento Fogo.

Autoiniciação: cerimônia exclusivamente Pagã na qual um indivíduo se apresenta aos Deuses para ser iniciado diretamente pelas Deidades, ou seja, sem o intermédio de outro Bruxo que já seja iniciado. A autoiniciação é um Rito de Passagem relativamente recente, datada dos idos de 1970.

BOS: forma abreviada de se referir ao Livro das Sombras, do inglês *Book of Shadows*.

Balefire: fogo aceso para propósitos mágicos ou religiosos, normalmente ao ar livre. Fisicamente semelhante à fogueira.

Banefull: prejudicial, destrutivo ou mau.

Banimento: expulsar ou neutralizar as energias negativas.

Banir: mandar embora, retirar, exterminar.

Bastão: uma das ferramentas rituais da Wicca, geralmente é utilizado como direcionador de energia, de uso muito semelhante ao athame. A escolha específica do athame ao invés do bastão varia entre os Wiccanianos, quase todos escolhem o athame para lançar o Círculo e invocar os Poderes, porém outros preferem o bastão quando chamam a Deusa e o Deus.

BESOM: vassoura.

BOLLINE: faca usada para propósitos mais práticos, como colher ervas, fazer amuletos, cortar bolos e pães, talhar símbolos em velas. Geralmente com o cabo branco e lâmina curvada.

BRUXO: praticante da Arte da Bruxaria. Um iniciado ou autoiniciado em uma das facções da Religião Pagã.

BRUXO SOLITÁRIO: uma pessoa que pratica a Wicca sozinha.

CALDEIRÃO: um dos Instrumentos Mágicos utilizados na Bruxaria. Representa simbolicamente o ventre da Deusa. É usado com inúmeros propósitos que vão desde a preparação de poções e filtros, até a vidência na água que é depositada em seu interior.

CÁLICE: também chamado de Cálice Ritual é utilizado nos ritos para conter água, vinho ou suco que serão consagrados. É um dos Instrumentos Mágicos e representa o elemento Água.

CARGA DA DEUSA OU DO DEUS: textos ancestrais sagrados que são lidos em rituais, expressando as orientações ou bênçãos feitas pelos Deuses aos praticantes da Arte. Acredita-se que foram transmitidos diretamente pelos Deuses aos homens, mas textos modernos inspirados e "concebidos" por Bruxos em estado alterado de consciência também são aceitos.

CARREGAR: transferir energia mágica ou pessoal para alguma coisa.

CENTRAMENTO: o ato de acalmar-se e equilibrar-se.

CÍRCULO MÁGICO: esfera de energia mágica na qual normalmente são praticados os rituais Wiccanianos. A área dentro do Círculo é vista tal qual um solo sagrado onde os Deuses se encontram. O Círculo sempre é destraçado (apagado, desfeito, etc.) no fim das cerimônias. Frequentemente é construído usando-se o athame e purificado com sal, incensos, vela acesa e água, mas os métodos variam.

CONE DE PODER: energia mágica que é elevada e dirigida para um objetivo específico.

CONSAGRAÇÃO: abençoar algo para finalidades rituais ou mágicas.

COSMOVISÃO: visão pessoal sobre a criação do Universo e sobre o Sagrado.

COVEN: um grupo de Wiccanianos, normalmente iniciatório, conduzido por um ou dois líderes que se reúnem para celebrações religiosas e mágicas. Por Tradição o número máximo para formação de um Coven é de 13 pessoas, porém essa quantidade pode variar muito de acordo com a Tradição seguida.

COVENER: membro de um Coven.

Covenstead: o lugar onde o Coven se encontra para realizar seus rituais.

Cowan: termo utilizado entre os Bruxos para designar aqueles que não são iniciados nos mistérios de sua Arte.

Criar energia: transformar a vontade e desejo pessoal em energia para ser usada em um ritual.

Dagyde: um boneco feito de argila, pano ou cera que é preparado ritualisticamente para representar uma determinada pessoa em alguns ritos mágicos.

Deus, O: é visto como a energia masculina criadora, o complemento da Deusa, cocriador do Universo. Frequentemente identificado com o Sol, céu, florestas, agricultura e animais selvagens. Não confundir com o monoteístico conceito cristão de "Deus".

Deusa, A: conceitos diferem, mas geralmente é definida como a Mãe universal de tudo, aquela que criou o Universo. Frequentemente associada com a Lua, oceano, terra, fertilidade, nascimento e morte.

Dias de poder: igual aos Sabbats.

Direcionar energia: dirigir energia para um propósito.

Dogma da Arte: também chamado de Conselho Wiccaniano, é um código moral dos Bruxos. É tido como a única diretriz que um Bruxo deve seguir como conduta básica em sua vida religiosa. "Faça o que quiser, desde que não faça mal a nada nem a ninguém."

Elementais: espíritos da natureza invocados para auxiliarem na realização de um rito ou objetivo específico. São energias que personificam as qualidades dos quatro elementos da natureza.

Elementares: larvas astrais que assume a forma de vampiros energéticos.

Elementos, os: Terra, Ar, Fogo e Água.

Encantamento: uma petição mágica ritmada criada pelo Bruxo para ser utilizada em rituais ou na realização de um sortilégio. Alguns Pagãos utilizam esse termo para se referirem ao ato de enfeitiçar ou lançar um sortilégio.

Entre os mundos: estar em um estado alterado de consciência.

Esbat: qualquer celebração religiosa Wiccaniana que não seja um Sabbat. É comumente realizado nas Luas cheias em honra à Deusa.

Espaço sagrado: área consagrada para a realização dos rituais.

Espírito: a energia que habita tudo o que existe.

Evocação: o ato de convocar espíritos ou Deuses para que assumam uma forma física. Prática que geralmente não é realizada na Wicca.

Feitiçaria: parte operacional da Bruxaria, que inclui a combinação de ervas, pedras e invocação à natureza para provocar mudanças físicas.

Feriados pagãos: igual aos Sabbats.

Filtro mágico: um preparado mágico à base de ervas e elementos naturais, feito ritualisticamente e que tem o propósito de efetuar algum tipo de mudança física ou energética.

Grande rito: como é chamada a união da Deusa com o Deus. Antigamente era realizado entre uma Sacerdotisa e um Sacerdote que se uniam sexualmente para representar a União Sagrada, hoje é um ato simbólico realizado com o cálice e o athame nos rituais.

Habilidades mágicas: habilidades naturais dos seres humanos para praticar Magia.

Handfasting: cerimônia que visa a unir duas pessoas perante a Deusa e o Deus e pode ocorrer sem o reconhecimento do Estado. No Brasil recebe vários nomes como Junção das Mãos, Rito de Compromisso, Ritual do Contrato, etc.

Handparting: cerimônia realizada quando duas pessoas que foram unidas por meio do *Handfasting* decidem se separar.

Incensário: queimador de incenso.

Iniciação: Rito de Passagem pelo qual todo Bruxo passa quando aprende a Arte da Bruxaria. Após essa cerimônia o indivíduo se torna Bruxo e passa a ser considerado um Sacerdote da Antiga Religião da Deusa.

Invocação: petição dirigida a um Deus. Um convite agradável aos Deuses para que eles se façam presentes em um Ritual ou Cerimônia.

Lei tríplice: crença Wiccaniana que assere o retorno triplo à nossa vida de todas as nossas ações. É a crença de que tudo o que for feito para o bem ou para o mal retornará à vida daquele que o fizer com força triplicada, nesta encarnação.

Libação: ato ritualístico de verter vinho ou outra bebida utilizada em um ritual sobre o chão, Altar ou em um fogo sagrado como oferenda aos Deuses.

Livro das Sombras: geralmente um caderno de capa e contracapa pretas com uma coleção de informações rituais incluindo rituais religiosos, cânticos e poemas para os Deuses e Deusas, Magia, conselhos e leis de um Coven, entre outras coisas. Um BOS pode ser um livro de Coven detalhando a prática da Arte daquele Coven, ou ser de um Bruxo Solitário, com estilo mais pessoal.

Magia: movimento de energias sutis. É a energia natural, inerente a todas as pessoas, para manifestar mudanças positivas e necessárias capazes de controlar eventos ou fatos de acordo com a nossa vontade. Isso é visto de forma natural, não sobrenatural, entre os praticantes da Antiga Religião.

Meditação: reflexão, contemplação que nos coloca em um estado de relaxamento favorecendo a comunicação com o Sagrado.

Neopagão: uma pessoa que segue o Paganismo moderno.

Neutralizar: prevenir ou limitar. No contexto mágico é o ato de neutralizar um feitiço e prevenir que não prejudique algo ou alguém.

Olho da mente: nossa imaginação.

Pagão: palavra que se originou do termo latim *paganus* que significa "rural, camponês, aldeão". Hoje é um termo geral para seguidores da Wicca ou outra Religião politeísta com manifestações mágicas. Pagãos não são satanistas.

Paganismo: é um termo amplo e geral dado às formas de espiritualidade panteístas, animistas, totêmicas, de bases xamanísticas e na maioria das vezes politeístas que são centradas nas forças da natureza.

Panteão: conjunto de Deuses pertencentes a uma cultura.

Panteísmo: a crença de que todas as coisas carregam uma centelha divina.

Pentáculo: objeto ritual (normalmente um pedaço circular de metal, madeira ou barro) com uma estrela de cinco pontas (Pentagrama) em seu interior, pintada ou gravada. É um dos Instrumentos Mágicos e representa o elemento Terra.

Pentagrama: estrela de cinco pontas entrelaçada, com uma das pontas para cima, dentro de um círculo. O Pentagrama é um símbolo, ao invés de um Pentáculo que é um objeto (um disco com um Pentagrama gravado ou desenhado). É considerado o maior símbolo da Bruxaria.

Poder pessoal: energia que sustenta o indivíduo.

Puxar a Lua: termo utilizado para designar o estado alterado de consciência de uma Sacerdotisa manifestada pela energia da Deusa.

Puxar o Sol: termo utilizado para designar o estado alterado de consciência de um Sacerdote manifestado pela energia do Deus.

Réquiem: Rito de Passagem realizado quando um Bruxo desencarna. É o funeral pagão.

Ritual: ato religioso e mágico, inerente a todas as religiões, que tem o intuito de contatar as energias superiores, Deuses ou Deidades específicas de uma determinada manifestação religiosa.

Sabbat: qualquer um dos oito festivais Wiccanianos solares, marcados pelos dois Solstícios e dois Equinócios, como também as quatro datas entre eles. São eles (nomes de origem céltica, existem outros): Yule, Imbolc ou Candlemas, Ostara, Beltane, Litha, Lughnasadh ou Lammas, Mabon e Samhain.

Sacralizar: tornar algo sagrado.

SAGRADO: tudo aquilo que é venerado.

SINO: utilizado em algumas Tradições Pagãs para marcar o início e fim de um ritual.

SOLITÁRIO: termo utilizado para designar um Bruxo que não pertence a nenhum Coven e que pratica sozinho seus ritos.

TALISMÃS: objeto confeccionado para servir a um propósito.

TRADIÇÃO: organizado e estruturado subgrupo específico da Wicca. Existem muitas Tradições e alguns Wiccanianos não seguem nenhuma Tradição específica. As Tradições mais comuns são a Gardneriana, Alexandrina, Diânica, Seax Wicca, Caledonii, porém existem muitas outras.

UNÇÃO: ato de ungir. Passar óleos essenciais ou um unguento mágico em um objeto, velas ou partes de nosso corpo como uma forma simples de consagração.

VARETA MÁGICA: galho de uma árvore que foi consagrado magicamente e que tem a função de traçar Círculos Mágicos, direcionar a energia, etc. Tem a mesma função que o bastão. Em algumas Tradições está associada ao elemento Fogo e em outras ao Ar.

VESTES DA LUA: o mesmo que vestir-se de céu.

VESTIR-SE DE CÉU: nudez ritual.

VISUALIZAÇÃO: o ato de formar ou reter uma imagem específica na tela mental durante rituais ou lançamentos de sortilégios.

WICCA: religião neopagã moderna com raízes espirituais nas expressões de reverência à natureza como uma manifestação do Divino. A Wicca vê a Deidade como Deusa e Deus. Assim é politeísta. Abraça a magia e a teoria da reencarnação e não tem nenhuma ligação com o satanismo.

WICCANIANO: Bruxo, praticante da Wicca.

WICCANING: Rito de Passagem realizado quando um novo ser nasce em um lar Pagão. O Wiccaning visa a pedir proteção aos Deuses e elementais para um recém-nascido, assim também apresentá-lo às Divindades e à comunidade Pagã. É nesse rito que a criança recebe seu nome. Com frequência é realizado em adultos quando esses passam a se dedicar à Bruxaria.

WIDDERSHINS: sentido anti-horário.

Referência Bibliográfica

A essência da magia – *A arte de viver*. São Paulo: Martin Claret, 1997.
ANGEL, Adamo. *Meditando com as fadas*. São Paulo: Gaia, 1997.
Atlas do extraordinário. Volumes I e II, Ediciones del Prado.
BARRET, Francis. *O Magus*. São Paulo: Mercuryo.
BETH, Rae. *A Bruxa Solitária*. Rio de Janeiro: Bertrand, 1997.
BIEDERMANN, Hans. *Dicionário ilustrado de símbolos*. São Paulo: Melhoramentos, 1994.
BLANCHEFORT, Jean de. *Guia da Magia*. São Paulo: Maltese.
BOECHAT, Walter. *Masculino em questão*. Rio de Janeiro: Petrópolis, 1997.
____. *Mitos e arquétipos do homem contemporâneo*. Rio de Janeiro: Vozes, 1996.
BONTEMPO, Márcio. *Medicina Natural*. São Paulo: Nova Cultural.
BOURNE, Lois. *Autobiografia de uma Feiticeira*. Rio de Janeiro: Bertrand, 1996.
____. *Conversas com uma Feiticeira*. Rio de Janeiro: Bertrand, 1995.
BUDAPEST, Zsuzsanna E. *A Deusa no escritório*. São Paulo: Ágora, 1996.
BURN, Lucilla. *Mitos Gregos*. Ed. São Paulo: Moraes, 1992.
CABOT, Laurie. *O amor mágico*. São Paulo: Campus.
____. *O poder da Bruxa*. São Paulo: Campus.
____. *O despertar da Bruxa em cada mulher*.
CALL, Henrietta Mc. *Mitos da mesopotâmia*. São Paulo: Moraes, 1994.
CAMPANELLI, Dan e Pauline. *Circles, groves and sanctuaries*. EUA: Llewelyn, 1993.
____. *Wheel of the year*. EUA: Llewelyn, 1989.
____. *Rites of passage*. EUA: Llewelyn, 1994.
____. *Ancient ways*. EUA: Llewelyn.
CASTILO, Monteserrat. *Magia mediterrânea – Un manual práctico*. Ediciones Obelisco, 1991.
CAVALCANTI, Raïssa. *Casamento do Sol com a Lua – Uma visão simbólica do masculino e do feminino*. São Paulo: Cultrix, 1990.
Civilizações antigas. São Paulo: Nova Sampa Diretriz.
Civilizações perdidas. São Paulo: Nova Sampa Diretriz.
CLARK, T Rundle. *Símbolos e mitos do antigo Egito*. São Paulo: Hemus.
CONWAY, D. J. *A Magia Celta*. São Paulo: Estampa, 1994.
____. *Livro Mágico da Lua*. São Paulo: Gaia, 1997.
____. *Maiden, mother, crone*. EUA: Llewellyn Worldwide.
COTTERELL, Arthur. *Encyclopedia of mythology*. Lorenz Book, 1996.
CROW, W B. *Propriedades ocultas das ervas e plantas*. São Paulo: Hemus.

CUNNINGHAM, Scott. *Magia natural*. São Paulo: Gaia, 1997.
____. *Guia essencial da Bruxa Solitária*. São Paulo: Gaia, 1998.
____. *A verdade sobre a Bruxaria Moderna*. São Paulo: Gaia, 1998.
____. *A casa mágica*. São Paulo: Gaia, 1999.
____. *Vivendo a Wicca*. São Paulo: Gaia, 2003.
____. *The magical household*. EUA: Llewellyn Publications, 1996.
____. *Enciclopédia Cunningham de las hierbas mágicas*. Luis Cárcamo Editora, 1995.
____. *Spell crafts*. EUA: Llewellyn, 2001.
DUNWICH, Gerina. *Wicca – A feitiçaria moderna*. Rio de Janeiro: Bertrand.
____. *Os segredos da magia do amor*. Rio de Janeiro: Bertrand, 1994.
ELIADE, Mircea. *História das crenças e das ideias religiosas – Da idade das pedras aos mistérios de Elêusis*. Tomo I, volume II. Rio de Janeiro: Zahar Editores, 1978.
____. *O sagrado e o profano*. Martins Fontes.
____. *Rites and symbols of initiation*. Harper and Row, 1958.
____. *Cemeteries and grave markers; voices of american culture*. Logan, 1961.
EYMERICH, Nicolau. *Directorium inquisitorum – O manual dos Inquisidores*, 1993.
FARRAR, Janet e Stewart. *O deus dos magos*. São Paulo: Siciliano, 1993.
____. *Oito sabás para Bruxas*, 1998.
____. *What witches do*. Phoenix, 1991.
____. *Witches bible*. Phoenix, 1984.
____. *Witches goddess*. Phoenix, 1995.
____. *Biblia das Bruxas*. São Paulo: Editora Alfabeto, 2017.
FAUR, Mirella. *Anuário da Grande Mãe*. São Paulo: Editora Alfabeto, 2015.
____. *O Legado da Deusa*. São Paulo: Editora Alfabeto, 2016.
FENTON, Sasha. *A influência da Lua em sua vida*. São Paulo: Círculo do Livro, 1992.
FILHO, Domício Proença. *Estórias da mitologia 1, 2 e 3*. São Paulo: Gaia, 2000.
FRANS, Marie-Louise Von. *Puer aeternus – A luta do adulto contra o paraíso da infância*. São Paulo: Paulus, 1992.
FRAZER, Sir James George. *O ramo de ouro*. Rio de Janeiro: Guanabara Koogan, 1982.
FORREST, M. Isidora. *Isis Magic*. EUA: Llewellyn, 2001.
GARDNER, Gerald. *Livro das Sombras*. Complementação da bibliografia.
GETTY, Adele. *A Deusa – A mãe da natureza viva*. Edições del Prado, 1997.
GILETTE, Douglas & Robert Moore. *Rei dentro de nós – Acesso ao rei na psique masculina*. Rio de Janeiro: Ediouro, 1994.
____. *Rei guerreiro mago e amante – Redescoberta dos arquétipos do masculino*. São Paulo: Campus, 1993.
GOMES, Horivaldo. *A Magia das velas – Teoria e ritual*. São Paulo: Pallas Athena
GONNE, Maud. *Celtic wonder – Tales*. Dover Publications, 1995.
GREEN, Marian. *Magia para a Era de Aquário*. São Paulo: Pensamento, 1989.
GRIMASSI, Raven. *The wiccan mysteries*. EUA: Llewellyn, 1997.
____. *Mistérios wiccanianos*. São Paulo: Gaia, 2000.
____. *Bruxaria hereditária*. São Paulo: Gaia, 2003.
____. *Encyclopedia of wicca and witchcraft*. EUA: Llewellyn, 2000.
____. *Wiccan magick*. EUA: Llewellyn.
HALLAM, Elizabeth, *O Livro de ouro dos Deuses e Deusas*. Rio de Janeiro: Ediouro, 2002.
HOLLIS, James. *Sob a sombra de Saturno – A ferida e a cura dos homens*. São Paulo: Paulus, 1997.
HOPCKE, Robert H. *Jung, junguianos e a homossexualidade*. São Paulo: Siciliano, 1993.

HOPE, Murry. *Técnicas de autodefesa psíquica*. São Paulo: Hemus.
HOUSTON, Jean. *A paixão de Ísis e Osíris*. São Paulo: Mandarim, 1995.
HOWARD, Michael. *O uso mágico das velas e seu significado oculto*. São Paulo: Hemus.
JACKSON, Grahan. *Mistérios da sala de estar – Padrões de relacionamentos masculinos*. São Paulo: Paulus.
JACQ, Christian. *O mundo mágico do antigo Egito*. 2001.
JONES, Evan John. *Feitiçaria – A tradição renovada*. Rio de Janeiro: Bertrand, 1994.
JONES, Evan John e Chas S. Clifton. *Sacred mask and sacred dance*. EUA: Llewelyn, 1997.
JONES, Kathy. *The ancient british Goddes – Her myths*.
JONES, Kathy. *Legends and sacred sites*. Ariadne Publications, 1991.
____. *Spinning the wheel of an*. Ariadne Publications, 1991.
JOHNSON, Kenneth e ELSBETH Marguerite. *Roda da Lua*. Publicações Europa América, 2000.
____. *O castelo do Graal*. Publicações Europa América, 2000.
JOHNSON, Robert A. *Homem – A chave do entendimento dos três níveis da consciência masculina*. São Paulo: 1993.
JUNG, Emma. *Anima e animus*. São Paulo: Cultrix, 1995.
K. Amber. *Convencraft: Witchcraft for three or more*. EUA: Llewellyn, 1999.
____. *True magick: a beginner's guide*. EUA: Llewellyn, 2002.
KAST, Verena. *Pais e filhas, mães e filhos – Caminhos para a autoidentidade a partir dos complexos materno e paterno*. São Paulo: Loyola, 1997.
KERÉNYI, Karl. *Os Deuses Gregos*. São Paulo: Cultrix, 1997.
KILLINABOY, Paul. *Rituais de magia com velas*. São Paulo: Maltese.
KING, Francis. *Magia*. Ediciones del Prado.
KNIGHT, Gareth. *Prática da magia ritual*. São Paulo: Hemus, 1982.
____. *Prática de exercícios ocultos*. São Paulo: Hemus, 1984.
KRUTA, Venceslas. *Os Celtas*. São Paulo: Martins Fontes.
LEEK, Sybil. *Arte completo de la bruxaria*. Edicomunicações S.A.
LEVI, Eliphas. *Dogma e ritual da alta magia*. São Paulo: Pensamento.
LUNA, Mario Roso de. *O Simbolismo das religiões*. São Paulo: Siciliano.
LURKER, Manfred. *Dicionário dos Deuses e Demônios*. São Paulo: Martins Fontes, 1993.
Manual do Feiticeiro – Volumes I e II, Editora Três.
MARKALL, Jean. *Druidas – Tradiciones y Dioses de los celtas*. Tauros Humanidades.
MATHER, S L Mac Gregor. *O Feiticeiro e seu aprendiz*. São Paulo: Pensamento.
MATTHEWS, Caitlín. *Elementos da Deusa*. Rio de Janeiro: Ediouro, 1994.
MATTIUZZI, Alexandre A. *Mitologia ao alcance de todos*. Nova Alexandria, 2000.
MAURA. *O Manual da Bruxa autêntica*. São Paulo: Best Seller, 1994.
McCOY, Edain. *Encantamentos de amor*. São Paulo: Gaia. 2001.
____. *Inside a witches coven*. EUA: Llewellyn, 1997.
____. *Spellworking for covens*. EUA: Llewellyn, 2002.
McCRICKARD, Janet E. *Brighde – Her folklore and mythology*. 2001.
Mistérios do conhecimento humano. São Paulo: Nova Sampa Diretriz.
MONICK, Eugene. *Castração e fúria masculina*. São Paulo: Paulus, 1993.
____. *Falo – A sagrada imagem do masculino*. São Paulo: Paulus.
MOURA, Ann. *Green witchcraft*. EUA: Llewellyn Publication, 1997.
____. *Origins of modern witchcraft*. EUA: Llewellyn, 2000.
NEUMANN, Erich. *A Grande Mãe*. São Paulo: Cultrix, 1996.
NIGHMARE, M. Macha. *Witchcraft and the web*. ECW Press, 2001.

NOWICKI, Dolores Ashcroft. *Manual prático de magia ritual.* São Paulo: Siciliano.
O que é simbologia. São Paulo: Globo.
PAPUS. *Tratado elementar de magia prática.* São Paulo: Pensamento.
PARACELSO. *As plantas mágicas.* São Paulo: Hemus, 1976.
POLLACK, Rachel. *O corpo da Deusa.* Rio de Janeiro: Rosa dos Tempos, 1997.
PRIETO, Claudiney. *Wicca – A religião da Deusa.* São Paulo: Editora Alfabeto, 2012.
_____. *Todas as Deusas do mundo.* São Paulo: Editora Alfabeto, 2017.
_____. *ABC da bruxaria.* São Paulo: Gaia, 2002.
_____. *Coven – Criando e organizando seu próprio grupo.* São Paulo: Gaia, 2003.
_____. *Ritos e mistérios da Bruxaria Moderna.* São Paulo: Gaia, 2004.
_____. *Wicca para bruxos solitários.* Rio de Janeiro: Nova Era, 2005.
REGULA, deTraci. *Os mistérios de Ísis.* São Paulo: Madras, 2002.
RIVA, Anna. *Golden secrets of mystic oils.* International Imports, 1996.
ROSÉAN, Lexa. *The supermarket sorceress.* Ed. St. Martins Paperbacks, 1996.
RUSSELL, Jefrey Burton. *A História da feitiçaria – Feiticeiros, hereges e pagãos.* São Paulo: Campus, Série Somma.
_____. *História da Bruxaria.*
SABOYA, Jackson. *Iniciação à magia.* Rio de Janeiro: Nova Era.
SALLMANN, Jean Michel. *As Bruxas – Noivas de Satã.* Rio de Janeiro: Objetiva, 2002.
SAMS, Jamie. *As cartas do caminho sagrado.* Rio de Janeiro: Rocco, 1996.
SANFORD, John A. *Parceiros invisíveis.* São Paulo: Paulus, 1986.
SERITH, Ceisiwr. *The pagan family.* EUA: Llewellyn, 1994.
SPALDING, Tassilo Orpheu. *Dicionário de mitologia.* São Paulo: Cultrix 1986.
SPROUL, Barbara C. *Mitos primais.* São Paulo: Siciliano, 1994.
STARHAWK. *A Dança Cósmica das Feiticeiras.* Rio de Janeiro: Nova Era.
_____. *The twelve wild swans.* Harper San Francisco, 2000.
_____. *Circle round.* Bantam Books, 1998.
_____. *The pagan book of living and dying.* Harper San Francisco, 1997.
_____. *Truth or dare: Encounters with powers, authority and mystery.* 1988.
STEVENS, Jose e Lena. *Os segredos do xamanismo.* Rio de Janeiro: Objetiva, 1988.
SUMMERS, Lucy. *The book of wicca.* Barron's, 2001.
TELESCO, Patrícia. *O poço dos desejos.* São Paulo: Pensamento, 1999.
THIAGO, Miranda Arroyos de San. *O Livro das Feiticeiras.* São Paulo: Pallas Athena.
THOMPSON, Janet. *Of witches.* Samuel Weiser, 1996.
_____. *Magical hearth – Home for the modern pagan.* Samuel Weiser, 1995.
TORRES, José Augusto Maciel. *Guia das ciências ocultas.*
VALIENTE, Doreen. *Witchcraft for tomorrow.* Phoenix, 1978.
VINCI, Léo. *A Magia das velas.* São Paulo: Pensamento.
_____. *Incenso – Preparo, uso e significado ritual.* São Paulo: Hemus, 1984.
WALKER, Barbara G. *A Velha – Mulher de idade sabedoria e poder.* Senhora, 2001.
WELBURN, Andrew. *As origens do cristianismo.* São Paulo: Best-Seller.
WHITMONT, Edward C. *O retorno da Deusa.* São Paulo: Summus Editorial.
WOODS, Gail. *Sisters of the dark moon.* EUA: Llewellyn, 2001.
WORTH, Valerie. *Crone's book of charms and spells.* EUA: Llewellyn, 2002.
WOSIEN, Maria-Gabriele. *Dança sagrada.* Triom, 2002.
WYLY, James. *Busca fálica – Príapo e a inflação masculina.* São Paulo: Paulus, 1994.

Biografia do Autor

CLAUDINEY PRIETO é a principal voz da Wicca no Brasil. Considerado um dos autores mais respeitados e conhecidos da atualidade, seus livros – sempre permanentes no ranking brasileiro dos best-sellers –, atingiram com *Wicca - A Religião da Deusa* a marca de mais de 200 mil exemplares vendidos em todo o Brasil.

Foi iniciado na Wicca há mais de 20 anos e é fundador da Tradição Diânica Nemorensis, uma Tradição de Bruxaria genuinamente brasileira, fruto de anos de sua vivência com a Religião da Deusa no Brasil. É um Alto Sacerdote de 3º Grau da Tradição Gardneriana, um Minos na Minoan Brotherhood, Arquissacerdote da Fellowship of Isis, membro da FOI ArchPriesthood Union, Elder da Tradição Apple Branch e foi o primeiro e único homem ordenado por Zsuzsanna Budapest na Wicca Diânica. O autor tem trabalhado ativamente sendo porta-voz da Wicca em todo o mundo, palestrando no Parlamento Mundial das Religiões e desenvolvendo atividades em países como Estados Unidos, México, Canadá, Alemanha e Argentina.

Foi fundador e idealizador da ABRAWICCA, a primeira Associação Pagã Brasileira, e coordena, há mais de 10 anos, a organização da Conferência Anual de Wicca & Espiritualidade da Deusa no Brasil, o maior evento Pagão da América Latina, de âmbito nacional e internacional, direcionado à apresentação de teses, visões e discussões sobre as experiências transformadoras com o Sagrado Feminino em suas muitas manifestações. É idealizador e coordenador da Universidade Livre de Estudos Pagãos (UNILEP), a primeira escola on-line no Brasil dedicada exclusivamente ao estudo da Wicca e Paganismo por meio do sistema de educação a distância (EAD), e criador do Goddess Blessing e do Goddess Healing Systems(r), únicos sistemas de bênção e cura centrados no Sagrado Feminino e especificamente voltado para os pagãos.

Em 2014, criou o World Goddess Day Project (Projeto Dia Mundial da Deusa), que reúne milhares de pessoas, em mais de 40 países pelo mundo, compartilhando os muitos mitos, histórias e diversidade de culto da Grande Mãe, com atividades locais que visam a dar visibilidade ao Sagrado Feminino por meio da arte e espiritualidade.

Além de ser muito procurado para ministrar palestras e fornecer ensinamentos sobre Bruxaria, Claudiney é frequentemente convidado a dar entrevistas em rádio e TV para desmistificar os velhos estigmas negativos, equívocos e deturpações associados à religião Wicca. Também ensina Bruxaria por meio de treinamentos iniciáticos privados que introduzem os buscadores nas diversas Tradições às quais mantém afiliação e possui graus.

Atualmente, Claudiney dedica a maior parte do seu tempo na organização da Mystic Fair Brasil, a maior feira mística e esotérica do Planeta, que acontece anualmente em São Paulo, Rio de Janeiro e Minas Gerais.

Dentre as suas publicações destacam-se também: *ABC da Bruxaria, Todas as Deusas do Mundo, Ritos e Mistérios da Bruxaria Moderna, Wicca para Bruxos Solitários, Ritos de Passagem, A Arte da Invocação, Oráculo da Grande Mãe, Novo Tarô de Marselha, Coven – Rituais e Práticas de Wicca para grupos, Oráculo das Bruxas* e a obra aqui reeditada, *Wicca para Todos*.

Visite o site do autor em www.claudineyprieto.com.br
para contatos e mais informações sobre o seu trabalho.